허승희 · 이영만 · 김정섭 공저

교육심리학 ^{2판}

Educational Psychology

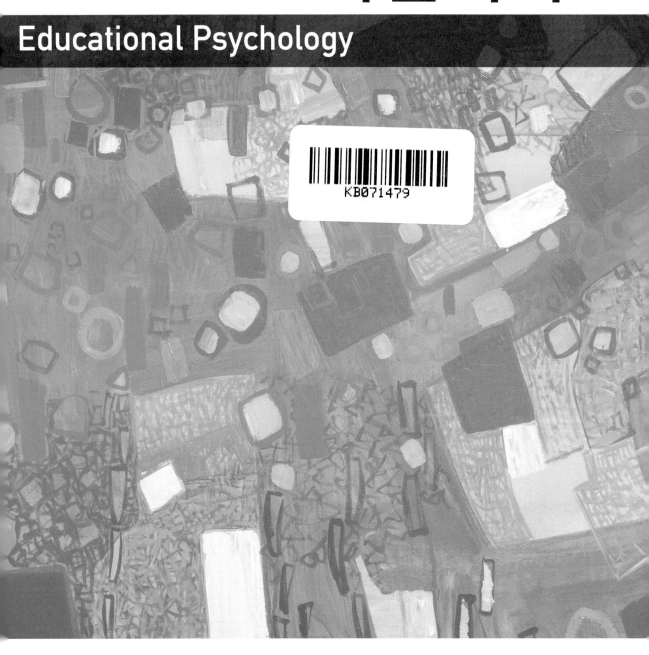

학지사

E

2판 머리말

초·중등교사를 양성하는 교육대학과 사범대학에 근무하는 저자들이 예비교사에게 도움이 되는 교육심리학 강의 교재를 만들어 보자고 의기투합하여 이 책의 초판을 출판한 후 5년이라는 시간이 흘렀다. 모든 도서의 저자들이 그러하듯 이 책의 저자들 역시 강의를 진행하면서 아쉬움을 느낀 부분이 많았으며, 이런 반성을 토대로 예비교사와 현직교사는 물론 일반인들에게도 도움이 될 수 있도록 일부 내용을 개정하여 2판을 출판하게 되었다.

교사의 일상에서는 학생을 위주로 학부모, 동료교사 등 인적 구성원들과의 상호작용 과정이 끊임없이 이어진다. 그런 만큼 인간의 심리적 특성에 대한 이해는 교사가 갖추어야 할 필수적인 과제다. 교육심리학의 역사가 이미 100년을 훌쩍 초과하는 동안에 교육심리학의 학문적 혹은 실제적 연구의 대상인 학생들의 심리적 특성 역시 크게 변화하게 되었다. 오늘날의 표현을 빌리면 X세대 혹은 빠른 Y세대에 해당하는 교수가 동영상과 스마트 기술 환경 속에서 태어나고 성장한 Z세대를 효과적으로 가르치기는 쉽지 않다. 그러나 교육이라는 활동이 학생을 건강하고 주체성을 지닌 인격체로 성장하도록 도움을 주어야 한다는 점에서 교육심리학의 목표와 역할 역시 변해 가야 한다. 이에 이 책에서는 초판의 구조를 유지하면서 시대적·상황적 변화를 반영하는 내용이 되도록 하는 데 초점을 맞추었다. 교육심리학에서 중요하게 다루는 주요 이론의 기본적 틀은 유지하되, 각 이론을 변화된 학생의 특성에 맞추어 이해하고 적용함으로써 학교 현장에서 직면하는 문제 상황을 분석하고 이해하며 해결 방안을 찾아가는 데 도움이 될 수 있도록 노력하였다.

이 책은 초판과 마찬가지로 13개의 장으로 구성되었다. 제1장은 이 책의 도입부로 교육심리학의 학습이 필요한 이유를 교육의 개념, 교사의 전문성이라는 측면에서 다루었으며, 교육심리학의 연구방법을 소개하였다.

제1부는 제2장에서 제5장으로 구성하였으며, 학습자의 심리적 발달에 관한 주제를 다루었다. 제2장은 학습자의 인지발달, 제3장은 성격 및 사회성 발달, 제4장은 자아 및 도덕성 발달, 그리고 제5장은 학습자의 발달과 생태적 환경의 이해를 다루었다. 학습자의 심리적 특성의 발달에 관한 주제들은 학습자의 현재 발달 수준과 상태를 이해하는 데 도움이 되며, 학교생활의 모든 장면에서 교사가 반드시 알아두어야 하는 것으로 교육의 가장 기초적인 지식을 쌓는 부분이다. 교사는 학문적 지식을 습득하는 것에 그치지 말고, 지식의 이해를 통해 실제 장면에서 어떻게 활용하고 적용할 것인가에 더 많은 관심을 가져야 할 것이다.

제2부는 제6장에서 제10장까지 다섯 개의 장으로 구성하여 학습 현상과 관련된 내용을 다루었다. 학교교육의 핵심적 활동이 학습활동이라는 점에 대해서는 이의가 없을 것이다. 제6장부터 제8장까지는 학습의 과정과 성과의 배경이 되는 지능과 창의성, 인지양식과 학습양식, 그리고 학습동기를 차례대로 살펴보았다. 제9장에서는 행동주의와 사회인지 학습이론, 제10장에서는 정보처리 및 사회적 구성주의 학습이론을 각각 다루었다. 특히 제10장에서는 시대적 변화에 맞춰 사회적 구성주의에 근거한 학습이론을 새로이 반영하여 실제 학교학습 장면에서 활용할 수 있는 다양한 학습모형을 소개하였다.

제3부의 제11장 수업이론, 제12장 교육평가 부분은 큰 변화 없이 일부 내용을 수정하였다. 제13장의 경우 초판에서는 '부적응 행동의 예방과 지도'라는 주제를 다루었으나, 2판에서는 최근 주요 문제로 대두되고 있는 '학교폭력의 심리적 이해 및 지도'라는 주제로 바꾸어 학교폭력과 관련된 핵심 내용을 제시하였다.

저마다 다른 심리적 특성을 지니고 있는 학생 한 명 한 명을 정확하게 이해하고 각 학생에게 적합한 방식으로 지도한다는 것은 쉬운 일이 아니다. 그만큼 교사가 공부해야 할 영역의 범위와 수행해야 할 역할의 범위가 넓다는 것을 의미한다. 그럼에도 교사는 학생이 건강하게 발달해 가는 과정을 통해 보람과 희열감을 맛볼 수 있는 특권을 가지고 있는 위치에 있다. 예비교사나 현직교사 모두 이러한 특권을 누릴 수 있도록 사명감과 전문성을 함양하는 데 이 책이 도움이 되기를 기대한다. 끝으로 여전히 부족한 점이 많은 내용이지만 이 책이 출판될 수 있도록 적극적인 도움을 주신 학지사 김진환 사장님과 편집부 여러분께 감사의 말씀을 이 글로 대신한다.

2020년 9월
저자 일동

1판 머리말

교육은 학생이 더욱 건강하게 성장하도록 도와주는 활동이다. 이런 점에서 교육 심리학은 인간인 학생의 성장 과정을 이해하고 조력하는 과정에서 필수적으로 섭렵해야 할 중요한 영역이다. 교육심리학은 단순히 심리학적 연구 성과를 교육에 적용하는 것만이 아니라 학교 현장에서 부딪치는 다양하고 복잡한 문제 상황을 분석하고 이해하며, 그 해결 방안을 제시한 수많은 연구결과를 축적해 온 독립적인 학문 영역이다. 최근에는 교육에 관한 한 전문적인 역량과 책임감을 갖춘 교사가 강조되면서 예비교사는 물론 현직교사가 교육심리학에 관한 배경적 지식을 습득하는 것은 더욱 필수적인 과제가 되었다. 바로 교육심리학이 교사가 수행해야 하는 직무에 관하여 비판적으로 사고하고 효율적인 의사결정에 필요한 정보를 제공하도록 학습자의 특성, 학습의 원리 및 수업방법에 관한 연구를 수행하는 학문이기 때문이다. 따라서 인간인 학생을 대상으로 교육의 핵심인 교수-학습과정을 계획하고 진행하면서 수시로 점검하고 계획을 수정해야 하는 교사의 입장에서는 교육심리학적 지식을 반드시 갖출 수밖에 없다.

19세기 아동의 발달에 관한 과학적 이해 운동을 배경으로 1914년 손다이크가 『교육심리학』이라는 저서를 출판한 이후 100년이라는 시간이 흐르는 동안 교육심리학 영역에서는 수많은 과학적 연구 성과가 발표되었고 학교에서 활용되어 왔다. 이 책에서는 한정된 지면이라는 이유로 이러한 교육심리학의 수많은 연구 성과 가운데 기본적인 내용과 최근의 동향을 선별하여 균형 있게 담으려고 하였다.

그 결과 이 책은 모두 13개의 장으로 구성되었다. 제1장에서는 교사의 전문성, 교육심리학의 이해와 연구 방법을 소개함으로써 교육심리학이 왜 중요하며 이것을 왜 반드시 공부해야 하는지를 다루었다.

제2장에서 제8장까지는 교육의 대상인 학습자에 관한 내용을 다루었다. 제2장에서는 학습자의 인지발달이론을 다루면서, 대표적으로 피아제와 비고츠키의 이론을 살펴보았다. 이어 최근 새롭게 조명되고 있는 인성교육의 중요성과 관련하여 제3장에서는 학습자의 성격, 사회성, 친구관계의 발달을 다루었고, 제4장에서는 학습자의 자아와 도덕성의 발달에 관한 연구 성과와 교육적 시사점을 집중적으로 살펴보았다. 또 제5장에서는 학습자를 더욱 정확하게 이해하기 위한 접근으로 학습자의 생태적 환경의 이해에 관한 주제를 다룸으로써, 주변 환경이 학습자에게 미치는 영향과 관계에 대한 관심을 끌어올리는 데 도움을 주고자 하였다. 다음으로 학습자 개인의 인지적 특성을 이해하는 데 필요한 배경적 지식으로 제6장에서는 학습자의 지능과 창의성을, 제7장에서는 학습동기를, 그리고 제8장에서는 인지양식과 학습양식에 관한 주제를 살펴보았다.

다음으로 학습에 관한 주제는 제9장의 행동주의 학습이론과 제10장의 인지주의 학습이론의 두 가지로 구분하여 다루었다. 이 두 가지 학습이론 이외에도 인본주의 학습이론, 구성주의 학습이론 등 다양한 학습이론을 다룰 수 있지만, 다른 장에서 다루는 내용과 중복되는 부분이 많아 적절한 곳에서 필요한 내용을 다루는 것이 효율적이라고 판단했다. 학습의 상대적 개념인 수업은 제11장에서 다루었으며, 이 장에서는 전통적인 수업이론을 중심으로 교수-학습과정에 대한 전반적인 안목을 기르는 데 필요한 내용만을 추출하여 소개하였다.

끝으로 교육 활동의 성과와 효율성을 판단하는 방법인 교육평가에 관한 기본적인 지식은 제12장에서 다루었으며, 전통적인 생활지도 영역은 제13장에서 부적응행동의 예방과 지도라는 주제로 다루면서, 학교생활은 물론 일상생활에서의 적응에 문제를 지니고 있는 학습자를 어떻게 다루어야 하는지, 그리고 적응 문제에 대한 예방을 위한 접근 방안에는 무엇이 있는지 살펴보았다.

이 13개 장의 내용을 구성하면서 저자들은 가능하면 어려운 학술적 용어와 표현을 쉽고 일상적인 언어로 풀어 보려고 노력했다. 그럼에도 내용의 구성과 언어적 표현방식에 있어서 여전히 전문적인 색깔을 모두 지울 수는 없었다. 이러한 한계는 차츰 수정해 갈 수 있으리라 생각한다.

   이 책은 기본적으로 장차 교사가 되려고 준비하거나 이미 교실에서 학생을 가르치고 있는 현직교사를 염두에 두고 집필하였다. 최근에 교육에 관한 한 전문적 역량과 책임감을 갖춘 교사를 강조한다는 점과 현대 사회에서의 교육은 학교라는 제한된 공간 밖에서도 활발하게 이루어진다는 점을 고려하면 교육심리학적 지식은 가르치고 배우는 과정을 경험하는 모든 이가 갖추어야 할 기본이라고 생각한다. 따라서 이 책이 예비교사나 현직교사에게는 학교 그리고 교실에서 생활하는 학습자를 더욱 정확하게 이해하고 대처할 수 있는 전문성을 기르는 데 기여하기를 희망한다. 그리고 일반인들에게는 일상적인 가르침과 배움의 과정을 이해하고 적용함으로써 자신의 삶을 더 풍부하게 하는 데 도움이 되기를 바란다.

   끝으로 이 책이 나오기까지 여러모로 힘써 주신 학지사 여러분께 감사의 마음을 전하고자 한다.

2015년 3월
저자 일동

차례

 교육심리학의 이해 ———————————————— **15**

제1부 | 학습자의 발달

 인지발달 ———————————————————— **37**

제3부 | 효과적 수업과 학생지도

제1장
교육심리학의 이해

학교는 교사와 학습자의 협력적 활동과 관련 자원을 활용하여 사전에 설정한 교육목표를 달성하려는 조직이다. 이 교육목표를 달성하는 과정에서 핵심적인 역할을 하는 것이 교사이며, 학교 교육의 성과는 교사의 질적 수준과 학생의 참여 정도에 따라 달라질 수밖에 없다. 따라서 전문성을 갖춘 유능한 교사와 학습자의 적극적인 참여가 학교 교육의 성과를 가늠할 수 있는 중요한 요소라고 할 수 있다. 이 장에서는 교사의 전문성, 교육심리학의 의의와 내용, 교육심리학의 연구 방법을 중심으로 살펴봄으로써 교육심리학이 학교 교육의 성과를 확보하는 과정에서 어떤 역할을 할 수 있는지 다루고자 한다.

1. 교육심리학과 교사의 전문성

교육심리학은 '교육의 이해와 개선을 일차적인 목적으로 하면서도(Wittrock, 1992: 138)', 독자적인 이론, 연구 방법, 문제, 기법 등을 발휘하는 독립 과학으로서의 성격을 지닌다. 즉, 독립 과학으로서의 교육심리학은, 교육 문제에 관한 최선의 해답을 과학적으로 탐구하여 제공함으로써 유능한 교사가 자신의 전문성을 발휘하고 학생의 적극적인 참여를 유도하여 학교 교육의 성과를 이끌어 내는 데 도움을 준다. 예를 들면, '수업시간에 학생들을 지명할 때 어떤 방법이 좋은가? 수업시간에 자기 자리에 앉아 있지 않고 계속 돌아다니거나 소란을 피우는 학생에게는 어떤 방법이 효과적인가?' 등의 물음에 대한 상식적 해법과 과학적 탐구 결과에 근거한 해법은 다를 수 있다.

첫째, 수업시간에 교사의 질문에 대답할 학생을 효과적으로 지명하는 방법으로 고민하는 교사의 경우, 상식적 수준에서 해법을 찾으면 어느 학생이 지명받을지 모르도록 무작위 지명 방법을 이용할 수 있다. 그날의 날짜와 출석번호가 일치하는 학생을 지명한다든지, 첫 번째로 지명받은 학생의 전후좌우에 앉아 있는 학생들을 줄줄이 지명한다든지 하는 습관적인 지명 방법은 학생들이 자기가 대답해야 할 차례를 짐작하여 대비를 하도록 하기 때문에 좋지 못하다는 것이다. 그러나 과학적인 교육심리학 연구(Ogden, Brophy, & Everston, 1977)에 따르면, 초등학교 1학년 국어 시간에 체계적인 지명 방법을 사용하여 한 명씩 차례대로 대답을 하도록 했을 때가 무작위로 지명해서 대답을 하게 했던 경우보다 학급의 평균 성적이 더 뛰어났다. 그 이유는 누가 지명받을지 모르는 경우 학생이 느끼는 불안은 학습에 도움이 되지 않으며 심할 경우 학습내용에 대한 예습이나 준비를 포기하려는 심리적 상태를 유발하게 되지만, 최소한 자기가 지명받을 것을 미리 짐작하게 하는 체계적 지명 방법은 학급의 평균 성적을 향상시키는 데 더 효과적일 수 있다는 것이다(Tinerney, Readene, & Dishner, 1990).

둘째, 대부분의 학생은 교사의 지시에 따라 학습활동에 열심히 참여하고 있지만, 한 학생이 교사의 허락도 없이 자기 자리에 앉아 있지 않고 여기저기 돌아다니고 있는 교실을 가정해 보자. 이 학생의 문제 행동에 대해 상식적 수준의 해법을 적용하면 자리에서 이탈하거나 소란을 피울 때마다 다시 자리에 앉도록 강요하거나 처벌을 하는 것이다. 그러나 오래 전의 연구(Madsen, Becker, Thomas, Koser, & Plager, 1968)에서는 이미 자리를 이탈한 학생에게 다시 자리에 앉으라고 교사가 고함을 지르면 지를수록 그 학생이 자기 자리에서 벗어나는 횟수도 증가한다는 사실을 밝힌 바 있다. 반면에 교사가 자리를 이탈한 학생은 무시하고 자리에 앉아 공부하는 학생들을 칭찬하는 방법을 사용했을 경우, 그 학생이 자리에서 이탈하는 횟수는 급격하게 줄어들었다. 따라서 '자리에 앉지 못해!'라는 고함 소리가 그 학생에게는 오히려 '일어서지 못해!'라는 역효과를 발휘할 수도 있다는 사실을 과학적 연구가 알려 준 것이다.

이상의 두 가지 사례는, 교사가 교육에 관한 '전문성'을 갖추기 위해서는 상식적 차원이 아니라 과학적이고 객관적인 증거를 강조하는(scientific & objective evidences-based) 교육심리학에 관한 깊은 이해를 갖추어야 함을 의미한다.

오늘날 대부분의 직업은 해당 분야의 전문성을 갖추기를 요구하며, 해당 분야에 따라 또 전문성을 규정하는 관점에 따라 특정 직업의 전문성도 다양하게 규정된다. 따라서 교사의 전문성(teacher professionalism)을 규정하는 요소나 관점 역시 다양하지만, 대부분 다음과 같은 네 가지 특성을 포함하고 있다(Ingersoll, 2003).

① 윤리적 행동을 포함한 학습자에 대한 헌신
② 복잡하고 분명하지 않은 상황에서의 의사결정 능력
③ 반성적인 실천 능력
④ 총체적인 전문지식

그런데 이러한 ①~③의 행위가 교사의 누적된 경험과 전문지식에 근거해 이루어진다는 점에서 교사가 지녀야 할 ④ 총체적 전문지식이 무엇인가에 대한 연구가 많이 이루어져 왔다. 특히 학교 교육의 특성상 교사의 전문성은 결국 교사가 실천하는 '수업의 전문성' 혹은 '수업의 효율성(effectiveness)'이 중요한 의미를 지니기 때문에, '좋은 교사'가 갖추어야 할 조건의 하나로 수업에 관한 전문지식이 강조되는 것은 당연하다.

이런 시각에서 교육 혹은 수업에 관한 전문지식을 갖춘 '좋은 교사(a good teacher)'에 대한 연구들이 많이 이루어졌는데, 그중 몇 가지만 소개하면 다음과 같다. 먼저, 스트롱(Stronge, 2002)에 따르면, '효율적인 교사(effective teachers)'는 다음과 같은 조건과 능력을 갖춘 사람이다.

① 언어적 능력, 교사 양성 프로그램 이수, 교사 자격증, 교과 내용 관련 지식, 교직 경험 등 효율적 수업을 위한 필수조건들

② 학생에 대한 관심, 공정성과 존경심, 학생들과의 사회적 상호작용, 학습에 대한 열정과 동기유발 촉진, 교직에 대한 태도, 자신에 대한 반성적 태도 등 인간적 자질

③ 교실 관리 기술의 적용, 핵심적 조직 기술의 적용, 학생에 대한 훈육 기술 등 교실 관리와 조직 능력

④ 수업에 집중시키기, 수업시간의 극대화, 성취에 대한 기대, 수업 계획과 준비 등 수업의 조직 기술

⑤ 적절한 수업전략의 사용, 높은 기대의 전달, 수업의 복합성 이해, 질문 전략의 사용, 학습에의 몰입 자원 등 수업의 실행 능력과 관련 지식

⑥ 숙제의 활용, 학습과정의 점검과 피드백 제공, 학급 학생의 다양한 요구와 능력 수준에 대한 대처 등 학생의 진보와 가능성의 점검 능력

이처럼 교사의 전문성, 혹은 '좋은 교사'의 조건을 밝히려는 연구들에서는, 교사가 교사로서의 기본적인 자질을 갖추고, 교육에 대한 기본적인 지식, 원리 및 이론에 대하여 철저하게 전문성을 갖추도록 요구하고 있다. 특히 학교 교육의 목표 달성에 직결되는 수업 역량에 관련된 교사의 전문성의 의미와 관련하여 슐만(Shulman, 1986)의 PCK(Pedagogical Content Knowledge)에 대해서도 관심을 가질 필요가 있다. 이 PCK 개념은 1980년대 후반 미국에서 교사의 전문성을 판단하기 위한 기준으로 제안된 것으로, '교사가 지닌 수업에 관한 전문지식'은 ① 교과내용 지식, ② 교수법 지식(이후 내용교수 지식으로 수정), ③ 교육과정 지식의 세 가지로 구성된다는 것이다. 즉, 유능하고 전문성을 갖춘 교사는, 가르치는 교과의 내용, 그 내용에 적절한 교수법, 그리고 이 두 요소를 포함한 교육과정 전체에 대한 지식을 통합적으로 적용하는 수업을 실천할 수 있다는 것이다. 후속 연구에서 교사의 전문지식을 구성하는 지식 기반에 다음의 일곱 가지 요소가 있다고 수정 제안하였다(Shulman, 1987).

① 자신이 가르치는 교과(교과내용 지식)

② 학급 관리, 효율적 수업과 평가 등에 관한 원리 등 모든 교과에 적용될 수 있는 일반적인 수업전략(일반교수법 지식)

③ 가르치는 교과와 학년 수준에 적합한 교육과정 자료와 프로그램(교육과정 지식)

④ 특정 학생과 특정 개념을 적합한 구체적인 수업방법(PCK)

⑤ 학습자의 특성과 문화적 배경(학습자에 대한 지식)

⑥ 짝, 소집단, 팀, 교실, 학교, 지역사회 등 학습자들의 학습상황(교육적 상황에 대한 지식)

⑦ 수업의 목적과 목표(교육의 철학적·역사적 목적에 대한 지식)

이어 슐만의 주장을 수정한 그로스만(Grossman, 1990)은 수업 전문성의 핵심으로 일반 교수법 지식(PK), 교과내용 지식(CK), PCK, 상황 지식으로 요약하면서, 이 중에서 교사의 PCK가 교사의 수업행동에 가장 강력한 영향을 끼친다고 하였다.

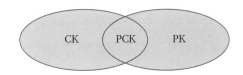

CK: 교과내용 지식, PK: 일반 교수법 지식
PCK=CK(Content Knowledge) + PK(Pedagogical Knowledge)

[그림 1-1] CK, PK와 PCK

즉, 수업의 전문성을 발휘하는 좋은 교사는 교사로서의 기본적인 특성 외에 자신이 가르치는 교과, 일반 교육학, 그리고 이들을 서로 결합하여 효율적으로 실천할 수 있는 능력 세 가지를 갖추고 있다는 것이다. 따라서 좋은 교사는 가르치는 교과의 내용에 관한 전문성, 가르치는 내용, 가르치는 대상인 학생이나 교실 환경을 고려한 수업기법, 그리고 이 두 가지 지식에 대한 최적의 조합을 만들어 낼 수 있는 전문성을 발휘할 수 있어야 한다. 이 가운데 교과내용 지식은 각 교과의 배경이 되는 학문을 연구하는 학자나 각 교과교육학자, 그리고 일반 교육학적 지식이나 조합의 방법은 교육학자의 체계적이고 과학적인 연구 과정의 산물이다. 특히 교육심리학은 수업에 관여하는 인적 요소들의 심리적 현상에 관한 과학적 연구를 담당하는 분야로 교사가 좋은 수업을 실천하기 위해 필수적으로 학습해야 하는 영역이다. 그러나 교육심리학자가 과학적 연구를 통해 제안된 지식이나 원리라고 해서 교실에 바로 적용할 수 있는 것은 아니다. 그 이유는 모든 교실이 동일하지는 않으며, 각 교실에서 생활하는 학습자와 교사의 심리적 특성, 그리고 이들 사이의 다양한 상호작용 유형과 물리적 환경 등 모든 면에서 다른 특징을 지니고 있기 때문이다. 따라서 교사가 자신의 교육심리학적 원리나 지식을 학교 현장에서 유용하게 활용하려면, 그 일반적인 지식이나 원리를 각각의 교실 상황에 맞게 재구성하거나 재해석하는 창의적인 능력이 필요하다.

따라서 과학자로서의 교육심리학자와 실천가로서의 교육자들은 항상 상대방의 업적이나 행위에 관심을 가져야 한다. 그러므로 '교육심리학'과 '교사의 교육행위'는 항상 상호의존적 관계에 있다고 할 수 있다. 교육심리학의 고유 연구 영역이 '교육 현상'인 한, 교육심리학은 학교 현장을 떠날 수 없으며, 교육 현장에서 핵심적으로 진행되는 사건들이 '인간들 간의 관계'인 한, 현장 교육 역시 교육심리학에 의존할 수밖에 없다. 그러나 교사나 교사 지망생들이 교육심리학을 공부한다고 해서 모든 교육심리학적 문제를 다 해결할 수 있는 것은 아니다. 흔히 '가르치는 일'은 '과학'이냐 '예술'(기예)이냐에 대해서 많은 논쟁을 하곤 한다. 그러나 '가르치는 일'은 '과학'인 면도 있고, '예술'인 면도 동시에 가지고 있다. 즉, 교육심리학적 지식이나 기술 등은 훈련이나 교육 등을 통해 얼마든지 배양할 수 있지만, 그 지식이나 기술을 학교 현장에서 적절하고 유용하게 적용할 수 있는 능력은 예술 쪽으로 상당히 치우쳐져 있는 것이 사실이다. 따라서 교사나 교사 지망생은 교육과 관련된 지식이나 기술을 끊임없이 연마해야 함은 물론이고, 그 지식이나 기술을 창의적으로 적용할 수 있는 능력을 개발하거나 배양하려는 노력도 게을리 해서는 안 된다. 좋은 교사가 되기 위해 많은 시간과 경험이 필요한 것도 이 때문이다.

2. 교육심리학의 이해

과학적 학문으로서의 교육심리학을 연구하는 것은 전문 학자들의 과제이고, 그 학자들이 발견하거나 개발해 놓은 원리나 법칙들을 교육 현장에 적용하는 것은 교사들의 과제다. 그러나 이 말이 학문적 탐구영역으로서의 교육심리학이 일선 교사에게는 관심 밖의 영역이라거나, 학교 현장에서 일어나는 사건들이 전문적인 교육심리학자들에게는 아무런 가치가 없는 것이라는 말은 아니다. 학교 교육이 의도한 목표를 달성하려는 의도적 활동이며, 교사는 이 의도적 활동을 계획적으로 실천해야 하는 입장이므로, 의도한 목표를 달성하는 데 도움이 되는 과학적 연구 업적을 알아야 한다. 따라서 교사는 우선 교육심리학의 지식이나 원리를 철저하게 학습해 두어야 할 필요가 있다.

교육심리학을 이해하기 위해 먼저 '교육'과 '심리학'의 성격을 생각해 보면, 교육심리학은 글자 그대로 '교육'과 '심리학'의 합성어다. 따라서 각각의 용어가 가지고 있는 의미를 이해함으로써 '교육심리학'의 본질을 이해할 수 있을 것이다.

1) 교육의 정의

교육을 정의하는 방식에는 여러 가지가 있지만, 일반적으로 구체적인 교육이 이루어지는 학교 장면에서 교사의 실천적 교육활동의 지침이 되면서 동시에 과학적인 학문적 논의의 지침으로 널리 활용되는 것이 조작적 정의다. 보통 교육의 조작적 정의는 "인간 행동의 계획적 변화(정범모, 1976: 16)"로 규정되며, 이 정의에서는 다음과 같은 세 가지의 의미를 추출할 수 있다.

첫째, 교육을 통해 변화시키려는 대상은 '인간의 행동'이다. 물론 인간의 행동에는 눈으로 관찰할 수 있는 가시적이고 외현적인 행동뿐만 아니라, 눈으로 확인할 수 없는 내면적이고 정신적인 행동, 즉 사고(思考)나 인지과정에서의 변화도 포함된다. 그러나 교육은 직접적으로 관찰할 수 없는 내면적·정신적 행동의 변화를 더 중시해야 한다. 즉, 교육은 마지못해 자리를 양보하는 외현적 행동을 하는 사람과 마음에서 우러나와 자리를 양보하는 사람의 행동 가운데 후자의 행동을 더 비중 있게 다룬다는 의미다. 둘째, 교육이 추구하는 궁극적인 현상은 '변화'라는 점이다. 물론 교육 과정을 통해 일어나는 변화의 범위에는 한계가 있다. 즉, 본능적 혹은 생리적 반사에 의해 나타나는 변화, 성숙에 의해 때가 되면 자연스럽게 나타나는 변화, 그리고 약물이나 신체적 피로 등에 의한 일시적 변화는 교육이 추구하는 변화의 범위에서 제외된다. 즉, 교육에 의한 변화는 후천적이고 지속적이며 장기적인 변화가 되어야 한다. 셋째, 교육에 의한 변화는 '계획적'으로 이루어진다. 교육이라는 활동은 아무런 생각 없이 즉흥적이고 주먹구구식으로 이루어지는 것이 아니라, 교사가 교육활동을 전개하기 전에 사전에 준비한 의도와 계획을 가지고 있어야 한다. 이런 사전 계획은 곧 교사가 어떤 수업목표를 달성하기 위해, 어떤 내용을, 어떻게 가르칠 것인가를 치밀하게 고려해서 실천하는 의도적 활동이다.

이처럼 교육이란 의도적 계획에 의해 인간, 즉 학습자의 지속적인 행동 변화를 유도하려는 활동이다. 그러나 이 정의에서 명시되어 있지는 않지만, 교육을 정의할 때 더 중요하게 고려해야 할 요소가 있다. 즉, 교육 활동에 의한 변화는 모두 바람직한 방향으로 변하는 것이어야 한다. 따라서 가치가 없거나 바람직하지 않은 행동의 변화는 교육에 의한 변화라고 할 수 없다. 예를 들어, 세계 제일의 소매치기 전문가가 직접 개발한 6개월짜리 소매치기 기술 프로그램이나 군인을 대상으로 한 살인병기 만들기 프로그램은 앞서 언급한 조작적 정의의 세 가지 기준은 다 충족시킬 수 있지만, 이 프로그램들에서 변화시키려는 행동이 바람직한 행동이어야 한다는 묵시적 합의에 위배되기 때문에 교육이라고 하지 않고 훈련이라는 표현을 사용하게 된다.

결론적으로 교육은 '인간의 행동을 항상 바람직한 방향으로 계획적 · 의도적으로 변화시켜 장기간에 걸쳐 지속되게 하려는 활동'이다. 그렇다면 구체적으로 이런 변화를 유도하려면 어떻게 해야 할까? 즉, 바람직한 행동의 변화를 가져오기 위한 교육의 방법론에 대한 해답을 얻기 위해 다양한 학문 영역의 과학적 연구 성과를 활용할 수 있다. 특히 교육심리학에서는 일반 심리학의 과학적 연구 성과에 많은 도움을 받게 된다.

2) 심리학과 교육

일반적으로 독일의 분트(W. Wundt)가 라이프치히 대학교에 심리학실험실을 만든 1879년을 과학적 심리학이 시작된 시점으로 간주한다. 그 이후 심리학자들의 관심이나 연구 대상, 또는 채택한 연구 방법론의 성격에 따라 심리학의 학문적 정의가 다양하게 내려졌으나, 최근에는 '인간의 행동과 정신적 과정을 과학적으로 연구하는 학문'이라는 내용이 공통적으로 포함되어 있다.

여기에서 한 학문이 과학으로 성립하기 위한 두 가지 조건, 즉 그 학문만의 독특한 연구 내용과 과학적인 연구 방법 문제를 검토해 볼 필요가 있다. 즉, 앞에서 지적한 것과 같이, 심리학의 일반적인 정의가 내려지기까지, 심리학의 과학적 연구 내용은 '의식 → 무의식 → 외현적 행동 → 정신적 과정'으로 연구의 초점이 바뀌어 왔다. 또 과학적 심리학이 사용하는 방법론의 측면에서도 초기의 구조주의 심리학이 사용한 내성법(內省法)이나 정신분석학의 임상적 분석법 등은 지나치게 주관적인 방법론이라고 비판을 받았으며, 이후 과학적, 즉 객관적이고 수량화할 수 있는 방법론을 사용하는 것이 보편적인 경향이었다. 심리학의 이러한 발달 과정을 살펴보면 '객관적 과학으로서의 심리학'이라는 전제로 인해, 바람직한 가치를 지향하는 '교육'과는 상당한 거리가 있다. 따라서 심리학과 교육은 다양한 차이가 있지만(권대훈, 2003; 이성진, 2002), 중요한 차이점은 세 가지 정도로 요약할 수 있다.

첫째, 심리학은 인간의 정신현상이나 행동에 관한 보편적인 원리와 법칙을 탐구하는 데 관심을 가지나, 교육에서는 교실이라는 특수한 상황에서 개인 학습자들의 의미 있는 변화에 관심을 가진다. 즉, 심리학은 적용 가능성이 높은 보편적이고 일반적인 원리를 발견하거나 확립하는 것이 목적이지만, 교육에서는 한 명 한 명의 학습자들이 모두 중요하며 보편적 원리나 법칙의 확립 자체가 최종 목적은 아니다.

둘째, 심리학은 보편적 원리를 탐색하기 때문에 가치중립적인 색채를 띤다. 그러나 교육은 명백하게 규정된 바람직한 가치를 실현하거나 또는 묵시적으로 가치 있는 것만을 그 대상으로 하기 때문에 항상 가치지향적이다. 따라서 가치중립적인 심리학에서 밝혀진 원리나 법칙들을 가치지향적인 교육 상황에 그대로 적용할 경우 문제가 발생하기도 한다.

셋째, 심리학에서 제시하는 원리나 법칙들은 실험실에서 인위적 통제가 이루어진 상황을 통해 확립되는 경우가 많지만, 교육이 이루어지는 교실은 예측하지 못한 어떠한 돌발사태도 일어날 수 있는 자연적인 상황이다. 즉, 교실에서의 실제 수업상황은 교실마다 다를 뿐만 아니라, 예측하지 못한 다양한 돌발적 변인이 나타나 교실에서의 수업과정에 어떤 영향을 줄지 예측할 수 없다.

이상과 같이 심리학과 교육은 그 성격상 상반되는 특성을 지닌다. 그러므로 상반되는 학문적 성격을 어떻게 조화시킬 수 있고, 이를 통해 '교육심리학'이라는 학문이 성립될 수 있으며, 또 교사들이 교육심리학을 배우는 것은 어떤 의미가 있는가를 밝히는 것이 중요하다.

3) 교육심리학

18세기 자연주의 아동관과 19세기의 아동의 발달에 대한 과학적 이해 운동을 배경으로 과학적 교육심리학이 출범하게 된다. 미국의 손다이크(E. L. Thorndike)는 1913년과 1914년 사이에 『교육심리학(Educational Psychology)』이란 세 권의 저서를 출판하면서 교육심리학의 '양 측정운동'을 펼친 공로로 현대 교육심리학의 시조로 간주되기도 한다. 그러나 이 시기의 교육심리학은 '심리학적 지식, 즉 심리학의 여러 가지 개념, 원리, 법칙 혹은 이론과 방법을 적용하여 교육문제를 연구하는 학문'이었다. 즉, 심리학적으로 교육문제를 발견하고 이를 해결하려는 학문이라고 할 수 있다. 이러한 관점을 광의의 교육심리학으로 칭하기도 하지만, 이 입장의 교육심리학은 독자적 탐구 분야가 없는 응용 학문처럼 보이고 만다. 따라서 이 입장을 채택하면 심리학개론과 교육심리학의 구분이 대단히 모호해지며 이런 경향은 1950년대까지 유지되었다.

그러나 1950년대 후반부에서 1960년대 사이에 교육심리학에 관계되는 각종 학술지들이 창간되면서 독립된 학문으로서의 교육심리학이 자리를 잡기 시작하였다. 특히 위트록(Wittrock, 1970)은 '교육심리학은 교육 장면에서 인간 행동을 과학적으로 연구하는 학문'이라고 정의함으로써, 교육심리학이 독립된 학문임을 분명하게 천명하였다. 이런 입장을 좁은 의미에서의 교육심리학이라고 한다. 여기에서 교육심리학은, '교육이 일어나는 대표적 상황인 학교에서 교사는 가르치고 학생은 배우는 교육적 과정인 교수(teaching)와 학습(learning)에 대한 심리학적 연구'를 뜻한다. 물론 교육심리학은 학생에 대한 교사의 학습지도뿐만 아니라 생활지도에도 관심을 갖지만, 교육심리학을 더욱 좁게 볼 때는 대체로 학습지도라고 할 수 있는 수업, 즉 교수-학습과정에 대한 심리학적 탐구를 의미한다고 볼 수 있다.

예를 들면, 오수벨(Ausubel, 1969)은 교육심리학이 학교 학습에 초점을 맞추어야 함을 강조한 바 있고, 위트록(Wittrock, 1967)은 교육심리학은 심리학의 원리를 단순히 교육에 응용하는 수준을 넘어 교육에 내재하고 있는 심리학적 현상을 과학적으로 연구하는 학문이라고 규정하였다. 이러한 입장이 오늘날에는 더욱 발전하여 슬라빈(Slavin, 2000)은 교육심리학자들은 교사가 직무에 관하여 비판적으로 사고하고 의사결정을 효율적으로 할 수 있도록 교사에게 필요한 정보를 제공하며, 이를 위해 학습자의 특성, 학습의 원리 및 수업방법에 관한 연구를 수행하는 학문이라고 규정하게 되었다. 연구의 범위야 어떠하든 이 입장에서의 교육심리학은 하나의 독립된 학문으로서 독자적인 이론과 지식을 생산하는 분야인 것이다.

그러나 교육심리학이 독자적인 과학적 학문으로 규정되었다는 사실로 인해 교육의 본질을 오해해서는 안 된다. 즉, 교육이 가치 지향적 활동이고 교육심리학은 과학을 지향하는 학문이라면, 여기에서도 여전히 보편성과 특수성의 대립 문제가 제기될 수 있다. 즉, 과학적이고 보편적인 지식과 이론의 생산을 목적으로 하는 교육심리학과 개별성을 강조하는 교육 실제와의 관계를 어떻게 정립할 것인가 하는 것이 문제가 된다.

일반적으로 교육심리학은 전문적인 학자들과 일선 교사 모두에게 도움을 줄 수 있으며, 이 두 가지를 교육심리학이 추구하는 목적과 연결해 보면 교육심리학이 교사에게 어떤 도움을 줄 수 있는지 분명해질 것이다.

첫째, 학문으로서의 교육심리학은, 하나의 독립된 과학으로서 다른 여타 학문과 동일하게 고유한 연구 대상과 연구 방법이 있어야 한다. 그러면 먼저 교육심리학에서 독특하게 다루는 연구 대상 혹은 연구 영역은 무엇인가? 그 답은 분명하다. 즉, 교육심리학은 교육과 관련된 현상, 또는 더 좁게 말해서 교실에서 일어나는 모든 교육적 현상을 그 연구 대상으로 한다.

둘째, 교육심리학이 일선 교사에게 도움을 줄 수 있다는 말은 곧 일선 교사가 직면하는 교육상의 문제에 대해 교육심리학적 통찰을 제공할 수 있다는 의미다. 즉, 교사는 교육심리학적 지식을 활용함으로써 자신이 직면하고 있는 문제를 해결할 수 있다. 따라서 다음으로 생각해 보아야 할 과제는 교육심리학의 학문적 성격과 일선 학교의 교사들에게 도움이 되는 실용적인 차원에서의 교육심리학의 관계를 어떻게 이해할 것인가 하는 문제다.

4) 교육심리학의 내용

교육은 가치 지향적인 의도적 활동이며, 여기에서 가치란 곧 학교 교육의 이념이나 목적이 된다. 이 학교 교육의 이념이나 교육목적을 달성하기 위한 수단으로 교육의 내용이 결정된다. 그리고 학교의 교육내용은 곧 학교의 교육과정(curriculum)이 된다. 교육내용이 결정되면, 교사와 학생이 만나는 수업장면이 이어진다. 즉, 교수-학습활동이 전개된다. 그리고 그 교수-학습활동의 결과, 곧 교육목적의 달성 여부를 판단하는 교육평가 활동이 이어진다. 학교 교육의 과정을 단순화한 것이기는 하지만 이상의 과정이 곧 학교 교육의 과정이다. 이 과정을 간략하게 도식화하면 [그림 1-2]와 같다.

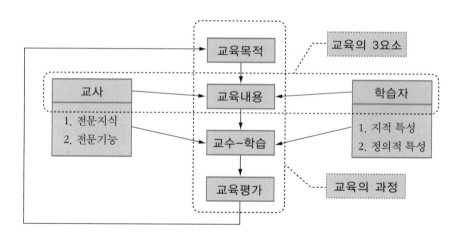

[그림 1-2] 학교 교육의 과정과 교육심리학

[그림 1-2]에서, 교사-교육내용-학습자는 '교육의 3요소'로 교육이 성립하기 위해 가장 기본적으로 갖추어져야 하는 요소다. 그리고 교육목적 → 교육내용 → 교수-학습 → 교육평가의 과정은 교육이 전개되는 기본 과정이다. 이 과정에서 교육심리학은 모든 요소, 그리고 이 요소들 사이에 이루어지는 모든 과정에 관심을 가지며 관여한다. 그러나 교육학의 다양한 하위 학문영역들에서 주로 관심을 가지는 영역을 제외하고, 교육심리학이 주로 관심을 갖는 부분을 이 책의 내용과 관련하여 정리하면 다음과 같다.

첫째, 학습자에 관한 영역이 가장 핵심적인 영역이다. 교육은 인간 학습자의 변화를 추구하기 때문에 학습자의 여러 특성을 이해하는 것은 필수적이다. 따라서 교육심리학에서 가장 비중 있게 다루어지는 영역도 이 학습자의 특성에 관한 것이다. 여기에는 학습자의 지적·정의적 특성과 그 발달, 개인차 등이 포함된다. 물론 더 세부적으로 학습자들의 인지, 정서, 성격, 도덕성 등의 발달 영역, 지능, 창의성, 학습동기, 학습양식 등에서의 개인차 영역, 이런 특성들이 학습효과에 미치는 영향이나 적응과 부적응 문제 등을 다루게 된다.

둘째, 교사와 관련된 문제에 대해서도 관심을 갖는다. 특히 교사의 전문성, 교수이론, 그리고 효과적인 교사의 특성 등이 학교 교육의 성과를 결정하는 데 지대한 영향을 주기 때문에, 이 책에서는 '제11장 수업이론'에서 다루게 된다.

셋째, 교수-학습에 관한 영역이 있다. 이 책의 여러 부분에서 교수-학습과 관련한 내용이 다루어지기도 하지만, 교수이론, 학습이론 등을 별도의 장으로 다룸으로써 교육목표 달성을 위한 이론적 근거를 습득할 수 있다.

넷째, 교육의 효율성을 따져 보는 평가활동에 관심을 가진다. 전통적인 심리측정이론과 최근 강조되는 질적 평가, 특히 수행평가 등 다양한 이론적 관점에 기초해, 어떻게 하면 학습자들의 지적·정의적 특성들과 학습의 정도를 정확하게 잴 수 있으며, 그런 측정도구의 조건, 측정의 방법, 즉 시험문항과 관련된 내용을 다룬다.

3. 교육심리학의 연구 방법

교육심리학 역시 과학적인 학문으로서의 성격을 지니고 있기 때문에 과학적 검증 절차를 중시한다. 모든 과학적 학문은 연구하고 있는 현상에 대한 기술, 설명, 예언, 통제를 기본 목적으로 한다. 교육심리학 역시 교육 현상을 기술하고, 설명하고, 예언하고, 통제하려고 한다. 여기에서 '기술(記述)'이란 현상을 있는 그대로 요약, 정리하여 서술하는 것을 말한다. '설명(說明)'이란 어떤 현상이 존재할 때 그 현상이 나타난 원인을 밝히는 일이다. '예언(豫言)'은 특정 현상에 대한 정보에 근거하여 다른 현상을 추측하거나 추리하는 것을 말한다. '통제(統制)'는 특정 현상을 유발하는 요인을 인위적으로 조작하여 그 현상이 나타나도록 하거나 나타나지 않도록 하는 것을 말한다. 초등학교 남학생과 여학생들의 지능지수를 조사한 결과를 그대로 제시하면 '기술'이고, 남학생과 여학생 사이의 지능지수에 차이가 있을 때 그 이유를 제시하는 것이 '설명'이며, 남학생의 지능지수 평균에 근거하여 특정 남학생의 학업성적을 추측하는 일은 '예언'이고, 특수한 학습방법을 개발하여 가르침으로써 학생들의 지능지수를 향상시키려고 한다면 '통제'에 해당한다. 이처럼 교육심리학의 과학적 연구는 교육 현상을 기술하고, 설명하고, 예언하고 통제하는 데 관심을 갖지만, 궁극적인 관심은 통제, 즉 어떤 현상에 영향을 주는 요인들을 조작함으로써 바람직한 현상을 이끌어 내는 데 있다고 할 수 있다.

여기에서는 이러한 목적을 지닌 교육심리학의 연구 방법에는 어떤 것들이 있는가에 대해 설명하고자 한다. 이 연구 방법의 분류 기준은 매우 다양하지만, 먼저 최근에 부각되고 있는 질적 연구 방법에 초점을 맞추어 양적 연구와 질적 연구의 차이에 대해 먼저 설명한 다음, 양적 연구의 대표적인 연구 방법 세 가지를 소개하고자 한다.

1) 양적 연구와 질적 연구

전통적인 객관적 실증주의에 기초하는 양적 연구(quantitative research)란 수량화할 수 있는 자료를 수집하여 분석하는 연구 방법이다. 이에 반해 해석학, 문화기술지이론 등 다양한 배경을 지닌 질적 연구(qualitative research)는 자연스러운 연구 상황에서 연구자가 관찰이나 면접, 대화 등의 자료를 수집해 분석하며, 동일한 연구 상황이라 하더라도 연구자에 따라 관점이 다르고 맥락이 다르기 때문에 얼마든지 다른 의미를 추출할 수 있다고 본다. 이 두 연구 방법은 여러 가지 면에서 차이를 보이고 있다. 먼저, 두 가지 연구 방법의 특징을 정리하면 다음과 같다(권대훈, 2003).

양적 연구 방법의 일반적인 특징은 다음과 같다. ① 연구가 수행되기 전에 가설과 연구 절차를 체계적으로 계획하며, ② 연구 장면을 엄격하게 통제하고, ③ 통계적으로 의미 있는 결과를 얻기 위해 많은 표본을 대상으로 연구를 하며, ④ 주로 통계적인 방법을 활용해 자료를 분석하고, ⑤ 대부분의 자료는 지필검사나 설문지 등 수량화가 가능한 방법으로 수집되며, ⑥ 연구자는 연구 대상과 밀접하게 접촉할 기회가 거의 없다. 이 양적 연구에 속하는 연구 유형으로는 기술연구, 실험연구, 준실험연구, 사후연구, 상관연구 등이 있다.

반면, 질적 연구 방법의 특징은 다음과 같다. ① 현장 중심적이어서 연구자는 현장에서 많은 시간을 보내고, ② 연구자가 직접 현장에서 관찰, 면접, 대화 등의 질적 자료를 수집하고 해석하여, ③ 주로 연구자의 해석을 통해 수집된 자료를 분석하며, ④ 연구자는 생동감 있는 표현을 사용해서 기술하고 설명하므로 연구자에게는 고도의 해석 기능과 글쓰기 능력이 요구되며, ⑤ 소수의 연구 대상을 장기간 동안 심층적으로 분석하여, ⑥ 신뢰성, 일관성, 해석의 논리 등을 통해 질적 연구 결과를 판단한다. 이 질적 연구에 해당하는 하위 유형으로는 현상학적 연구, 문화기술적 연구, 전기적 연구, 사례연구, 역사적 연구, 근거이론 등이 있다.

이상과 같은 특징 이외에도 양적 연구와 질적 연구는 여러 가지 측면에서 차이를 보이고 있다. 이러한 차이는 〈표 1-1〉과 같이 정리할 수 있다.

〈표 1-1〉 양적 연구와 질적 연구의 차이

구분	양적 연구	질적 연구
접근	연역적 접근	귀납적 접근
목적	이론 검증, 예언, 사실 확인, 가설검증	다양한 현상 기술, 심층적 이해, 일상적이고 인간적인 맥락
연구초점	변인의 통제, 대표본, 연구 대상과 접촉하지 않음, 양적 자료 수집	전체 맥락 검토, 연구 대상과 상호작용, 면 대 면의 관계에서 자료 수집
연구계획	연구 전 계획 수립, 구조화됨, 형식적	착상과 더불어 연구 시작, 융통성이 있고, 잠정적
자료분석	통계적 자료 분석	해석적, 기술적 자료 분석

〈표 1-1〉을 보면, 양적 연구는 연역적 접근을 취하나 질적 연구는 귀납적 접근을 하며, 양적 연구는 사전에 가설이 진술되지만 질적 연구에서는 연구 수행 도중에 가설이 진술되고 또 수정되기도 하며, 양적 연구는 분석적이고 결과 중심적인 데 비해 질적 연구는 전체적이고 과정 중심적이다. 또한 양적 연구는 소수의 변인의 효과나 영향력을 밝히기 위해 가외변인을 통제하지만 질적 연구는 수많은 변인을 통제 없이 장기간에 걸쳐 탐구한다는 등의 차이가 있다. 그러나 이러한 차이가

있음에도 불구하고 양적 연구와 질적 연구는 상호 배타적인 연구 방법이 아니라 상호보완적인 연구 방법으로 이해해야 한다. 또 그 명칭상의 차이는 연구 과정의 특징을 구분하기 위해 편의상 붙여 놓은 것에 불과하다는 생각하는 것이 옳은 태도라고 할 수 있다.

2) 기술연구

기술연구(descriptive study) 방법은 단순한 사실의 조사에서부터 어떤 이론이나 원리를 발견하기 위한 가설검증의 연구에 이르기까지 광범위하게 채택된다. 흔히 이 기술연구에 의한 보고서에는 조사 결과, 면접 결과, 교실에서의 실제 대화 기록, 수업활동 기록 등이 포함되기도 한다. 즉, 기술연구를 수행하는 목적은 연구자가 관심을 갖고 있는 현상이나 사건에 대하여 아무런 통제나 조작을 가하지 않고, 자연적인 상황에서 있는 그대로를 파악하여 정확하게 기술하는 것이다. 이 기술연구의 하위유형에는 다음과 같은 것들이 있다.

첫째, 조사연구(survey research)에서는 어떤 사실, 현상이 존재하고 있는가를 파악하여 드러난 사실을 있는 그대로 기술하고 해석한다. 예를 들어, 학생들을 바르게 이해하고 지도하려면, 학생들이 지니고 있는 특성들을 정확하게 파악하는 것이 우선이다. 따라서 수많은 학생을 연구 대상으로 표집하여 학생들의 평균 지능, 정의적 특성, 가정환경 등에 대한 조사를 하게 된다. 또 새로운 정책을 도입하기 위해서는 현재의 상황이 어떠한가를 먼저 파악해 두어야 한다. 이상과 같은 현상이나 사실을 파악한 후 새로운 수업방법이나 정책이 도입되거나 기존의 수업방법이나 정책이 수정되기도 한다.

둘째, 사례연구(case study)에서는 개인이나 집단을 대상으로 어떤 문제나 특성을 심층적으로 조사하고 분석한다. 즉, 소수의 연구 대상을 선정해서 다양한 방법으로 필요한 정보나 자료를 수집해서, 연구 대상이 지니고 있는 구체적인 사실을 밝히려는 경우에 채택된다. 예를 들면, 노련한 교사의 수업준비, 계획과 진행방식의 특징을 밝히거나, 성적이 우수한 학생이 공부할 때 사용하는 학습방법이 학습시간대, 학습시간의 경과 등에 따라 어떻게 달라지는지 파악하려고 할 때 사례연구 방법을 사용한다.

셋째, 발달연구(developmental study)에서는 인간 행동의 변화를 추적하여 그 과정을 기술하고 발달에 영향을 주는 요소들을 확인하려고 한다. 발달연구는 주로 인간의 연령 증가에 따른 변화 과정에 관심을 갖는데, 발달 경향과 속도, 유형과 한계, 그리고 성장과 발달에 작용하는 여러 변인의 규명이나 그 변인들 간의 관계를 탐구하는 것을 주목적으로 한다. 예를 들면, '인간의 지적 능력은 연령에 따라 어떻게 변화되는가? 언어 발달에 영향을 주는 요인에는 무엇이 있으며, 이 요인들 간의 관계는 무엇인가?'를 연구하려고 할 경우에 채택한다. 이 발달연구에는 한 시점에서 동시에 여러 연령층의 연구 대상들을 선택해서 발달상의 특징을 알아보는 횡단적 연구(cross-sectional study), 동일한 연구 대상을 오랜 기간 동안 계속 추적하면서 관찰하는 종단적 연구(longitudinal study), 그리고 횡단적 연구와 종단적 연구의 장점과 단점을 고려하여 두 연구 방법의 장점만을 활용하여 발달현상을 연구하는 횡단적-단기종단적 연구(cross-sectional/short-term longitudinal study) 등의 하위 유형이 있다.

넷째, 민족지학연구(ethnography)는 한 집단 속에서 일어나는 자연적인 사건들이 그 집단 구성원들에게 어떤 의미를 가지는지를 파악하려고 할 때 수행한다. 예를 들면, 유능한 중학교 수학 교사의 특성을 밝혀내기 위해 이 교사가 하는 수업장면을 자세하게 관찰한 다음, 녹음한 내용, 교사들과의 면담 내용 등을 관찰 결과와 더불어 종합적으로 분석하여 유능한 수학교사와 초보 수학교사 사이의 차이점을 밝혀낼 수 있다.

3) 상관연구

기술연구를 채택한 경우에도 변인들 간의 상관관계를 밝히기도 하지만, 상관연구는 독립적으로 수행되기도 한다. 상관연구(correlational study)는 어떤 사건이나 현상에 내재되어 있는 여러 변인 간의 상호 관계를 밝히려고 할 때 사용한다. 상관(correlation)이란 두 변인 사이, 혹은 두 측정치나 점수들 사이의 관계의 정도와 방향을 나타내며 이를 수치화했을 때 상관계수라고 한다.

상관계수	선형관계	산포도
+1.00	완전, 정적 상관관계	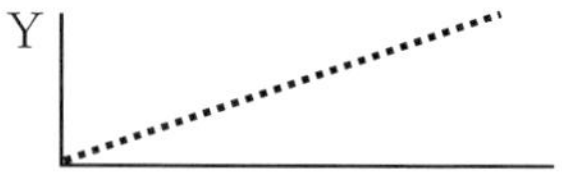
+.50	보통, 정적 상관관계	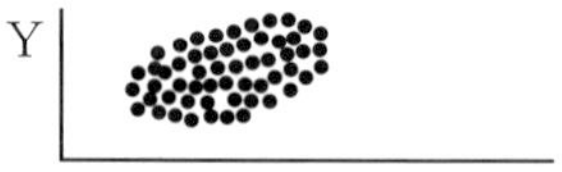
.00	상관관계 없음	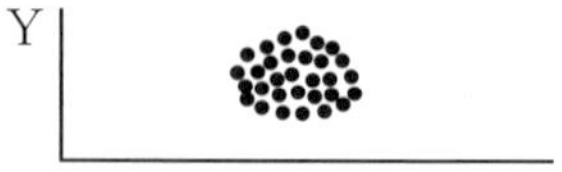
-.50	보통, 부적 상관관계	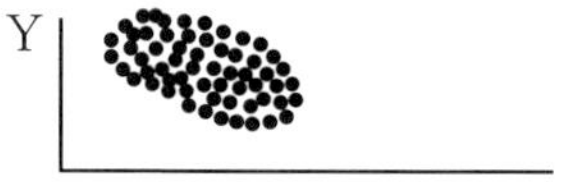
-1.00	완전, 부적 상관관계	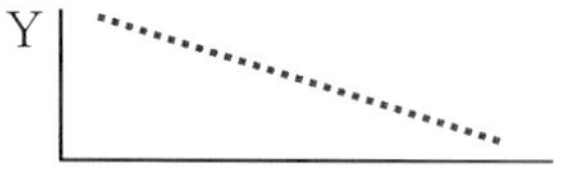

[그림 1-3] 상관관계와 산포도

　상관계수는 -1.00에서 +1.00 사이의 값을 가지며, -1.00이나 +1.00에 가까운 값을 가질수록 상관관계가 강하다고 하고, 0에 가까운 값이 나타나면 상관관계는 약하다고 한다. 예를 들어, 초등학교 6학년 학생들의 국어 성적과 IQ를 측정한 결과, 두 변인 사이에 +.70의 상관계수가 산출되었다면 비교적 강한 상관관계가 있다고 해석한다. 상관계수 앞에 붙는 부호는 관계의 방향을 의미하는데, + 부호는 정적 상관으로 두 변인의 값이 동시에 증가하거나 동시에 감소하게 된다. 예를 들면, 학생들의 IQ가 높을수록 학업성적도 증가하는 경우다. - 부호는 두 변인의 값이 변하는 방향이 서로 다른 경우로, 바깥의 기온과 껴입은 옷의 무게는 서로 반대 방향으로 값이 변한다. 즉, 기온이 내려갈수록 껴입은 옷의 무게는 늘어나는 것이다.

　상관계수의 해석에서 유의해야 할 점은 상관계수는 두 변인 사이에 관계가 있다는 것을 말할 뿐이지 인과관계로 해석할 수는 없다는 점이다. 키와 몸무게는 상당한 정적 상관관계가 존재하지만 인과관계로 해석할 수는 없다. 즉, 키가 큰 사람일수록 몸무게가 많이 나가는 경향은 있지만, 키가 크다고 해서 반드시 몸무게도 많이 나가는 것은 아니다. 그러나 상관관계의 이런 특성을 이용해서 한 변인에 대한 값을 알 경우 다른 변인의 값을 어느 정도 예측할 수는 있다. 만약 키와 몸무게라는 두 변인 간의 상관관계가 높을 경우 키를 알면 어느 정도 몸무게를 예측할 수 있다. 또한 상관계수(r)를 제곱하면 결정계수(r^2)가 되어 변량의 개념으로 해석할 수 있게 된다. 지능과 학업성적 사이의 상관계수가 +.70일 때 어느 한 변인은 다른 변인의 변량 49%(r^2=.49)를 설명할 수 있을 정도로 강력한 관계임을 짐작할 수 있다.

4) 실험연구

실험연구(experimental study)에서는 두 변인 사이의 단순한 관계를 초월하여 인과관계를 밝힐 수 있다. 즉, 실험상황에서 연구자가 관심을 갖고 있는 변인을 조작하여 실험처치를 가하고 그 실험처치의 결과를 확인하여 변인들 사이의 인과관계를 확인한다. 실험연구에서는 연구자가 관심을 갖고 있는 변인만의 효과를 순수하게 파악하기 위해 실험 조건을 계획적으로 조작하며, 관심의 대상이 되는 변인 이외의 가외변인은 철저하게 통제한다. 이 실험의 결과가 타당하기 위해서는 내적 타당도와 외적 타당도를 확보할 수 있도록 실험설계에 유의해야 한다. 교육심리학자가 실험연구를 선호하는 이유 중의 하나도 변인의 엄격한 통제를 통해 자신이 관심을 갖고 있는 변인의 순수한 실험처치 효과를 정확하게 밝혀낼 수 있기 때문이다.

실험연구에서는 두 개 이상의 변인이 연구의 대상이 되는데, 보통 연구자가 임의로 조작을 하는 대상이 되는 변인이 실험변인 혹은 **독립변인**이 되며, 이 독립변인의 영향을 받는 것을 종속변인 또는 **효과변인**이라고 한다. 예를 들어, 창의성 개발 프로그램이 학생들의 창의성 향상에 미치는 영향을 실험연구 방법으로 연구할 경우, 창의성 개발 프로그램은 독립변인이 되며 학생의 창의성 향상 정도가 종속변인이 된다. 이 독립변인이 종속변인에 미치는 효과를 정확하게 밝히기 위해 인위적으로 실험집단과 비교집단(통제집단)을 구성하고, 실험집단에게는 실험처치(창의성 개발 프로그램)를 실시하여 실험처치의 효과가 비교집단과 다른가를 통계적으로 검증한다. 이때 실험집단과 비교집단의 창의성 향상 정도가 통계적으로 의미 있는 차이가 있는가 아닌가를 통계적 검정방법을 적용해 결론을 도출하게 된다.

📖 탐구 문제

1. 동물실험을 통해 정립된 학습이론을 학생들에게 적용하는 것이 과연 비윤리적인지 자신의 의견과 그 근거를 제시하시오.

2. 교육심리학의 정의를 제시하고, 학교 현장에서 교사가 직면하는 하나의 문제를 가상 사례로 선정하여 교사가 그 문제를 해결하는 데 교육심리학이 어떤 도움을 줄 수 있는지 논하시오.

3. [그림 1-2]에 제시된 내용을 참고로 전문성이 뛰어난 유능한 교사와 신참교사는 어떤 부분에서 가장 차이가 날 것으로 생각하는지 그 이유를 타당화해 보시오.

4. 교육심리학의 연구 방법 중 양적 연구와 질적 연구가 유용하게 적용될 수 있는 사례를 제시하고 그 근거를 설명하시오.

제1부
학습자의 발달

제2장
인지발달

발달(development)은 인간의 생명이 시작되는 수정부터 죽음에 이르기까지 전 생애에 걸쳐 연속해서 일어나는 시간에 따른 변화를 의미하며, 그 변화는 역동적인 과정에 의해 이루어진다(Berger, 2003). 즉, 발달이란 정자와 난자의 수정 후 청년기까지의 상승적 변화와 청년기 이후부터 사망하기까지의 하강적 변화를 모두 포함하며, 한 사람 또는 한 집단 내의 변화는 물론 각 개인들과 모든 사회 내에서 이루어지는 다른 발달과 체계적으로 연결되어 있다는 점에서 역동적 과정이다. 그리고 이 발달에 의한 변화는 양적 변화와 질적 변화 두 가지가 있다. 양적 변화는 키가 크거나 몸무게가 늘어나는 등 크기와 양의 변화를 말하며, 질적 변화란 지적 수준, 언어 수준의 향상 등과 같이 분화되지 못한 낮은 수준에서 정밀화된 높은 수준으로 구조적 변화가 일어나거나 기술이 미숙한 수준에서 유능한 수준으로 변화되는 기능적 변화를 의미한다.

한편, 인간의 발달을 결정짓는 요인에는 성숙(유전)과 경험(학습, 환경)이 있다. 성숙(maturation)이란 유전적 기제에 의해 나타나는 타고난 변화로 목소리의 변성, 초경, 뇌 기능의 분화, 사춘기의 신체적·심리적 변화 등을 의미한다. 성숙과 혼동되는 성장(growth)이라는 용어는 키, 몸무게, 근육의 증가 등과 같은 단순한 양적 변화를 의미한다. 반면, 경험은 유기체가 환경과의 상호작용을 통해 획득하는 것으로 부모, 친구, 영양, 교육, 대중매체 등 아동이 접하는 모든 물리적 · 사회적 환경과의 상호작용을 의미한다. 따라서 인간의 발달이란 '시간이 경과함에 따라 성숙과 경험이 양적 · 질적으로 상승과 하강 경향을 역동적으로 나타내는 신체적 · 심리적 변화'라고 할 수 있다.

인간의 발달은 크게 신체발달, 언어 · 인지발달, 사회 · 정서발달 및 도덕성 발달의 영역으로 구분할 수 있다. 이 장에서는 특히 학습과 중요한 관계가 있는 인지발달에 관해 다룰 것이다. 인지(cognition)라는 단어는 라틴어의 'congos cere', 즉 '아는 것(to know)'이라는 단어에 그 기원이 있다. 인지이론가들은 아동의 인지활동과 기능의 발달을 설명하는 데 초점을 두어 인간은 자신의 성숙과 이전의 경험을 보완하고자 능동적으로 환경과 상호작용하는 존재이며, 그러한 상호작용의 결과로 발달이 일어난다고 보았다. 여기에서는 사고가 보편적인 연속단계를 거쳐 발달한다고 주장하는 피아제(J. Piaget)의 인지발달이론과 아동과 주변의 사회적 맥락의 상호작용을 중시하는 비고츠키(L. Vygotsky)의 사회문화적 인지이론을 살펴보고자 한다.

1. 피아제의 인지발달이론

1) 피아제 이론의 배경

스위스 태생인 피아제(Jean Piaget, 1896~1980)는 중세 역사학자인 아버지의 영향을 받아 10세 때 이미 참새에 관한 논문을 발표하는 등 동물에 관한 연구에 몰두해 21세에 동물학 박사학위를 받았다. 그 후 아동 심리 분야에 관심을 갖고 아동의 정신의 발달 현상을 연구하기 위해 24세인 1920년 파리의 비네(Binet) 실험실에서 아동용 지능검사 방법을 개발하는 일을 맡게 된다. 그러던 중 지능검사의 문항에 오답을 하는 아동들에게는 일관성 있는 유형이 있음을 발견하고는 이러한 오류 유형들이 아동의 독특한 사고 유형, 즉 아동은 성인과는 다른 방식으로 사고한다는 생각을 하게 되었다. 아동의 독특한 사고방식을 밝히기 위해서는 표준화된 검사보다는 개방적인 임상적 방법이 더 적절하다고 생각했으며, 제네바의 루소 연구소로 자리를 옮기면서 이 방법을 적용하여 7세 이전의 어린 아동은 꿈, 도덕성 등의 주제에 대해 성인과는 다른 방식으로 사고한다는 것을 확인했다(Crain, 2005). 이후 자신의 세 자녀를 부인과 더불어 세밀하게 관찰하면서, 1940년대 초부터는 수학적 · 과학적 개념에 대한 아동의 지적 능력의 발달 과정을 인지발달이론으로 체계화했다.

피아제가 처음 연구한 분야인 생물학이나 일생 동안 관심을 가졌던 철학과 논리학은 그의 인지발달이론의 배경이 된다. 피아제는 물살이 조용한 호수에 살던 연체동물이 물살이 거센 곳으로 옮겨 생활하게 했을 때 환경의 변화가 유기체의 신체구조적 변화를 유도한다는 것을 관찰했다. 이러한 관찰은 모든 유기체는 특유의 발달을 위한 유전인자를 가지고 태어남과 동시에 환경의 변화에 적응할 수 있는 유연성을 지니고 있으며, 이 적응 능력이 곧 유기체의 생존을 결정함을 의미한다. 따라서 인간의 정신 활동을 칭하는 지적 능력, 즉 지능 역시 끊임없이 변하고 있는 주변 환경에 적응해 가는 정신적 능력을 의미하며, 피아제는 이 정신적 능력이 발휘되는 방법이 발달단계에 따라 달라진다고 주장한다. 예를 들어, 지능검사 문항에 오답을 하는 이유는 오개념(misconception)을 갖고 있기 때문이지만, 어린 아동의 오개념은 더 연령이 많은 아동이나 성인에 비해 지적 수준이 낮기 때문이 아니라 사고의 과정이 완전히 다르기 때문에 나타나는 현상으로 이해하는 것이 옳다는 것이다.

따라서 아동의 지적 능력이 발달함으로써 환경에 적응하거나 대처하는 능력 역시 발달하며, 이런 점에서 인간의 지능은 환경에 대해 인간이 취할 수 있는 모든 능력의 총체(Mead, 1977)로 정의된다. 이러한 지적 능력의 발달 과정을 피아제는 인지발달이론으로 제안하며, 이 과정에서 아동은 환경에 더 잘 적응하도록 도와주는 인지구조(cognitive structure)를 끊임없이 재구성해 나가게 된다. 지금부터 인지발달 과정에 대한 피아제의 관점을 이해하는 데 필요한 주요 개념, 인지발달 단계의 특징, 그리고 피아제 이론의 교육적 시사점을 살펴보자.

2) 인지발달의 기본 개념

피아제는 인지적 능력을 내용(content), 기능(function), 구조(structure)의 세 가지 요소로 구분하여 설명한다(김태련 외, 2011). 이 가운데 인지의 내용이란 관찰할 수 있는 지적 행동을, 인지의 기능이란 기능적 불변성(functional invariant)의 특징을 지닌 동화, 조절, 평형화의 전개 과정을, 그리고 인지의 구조란 도식(scheme)과 인지 구조를 의미한다. 그러나 인지의 내용은 겉으로 드러나는 인지적 행동으로, 이 인지의 내용은 인지의 구조와 기능에 의해 결정된다고 간주함으로써 인지의 구조와 기능이라는 두 요소를 이해하는 것에 초점을 맞추었다. 특히 인지발달이란 곧 인지구조의 발달을 뜻하는 것으로, 이 인지구조의 발달에는 생득적 요인인 신체적 성숙, 환경적 요인(물리적 경험+사회적 요인), 그리고 평형화의 세 가지 요인이 영향을 준다. 여기에서는 피아제 인지발달이론을 이해하는 데 필요한 도식과 인지구조, 동화 · 조절 · 평형화로 전개되는 인지기능에 대해 살펴보자.

(1) 도식과 인지구조

피아제에 따르면, 다른 동물과 마찬가지로 인간도 몇 개의 반사기능을 갖고 태어나며, 이 반사기능을 바탕으로 마치 유기체가 환경에 순응하기 위해 자신의 신체 구조를 바꾸어 가듯 인간도 환경과의 적극적인 상호작용 과정을 통해 끊임없이 자신의 인지구조를 바꾸어 가면서 환경에 적응해 간다. 예를 들어, 엄마의 젖을 빠는 반사기능은 입에 닿는 것은 무엇이든 빨고 나중에는 손에 잡히는 것은 입으로 가져가 빨아 봄으로써 빨기 반사기능과 잡기 반사기능이 통합되어 점차 정교화되어 간다. 피아제는 여러 반사기능이 통합되어 새로이 획득한 감각운동기능을 도식(scheme)이라고 하였다. 이 도식을 새롭고 더 복잡한 지적 구조로 결합하는 과정이 조직화(organization)이며, 이 과정을 통해 도식들은 보다 높은 수준의 지식 체계인 인지구조 속에 통합된다.

A

내려치는 행동은
아기들이 자주 하는
도식이다.

B

새 정보를 기존의 도식에
맞추어 이해할 때
동화가 일어난다.

C

새 정보가 기존의 도식으로
이해되지 않을 때
조절이 이루어진다.

[그림 2-1] 도식의 정교화

도식은 사고 또는 행동의 조직화된 패턴(유형)으로 경험을 통해 아동이 구성하는 것이다. 따라서 몇 가지 기본적인 반사를 갖고 태어난 신생아는 반사행동을 반복하면서 도식을 형성해 나간다. 도식의 유형에는 신생아가 젖을 빠는 행동도식(behavioral scheme), 영아가 경험을 시각적 이미지처럼 정신적으로 나타내는 상징도식(symbolic scheme), 학령기 초 아동의 내적인 정신활동 또는 두뇌활동(예를 들면, 인지적 덧셈이나 뺄셈)을 유도하는 조작적 도식(operational scheme)이 있다. 일반적으로 2세경까지는 감각운동 중심의 도식을 정교화시키는 과정이 전개되며, 2세를 전후하여 정신적 표상(representation)이 형성되고 이를 바탕으로 한 인지구조의 발달이 이루어지면서 내적 사고가 가능해지게 된다. 이런 과정을 거쳐 특정 물체나 물건이 눈앞에 없어도 이들의 내재적 표상을 상호 관련지어 형성한 내재적 구조를 피아제는 인지구조(cognitive structure)라고 한다. 이 인지구조는 직접 관찰할 수는 없지만 아동의 지적 활동을 통해 그 특징을 추론할 수 있을 뿐이다. 그러나 아동은 물론 성인 역시 자신을 둘러싼 세계를 이해하기 위해 현재 자신이 가지고 있는 이 인지구조에 의존하게 된다. 그러나 어린 아동과 연령이 많은 아동, 아동과 성인은 각기 매우 다른 유형의 도식을 가지고 있으므로, 똑같은 사물과 사건에 대해 서로 다른 의미를 부여하고 따라서 서로 다른 반응을 하게 된다.

(2) 적응과 인지기능

인지구조의 발달은 결국 도식들 간의 복잡한 구조가 만들어지는 것인데, 복잡하고 정교한 도식을 발달시켜 지적으로 성장하는 과정이 곧 인지발달이다. 그러나 신생아가 복잡하고 정교한 지식을 가지고 태어나는 것도 아니고 지적으로 생각하는 방법을 배우는 것도 아니다. 피아제에 따르면, 아동은 선천적으로 호기심이 많은 탐험자로서 직접 경험을 통해 능동적으로 세상을 이해하려는 구성주의자다. 피아제에 따르면, 아동은 앞서 언급한 '조직화'와 '적응'의 기능을 지니고 태어나기 때문에 새로운 도식의 구성, 즉 인지발달이 가능하다.

특히 피아제에 따르면, 인간은 일생 동안 환경의 요구에 적응(adaptation)하기 위해 상호 보완적인 활동인 동화(assimilation)와 조절(accommodation)을 한다. 동화는 자신이 이미 가지고 있는 도식 또는 인지구조에 맞추어 새로운 경험을 이해하는 인지과정이다. 예를 들어, 하늘에 날아다니는 여러 크기의 동물을 '새'라고 알고 있는 아동이 날아가는 '비행기'를 보았을 때 손가락으로 가리키며 "엄마! 하늘에 새가 날아가!"라고 말하는 경우가 동화에 해당한다.

반면, 조절이란 기존의 도식이 새로운 경험을 동화하는 데 적합하지 않아 인지갈등이 유발되어 지적 불평형(disequilibrium) 상태가 될 때 새로운 경험에 맞도록 자신이 이미 가지고 있는 도식이나 구조를 바꾸어 가는 인지과정이다. 예를 들면, 아이가 하늘에 날고 있는 '비행기'를 보고 '새'라는 자녀의 말에 엄마가 '새'가 아니라 과학자가 만든 '비행기'라고 설명함으로써 새와 비행기가 다른 종류로 이해하여 아동자신의 인지구조를 수정하게 된다. 새로운 사건이나 경험을 접했을 때 대부분 처음에는 현재의 인지구조로 이해하려는 동화 과정이 진행되지만, 현재의 도식으로는 해결이 부적절하다고 판단되면 자신의 도식을 수정하거나 현실과 더 잘 조화될 수 있도록 도식을 다른 관련 도식들과 통합시켜 이해하려는 조절 과정이 진행된다.

(A) 동화
"엄마, 하늘에 새가 날아가!"

(B) 조절
"새처럼 날아다니지만 사람이
만든 것을 비행기라고 한다!"

[그림 2-2] 동화와 조절

동화 과정이든 조절 과정이든 새로운 경험에 대한 이해가 완료되면 아동의 인지구조와 환경 간의 인지갈등이 해소되어 평형(equilibrium) 상태에 도달하게 된다. 새로운 지적 경험이 유발하는 인지갈등 혹은 불평형 상태를 해소하는 동화 · 조절과 평형화 과정은 인간의 일생에 걸쳐 진행되는 것으로, 이 과정을 통해 보다 높은 인지발달 수준으로 진보해 가게 된다.

3) 인지발달단계

아동이 기존의 도식이나 인지구조로 새로운 경험을 동화하거나 조절함으로써 인지갈등을 극복하고 평형화에 도달하는 과정을 통해 더 정교화된 도식이나 인지구조가 발달한다. 피아제에 따르면, 이런 과정을 통해 새롭게 형성된 인지구조는 기존의 인지구조와는 질적으로 상이하다고 주장하면서, 아동의 인지발달 과정을 이 인지구조의 질적인 변화를 네 단계로 묶어 인지발달 단계이론으로 제시하였다.

피아제의 인지발달 단계이론에서 중요한 전제는, 모든 아동이 동일한 순서로 네 단계를 거쳐 가며, 각 단계는 그 이전 단계의 인지구조들이 통합되어 나타나기 때문에 다음 단계는 질적으로 다르며 수준이 더 높기 때문에 어느 한 단계도 건너뛸 수는 없고, 각 단계를 거치는 속도는 아동에 따라 개인차가 있으며, 발달단계는 문화적 보편성이 있다는 점 등이다(이신동, 최병연, 고영남, 2011). 피아제가 제시한 인지발달단계는 〈표 2-1〉과 같이 연령에 따라 감각운동기, 전조작기, 구체적 조작기, 형식적 조작기의 네 단계로 구분되지만, 단계별 연령 구분은 대략적인 구분에 불과하며 문화권에 따른 차이와 각 아동 사이의 개인차는 당연히 고려되어야 한다.

〈표 2-1〉 Piaget의 인지발달단계

발달단계	연령	특징
감각운동기	0~2세	• 대상에 대한 외현적 활동을 통해 세계를 이해함 • 감각운동적 도식의 상호 통합에 의해 점진적 발달이 이루어짐 • 대상영속성 개념이 획득됨
전조작기	2~7세	• 표상이 형성되며, 이를 통해 문제해결과 내재적 사고가 가능하나 자기중심성, 비가역성 등의 한계를 지님
구체적 조작기	7~11세	• 가역적 조작의 획득과 더불어 논리적으로 문제해결이 가능하게 됨
형식적 조작기	11세~ 성인	• 여러 형태의 보존개념이 형성되며, 분류와 관계적 추론 능력이 획득됨 • 가설연역적 사고가 가능함 • 가능성과 실제 간의 체계적이며 논리적인 통합이 가능

출처: 송명자(2008: 96).

(1) 감각운동기(0~2세)

감각운동기(sensorimotor stage)에 영아는 감각과 운동을 통해 주변 세계를 탐색하고 이해하기 위해 노력하며, 이 과정에서 선천적인 반사 기능에 근거한 여러 형태의 신체적 활동에 의해 주변 환경과 상호작용하는 과정을 통해 감각운동적 도식이 진화된다. 이 감각운동기는 〈표 2-2〉처럼 여섯 개의 하위단계로 구분되는데, 반사 행동 → 자신의 신체에 대한 관심 → 외부 대상에 대한 관심 → 두 외부 대상에 대한 행동의 협응 → 외부 대상에 대한 새로운 가능성을 탐색하는 의도적 행동 → 관찰 장면에 대한 정신적 표상을 통한 지연 모방 행동의 수행이라는 특징을 지닌다. 이 감각운동기에 어린 영아가 성취하는 인지발달상의 중요한 성과는 '대상영속성' 개념의 획득과 '지연 모방' 능력이다.

〈표 2-2〉 감각운동기의 하위단계와 대상영속성 개념의 발달

	하위단계	연령(개월)	행동 특성	대상영속성의 발달
1	반사운동기	출생~1	• 타고난 반사 행동	• 대상이 사라지면 무시
2	일차 순환반응기	1~4	• 자신의 신체와 관련된 흥미로운 활동의 단순반복	• 대상이 사라진 곳을 잠깐 응시하는 원시적 형태의 대상 영속성
3	이차 순환반응기	4~8	• 외부 대상에 대한 흥미로운 활동의 반복 • 의도적이고 목표 지향적인 행동의 출현	• 부분적으로 감추어진 대상을 찾을 수는 있으나 완전히 감추어진 대상을 찾지는 못함
4	이차 순환반응의 협응기	8~12	• 기존의 도식을 목표 성취를 위해 협응 • 인과 개념과 대상영속성 개념 획득	• 대상영속성 개념의 획득으로 숨겨진 대상을 찾아냄 • AB 오류 현상 있음
5	삼차 순환반응기	12~18	• 문제해결을 위한 시행착오적 탐색과 다양한 시도	• 보이는 곳에서 이동한 대상만 찾아냄
6	정신적 표상기	18~24	• 상징 등 정신적 표상 가능 • 통찰을 통한 문제해결	• 대상영속성 개념의 완전한 획득 • 보이지 않게 이동한 대상도 찾아냄

출처: 신명희 외(2017: 143).

- 대상영속성 개념: 대상영속성(object permanence)은 자신을 포함한 모든 대상은 계속해서 독립적인 실체로 존재하고, 그 대상이 이동하거나 시야에서 사라지더라도 다른 곳에 계속 존재한다는 것을 이해할 수 있는 능력을 말한다. 피아제는 이 대상영속성 개념은 감각운동기의 하위단계들을 거치면서 서서히 발달한다고 하였다. 즉, 4개월 이전의 아동에게는 대상영속성 개념이 전혀 없으나, 많은 시행착오 경험을 거치면 18개월 전후에는 눈앞에서 이리저리 이동한 장난감을 마지막 이동 장소에서 찾아낸다. 그러나 24개월경이 되면 사라진 대상을 마음속으로 상상할 수 있는 정신적 표상이 가능해지고, 자신이 보지 못한 상황에서 이동한 장난감도 찾아냄으로써 대상영속성 개념이 완전히 획득된다.

- 지연 모방 능력: 지연 모방(deferred imitation)이란 아동이 목격한 사태를 목격 직후 모방하는 것이 아니라 일정한 시간이 지난 후에 자발적으로 재현하는 것으로, 생후 18~24개월에 처음 나타난다. 피아제의 경우 18개월 된 딸아이가 다른 아동이 자기 엄마에게 트집을 부리는 행동을 놀란 표정으로 지켜보았다가 3일이 지난 후에 그 행동을 그대로 흉내 내는 것으로 보고 이 무렵에 지연 모방 능력이 획득된다는 것을 예시하고 있다. 이처럼 18개월 무렵에는 관찰한 사태나 행동에 대한 정신적 표상(mental representation)을 저장해 두었다가 인출해 내는 것이 가능하기 때문에 지연 모방 능력이 나타난다.

(2) 전조작기(2~7세)

전조작기(preoperational stage)에는 감각운동기 말미에 발달된 정신적 표상 능력으로 인해 실세계의 대상을 표상하는 상징들을 의도적으로 조작할 수 있게 된다. 그러나 아동은 여전히 논리적 사고를 하지 못하며 비논리적인 직관적 사고라는 한계를 보인다.

이 전조작기는 주변 환경의 대상에 대한 성숙한 개념이 발달되지 못한 전개념적 사고(preconceptual thinking: 2~4세)와 직관에 의존해 사물을 판단하는 직관적 사고(intuitive thinking: 4~7세)가 두드러진 두 시기로 구분된다(정옥분, 2002). 전개념적 사고기에는 상징적 사고, 자기중심적 사고, 물활론적 사고, 전인과적 추론 등의 특징이 나타나며, 직관적 사고기에는 중심화로 인한 보존 개념, 유목 포섭, 서열화 등에서의 어려움을 겪게 된다.

- 상징적 사고: 전조작기의 가장 중요한 성취 결과는 표상에 의한 상징적 사고 (symbolic thinking)의 출현이며, 상징적 사고란 어떤 대상이나 현상을 무언가로 표상하는 표상적 사고를 의미한다. 상징이란 어떤 대상이나 개념을 나타내는 징표를 뜻하며, 이 상징 사용 능력이 확보되면 아동은 정신적으로 시간과 공간을 넘나들 수 있게 된다. 이 상징적 사고의 대표적인 형태로는 가상놀이, 그림, 언어 등을 들 수 있다. 감각운동기 말기에 획득되는 지연 모방은 전조작기에 급격하게 발달하여 가상놀이에 중요한 역할을 한다. 가상놀이란 나무막대기를 총이나 칼을 대신하는 무기로 사용하는 전쟁놀이를 들 수 있으며, 이 놀이에서 아동은 머릿속에 저장해 둔 총이나 칼의 표상을 나무막대기로 재현하는 것이다. 그 외 소꿉놀이, 병원놀이 등도 가상놀이 사례에 해당한다. 또한 머릿속에 저장해 둔 심상을 그림으로 표현하거나 언어라는 상징을 통해 표현하기 시작한다.

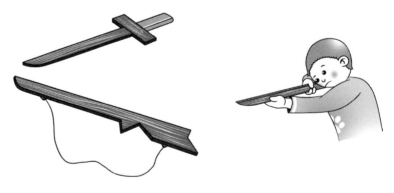

[그림 2-3] 아동의 가상놀이

- 자기중심적 사고: 이 시기의 아동은 모든 현상을 자기중심적으로 생각하는데, 자신이 알고 있거나 좋아하는 것은 다른 사람도 알고 있거나 좋아한다고 생각하는 것이다. 이 자기중심적 사고(egocentric thinking)란 다른 사람의 생각, 관점, 감정 등을 고려하지 못하는 경향을 의미한다. [그림 2-4]처럼 피아제의

'세 개의 산 모형' 실험(Piaget & Inhelder, 1956)에서, 아동에게 세 개의 산 모형을 둘러보게 한 다음, 곰돌이 인형과 아동은 서로 반대 위치에 자리를 잡게 한다. 그 후 A, B, C, D 네 방향에서 산의 모습을 찍은 사진 가운데 곰돌이의 위치에서 보이는 산의 모습(B)을 찍은 사진을 고르게 할 경우 아동은 현재 자신의 위치에서 보이는 산의 모습(A)이 담긴 사진을 고른다. 아동의 자기중심성은 의미 전달에는 개의치 않고 자신의 생각만을 전달하는 자기중심적 언어(egocentric speech)에서도 나타난다. 이처럼 다른 친구들과 놀이를 하는 경우에도 의사소통이 이루어지지 않고 마치 독백처럼 자기 말만 하는 현상을 집단독백(collective monologue)이라고 한다. 7세경이 되면 아동의 언어 중 집단독백은 1/4 정도로 감소하고 사회화된 언어(socialized speech)가 급격하게 늘어난다(Piaget, 1973).

[그림 2-4] '세 개의 산 모형' 실험

• 물활론적 사고: 물활론(animism)이란 모든 사물은 영혼이 있으며 그 영혼이 인간에게도 영향을 미친다는 믿음이다. 피아제에 따르면, 모든 사물은 살아 있다고 생각하는 물활론은 대개 4~6세 무렵에 현저하게 나타나지만, 8~9세경이 되면 움직이는 것은 모두 살아 있다고 생각하며, 8~12세경에는 스스로 움직이는 것만 살아 있다고 생각하고, 11~12세경이 되면 생물만 살아 있다고 생각함으로써 물활론에서 벗어난다.

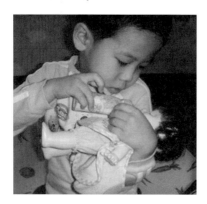 

[그림 2-5] 물활론

- 전인과적 추론: 인과 개념(causal concept)이란 어떤 현상의 원인과 결과 간의 관계를 논리적으로 추리하는 능력을 의미한다. 그러나 전조작기의 아동은 이런 원인과 결과 간의 관계에 대한 정확한 논리적 추론을 하지 못하는 전인과성(precausality)이라는 특징을 보인다. 이 전인과성에는 목적론, 인공론, 전환적 추론의 세 가지 특징이 있다(송명자, 2008). 첫째, 목적론(finalism)적 사고로, 별 목적이 없는 사건에도 대단한 목적이 있는 것으로 생각한다. 즉, 아동이 끊임없이 '이게 뭐야?' '왜?'라는 질문을 하는 것은 우연히 존재하게 된 현상에 대해서도 분명한 원인을 찾으려고 하는 것이다. 둘째, 인공론(artificialism)적 사고는 세상의 모든 사물은 사람에 의해 만들어졌다고 생각하는 것을 말한다. 예를 들어, 태양은 사람들이 자신을 비춰 주기 위해 사람들이 만들어 하늘에 던져 둔 것이라고 생각하는 것이다. 셋째, 전환적 추론(transductive reasoning)은 관계가 없는 두 사건을 원인과 결과의 관계로 연결시키는 것이다. 예를 들어, 낮잠을 자지 않았기 때문에 아직 낮이 아니며, 엄마 말을 듣지 않아 태풍이 분다고 생각하는 경우가 이에 해당한다.

- 중심화: 직관적 사고(intuitive thinking)란 대상이나 사건에서 관찰되는 가장 현저한 한 가지 지각적 속성에 의해 그 대상이나 사건을 이해하는 것을 말한다. 이를 중심화(centration)라고 하는데, '유목 포섭'과 '보존 개념'을 통해 중심화 현상을 이해할 수 있다.

　유목 포섭(class inclusion)은 분류화(classification) 능력으로, 부분과 전체의 관계, 상위 유목과 하위 유목의 위계적 관계를 이해하는 능력을 의미한다. 전조작기 아동은 논리적 조작 능력이 부족하기 때문에 [그림 2-6]에서 제시한 사례에서, '노란 꽃이 많니? 꽃이 많니?'라는 질문에 대해 노란 꽃이 더 많다고 대답한다. 그 이유는 이 시기의 아동은 아직 상위 유목과 하위 유목의 관계를 이해하지 못하여 꽃의 색깔에만 집중해서 판단하기 때문이다.

　보존 개념(conservation concept)이란 대상이나 물질의 모양이나 위치가 변해도 그 본질적 속성은 변하지 않는다고 이해하는 능력을 말한다. 그러나 전조작기의 아동은 직관적 사고에 얽매이는 특성으로 대상이나 물질의 현저한 지각적 속성 한 가지에 근거해 판단하게 되며, [그림 2-7]에서 보는 것처럼 대상의 어느 한 가지 차원에만 집중하여 판단하는 오류를 범하게 된다. 동일성(identity), 가역성(reversibility), 상보성(compensation)의 세 가지 특성을 이해할 수 있어야 보존 개념이 획득되며, 7~8세경의 아동은 가역성(reversibility)을 획득하게 되어 직관적 사고에서 벗어나면서 오류를 범하지 않게 된다.

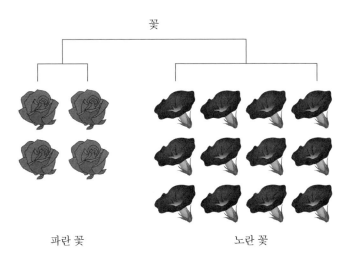

[그림 2-6] 유목 포함 실험 과제(이신동 외, 2011)

보존 과제	획득 연령	최초 배열	변형	변형된 배열	원리
수	6~7세	A줄과 B줄에 같은 수의 바둑알이 있는가? 	한 줄을 길게 늘린다. 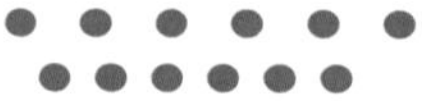	A줄과 B줄에 바둑알 수가 같은가?	재배열 후에도 수는 동일하다.
질량	6~8세	찰흙으로 만든 A공은 B공과 같은 양인가?	B공을 눌러서 납작하게 바꾼다.	A와 B는 같은 양인가?	모양이 변해도 찰흙 양은 동일하다.
길이	7~8세	막대 A와 B의 길이는 같은가? 	막대 하나를 왼쪽이나 오른쪽으로 움직여 배열을 변화시킨다. 	A와 B는 같은 길이인가?	배열이 변화해도 길이는 변하지 않는다.
용액	7~8세	A컵과 B컵의 물은 같은 양인가? 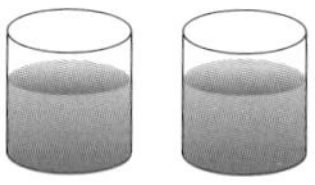	B컵의 물을 넓고 얕은 컵에 붓는다. 	A와 B의 물은 같은 양인가?	물을 담은 컵의 모양이 변하더라도 물의 실제 양은 동일하다.
면적	8~9세	여기 두 농장이 있는데 각 농장에는 풀들이 있다. 소가 농장에서 풀을 뜯어 먹는다. 소는 A와 B에서 같은 양의 먹을 풀을 갖고 있는가? 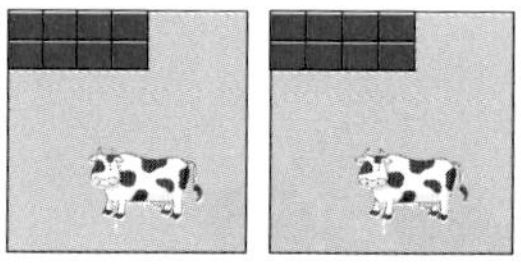	한 농장의 풀들의 간격을 벌려 놓는다. 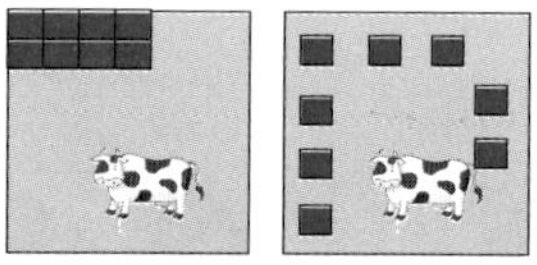	A와 B에서 같은 양의 먹을 풀을 갖고 있는가? 아니면 왜 그렇지 않은가?	면적을 덮고 있는 물체의 위치를 옮겨도 덮이지 않은 전체 면적은 변함이 없다.
무게	9~10세	A와 B는 공 모양의 찰흙덩어리인데 둘 다 같은 무게인가? 	질량의 보존에서와 같이 A나 B 찰흙공 하나를 눌러서 납작하게 만든다. 	저울에 올려 놓으면 A와 B는 같은 무게일까?	모양이나 부피가 변해도 무게는 동일하다.
부피	10~15세	같은 모양의 찰흙공 A와 B를 물에 넣으면 올라오는 높이가 같은가? 	찰흙공 하나의 모양을 눌러서 변형시킨다. 	A와 B가 용기 속의 물을 똑같은 높이로 올릴 것인가?	모양이 변해도 부피는 변하지 않으므로 물 높이는 동일하다.

[그림 2-7] 보존 실험 과제의 다양한 차원(Berk, 1996)

(3) 구체적 조작기(7~11세)

초등학생 연령에 해당하는 구체적 조작기(concrete operational stage)에는 이미지나 상징을 변경하고 재구조화하여 논리적 결론에 도달할 수 있는 조작(operation)이라는 체계적인 논리적 사고가 가능해지지만, 아동이 직접 경험한 구체적인 사실과 세계에 제한된다. 이 시기의 조작 행동 중 가장 대표적인 특성은 가역성으로, 이는 일련의 사고 과정을 진행한 다음 그 사고 과정을 역방향으로 진행하여 원래의 출발점으로 되돌아갈 수 있는 능력을 의미한다. 이 가역성이 잘 드러나는 조작 활동으로 보존 개념, 분류, 서열화, 조망수용 등이 있다.

- 보존 개념: [그림 2-7]에 제시된 것처럼 전조작기에는 수, 길이, 무게, 부피 등 여러 유형의 보존 실험 과제에서 오류를 범했던 아동이 구체적 조작기에는 정확한 판단을 할 수 있게 된다. 수, 양, 크기, 길이의 보존 개념은 6~7세경, 무게의 보존개념은 8~9세경, 면적과 부피의 보존 개념은 11~12세경에 획득된다(Piaget, 1973). 그러나 우리나라 아동에 대상으로 한 연구에서는 수의 보존 개념은 6~7세, 양은 7~9세, 무게는 10~11세, 부피는 11~12세경에 획득되는 것으로 나타났다(송명자, 2008). 이처럼 보존 개념 실험 과제의 유형에 따라 그 획득 시기가 달라지는 현상을 수평적 격차(horizontal décalage)라고 한다.

- 분류: 구체적 조작기에는 가역성이 획득되고 논리적 조작 능력이 발달하면서 사건이나 사물을 색, 크기, 형태 등의 기준에 따라 일관성 있게 분류할 수 있게 된다. 뿐만 아니라 부분과 전체의 관계, 상위유목과 하위유목의 위계적 관계 등에 대한 이해력이 습득됨으로써 7~8세경이 되면 하나의 속성이나 기준에 따라 물체를 분류하는 단일 분류(simple classification)에서([그림 2-8]의 A) 둘 이상의 속성이나 기준에 따른 분류가 가능한 중다 분류(multiple classification)도 할 수 있다([그림 2-8]의 B).

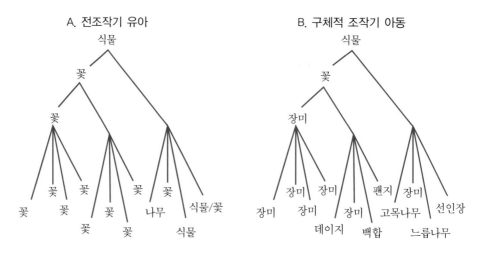

A. 전조작기 유아

B. 구체적 조작기 아동

[그림 2-8] 전조작기와 구체적 조작기의 분류 능력(신명희 외, 2017: 250)

- 서열화: 서열화(seriation)란 물체의 길이나 크기, 무게 등의 속성에 따라 배열할 수 있는 능력이다. 전조작기의 아동은 길이가 다른 막대를 길이라는 한 가지 속성에 따라 순서대로 배열하는 단순 서열화(simple seriation)뿐만 아니라 높이 와 두께가 다른 기둥들을 길이와 두께라는 두 가지 속성에 따라 순서대로 나열 하는 중다 서열화(multiple seriation)도 가능하다. 그러나 길이와 관련한 서열화 는 7~8세경, 무게 서열화는 9세경, 부피의 서열화는 11~12세경에 가능하다. 이러한 서열화 능력은 숫자 사이의 관계를 이해하는 데 중요한 역할을 하기 때 문에 수학 학습에 필수적이다.

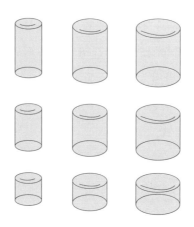

[그림 2-9] 중다 서열화 과제(정옥분, 2002)

• **조망수용:** 조망수용(perspective taking) 능력은 전조작기의 자기중심성에서 벗어나 타인의 의도나 인지, 태도, 감정이나 욕구를 추론하는 능력으로 사회성 발달의 기초가 된다. [그림 2-4]의 '세 개의 산' 실험에서 곰 인형의 방향에서 보이는 산의 모양을 이해하는 공간적 조망수용 능력은 물론, 이야기에 등장하는 주인공의 감정을 이해하는 감정 조망수용 능력, 타인의 사고 과정이나 행동의 원인을 추론하고 이해하는 인지적 조망수용 능력도 나타난다. 특히 셀먼(Selman, 1980)은 피아제의 연구에 근거해 사회적 조망수용 능력은 타인과의 성숙한 사회적 관계를 형성하는 데 중요한 영향을 미치며 〈표 2-3〉과 같은 순서로 발달해 간다고 하였다.

〈표 2-3〉 셀먼(Selman)의 사회적 조망수용 능력의 발달단계

단계	조망수용	특징
0 (3~6세)	자기중심적 조망수용 (미분화된 조망수용)	• 타인의 생각이나 기분을 인식하지 못하고 타인도 자기와 동일하게 상황을 이해한다고 생각한다.
1 (6~8세)	사회정보적 조망수용 (주관적 조망수용)	• 타인은 자신과 다른 관점을 가질 수 있음을 이해하지만, 타인이 자신의 입장이라면 자신과 같이 행동할 것이라고 생각한다.
2 (8~10세)	자기반성적 조망수용 (호혜적 조망수용)	• 자신과 타인의 관점을 이해할 수 있으며, 자신의 감정과 행동을 타인의 반응을 통해 예측할 수 있다.
3 (10~12세)	상호적 조망수용 (제3자적 조망수용)	• 자신과 타인의 관점을 동시에 고려할 수 있으며, 중립적인 제3의 관찰자의 입장에서 객관적으로 판단한다.
4 (12~15세)	사회적 조망수용 (사회관습적 조망수용)	• 사회체계 속에 반영되어 있는 집단조명을 이해하며, 자신과 타인의 입장을 이 집단 조망에 의해 통합한다.

(4) 형식적 조작기(11세 이후)

형식적 조작기(formal operational stage)는 사춘기에 시작되며, 관련 요인들을 체계적이고 명확하게 결합하고 제시하는 능력이 부족한 11~12세에서 14~15세 사이의 단계, 형식적 조작을 숙달해 모든 논리적 조작을 체계적으로 고려할 수 있는 14~15세 이후의 단계로 구분한다. 이 형식적 조작기에 해당하는 청소년은 추상적 개념을 이용한 논리적 사고와 이에 근거한 명제적 사고가 가능하다. 즉, 현재의 상황뿐만 아니라 미래의 가능한 상황까지도 논리적으로 생각할 수 있으며, 이와 관련

하여 다음과 같은 사고 능력을 보이게 된다.

- **명제적 사고**: 청소년들은 구체적 대상의 존재 여부와 상관없이 형식 논리에 의해 명제적 사고를 전개할 수 있다. "사람에게 날개를 달아 준다면 어디에 달아 주는 것이 좋을까?"라고 질문한다면 구체적 조작기의 아동은 "그런 일은 있을 수 없다."고 답하지만, 형식적 조작기의 청소년들은 "겨드랑이에 날개를 달아서 온 세상을 자유롭게 날아다니고 싶어요."와 같이 현실적으로 사실이 아니더라도 논리적으로는 타당한 가상적인 상황을 즐기며 추상적인 명제적 추론에 근거한 대답을 할 수 있다. 따라서 이 시기에는 추상적 상징과 은유가 많이 사용되고, 상위인지 능력이 발달한다. 즉, 자신의 사고에 대한 사고인 내적 성찰 (internal reflection)이 가능해 자신의 정체감에 대한 의문을 제기하고 해답을 찾아가는 과정에서 자아정체감을 획득하게 된다.

- **가설연역적 사고**: 추상적이며 논리적인 명제적 사고의 발달로 청소년은 가설을 설정하고 검증하는 가설연역적 추리(hypothetico-deductive reasoning)를 할 수 있다. 구체적 조작기의 아동도 연역적인 사고를 할 수 있지만 그들의 사고는 친숙한 사물이나 상황 등 보다 구체적인 측면으로 제한되어 있으며, 형식적 조작기의 청소년은 과학적 사고뿐만 아니라 사회, 정치, 철학 등 전 영역에 걸쳐 추상적인 문제를 해결하기 위해 연역적으로 가설을 설정하고 검증하여 적절한 결론을 이끌어 낼 수 있다. 이러한 능력은 기존의 사회를 제거하고 개혁함으로써 보다 나은 사회를 구축하려는 저항적인 이상주의(idealism)로 확대되기도 한다.

- **자기중심성**: 형식적 조작기에 나타나는 이상주의는 자신과 타인에 대한 추상적인 관점을 구분하지 못하는 새로운 형태의 자기중심성으로 이어지기도 한다. 예를 들면, 청소년들은 이상적인 부모상에 대한 기준을 자신의 부모와 비교하거나, 이상적인 결혼이나 배우자상을 꿈꾸면서 자신과 타인을 비교하기도 한다. 이를 통해 성인기에 접어들기 전, 즉 형식적 조작기 초기의 청소년들은 청소년기의 자기중심성(Elkind, 1978)을 경험하게 되어 상상적 청중(imagenary audience)과 개인적 우화(personal fable)를 나타낸다. 상상적 청중이란 청소년이 자신에게 지나치게 관심을 집중하여 다른 사람도 자기의 외모와 행동에 똑같이 관심을 가지고 있을 것이라고 생각하는 것이고, 개인적 우화는 청소년 자신의 경험을 매우 독특한 것이라고 믿고 자신을 특별하고 독특한 존재라고 생각하는 것이다. 이러한 시기를 거치면서 청소년은 자신과 타인에 대한 객관적인 이해가 가능해지며 보다 성숙한 성인으로 발달한다.

• 조합적 사고: 이 시기에는 문제해결에 필요한 요인들을 찾아내고, 그 요인들의 가능한 모든 조합은 물론 필요한 요인만을 골라 체계적으로 생각할 수 있는 조합적 추론(combinational reasoning)이 가능하다. 예를 들어, [그림 2-10]에서 보듯이, 무색무취의 용액이 담겨 있는 다섯 개의 병을 보여 주고 이 액체들을 g와 섞어 노란색 액체를 만들어 보라고 했을 때, 구체적 조작기의 아동은 가능한 모든 조합을 만들 수 없지만, 형식적 조작기의 청소년은 가능한 모든 조합을 체계적으로 검토하여 노란색 액체를 만들 수 있다.

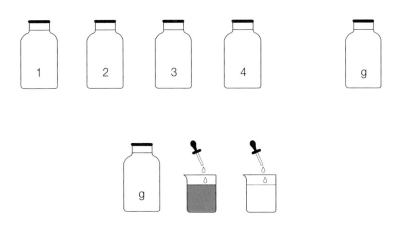

[그림 2-10] 조합적 사고의 실험 과제(Inhelder & Piaget, 1958)

4) 피아제 이론의 평가와 활용

피아제의 인지발달이론은 아동은 성인이 가르치는 대로 배우는 것이 아니라 스스로의 방법으로 배우며 그들의 사고방식은 성인과 차이가 있음을 밝혔다는 점에서 높게 평가되고 있으며, 도덕발달을 인지발달과 연관 지었던 초기 연구들은 사회 인지 이론을 유도하는 데 많은 공헌을 하였다. 반면, 피아제가 제안한 단계 개념과 인지발달 기제의 모호성, 아동의 과제 수행 능력의 과소평가, 인간발달에 대한 사회와 문화의 영향의 경시, 임상적 면접방법의 객관성 결여 등에 대한 비판도 있다. 그럼에도 피아제의 이론이 학교 교육에 주는 교육적 시사점은 다양하다.

첫째, 아동의 자발적인 사고능력을 길러 주는 교육을 해야 한다. 아동을 꼬마 과학자로 칭했던 피아제는 자발적이고 능동적인 탐색활동을 통해 아동 스스로 지식을 구성해 가는 현상이 자연스러운 것이라고 보았다. 따라서 학교 교육은 단순한 지식의 전수가 아니라 아동 스스로 지식을 탐구하고 발견할 수 있는 학습기회와 환경을 제공해야 한다.

둘째, 아동의 현재 인지발달 단계를 고려한 눈높이 교육, 즉 각 아동의 인지발달 수준에 적절한 학교 교육이 이루어져야 한다. 이를 위해 아동의 사고방식은 성인의 사고방식과는 다름을 인정해야 하며, 아동의 인지발달 과정이 반영된 교육과정의 계열화와 교수-학습방법이 마련되어야 한다.

셋째, 아동의 인지발달 수준에 맞는 교육이란 인지발달상의 개인차를 반영한 교육과 아동의 인지능력을 초월한 선행학습의 금지로 연결된다. 개인차의 반영은 곧 아동의 현재 인지발달 수준을 교사가 이해하고 있어야 함을 의미하며, 아동의 인지능력을 초월한 선행학습은 제시된 학습과제가 적절한 수준의 인지갈등을 유도하는 수준을 벗어난다는 것을 시사한다.

2. 비고츠키의 사회문화적 인지이론

1) 비고츠키 이론의 배경

게젤(A. Gesell), 피아제(J. Piaget) 등 발달적 전통에 속하는 학자들은 발달적 변화를 아동의 내적인 힘으로 이해하며, 따라서 발달에 있어서 아동의 능동적인 활동을 더 중시한다. 반면, 파블로프, 스키너 등의 학습이론가들은 발달에 있어서 외부 환경의 영향력을 강조한다. 그러나 비고츠키(L. Vygotsky, 1896~1934)는 아동의 자발적이고 능동적인 활동과 외부의 환경적 영향이라는 두 가지 요인의 상호작용을 통한 발달이론을 제안하였다.

피아제와 같은 해인 1896년 러시아에서 태어난 비고츠키는 게젤, 베르너, 피아제 등이 제안한 내적 발달의 중요성을 인정하였다. 동시에 인간의 발달은 사회역사적 맥락 안에서만 이해할 수 있다고 주장한 마르크스주의자였다(Crain, 2005). 유대인 출신으로 모스크바 대학교에 추첨으로 입학한 비고츠키는 법학과 문학, 언어학을 공부하였으나, 1917년 러시아 혁명 이후 마르크스주의(Marxism)에 기초한 새로운 사회주의 심리학을 구축하는 데 기여하였다. 특히 그는 인간의 발달에서 사회문화적 요인의 중요성을 강조하는 발달심리학을 구성하면서, 인간에게 중요한 인지적 기술은 자신이 혼자서 환경과의 상호작용을 통해 습득한 것이 아니라 부모, 교사, 혹은 자신보다 약간 앞선 또래와의 사회적 상호작용을 통해 전달되는 것이라고 주장하였다. 이와 같이 아동발달에서 사회문화적 요인의 중요성을 강조한다는 점에서 비고츠키의 이론을 사회문화적 인지이론이라고 부른다.

비고츠키는 1934년 38세의 나이에 폐결핵으로 요절하기 전까지 왕성하게 연구에 몰두하였다. 그가 죽은 후 공산당이 비난하는 지능검사에 관한 연구를 했었다는 이유로 1936년부터 1956년까지 20년간 비고츠키의 저술들은 접근이 금지되기도 하였으나, 그의 이론에는 다음과 같은 마르크스–레닌주의의 핵심적인 가정이 반영되어 있다(정옥분, 2002).

첫째, 행동이 사고를 낳는다. 사고의 결과로 행동이 나타나는 것이 아니라 어떤 행동을 하는가에 따라 사고가 결정된다. 따라서 아동이 무슨 활동을 하느냐에 따라 사고의 내용이 구성된다. 둘째, 발달은 변증법적 과정을 통해 전개된다. 아동의 인지발달은 현재 자신이 활동하는 방식이 있고(정), 이것이 들어맞지 않는 새로운 상황에 직면하게 되면(반), 이 갈등을 해결하기 위해 새로운 문제해결 방법(합)을 찾는 과정이 끊임없이 되풀이되면서 이루어진다. 셋째, 발달은 문화적인 맥락 속에서 일어나는 역사적인 과정이다. 어떤 시점에서 한 사회의 문화는 과거 역사의 산물인 동시에 미래의 발달을 위한 맥락이 된다. 또한 문화의 역사적 배경에 따라 아동에게 요구하는 것이 다르기 때문에 아동의 발달을 이해하려면 아동을 둘러싼 문화의 역사적 배경을 이해해야 한다.

2) 비고츠키 이론의 기본 개념

피아제가 주위 사회와 독립적인 개인의 발달에 관심을 가졌던 반면, 비고츠키는 아동의 발달에 있어서 개인과 사회는 분리될 수 없는 하나의 단위로 간주한다. 물론 피아제 역시 발달에 있어서 생물학적 요인과 환경적 요인의 상호작용에는 동의한다. 그러나 피아제의 경우는 인간과 환경이 각기 독립된 실체로 간주하지만 비고츠키에게 있어서 인간과 환경은 분리될 수 없으며 함께 작용하는 통합체인 것이다. 즉, 비고츠키는 아동이 능동적이고 구성적인 존재라는 피아제의 관점을 넘어서서 인지발달을 사회적으로 매개된 과정으로 간주하며 인지발달에 대한 사회적 영향력을 강조하면서 다른 사람들과의 사회적 상호작용을 중시한다.

아동에게 있어서 중요한 인지적 기술의 대부분은 아동 혼자서 습득한 것이라기보다는 부모나 교사 혹은 조금 뛰어난 또래와의 협동적인 상호작용 혹은 대화를 통해 전달받거나 학습하게 된다. 즉, 아동의 사고, 기억 등의 인지 활동은 한 개인의 활동이 아니라 개인들 사이의 상호작용에 그 기원이 있다. 아동의 인지 능력은 이런 사회적 맥락에서의 활동을 통해 점차 내면화되어 이를 이용하여 자신의 행동을 조절할 수 있게 된다. 이 과정에서 아동을 둘러싸고 있는 가족적 일상과 사회적 일상을 통해 드러나는 문화는 이미 역사의 산물이면서 아동의 발달과 미래에 영향을 주는 환경이 된다. 따라서 아동의 인지발달은 아동 내부에서 진행되는 것이 아니라 아동과 그를 둘러싸고 있는 사회-문화-역사적 맥락의 상호작용으로 이루어진다. 지금부터 사회문화적 배경을 중시하는 비고츠키의 이론을 이해하는 데 필요한 몇 가지 개념들을 살펴보자.

(1) 근접발달영역

근접발달영역(zone of proximal development: ZPD)이란 아동이 스스로의 힘으로 문제를 해결할 수 있는 실제발달수준과 성인이나 유능한 또래로부터 도움을 받아 문제를 해결할 수 있는 잠재발달수준의 중간 영역(Vygotsky, 1978)을 의미하며, 아동의 학습은 이 영역 내에서 일어난다. 예를 들어, 수학 문제를 혼자 풀지 못하는 초등학생에게 교사가 옆에서 조언을 해 주거나 힌트를 줌으로써 문제해결을 할 수 있게 되는 경우다.

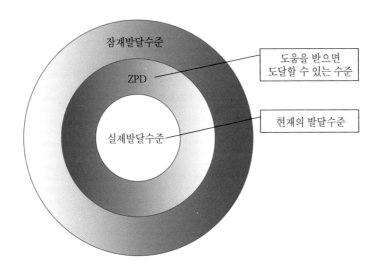

[그림 2-11] 근접발달영역

비고츠키(1962)는 아동 혼자 문제를 해결할 수 있는 수준을 발달의 '열매'로, 타
인의 도움을 받아 문제를 해결할 수 있는 수준을 발달의 '봉오리' 또는 '꽃'이라고
하였다. 이 근접발달영역에서의 학습이 이루어짐에 따라 아동의 실제발달수준에
해당하는 범위는 점차 확대되며, 근접발달영역의 범위 역시 상향 이동하게 된다.
그러나 두 아동이 타인의 도움 없이 혼자의 힘으로 문제를 해결할 수 있는 수준이
비슷하다 할지라도 도움을 받고 문제를 해결할 수 있는 수준은 크게 다를 수 있다
([그림 2-12]의 오른쪽).

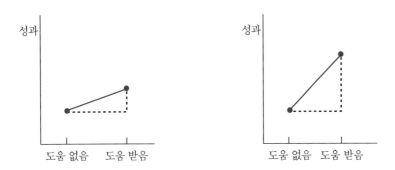

[그림 2-12] 근접발달영역의 차이(신명희 외, 2012)

예를 들어, 두 명의 6세 아동이 동일한 학습능력 평가 점수를 얻었다고 가정할 때, 교사가 이 아동들을 별도로 지도하여 학습능력을 다시 평가해 보면 다른 결과가 나타날 수 있다. 즉, 한 아동은 9세 아동이 풀 수 있는 문제를 풀 수 있게 된 반면, 다른 아동은 똑같은 도움을 받고서도 7세 아동 수준의 문제밖에 풀 수 없는 경우가 있다. 비고츠키에 의하면 이러한 결과는 두 아동의 근접발달영역이 다르기 때문이라고 설명한다.

따라서 이 근접발달영역 개념은 아동의 실제발달수준만 평가하는 전통적인 평가방법은 한계가 있으며, 교사는 아동의 실제발달수준과 근접발달영역을 고려한 교수-학습법과 학습내용을 준비해야 하고, 발달 연구 역시 실제발달수준이 아니라 근접발달영역을 고려한 미래의 발달 가능성을 밝히는 데 초점을 맞추어야 한다는 시사점을 준다(Goldhaber, 2000).

(2) 비계 설정(발판화)

근접발달영역의 개념에는 비고츠키가 중시하는 발달의 사회문화적 요인의 작용 과정이 포함되어 있다. 즉, 근접발달영역과 밀접하게 연결되어 있는 또 하나의 개념이 비계 설정(scaffolding)이다. 비계는 '발판화'라고도 하는데, 건물을 짓거나 수리할 때 작업을 수월하고 원활하게 하기 위해 임시로 설치했다가 작업이 완료되는 과정에서 조금씩 제거하게 된다. 높은 곳에 있는 물건을 꺼내기 위해 사용하는 사다리도 비계에 해당한다. 물론 교실에서는 성인인 교사 혹은 공부 잘하는 유능한

[그림 2-13] 비계(발판화)

또래가 제공해 주는 도움이 비계가 되며, 아동이 도움을 통해 문제를 해결하는 데 필요한 도움의 내용, 정도, 방법 등은 아동의 수준에 맞게 적절하게 조정되어야 한다. 즉, 성인이나 유능한 또래의 도움이나 가르침이 일방적으로 이루어져서는 안 되며, 성인이나 유능한 또래는 아동에게 도움을 제공함으로써 아동이 학습활동에 참여할 수 있도록 유도하면서 점차 아동 스스로 능동적으로 새로운 학습을 할 수 있도록 아동 스스로 동기화하고 주도적인 활동을 하도록 해야 한다.

따라서 교사가 비계를 제공하는 경우 아동의 현재 발달수준을 이해하고 적절한 학습내용과 방법의 측면에서 많은 도움을 제공하지만 점차 아동이 자발적으로 학습할 수 있도록 도움의 정도를 줄여 나가야 한다. 이 과정에서 교사는 아동의 반응에 따라 도움의 수준을 조정해야 하기 때문에 양방향적인 상호작용 과정이 중요하다. 이 비계 설정을 통해 도움을 제공하는 방법으로는 〈표 2-4〉와 같은 것들이 있지만, 이외에도 다양한 방법이 가능하다.

〈표 2-4〉 비계 설정의 방법

비계 설정 방법	사례
모델링	종이접기 시간에 종이 접는 순서의 시범을 보인다.
소리 내어 생각하기	뺄셈을 하면서 윗자리에서 빌려오는 문제를 푸는 과정을 판서하며 푸는 과정을 소리 내어 말한다.
질문하기	빌림이 있는 두 자릿수 뺄셈 풀이를 보여 준 후, 빌림이 있는 세 자리 수의 빌림 과정에 대해 학생들에게 질문을 한다.
수업자료 조절하기	키가 작은 학생에게 4단 뜀틀을 연습시킨 후 5단 뜀틀로 상향 조정한다.
힌트와 단서 제공하기	두운법으로 '수금지화야 목토 메고 천해에 가자.'라는 행성의 순서를 암기하도록 한다.

(3) 인지발달을 매개하는 심리적 도구: 언어

비고츠키에 따르면 인간은 자신의 인지기능을 스스로 형성해 가지만 이 과정에서 교사나 부모 등의 성인은 아동이 심리적 혹은 기술적 도구를 사용하는 방법을 배우도록 도와주는 역할을 한다. 이 심리적 도구는 인간의 기본적인 정신과정을 고등 정신과정으로 향상시켜 주는 역할을 하며 언어, 수 체계, 쓰기 등의 학습과 주의, 기억 책략 등이 있다. 비고츠키는 아동의 사고 발달에 가장 중요한 역할을 하는 심리적 도구는 언어라고 보았다.

[그림 2-14]에서 보는 것처럼, 아동의 사고와 언어는 초기에는 아무런 관계없이 독자적인 기능을 수행하지만 아동이 2~3세경이 되면 서로 연결되기 시작하여 외적인 언어가 내적 언어, 즉 사고 활동으로 전환되는 과정을 거친다. 언어와 사고 활동은 밀접하게 상호 관련되어 있으며, 언어 능력이 사고의 과정에 영향을 주고 변화시키는 등 사고의 발달에 결정적인 역할을 한다.

유아기의 자기중심성으로 인해 나타나는 혼잣말(private speech)을 피아제는 인지적 미성숙 상태로 이해했지만, 비고츠키는 혼잣말이 아동 자신의 사고 과정과 행동을 조절하는 역할, 즉 자신과의 의사소통을 위한 것이라고 보았다. 이 혼잣말은 6~7세경이 되면 내면화되어 내적 언어, 즉 사고 활동으로 전환됨으로써 아동의 사고나 인지발달에 매우 중요한 역할을 한다. 언어로 대표되는 심리적 도구 이외에도 컴퓨터, 계산기, 복사기 등은 아동의 인지발달을 매개하는 물리적 도구로서의 역할을 한다. 컴퓨터로 문서를 작성하게 되면서 인간의 사고방식에 변화가 나타났다는 주장들이 그 예시가 된다.

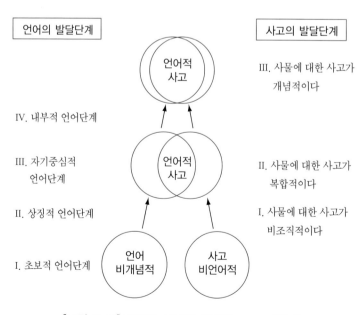

[그림 2-14] 언어와 사고의 발달(Thomas, 2000)

3) 비고츠키 이론의 평가와 활용

비고츠키 이론의 중요한 공헌은 인지발달에 있어 사회문화적 맥락의 영향력을 강조했다는 점이다. 비고츠키는 사회문화적 맥락이 아동의 발달에 영향을 미치는 요인 중 하나라기보다는 그 자체가 아동의 인지를 발달시키는 요인이라고 보았다. 또 근접발달영역 개념은 학습이 일어날 수 있는 한계를 밝힘과 동시에 학습을 통해 인지발달이 이루어진다고 하여 학습의 중요성을 주장하였다. 뿐만 아니라 문화적으로 보편적인 발달 또는 인지구조에 초점을 둔 발달이론가들과는 달리, 비고츠키는 한 문화권 내에서 그리고 각 문화권 사이의 개인차에도 관심을 가져 아동 발달 과정에서 이상적인 사고나 행동은 각 문화권마다 다르다고 봄으로써 문화적 상대성을 인정한 점 등의 업적을 인정받고 있다.

한편, 비고츠키의 이론에 대해 제기되고 있는 비판은 다음과 같다. 첫째, 그의 이론은 문화적 · 사회적 경험을 강조한 반면, 인간 발달의 생물학적인 측면을 간과했다. 둘째, 비고츠키 이론이 과연 인지발달이론인가 하는 근본적인 의문이 제기되었으며, 셋째, 근접발달영역 개념의 모호성에 관한 것이다(정옥분, 2003).

이와 같은 비판에도 불구하고 비고츠키가 제안한 근접발달영역 개념은 수업장면에 여러 가지 시사점을 제공한다. 첫째, 근접발달영역은 학습과 발달이 일어나는 역동적인 영역으로 끊임없이 변해 가는 성질을 지니고 있다. 따라서 교사는 실제 발달수준을 파악하여 수업의 출발점으로 삼되 최대한의 발달 가능성, 즉 근접발달영역을 고려한 수업목표 설정과 교수 처방 및 역동적 평가가 이루어져야 한다. 둘째, 근접발달영역에서의 학습에서는 비계를 활용한 사회적 상호작용이 중요한 역할을 한다. 즉, 비계를 통한 도움의 정도와 방법이 아동의 최대 발달수준, 즉 근접발달영역의 상한계까지 도달할 수 있는지 아닌지를 결정한다. 물론 비계를 통한 도움이 각 아동에게 주는 효과는 개인차가 있지만, 조력학습(assisted learning), 상보적 교수(reciprocal teaching), 협동학습(cooperative learning) 등 교실 구성원 사이의 상호작용을 고려한 교수-학습 전략을 활용함으로써 아동의 학습과 발달을 촉진할 수 있다(이신동 외, 2011). 셋째, 근접발달영역 개념을 활용한 교수 모형으로는 '교수의 이중적 전개(double move inteaching)'가 있다(Hedegaard, 1990: 강이철, 2009 재인용). 교사는 아동의 잠재발달수준을 예측하여 교사 주도의 연역적 방식으로 교수 활동을 시작하여 구체적인 사례로 나아가 아동의 실제발달수준에 도달한 순간 아동의 흥미에 토대를 두고 아동 주도의 귀납적 방식의 학습활동으로 전환한다. 이런 과정을 통해 수업의 전반부는 비계 제공을 포함한 교사 주도의 활동이 이루어지고 수업의 후반부에는 학습자 주도의 활동이 전개될 수 있다. 이 과정을 통해 수업시간에 다룬 지식이나 기능을 아동이 '내면화'하는 상태로 이끌어 갈 수 있다.

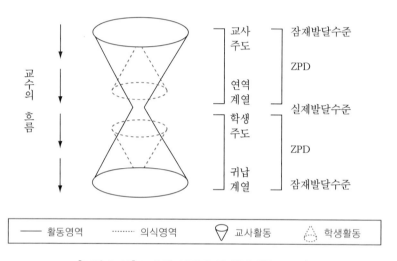

[그림 2-15] 교수의 이중적 전개(강이철, 2009)

4) 피아제와 비고츠키 이론의 비교

피아제와 비고츠키는 모두 인지발달을 역동적 과정으로 이해하고, 인지발달 과정에서 개인과 환경의 상호작용을 중시하며, 아동은 수동적인 존재가 아니라 능동적으로 지식을 구성해 가며, 따라서 아동의 인지 활동을 활발하게 유도할 수 있는 교수-학습방법을 제안한다는 점에서 공통점이 있다. 그럼에도 다음의 몇 가지 견해에서 관점을 달리하고 있다.

첫째, 인지발달의 과정에서 피아제는 아동 스스로 주변 세계를 탐색하고 발견하는 주체적인 꼬마 과학자로서의 역할을 강조한다. 반면, 비고츠키는 사회적 상호작용을 통한 발달 혹은 지식의 사회적 구성을 중시한다. 이러한 차이로 인해 피아제는 인지발달의 문화적 보편성을 강조하는 인지적 구성주의자로 분류되며, 비고츠키는 인지발달의 사회문화적 특수성을 강조하는 사회적 구성주의자로 분류된다.

　둘째, 인지발달과 학습의 관계에 대한 해석의 차이가 있다. 피아제는 아동의 발달수준이 사고의 질을 결정한다고 함으로써 발달에 기초하여 학습이 이루어진다고 보았다. 반면에 비고츠키는 아동 스스로 할 수 없는 과제를 부모나 성인의 도움으로 해결해 가는 학습의 과정이 발달에 선행하는 과정이라고 보았다.

　셋째, 언어와 사고의 관계에서, 피아제는 인지발달이 언어발달에 선행하는 것으로 언어는 인지발달에 어떠한 영향도 미치지 않으며 단지 언어는 인지발달의 징표에 불과하다고 한다. 그러나 비고츠키는 언어가 사고와 인지발달에 핵심적인 역할을 하는 것으로, 언어는 학습과 발달을 매개하는 중요한 요인이라고 주장하였다.

　넷째, 교육에 관한 시사점의 측면에서도 차이가 있다. 피아제의 이론에 근거하면 아동의 인지발달 수준이 학습을 수행하기에 적절하게 갖추어져 있어야 하며, 교육이란 아동의 인지 능력을 정교화시켜 주는 역할을 한다. 반면, 비고츠키 이론에 따르면 학습은 능동적 과정으로 인지발달 수준이 갖추어지기를 기다릴 필요는 없으며, 교육은 아동에게 사회문화적 도구를 사용하는 방법을 가르쳐 줌으로써 발달을 촉진시켜 주는 중요한 역할을 하게 된다.

📖 탐구 문제

1. 발달, 성숙, 학습의 개념을 비교해서 설명하시오.

2. 형제나 자매 혹은 주변 친구의 사례를 들어 발달의 일반적 원리가 적용된 경우를 제시하시오.

3. 피아제는 학교에서 학생들에게 '너무 빨리 가르친다'는 지적을 한 적이 있다고 한다. 피아제의 인지발달이론에 비추어 이 지적이 의미하는 바가 무엇인지 설명해 보시오.

4. 피아제 이론에서 평형화가 이루어지는 과정을 자신의 사례를 들어 설명해 보시오.

5. 비고츠키의 근접발달영역(ZPD)이 지니고 있는 교육적 의의를 설명해 보시오.

6. 피아제와 비고츠키의 이론이 충돌하는 사례(차이점)를 찾아 제시하고 그 이유를 설명해 보시오.

제3장
성격 및 사회성 발달

학습자가 어떤 행동을 할 때 그것을 이해하기 위해서는 학습자의 사고와 감정에 관련된 다양한 요인을 이해할 필요가 있다. 성격은 그러한 다양한 요인을 가장 포괄적으로 설명할 수 있는 요인이라고 볼 수 있다. 학습자의 성격 특성은 또한 개인이 자기가 속한 집단과 사회에서 제대로 기능할 줄 아는 사회성의 발달과도 중요한 관련이 있다. 사회성이 발달되는 과정을 통해서 학습자들은 친구관계를 형성하게 되고, 다양한 친구관계를 통해서 사회인지 능력과 의사소통 능력이 발달되며, 협동, 화해, 나누기 등의 긍정적 행동들이 증가하게 된다.

이 장에서는 교사가 학습자의 여러 행동을 이해하고 지도하기 위해서 필요한 학습자의 성격, 사회성 및 그에 따른 친구관계의 발달에 대해 알아보고자 한다.

1. 성격의 발달

성격은 한 개인의 독특한 사람됨으로서 개인이 자신에게 주어진 환경에 대처하기 위해 사고하고 느끼고 행동하는 모든 방식이 총체적으로 반영되어 이루어진다.

성격이란 무엇이며 어떤 과정을 통해서 어떻게 구성되고 발달되는가에 대한 이론들은 매우 다양하다. 그것은 그 이론을 주장하는 이론가들의 인간관과 성격에 관한 관점 등에 의해서 다양한 측면에서 다루어질 수 있는데, 지금까지 성격에 관해서 연구된 접근방식들은 주로 정신역동적 접근, 특성론적 접근, 인본주의적 접근 및 인지론적 접근이 소개되고 있다.

정신역동적 접근은 정신분석학적 접근이라고도 하며 인간의 성격을 주로 본능적 충동과 동기의 측면에서 연구하며, 특성론적 접근은 주요한 특성들의 발달로서 성격을 조명하며, 인본주의적 접근은 인간의 자기 개념의 발달, 즉 자기로서의 성격을 중요시한다. 최근의 인지론적 접근에서는 인간의 인지체제를 중시하여 개인이 어떤 현상에 대해 원인과 결과를 해석하고 개념화하는 방식을 중심으로 성격을 설명하고 있다. 교사가 학습자의 성격을 잘 이해하기 위해서는 이러한 접근들을 종합적으로 이해하고 적용해야 할 필요가 있다.

여기에서는 학습자의 성격을 이해하기 위한 접근으로서 정신역동적 접근, 특성론적 접근 그리고 인본주의적 접근들을 간략하게 설명하고 그에 따른 몇 가지 성격지도의 방안들을 살펴보고자 한다.

1) 정신역동적 접근: 무의식으로서의 나

정신역동적 접근을 주장하는 성격이론가로는 프로이트(S. Freud), 융(C. G. Jung), 아들러(A. Adler), 호나이(K. Horney), 설리반(H. S. Sullivan), 에릭슨(E. Erikson) 등이 있으나 여기에서는 프로이트와 에릭슨의 이론을 중심으로 살펴보면 다음과 같다.

(1) 프로이트의 심리성적 성격 발달 이론

① 주요 개념

프로이트의 정신분석적 접근에서는 인간은 본능적으로 쾌락을 추구하는 존재이며, 비합리적인 감정, 이룰 수 없는 욕구에 의해서 불안과 갈등을 가지고 투쟁하는 존재로 본다. 그러므로 인간의 성격을 이해하기 위해서는 그들이 억압하여 무의식 속에 숨긴 내용들을 알아내어야 한다고 보았다. 프로이트는 이러한 인간의 환경에 대한 자각 수준을 의식, 전의식, 무의식의 세 수준으로 보았다. 또한 인간의 정신과 육체 활동의 근원이 되는 심리적 에너지로서 리비도(Libido)를 제시하였다.

- 의식: 개인이 현재 자각하고 있는 생각이며, 의식은 무의식에 비하여 빙산의 일각에 불과하여 우리의 자각은 오히려 스스로 자각하지 못하고 있는 무의식이 차지하는 부분이 더 많다.

- 전의식: 의식과 무의식의 중간에 있는 자각으로서 보다 쉽게 의식으로 다가올 수 있는 부분이다. 즉, 전의식은 무의식의 한 부분이지만 거기에 저장된 기억이나 지각은 보다 쉽게 의식으로 변화될 수 있다.

- 무의식: 개인이 자각하지 못하는 경험과 기억으로서 정신의 가장 깊은 수준에서 작동된다. 정신분석의 초점이 되는 부분으로서 이것은 본능에 의해 지배되며, 여기에는 인간의 행동의 방향을 결정하는 소망과 욕망이 자리잡고 있다.

무의식을 측정하는 방법으로 프로이트는 주로 자유연상법, 꿈의 분석, 사례연구 등의 방법을 사용하였으며, 심리검사로는 TAT, Rorschach 검사 등이 있다.

- 리비도: 인간의 정신 활동과 육체 활동의 모든 근원이 되는 심리적 에너지를 말한다. 이것은 인간의 무의식인 삶의 본능과 죽음의 본능과 함께 인간의 모든 행동에 영향을 준다. 성격의 발달은 리비도가 신체 부위의 어디에 집중되느냐에 따라 달리 발달될 수 있다.

② 성격의 구조

- 원초아: 원초아(id)는 태어날 때부터 존재하는 인간의 가장 기본적인 생물적 충동을 말한다. 예를 들어, 음식, 물, 배설 등의 욕구, 성적 욕구 등이 모두 여기에 포함되며, 원초아는 지금 당장 욕구를 충족시킴으로써 긴장이나 불안을 최소화하여 만족을 추구하려고 함으로써 쾌락의 원리에 의해 지배된다.

- 자아: 자아(ego)는 현실적으로 판단력과 분별력을 지님으로써 원초아를 통괄하려는 힘이다. 이러한 자아의 기능은 원초아가 외부 현실의 벽에 부딪히면서 분화된 것이다. 자아는 여러 가지의 표상을 관련시키고 통합하며 판단하는 고차원적인 정신 활동을 행하며, 이에 따라 욕망을 즉시적으로 만족시키기보다는 대상을 바꾸거나 사회적으로 수용될 수 있는 행동을 취함으로써 현실 원리에 따라 움직인다. 자아는 원초아와 초자아 사이에서 현실적으로 개체를 적절히 유지시키는 기능을 한다.

- 초자아: 초자아(super ego)는 자아를 매개체로 원초아의 욕구를 억압하는 작용을 한다. 이것은 바람직한 사회생활을 위해 그 사회의 질서 체계인 가치, 도덕, 윤리체계 등을 습득하는 사회화 과정에서 이루어진다. 초자아에는 도덕적 억압이나 죄의식 등에 따른 양심의 체계와 목표나 포부를 가지고 자존심과 긍지를 느끼게 되는 자아이상의 두 가지 하위체계가 포함되며, 이것은 도덕 원리에 의하여 작용된다.

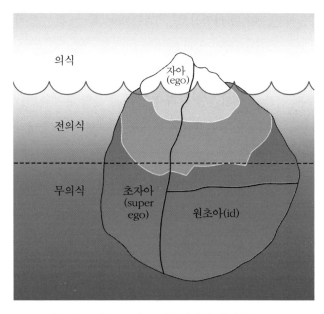

[그림 3-1] 프로이트 이론에서의 성격의 구조

③ 성격의 발달

성격의 발달은 정신에너지인 리비도가 신체 부위의 어디에 집중되느냐에 따라 다섯 단계로 구분된다. 프로이트는 성격의 발달은 각 발달단계에서의 특징적인 성적 충동이 이후의 성격 발달 단계에 영향을 미친다고 보았기 때문에 이것을 심리성적 발달단계라고 한다. 성격의 각 발달단계마다 독특한 발달과제나 목표가 있으며 이러한 목표나 과제를 해결하는 방법에 따라 성격이 형성된다.

- 구강기: 구강기(oral stage)는 태어나서 1세까지에 해당하는 심리성적 발달의 첫 단계다. 이 시기에 리비도는 구강이나 혀 등 입에 집중되어 유아의 욕구 충족은 깨물고 빠는 등의 행위에 집중된다. 즉, 입을 통해 먹고, 빨고, 깨무는 행위에서 긴장 감소와 쾌락을 경험하게 된다. 구강기의 성격은 수유의 충족이나 결핍 또는 과잉이 중요한 원천이 되며, 이때 구강 욕구가 지나치게 충족되면 성인이 되어 지나치게 낙관적인 성격이 되거나 의존적인 성격을 갖는 경향이 있으며, 구강 욕구가 충족되지 않으면 비관적인 성격이 되거나 타인에 대하여 지나치게 논쟁적이거나 비판적이고 공격적인 성격을 나타낼 수 있다.

- 항문기: 항문기(anal stage)는 일반적으로 3세까지 진행되는 단계로 리비도가 항문에 집중되는 시기다. 즉, 이 시기는 항문괄약근의 조절이 가능해지면서 항문 주위로 리비도가 옮겨 간다. 이 시기의 성격은 대개 본능적인 충동으로서의 배설 및 그에 대한 배변 훈련과 관련되어 결정된다. 유아에게는 배설물을 방출하는 것이 쾌감으로서 작용하지만 배변 훈련과 함께 이 쾌락을 지연시키는 방법 또한 배우게 된다. 이때 배변 훈련이 순조롭게 이루어지면 유아는 사회적 승인을 얻는 쾌감을 경험하고 이것은 초자아 발달의 시초가 된다. 그러나 이것이 순조롭게 진행되지 않으면 고집스럽고 인색하거나 결벽증과 강박증을 가지는 성격이 형성될 수 있다.

- 성기기: 성기기(phallic stage)는 심리성적 발달 단계 중 4세에서 5세경에 발달되는 시기로서 리비도의 초점이 항문에서 성기로 옮겨지는 시기다. 이 시기는 성(性)에 대하여 의식하고 흥미를 보이며 아이는 성기를 만지거나 환상을 통하여

쾌락을 느낀다. 이 시기에 남자아이는 어머니에 대한 무의식적 욕망에서 비롯된 갈등인 오이디푸스 콤플렉스(Oedipus Complex)를 가진다. 이 단계에서 남자아이는 어머니를 사랑의 대상으로 여기게 되는데 이와 함께 아버지를 어머니에 대한 경쟁자이자 위협적인 존재로 지각한다. 이 과정에서 아버지가 어머니와 특별한 관계에 있음을 지각하고 아버지에 대한 질투심과 적대심을 갖는다. 그러면서 적대자인 아버지로부터 자신의 성기가 잘려지지 않을까 하는 거세불안(castration anxiety)을 가지게 된다. 남자아이는 자신을 아버지와 동일시함으로써 이러한 오이디푸스 콤플렉스를 극복하고 초자아를 형성하게 된다.

여자아이가 이 시기에 겪는 갈등은 엘렉트라 콤플렉스(Electra Complex)다. 아버지는 여자아이의 애정의 대상이 되며, 여자아이는 자신의 성기를 잃었다고 믿고 남근선망(penis envy)을 가지게 된다. 여자아이는 어머니와의 동일시를 통하여 엘렉트라 콤플렉스를 해결하고 초자아를 형성하게 된다.

성기기에 성격이 고착되면 남자아이는 경솔하고 과장이 심하거나 야심이 강한 성격이 되며, 여자아이는 경박하고 유혹적인 성격이 될 수 있다.

- 잠복기: 잠복기(latency period)는 6세에서 12세 내지 13세까지의 시기이며, 실제로는 심리성적 단계가 아니다. 이 시기에 성적 본능은 휴면을 취한다. 즉, 성적 욕구가 억압되고 아이들은 이 기간 동안 학교 공부, 운동, 취미 활동, 친구와의 우정 관계 등에 집중하게 된다. 이 시기에 고착되면 이성에 대한 친밀감을 갖지 못하고 이성 관계를 회피하게 되며, 이성과의 관계에서도 정서적 감정 없이 단지 공격적인 방식으로 성적 행동을 하는 경우가 많다.

- 생식기: 생식기(genital stage)는 12세 내지 13세 이후의 사춘기에 해당되며, 이성에 대한 관심도 커지고 신체적 발육이 왕성하고 정서적으로는 격동을 겪는 시기다. 휴면 상태에 있던 리비도가 성기에 집중되면서, 청소년은 이성에 대한 관심과 함께 성행위를 추구하기 시작한다. 타인과의 관계를 통하여 만족을 추구하며, 이 시기의 성적 욕구는 독서, 운동, 봉사 등의 활동들을 통해 승화되기도 한다.

④ 방어기제

방어기제(defense mechanism)는 개인이 위협받는 상황에서의 불안으로부터 자신을 보호하기 위해 발생하게 되는 심리적 행위를 말한다. 이것은 무의식적으로 작동되며, 현실을 부정하거나 왜곡하게 되는 경우가 많다. 방어기제는 고통과 불안에서 인간을 보호한다는 점에서는 유용하게 기여될 수 있지만 이러한 방어기제를 무분별하고 충동적으로 과도하게 사용하게 되면 병리적 성격이 될 수 있다.

몇 가지 중요한 방어기제를 소개하면 다음과 같다.

- 반동형성: 반동형성(reaction formation)은 위협적인 원초아의 충동을 표현하는 대신에 정반대되는 행동으로 원초아의 충동을 표현함으로써 자신의 욕구나 동기를 은폐하려는 것을 말한다. 개인의 어떤 반응이 실제 사건과는 전혀 어울리지 않고 평소보다 더 극단적으로 나타나는 경우가 이에 해당될 수 있다. 예를 들면, 적대감을 느끼는 사람에게 오히려 과도하게 정중한 태도를 보이는 것 등을 들 수 있다.

- 퇴행: 퇴행(regression)은 자신이 처해 있는 현실이 불만족스럽거나 위험에 직면했을 때, 타인의 관심과 애정을 받을 수 있었고 불안하지 않았던 과거로 돌아가고자 하는 것이다. 예를 들어, 학교에 가기 싫어하는 아이가 갑자기 이부자리에 오줌을 싸기 시작하는 행동을 들 수 있다.

- 부정: 부정(denial)은 위협적이고 외상적인 사건 혹은 그 사건과 관련된 감정을 생각하거나 심지어 인정하는 것조차 거부하는 것이다. 자신이 그것을 의식하면 감당해 낼 수 없는 내적인 욕구나 현실을 무의식적으로 받아들이지 않으려고 하는 것이다. 예를 들면, 부모가 자신의 사랑하는 아이가 죽었을 때 그것을 결코 믿지 않으려고 하는 것 등이다.

- 투사: 투사(projection)는 자신을 불안하게 하거나 용납할 수 없는 충동을 오히려 다른 사람이 가지고 있다고 그 원인을 돌리는 것이다. 이것은 인간이 자신의 결점을 인정하는 것보다는 그것을 다른 사람에게 투사하는 것이 더 안전하

다고 여기기 때문이다. 예를 들어, 친구와 싸웠을 때 자신의 공격적인 감정을 인정하는 대신 "그 친구가 내게 매우 적대적이었어."라고 말할 수 있다.

• 전위: 전위(displacement)는 어떤 대상에게 자신의 원초적인 욕구를 표현하기가 어려울 때, 그 충동을 다른 대상으로 대체하여 표현하는 것이다. 예를 들면, 엄마에게 화가 난 아이가 엄마에게 직접 분노를 표현하는 것은 어려우므로 그 대신 방문을 세게 닫는 것으로 자신의 분노를 표현하는 것 등이다.

• 승화: 승화(sublimation)는 수용할 수 없는 원초아의 충동이 사회적으로 수용 가능한 형태와 방법을 통해서 표현되는 것을 말한다. 예를 들어, 공격적인 충동을 스포츠나 다른 취미 생활을 통해 심리적으로 덜 위험한 에너지 형태로 변화시킬 수 있다. 예를 들어, 성적 충동은 고된 일, 예술 활동 및 다른 창조적인 활동을 통해 안전하게 표현될 수 있다.

• 억압: 억압(repression)은 바람직하지 않은 생각을 의식 밖에 둠으로써 불안으로부터 보호받으려는 것을 말한다. 죄책감, 수치심, 자존심이 심하게 손상되었던 일 등 어떤 외상적인 사건이 심한 불안을 유발시킬 때 자아는 그 사건을 무의식의 깊은 곳에 억눌러 버리게 된다. 대부분의 방어기제에는 이러한 억압의 요소가 있다.

• 합리화: 합리화(rationalization)는 어떤 행위에 대한 원래의 동기를 숨기기 위해 그럴듯한 이유를 대어 자신의 행동을 정당화하는 것을 말한다. 인간이 태도와 행동 혹은 두 신념 간의 불일치에 직면할 때 그는 부조화를 느끼게 되며, 이때 편안함과 자기 만족을 얻기 위해서 행동과 신념을 합리화하거나 정당화하는 방법을 찾게 된다. 예를 들면, 이솝 우화의 신포도 이야기에서 여우의 행동이 대표적인 것이다.

⑤ 성격 교육에의 시사점

프로이트의 이론이 학습자의 성격 교육에 주는 시사점을 몇 가지 들면 다음과 같다.

첫째, 원만한 성격발달을 위해서는 생후 초기의 바람직한 양육 경험이 중요하다. 구강기, 항문기, 성기기까지의 생의 초기에 부모와의 관계 속에서 형성된 무의식적 내용들이 기본적인 성격 형성의 토대가 되므로 생후 5년여 간의 바람직한 양육 경험이 성격 형성에 매우 중요하다.

둘째, 잠복기(아동기)의 원만한 성격 형성을 위한 다양한 성취 경험이 필요하다. 아동의 성적 본능이 휴면을 취하는 이 시기에 다양한 학교 활동, 취미 활동, 스포츠 활동, 친구관계 형성 등을 할 수 있는 방안을 구안해 보는 것이 필요하다.

셋째, 생식기의 바람직한 성(性)교육이 요구된다. 생식기는 사춘기에 속한다. 이 시기에는 정신에너지가 성기에 집중되는 시기이며, 그에 따라 이성에 대한 관심도 증가된다. 이 시기에 성(性)에 대한 무조건적 억제는 문제가 되므로 성(性)에 대한 건강한 태도와 가치관 교육이 필요하다.

넷째, 학습자의 방어기제를 잘 이해할 필요가 있다. 학습자가 자주 사용하는 방어기제들을 관찰, 기록하고 종합해 봄으로써 학습자가 어떤 불안의 위협을 받고 있는지를 알게 되고, 이것은 등의 학습자의 성격을 이해하는 데 도움이 될 수 있다.

다섯째, 학습자의 무의식적 행동의 원인을 이해하고자 하는 노력이 필요하다. 학습자가 보이는 행동은 아무런 원인 없이 나타나는 것이 아니므로 그 심리적 원인을 알면 행동이 변할 수 있다. 그러므로 학습자의 무의식을 끄집어낼 수 있는 상담과 심리치료의 방안을 연구할 필요가 있다.

(2) 에릭슨의 심리사회적 성격발달 이론

에릭슨은 프로이트와는 달리 성격발달의 심리사회적 측면을 강조하였다. 그는 개인의 자아는 부모와 그를 둘러싼 사회적 · 역사적 환경의 영향을 통하여 평생 성장하고 발달한다고 보았다. 프로이트가 성격의 형성에서 본능을 강조한 반면에 에릭슨은 개인의 문화적 · 사회적 · 역사적 환경의 영향이 중요하다는 것을 주장하였다. 즉, 프로이트가 성격이 생의 초기에 형성된다는 것을 기초로 심리성적 단계 이론을 주장한 반면에 에릭슨은 인간의 평생에 걸친 계속적인 발달을 강조하였다. 그리고 각 발달단계마다 성격 변화를 위한 전환점으로서의 위기가 있으며 인간은 심리사회적인 각 단계의 위기에 적응하거나 부적응하는 방식으로 행동을 나타낸다고 보았다.

① 주요 개념

• 자아: 자아는 지각, 사고, 기억 등을 통하여 현실을 다루어 나가는 자율적인 체제다. 이러한 자아는 인간의 전 생애를 통하여 사회 · 문화적 환경과 상호 관련되어 발달해 나간다고 보았다.

• 심리사회적 위기: 발달의 각 단계에는 심리 · 사회적 위기가 있다. 이 위기는 각 단계에서 문제를 해결하려는 개인의 노력에서 생긴다. 예를 들어, 성격발달에서 첫 위기는 '신뢰 대 불신'인데, 이 단계에서 어머니와 아이의 관계는 '얻기'와 '주기'에 대한 기본적인 태도를 형성하게 하며, 이때 위기가 적절히 해결되면 이 단계에서의 경험은 아이가 인간에 대한 기본적인 신뢰와 낙천주의를 가지는 토대가 된다. 이러한 위기는 하나의 전환점으로서 개인의 발달 과정에서 겪는 어려운 상황에서 극복해야 할 생존을 위한 원천이다.

• 점성적 원리: 발달의 점성적 원리(epigenetic principle)란 인간 발달이 유전적 요인에 의존한 일련의 단계에 의하여 지배된다는 것을 말한다. 이에 따라 적절한 시기에 형성되는 각각의 연속된 단계는 앞 단계의 발달에 의해서 예측될 수 있다.

② 성격의 발달

성격의 발달은 점성적 원리에 의해 일어난다. 심리사회적 각 발달단계에는 위기가 있으며, 이 위기는 다음의 발달을 위한 전환점의 역할을 한다. 그리고 개인은 이러한 위기에 대하여 적응적이거나 부적응적인 방식으로 반응을 하게 되며, 심리사회적 발달의 각 단계는 개인에게 기본적인 강점을 발달시킬 기회를 제공한다. 성격의 심리사회적 발달단계를 살펴보면 다음과 같다(조현준, 조현재, 문지혜 역, 2002; 노안영, 강영신, 2013).

- **기본적 신뢰감 대 불신감**: 출생 후 1년 이내에 나타나며, 이 시기의 영아들은 자신들의 생존과 안전을 위해 보살펴 주는 어머니에게 전적으로 의존한다. 이 시기에 영아들은 어머니의 충분한 보살핌을 통한 사회적 관계를 형성해 나가는데, 이때 영아와 어머니의 상호작용이 유아가 세상에 대하여 신뢰감을 가지게 하는지 혹은 불신의 태도로 대하게 하는지의 여부를 결정하게 된다. 세상에 대한 신뢰감은 어머니의 행동에 대한 신뢰에서 비롯되며, 이것은 또한 자신에 대한 신뢰를 형성하는 것이다. 이 시기의 갈등은 프로이트의 성격발달 단계인 구강기에서 일어나는 갈등이며, 영아는 주로 입을 통하여 생물학적으로 그리고 사회적으로 세상과 관계를 맺는다.

- **자율성 대 의심 및 수치심**: 프로이트의 성격발달 단계인 항문기에 해당하는 2~3세에 발달된다. 이 시기는 신체적 · 인지적 능력들이 빠르게 발달되는 시기인데, 주로 부모의 배변 훈련에 의해 사회적 규칙을 경험한다. 이러한 경험은 심리사회적으로 유아의 발달에 중요한 영향을 미친다. 즉, 부모가 유아의 자율적인 성숙을 지지해 주는 방법으로 훈련을 시킬 때 유아는 자율성을 습득하지만, 부모가 원하는 대로 행동하지 않을 때 부모가 훈련을 강요하게 되면 유아는 사회적 관계에서 수치심을 느끼고 이것은 자신의 능력에 대한 의심을 발달시키게 된다. 대소변을 가리지 못하여 생기는 이러한 과도한 수치심은 다음 단계인 주도성의 발달에 부정적인 영향을 주게 된다.

- **주도성 대 죄책감**: 이 갈등은 3세에서 5세경까지 발생한다. 이 시기의 유아는 같은 성의 부모와의 동일시를 통하여 부모를 수용함으로써 초자아를 발달시킨다. 이때 유아는 책임감과 도덕적인 감각을 형성하게 되는데, 부모가 유아의 특별한 부적응적 행동들을 사랑과 이해심으로 지도하면 도덕적 감각을 획득할 수 있다. 이때 형성되는 주도성은 보다 현실적이고 사회적으로 허용된 목표를 위해 노력하게 하는 원동력이 된다.

- 근면성 대 열등감: 근면성과 열등감의 갈등은 초등학교에 입학해서 약 11세까지 지속된다. 이 시기의 갈등은 학교생활에 뿌리를 두고 있다. 아동의 삶의 세계는 이 시기에 상당히 확장되는데, 아동은 이 단계에서 학업에 잘 적응해야 하고, 친구들과의 관계를 형성하는 등의 새로운 과제들을 부여받게 된다. 이 시기의 아동들은 자기에게 주어진 일들을 열심히 해내며 주위 사람들에게 인정받기를 원한다. 이때 부모의 긍정적인 강화와 칭찬은 아동의 근면성을 촉진시키지만, 자신이 노력한 것에 대하여 야단맞거나 거절을 자주 당하게 되면, 자신에 대한 열등감을 발달시키게 된다. 이 시기의 근면성은 자기정체감 형성을 위한 발달 과제들을 수행하는 바탕이 된다.

- 자기정체감 대 역할혼미: 이 시기는 12세에서 18세경까지의 사춘기에 해당된다. 이 시기의 청소년들은 자신의 기본적인 정체성에 관하여 의문을 갖고 이에 대해 깊이 생각하게 된다. 자신에 대한 정체감은 자신이 자신을 보는 것처럼 다른 사람도 그렇게 보는 것에 대한 확신으로서, 청소년기의 적절한 자기정체감 형성에는 청소년이 선택하는 사회집단이 중요한 영향을 미칠 수 있다.
에릭슨은 이 시기를 아동기와 성인기 사이에서 자신의 역할과 정체감을 형성하기 위하여 노력하는 심리적 유예 기간(psychological moratorium)이라고 보았다.
청소년 시기에 겪는 다양한 갈등, 방황 그리고 반항은 매우 당연한 것이며, 이것은 청소년들의 발달과 성장을 위하여 꼭 필요한 것이다. 청소년기에 심리적 유예 기간을 통하여 자신에 대한 정체감을 형성하지 못하면, 역할혼미가 일어난다. 역할혼미는 자기정체감을 형성하는 데 실패하고, 정체감 위기를 경험하는 상태다. 이것은 청소년기를 넘어서 초기 성인기까지 연결될 수 있다. 자기정체감은 일생을 통하여 계속해서 정교화되고 확장된다.

- 친밀감 대 고립감: 성인 초기의 단계로서 부모로부터 독립하고 성숙한 사회의 일원으로 기능할 수 있는 심리사회적 발달단계다. 초기 성인기는 일반적으로 다른 사람과 협동적이고 친밀한 관계를 발달시키고, 배우자를 선택하는 시기다. 그러므로 성인 초기에 개인은 자신의 정체감을 다른 사람의 정체감과 융합

시킬 수 있어야 하며, 이 시기에 이런 관계를 발달시키지 못한 사람들은 고립감을 느끼게 된다. 고립감을 느끼는 사람들은 타인과의 친밀한 관계를 피하고 자신과 맞지 않으면 타인들을 공격하거나 거부하는 경우가 많다. 청소년기와 초기 성인기에 자기정체감이 부족한 사람은 다른 사람과 바람직한 관계를 이루는 데 실패하는 경우가 많다.

• 생산성 대 침체감: 중년기에 해당되며 대략 35세에서 50세까지의 시기다. 이 단계는 한 인간으로서의 성숙기에 해당된다. 자신이 속한 조직에서 타인과 다음 세대들을 적극적으로 인도하고 도우며, 그들을 이끌고자 하는 발달 특성을 보인다. 즉, 생산성은 양육, 가르침, 시민활동 등을 통하여 다음 세대를 인도하는 것이다. 이러한 행동이 중년기의 개인에게 나타나지 못하면 침체감, 삶에 대한 권태, 박탈감을 느끼게 되며, 대인관계도 악화된다. 그리고 자신의 욕구와 만족에만 갇혀 버려서 적절한 생산성이 발휘되지 못하면 신체적·심리적 문제들이 발생된다.

• 자아통합 대 절망감: 자신의 삶을 되돌아보고 평가하게 되는 시기다. 자신에 대한 충족감과 만족감을 가지고 자신의 삶을 되돌아볼 수 있고, 자신의 지금까지의 성공과 실패에 대해 잘 적응해 왔다면 그 사람은 자아통합을 하게 된다. 반대로, 자신의 현재 상황과 과거를 수용하지 못하고 이전의 삶에 대해 분노하고, 좌절감으로 자신의 삶을 바라보게 되면 절망감을 느끼게 된다. 즉, 앞 단계의 갈등들을 적절히 해결하지 못하면 인생 후기에는 절망감이 찾아오는데, 이렇게 되면 사람들은 자신을 혐오하게 되고 다시 다른 삶을 시작하기에는 너무 늦었다는 것을 느끼게 된다.
그러나 이전의 일곱 단계에서 잘 적응하게 되면, 인간은 심리사회적으로 잘 적응하고 자신의 삶에 대해 지속적인 통합감을 가질 수 있게 된다.

③ 성격 교육에의 시사점
첫째, 유아기에는 주도성 발달을 위한 다양한 기회를 제공하는 것이 필요하다. 교사는 아이들에게 자율적이고 독립적으로 활동할 수 있는 다양한 기회를 제공하

고, 아이들이 많은 실패를 경험하더라도 그 수준에 맞게 다시 시도해 보고자 하는 의욕을 북돋울 필요가 있다. 일의 결과에 대한 질책이나 제재는 아이들이 다시 시도해 보려고 하는 의욕을 상실시키며 사소한 일인 경우에도 자신의 행위에 대한 죄책감을 갖게 하여 이후의 건강한 성격발달에 부정적인 영향을 미친다.

둘째, 아동기의 근면성 발달을 위해서는 교사의 격려와 칭찬이 필요하다. 초등학교 시기는 자신의 능력에 대한 신념, 즉 자기유능감이 기본적으로 형성되어야 할 시기다. 이러한 자기유능감은 자신에게 주어진 일을 성실하고 근면하게 수행하는 과정에서 이루어진다. 이 시기의 아이들은 사소한 일들에 자주 실패를 경험하게 되고 그에 따라 자신의 모든 측면에 그것을 일반화시켜 무력감을 느끼는 경우가 많다. 그리고 그에 대해 교사가 잘할 수 있도록 격려하지 않고 야단을 치게 되면 자신의 능력에 대해 열등감을 느껴 과제에 흥미를 잃게 된다. 그러므로 교사는 아이들의 실패보다는 성취와 성공에 관심을 가지고 적극적으로 칭찬하여 아이들이 자신에 대해 유능감을 가질 수 있도록 해 주는 일이 무엇보다도 중요하다.

셋째, 청소년기의 자아정체감 형성을 위해서는 교사와의 열린 소통이 필요하다. 청소년기는 아동기로부터 성인의 역할로 이동하는 단계다. 이 시기는 타인들이 자신을 어떻게 인식하는지 그리고 자신이 그러한 이미지와 부합되는지에 매우 신경을 쓰며 자기 자신을 발견하기 위하여 다양한 역할을 시험해 보는, 그 어떤 발달 시기보다 스트레스가 많은 시기다. 그러므로 이 과정에서 자신의 역할에 대한 혼미 현상을 나타내기도 한다. 따라서 교사가 보기에는 매우 충동적이고 반항적인 행동들을 나타내기도 한다.

이에 대하여 교사는 이 시기의 청소년들이 신체적·정신적·심리적으로 혼란된 상태에 있을 수 있고, 그것은 청소년들이 자신의 정체감을 형성하기 위한 시도들이라고 볼 필요가 있다. 따라서 교사는 학생들을 열린 마음으로 수용하고 대화를 통해서 자존감을 높여 주어 학생들의 자아정체감 형성에 도움이 될 수 있도록 한다.

2) 특성적 접근: 특성들의 조합체로서의 나

성격 특성(trait)이란 개인의 행동, 감정 및 사고에서 나타나는 일관되고 지속적인 양식을 말한다. 인간의 행동은 그가 가진 일반화된 특성에 의하여 이루어지며, 이것은 상황이나 시간이 변하더라도 안정성이 있다고 한다.

성격 연구에 있어서의 특성적 접근에는 올포트(G. W. Allport), 카텔(R. B. Cattell), 아이젱크(H. J. Eysenck) 등 여러 이론가가 있으나 여기에서는 올포트의 이론을 중심으로 성격의 특성적 접근을 살펴보면 다음과 같다.

(1) 주요 개념

- **주특성**: 개인이 가진 그만의 일반화된 특성을 말한다. 이것은 개인의 생활의 초점이 되는 두드러지고 유별난 특성을 말한다. 올포트는 주특성을 개인이 지닌 '지배적 열정'이라고 보았다.

- **중심 특성**: 개인의 행동을 기술할 수 있는 5~10개 정도의 두드러진 특성을 말한다. 이것은 주특성에 비하여 덜 일반적이고 덜 지배적인 특성이다. 또한 이것은 반복되어 나타나는 특성으로서 타인과 비교가 가능하며, 개인을 평가할 수 있는 지속적인 경향성을 말한다.

- **이차 특성**: 개인에게 가장 적게 영향을 주는 특성으로서 주특성과 중심 특성에 비하여 뚜렷하지 않고 일관성이 부족한 특성이다. 이 특성은 잘 드러나지 않고 매우 친한 사람만이 알아챌 수 있는 것이다.

- **고유자아**: 고유자아(proprium)란 느끼고 인지되는 나를 말한다. 여기에는 개인이 자기라고 생각하는 신체와 정신의 모든 것이 포함된다. 고유자아에 의하여 성격의 일관성이 형성되며, 이것은 시간에 따라 발달된다. 고유자아에는 신체 감각, 자아 동일시(who am I), 자아 이미지(what am I), 자아 향상감(how can I more) 등이 포함된다.

- **기능 자율성**: 기능 자율성(functional autonomy)이란 인간의 행동의 동기는 과거의 경험과는 관계없이 독립적으로 발달해 나간다는 것이다. 예를 들어, 나무는 씨앗에서부터 성장해 나가지만 나무가 충분히 성장했을 때에는 씨앗은 더 이

상 영양을 공급하는 원천으로 기능하지 않게 되며, 나무는 기능적으로 씨앗과 관계없이 자율적으로 성장해 나간다는 것이다.

(2) 성격의 발달

인간은 항상 자기 나름대로의 포부와 희망을 가지고 자기 확장을 추구하는 특성을 가진다. 그러므로 인간의 성격은 현재와 미래를 통해 계속 발달되며, 스스로의 성숙과 학습 그리고 자기 확장의 경험을 통하여 발달된다. 고유자아의 발달을 통한 성격의 발달단계는 다음과 같다.

- 신체적 자아: 생후 15개월 정도가 되면 신체적 자아가 나타난다. 신체적 자아는 자기와 자기 주변을 둘러싼 세계를 구별하는 데 있어서 그 자신과 다른 사람, 대상들을 만지고, 보고, 들음으로써 분별하게 되는 것을 말한다. 이 단계는 개인이 자신의 전체적 자아를 달성하기 위한 가장 초보적인 단계다.

- 자아정체감: 2세경의 유아는 자신의 이름을 인식함으로써 이름과 자신을 동일시하고 세상의 다른 사람들과 자신을 구별하게 되는 최초의 자아정체감을 형성한다. 그리고 거울에 비친 나를 통해서 나 또는 자아에 대한 인식을 갖고 자기주장을 시작한다.

- 자존감: 이 단계에서 유아는 사물을 만들고 탐구하며 그에 따라 환경에 대한 호기심을 만족시키고 그 환경을 처리하고 변화시키려 한다. 2세에서 3세경의 유아는 자율성에 대한 욕구가 강해지며, 부모가 시키는 일들에 대해 부정적인 행동을 많이 나타낸다.

- 자아 확장: 4세경이 되면 유아는 주위의 다른 사람과 사물을 인식하게 되고, 그들의 일부분이 자기에게 속해 있다는 것을 알게 된다. 유아는 '나'의 집, '내 학교'라는 말을 쓰면서 소유의 가치와 의미를 구체적으로 학습하게 된다. 이 시기에 유아는 구체적인 사물뿐만 아니라 추상적인 개념, 가치, 신념까지도 포함시켜 광범위하게 자신을 확장시켜 나감으로써 자기를 확립하는 기초 능력을

갖추게 된다.

- 자아상: 이 시기는 유아가 자신을 어떻게 보고 그에 대한 생각이 어떻게 형성되어 있는지의 자아상이 형성되는 시기다. 이 시기의 자아상은 부모와 유아 간의 상호작용에 의해 발달된다. 유아는 칭찬과 벌을 통하여 부모가 자기에게 어떤 행동은 유지되고, 또 어떤 행동은 피해 주기를 원한다는 것을 배우게 된다. 이러한 부모의 기대감을 토대로 유아는 도덕적 책임감과 목표, 의도 등을 형성시켜 나간다.

- 이성적 대처자로서의 자아: 초등학교 생활을 시작하게 되면 이성적 대처자로서의 자아(self as a rational coper)가 나타난다. 교사나 친구들로부터 새로운 규칙과 기대감을 학습하게 되며, 학교생활을 통한 지적 활동이나 도전이 나타나게 되고, 논리적·이성적 과정들을 통해서 자신의 문제를 해결할 수 있는 능력을 키운다.

- 자아 추구: 사춘기가 되면 자아 발달의 마지막 단계인 자아 추구가 나타난다. 이 시기는 새로운 자아정체감을 요구받는 시기로서 '나는 누구인가?'라는 질문이 매우 강렬하게 대두되며, 부모와 친구들 간의 다양한 경험을 통해서 자아상이 시험된다. 이 시기에 처음으로 생의 장기 목표와 자신의 꿈에 대해 생각하게 되며, 미래에 대한 동경과 희망들을 통해서 성숙한 성격의 토대를 마련한다(이혜성 역, 2012).

(3) 성격 교육에의 시사점

첫째, 학습자들에게 과거보다는 현재와 미래의 삶에 대해 강조한다. 올포트는 건강한 성격은 현재와 미래의 기대와 계획을 향한다고 하였다. 그러므로 양육 환경이 좋지 못하여 정서적 안정감을 느끼지 못하고 성장된 학습자일지라도 과거 경험에 얽매이지 않고 항상 미래의 자신의 모습을 설계해 보게 함으로써 건강한 성격의 소유자로 변화시킬 수 있다. 즉, 학습자들이 자신의 미래의 삶에 대해 목표를 세우게 하고 그에 대해 몰입하게 하는 교육이 필요하다.

둘째, 고유자아 발달을 위해서는 에너지 수준의 조절이 필요하다. 올포트는 십대의 비행, 범죄 행위 등은 청소년들이 에너지를 소모하기 위한 의미 있고 건설적인 목표가 부족하기 때문이라고 보았다. 학습자들이 가진 에너지가 건전하게 배출될 수 있도록 그 배출구를 발견하고 청소년들이 그 에너지를 건전하고 활기찬 방식으로 전환시킬 수 있는 방안들을 탐색하는 것이 교사의 중요한 역할이라고 보았다.

셋째, 학습자들이 좌절에 대한 인내심을 기를 수 있도록 돕는다. 청소년들에게 매우 부족한 것은 어떤 일에 대한 좌절을 이겨 내는 힘이다. 이러한 힘을 기르는 것은 자신의 고유자아를 성숙시키는 데 있어서 매우 중요하다. 학습자들에게는 자신의 실패와 좌절에 대하여 지금의 실패가 자신을 결정하는 것이 아니라 이것을 이겨냈을 때 그 좌절이 다음 문제의 해결에 발판이 된다는 인식을 심어 줄 필요가 있다.

넷째, 다른 사람과 따뜻한 관계를 가진 자아를 형성할 수 있도록 돕는다. 올포트는 건강한 성격을 발달시키기 위해서는 다른 사람과 따뜻한 관계를 가진 자아를 형성하는 것이 필요하다고 보았다. 이러한 자아의 형성을 위해서는 학습자들의 인간에 대한 친밀감과 연민의 감정이 발달되어야 한다. 학습자들이 친구들이나 주위 사람들을 배려하고, 다른 사람의 행동을 판단하거나 비방하지 않고 관용을 베풀 수 있는 능력을 가지게 하기 위해서는 모든 교육 활동에서 인간관계에서의 따뜻함, 배려, 보살핌 등을 강조하는 교육을 할 필요가 있다.

3) 인본주의적 접근: 자기향상과 자기실현의 동기를 가진 나

인본주의적 접근에서는 인간은 본래 자기를 실현하고, 유지하며, 자신을 지금의 상태에서 보다 향상시키려는 동기를 가지고 있고, 우리가 자신의 세계에 대해 어떻게 지각하느냐에 따라 그 행동의 결과가 달라진다고 본다.

인간의 성격발달이란 인간이 자아실현의 동기를 가지고 변화를 추구하며 자신의 진정한 모습으로 타인과 소통하는 과정에서 자기를 성장시키는 것이며 이것은 발달단계에 의한 것이 아니라 항상 현재-미래에서 변화 가능한 것이라고 본다.

성격을 인본주의적 관점에서 본 이론가들은 매슬로(A. Maslow), 로저스(C. R. Rogers)와 프랭클(V. E. Frankl) 등이 있으나 여기에서는 로저스의 이론을 중심으로 살펴보고자 한다.

(1) 주요 개념

- **자기:** 자기(self)는 자신이 지각하여 의식에 나타나는 '나'를 말한다. 즉, 로저스 이론에서의 자기는 현상적인 자기를 말한다. 예를 들어, '나는 나 자신에 만족한다.' '나는 내가 자랑할 만한 것이 많다고 생각한다.' 등의 느낌이나 생각을 자기 체험이라고 하며, 이러한 자기 체험을 통한 나에 대한 지각들이 조직화되어 '자기'를 구성하게 된다.

- **자기실현 경향성:** 인간이 자신을 유지하고 고양시키는 방식으로서 인간은 자신이 가진 모든 역량을 발달시켜 나가려는 선천적 경향성을 가지고 있다. 즉, 모든 인간은 자기를 실현하려는 이러한 잠재력을 타고난다.

- **긍정적 관심:** 아이들은 누구나 타인들에게 긍정적 관심을 얻으려고 한다. 그러나 모든 아이에게 다 이 욕구가 완전히 채워지는 것은 아니다. 다른 사람들로부터 사랑과 인정을 받는 아이들은 만족하게 되지만 인정받지 못하고 애정과 사랑이 결핍된 아이들은 좌절한다. 아이들이 건강한 성격으로 자라나게 되는 것은 이 긍정적 관심의 욕구가 얼마나 만족되느냐에 의해 좌우된다.

- **무조건적인 긍정적 관심:** 건강한 성격으로 성장하기 위해서 부모들은 아이들에게 무조건적인 긍정적 관심을 가질 필요가 있다. 즉, 아이의 행동에 대해 부모는 자신의 의도대로 따라오게 하기 위한 조건적인 관심이 아니라 무조건적으로 사랑과 애정을 가지고 그것을 표현하게 될 때, 아이들은 스스로 내면화된 행동 규범과 기준을 가지게 된다.

- **가치의 조건화:** 부모가 항상 자신이 채택한 기준에 따라서만 아이들이 행동하거나 생각하도록 할 때, 잘못된 행동을 하였을 경우에 아이들은 자신에 대한 죄의식과 무가치함을 느끼게 되며 이럴 때 아이들은 자신을 방어하게 된다. 이것이 습관화되면 아이들은 불안감이 일어날 때마다 현실을 왜곡하여 말하거나 자신의 행동을 부인하는 등의 방어적 행동을 나타내게 된다(Rogers, 1961, 1969).

(2) 성격의 발달

인본주의 접근에서는 인간의 성격은 항상 변화되고 향상될 수 있다고 본다. 즉, 인간의 성격은 발달단계에 따라 변화하는 것이 아니라 성장 과정의 어느 시점에서도 변화할 수 있다고 한다. 왜냐하면 인간은 변화를 추구하고, 끊임없이 움직이는 존재이며, 자기를 실현하기 위해 노력하는 성향을 가졌다고 보기 때문이다. 성격발달의 주요한 요인은 인간의 자기존중과 자기향상, 그리고 '자기'와 '자기에 대한 체험'의 일치라고 보았다.

- 자기존중과 자기향상: 인간은 누구나 자기를 유지하고 향상시키려는 의지를 가지고 있으므로 인간이 자신의 세계를 어떻게 지각하느냐에 따라 성격발달은 이루어진다.

- '자기'와 '자기에 대한 체험'과의 일치: 인간의 성격발달은 '자기'와 '자기에 대한 체험'과의 일치에 의하여 긍정적으로 이루어진다. 즉, 인간은 자신에게 주어진 현실에 대한 주관적인 지각과 객관적이고 외적인 현실이 일치될수록 건강한 성격이 발달된다. 바람직한 성격의 발달은 '자기'와 자신의 체험이 일치하도록 자기를 변화시켜 나가는 과정에 의해서 이루어질 수 있다(홍숙기, 2002).

(3) 건강한 성격

로저스는 건강한 성격은 자신의 기능을 충분히 발휘하는 과정에서 이루어지며 다음의 특성들이 건강한 성격을 가진 사람의 특성이라고 보았다.

- 경험에의 개방성: 건강한 성격을 가진 사람은 자신의 모든 감정과 태도를 자유롭게 인정하고 경험한다.

- 실존적 삶: 건강한 사람은 모든 경험에 개방적이므로 자아나 성격은 거기에 끊임없이 영향을 받고 항상 자신을 새롭게 적응시켜 나간다.

- 자신에 대한 신념: 건강한 성격을 가진 사람은 자신이 옳다고 느껴지는 방식으

로 행동하는 것이 자신의 행동에 있어서 가장 신뢰할 만한 지침이 된다. 즉, 건강한 사람은 모든 것을 개방적으로 경험하고, 그것을 완전히 실생활에 실천함으로써 균형을 이루며 이에 따라 자신의 상황 전체를 가장 만족시키는 결정을 할 수 있다.

- 자유감: 인간은 심리적으로 건강할수록 선택이나 행동에 자유로움을 경험한다. 건강한 사람은 억제나 금지 없이 생각과 행동 과정의 대안들 사이에서 자유롭게 선택할 수 있다.

- 창조성: 심리적으로 건강한 사람은 자기 실존의 모든 영역에서 독창적 사고력을 가지고 창조적인 삶으로 스스로를 표현한다. 이들은 자기 행동에 자발적이며 자신의 생활에 적응하여 변화하고 성장하고 발달해 나간다(이혜성 역, 2012).

(4) 성격 교육에의 시사점

첫째, 학습자들이 긍정적 자아개념의 중요성을 인식하도록 돕는다. 학생들은 교사에게 지지받고 인정받고 싶다는 욕구가 강하기 때문에 교사가 자신을 사랑하고 인정해 주는지의 여부에 따라 행동하게 되는 경우가 많다. 학생의 연령이 어릴수록 자아개념의 발달에는 이러한 외부적 요소들이 더 많은 영향을 미친다. 그러므로 교사는 학생의 단점이나 잘못된 행동보다는 그들의 장점과 재능 등을 발견하도록 노력하고 꾸중보다는 칭찬을 활용하여 긍정적인 자아개념 발달을 도와야 할 것이다.

둘째, 학습자의 건강한 자아발달을 돕기 위해서는 교사의 긍정적 관심이 필요하다. 로저스에 따르면, 인간의 건전한 성격발달은 긍정적인 자아 발달에서 이루어진다고 본다. 그러므로 교사는 학생들과의 관계에서 일관성 있고 진술한 태도가 필요하며, 학생들의 일탈적 행동에 대해서도 진정성 있는 일관된 태도가 필요하다.

셋째, 교사는 학습자들 누구나 자신의 삶에 대한 자기실현 경향성을 가지고 있다는 믿음을 가질 필요가 있다. 모든 인간은 자기를 실현하고, 유지하고, 고양시키려는 의지를 가지고 있다. 교사가 학생들이 가지고 있는 이러한 잠재적 발전 가능성을 신뢰하고 각각의 학생이 지니고 있는 잠재력을 발달시키고자 노력할 때, 학생의 성격은 보다 긍정적으로 변화될 수 있다.

넷째, 교사는 학습자들이 폭넓은 경험과 개방적 태도를 가질 수 있도록 노력할 필요가 있다. 학생의 건강한 성격은 다양한 경험을 통해 세상에 대한 개방적 태도를 습득할 수 있을 때 가능하다. 그러므로 교사는 학교에서 가능한 한 다양한 학습 자료를 제시하고, 학생들이 선택할 수 있는 폭을 넓혀 줄 수 있도록 노력하는 것이 필요하다. 이렇게 함으로써 자신의 선택에 의한 책임감도 길러 줄 수 있다.

2. 사회성의 발달

사회성이란 한 사회에 속한 인간이 그 사회에서 적절하다고 여기는 신념과 가치에 따라 기능하게 되는 특성을 말하며, 이것은 인간관계에서 습득되는 사회화의 과정에서 이루어진다. 사회성은 다양하게 분류될 수 있으나, 집단에서의 인간관계를 중심으로 나타나는 행동으로 크게 분류해 보면 친사회적 행동, 반사회적 행동 및 비사회적 행동을 통하여 나타난다. 교사는 이러한 학생들의 사회적 행동들의 특성과 원인을 잘 이해할 필요가 있다.

친사회적 행동(prosocial behavior)이란 타인을 돕는 이타성이 나누기, 돕기 등의 행동으로 표출되는 것을 말하며, 반사회적 행동(antisocial behavior)은 타인에 대한 적대적이고 공격적인 행동을 말한다. 그리고 비사회적 행동(desocial behavior)은 인간관계에서의 위축되고 고립된 행동을 말한다.

여기에서는 친사회적 행동, 반사회적 행동 중 학교에서 가장 흔히 나타나는 공격적 행동 그리고 학급에서의 위축, 고립 행동 및 이와 관련된 친구관계에 대하여 살펴보고자 한다(허승희, 2014).

1) 친사회적 행동의 발달

(1) 친사회적 행동의 의미

친사회적 행동은 인간의 이타성이 행동으로 표출된 것이다. 이타성은 타인의 행복에 대해 관심을 갖고 배려하는 내재적인 심리 특성이며, 이에 따른 사회적 행동으로서의 친사회적 행동에는 나누기, 돕기, 위로하기, 보살피기 및 협조하기 등의 행동들이 포함된다. 이것은 타인의 행복에 대해 관심을 갖고 배려하는 내재적인 심리적 특성으로서 학교에서뿐만 아니라 성인이 된 후의 사회적 관계에서 개인이 얼마나 집단의 성원으로부터 존경받고 수용되는가를 결정하는 중요한 특성이다.

친사회성은 아주 어린 시기부터 부모에 대한 애착과 정서적 의존성, 자신과 타인의 역할을 지각하고 수행하는 능력 등이 발달하면서 형성된다.

(2) 친사회적 행동의 발달

친사회적 행동은 일정 수준의 인지능력의 발달을 요구하는데, 2세 전후에 남을 위로하고 도와주려는 행동이 나타나기 시작하며, 아동의 연령이 증가함에 따라 친사회적 행동도 증가하는 경향이 있다. 친사회적 행동은 4세에서 6세경에 증가하기 시작하여 9세에서 10세경에 가장 높은 수준을 보인다. 이것은 아동이 성장함에 따라 사회적 협동 등의 가치와 필요성을 이해하는 인지적 능력이 보다 발달되며, 또한 이 시기에 타인의 감정과 사고를 조망할 수 있는 사회적 인지능력도 발달되기 때문이다.

친사회적 행동이 발달되기 위해서는 타인의 감정과 처지를 이해할 수 있는 공감능력이 필수적이다. 그리고 이러한 공감능력의 발달에 따른 친사회성의 발달은 아동의 바람직한 친구관계 형성에도 중요한 영향을 미친다.

발달단계에 따른 친사회적 행동 수준을 알아보면 다음과 같다(송명자, 1995).

(3) 친사회적 행동의 지도

• 학습자의 친사회적 행동에 대해 자주 피드백을 제공한다

친사회적 행동이 발달될 수 있는 중요한 사회적 요인은 학생의 친사회적 행동에 대한 교사의 피드백이다. 교사는 다양한 강화방법을 이용하여 아동의 친사회적 행동을 촉진시킬 수 있는 여러 방안을 개발할 필요가 있다.

• 이타적 행동의 시범을 보인다

친사회적 행동은 또한 모델의 행동을 모방함으로써 이루어진다. 학생들의 친사

회적 행동의 발달을 위해서는 주변에 있는 실제 모델들의 이타적 행동의 시범이 중요하다. 실제로 TV나 책 속의 주인공의 이타적 행동보다는 부모, 교사 및 또래가 일상생활에서 보여 주는 이타적 행동들이 학습자의 친사회적 행동을 증진시키는 데 보다 효과적이다. 즉, 교사는 책을 통해 가르치는 내용보다는 자신의 언행 그 자체가 더 강력하게 아동들의 친사회적 행동에 영향을 미친다는 것을 항상 인식할 필요가 있다.

• 학습자의 공감능력을 증진시킨다

타인의 생각과 감정조망을 격려해 주는 교육, 학교에서의 역할 놀이, 공동작업 활동 등도 친사회적 행동을 증진시킬 수 있는 중요한 방안들이다.

특히 도덕적 판단에 관한 사례들과 그에 대한 이야기 나누기 활동 등을 통한 공감능력의 증진은 친사회적 행동을 발달시킬 수 있는 중요한 방안들이다. 실제로 남자 아동의 경우에는 정의적인 공감력이 높을수록, 여자 아동의 경우에는 인지적 · 정의적 공감력이 높을수록 학교폭력 피해아동을 도우려는 긍정적 행동 반응을 나타낸다는 연구결과(오인수, 2010)에서도 알 수 있듯이, 공감 능력의 발달은 친사회적 행동을 촉진하는 주요한 요인이다.

2) 반사회적 공격 행동의 발달

(1) 반사회적 행동의 의미

사회적 부적응 행동은 신체적 · 심리적 · 사회환경적 요인으로 인하여 주변의 사회적 환경에 잘 적응하지 못하는 행동을 말한다. 환경에 대한 부적응 상태는 욕구 불만, 정서적 불안 등의 긴장을 일으키게 하며, 이러한 긴장을 해소시키기 위해서 일어나게 되는 부적절한 행동이 반사회적 · 비사회적 이상행동이다.

반사회적 행동이란 이러한 상황에서 일어나는 주위 환경에 대한 공격적 · 적대적 행동을 말한다. 반사회적 행동에는 단순한 언어적인 폭력에서부터 심한 신체적 손상 및 범죄 행위에 이르기까지 다양한 수준이 있을 수 있다. 이것은 해당 행동의 공격성과 사회화의 정도에 따라 신체적 폭력, 가정 밖에서의 절도 등으로 나타나는 사회화된 공격형, 만성적 규칙 위반, 가출, 거짓말 등으로 나타나는 사회화된 비공격형과 동료들과의 애정적 결속이 전혀 없이 폭력, 절도 등을 나타내는 사회화되지 않는 비공격형 등으로 분류된다.

반사회적 행동의 여러 유형 중 반사회적 공격 행동은 특히 다양한 폭력 행동을 불러일으킨다는 점에서 매우 주의를 요하는 행동이다.

폭력 행동을 일으키는 심리적 요인으로서의 공격성은 자신이나 타인에게 상처나 고통을 주려는 의도를 가진 행위다. 최근에는 무언가를 목적으로 하는 도구적 공격성보다는 아무런 목적 없이 상대방에게 해를 입혀 쾌락을 추구하려는 적의적 공격성이 초등학교 아동에게 늘어나고 있다. 이러한 공격성은 또한 그 형태에 따라 크게 외현적 공격성과 관계적 공격성으로도 나눌 수 있으며, 외현적 공격성은 때리기, 위협하기 등 타인에게 신체적으로 피해를 주거나 협박하는 등의 행동을 말하며, 관계적 공격성은 험담하기, 따돌리기 등의 행동을 말한다.

(2) 반사회적 공격 행동의 발달

반사회적 공격 행동의 발달 경향을 살펴보면, 영아 후기인 18~36개월에 공격적인 성향이 최초로 나타나며, 이러한 공격성은 아동기 이후까지 계속 유지되면서 그 이후 청소년기의 비행과 반사회적 공격 행동에 영향을 미친다.

반사회적 공격 행동은 아동기의 경우, 초등학교 3학년 시기에서부터 급진적으로 증가되는 경향을 나타낸다. 이 시기는 타인과 가족을 의식하기 시작하면서 공개적으로 공격성이 표출되기 시작하는 시기다. 특히 아동기의 공격성은 반사회적인 행동 특성인 사회적 기술의 미발달, 바람직하지 못한 또래관계, 사회성의 부족, 타인에 대한 공감능력의 부족 및 학업 결손 등의 문제를 유발한다(이정혜, 2004). 반사회적 공격 행동은 기질적인 성향인 공격성에도 그 원인이 있지만 유아기 때부터의 사회, 문화적 환경과 아동기 및 청소년기의 사회적 인지의 성장 및 그에 따른 친사회적 대인관계 경험이 주요 요인이 될 수 있다. 실제로 아동기에 학급 내에서 배척받던 아동들은 그것이 지속적으로 영향을 미쳐 청소년기에 비행아가 되는 확률이 높다고 한다(Loeber & Stouthamer-Loeber, 1998).

공격 행동의 원인은 잘못된 사회인지적 판단에 기인되기도 한다. 즉, 공격적인 학생은 자신에 대한 또래의 행동의 원인을 지나치게 적의적인 것으로 돌리는 의도 판단 경향을 가질 수 있다. 적의적 귀인판단은 또래에 대한 적의적 행동을 낳게 하고 그렇게 됨으로써 서로 간에 공격적 관계를 형성한다. 이것은 결과적으로 공격적 학생이 거부되거나 배척되는 적의적 반응이 생기고, 또한 공격적 학생의 적의적 귀인을 강화하는 악순환을 낳게 될 수 있다.

(3) 반사회적 공격 행동을 나타내는 학생들의 특성

반사회적 공격 행동을 나타내는 학생들의 일반적인 특성은 다음과 같다.

① 인지적 특성

인지적 수준에서 대체로 학업성취도가 낮은 편이며 특히 사회적 조망능력이나 사회적 문제해결 능력과 도덕적 추리력이 일반 청소년들보다 월등히 떨어지는 경향이 높다.

또한 반사회적 행동 특성을 가진 청소년들은 일반적으로 자신의 공격적 행동의 결과에 대해서 긍정적인 기대를 하는 경향이 높다.

이러한 학생들은 자신의 공격적 행동은 다른 학생들의 자신에 대한 공격적 행동을 예방하며 자기존중감을 높인다고 믿는다. 그리고 이러한 학생들은 공격적 행동의 결과에 높은 가치를 둔다. 즉, 타인을 지배하거나 통제하는 능력을 중시하며 타인이 고통을 받는다거나 자신을 싫어할 가능성에 대해서는 거의 고려하지 않는다. 이러한 공격성에 대한 긍정적 기대와 가치는 이전의 공격적 행동들이 대부분 정적으로 보상받아 왔기 때문에 형성된 특성이다.

② 정서 및 성격 특성

분노의 정서를 자주 나타내며, 자아수용, 도덕적 자아, 가정에 대한 자아 수준 등이 상당히 낮다. 성격 특성에 있어서도 매우 공격적이고 파괴적이며 사회적 경향에 냉담하고 동정심이 부족하다. 또한 내적 자존심의 저하로 인하여 항상 타인이 자기를 모욕하거나 무시할 것을 두려워하여 일부러 남 앞에 나서서 충동적, 모험적 행동을 과시하고자 한다.

또한 반사회적 폭력 행동을 나타내는 청소년들은 대개 공격성과 강인성 성향이 높다. 공격성을 심리적 측면에서 설명하면 욕구좌절 요인을 들 수 있다. 욕구좌절이란 자신의 목표를 획득하는 데 간섭을 받거나 방해를 받을 때 나타나는 심리적 긴장 상태를 말한다. 즉, 욕구좌절을 자주 심하게 겪음으로써 공격성이 유발된다고 볼 수 있다. 예를 들면, 공격 행동을 심하게 처벌하는 양친의 자녀 또한 공격적이 되는 경우가 많은 것이다. 강인성 성향이 높으면 사회적으로 보다 무감각해지고 자신에게 닥치는 위험을 무시하는 경향성을 많이 가지게 된다.

③ 행동적 특성

행동적 특성에 있어서는 파괴적이고 싸움을 유도하는 행동 및 광대짓, 백일몽 등 과제에 부적합한 행동을 나타낸다. 특히 모욕, 위협 등 적대적인 언어를 많이 사용하며 비사회적 행동과 유사한 외톨이 행동도 많이 나타낸다.

반사회적 폭력 행동을 나타내는 청소년들은 충동성이 높기 때문에 충동을 통제할 때 적당한 수준을 벗어난 과잉 통제나 과소 통제의 행동 성향을 띤다. 극단적인 공격 행동을 보이는 사람들은 평소에는 공격적 행동을 지나치게 억제하는 경향이 있으며, 이들에게 그 억제수준을 넘어선 촉발자극이 주어지면 심한 공격적 행동이 일어난다.

3) 비사회적 행동의 발달

(1) 비사회적 행동의 의미

비사회적 행동이란 자신이 처해 있는 사회적 상황에 대한 적응 곤란 행동이며, 이러한 적응 곤란 행동 중 특히 주위 환경에 대한 도피적 행동을 말한다. 이러한 도피적 행동이 습관화될 때 불안으로 인한 위축, 고립 등의 행동이 나타나게 되는 것이다.

비사회적 행동은 주로 사회적인 정적강화자극의 결핍에서 비롯되는 행동 결핍 현상(교사나 친구들의 요구에 대해 거의 반응을 나타내지 않는 행동)을 나타내거나, 주위 환경으로부터 소외됨으로써 사회적으로 적절한 행동 모형을 학습하지 못하기 때문에 일어나는 부적절 행동(엉뚱하거나 비정상적인 행동)을 나타내는 것이다.

이러한 행동들이 일어나는 원인에는 신체적 · 정서적 · 인지적 요인 등의 개인적 요인이 있을 수 있고, 가족체제, 부모의 양육체제, 가정의 지위환경 요인 등의 가정환경 요인들과 학생을 둘러싼 사회환경적 요인이 다양하게 영향을 미칠 수 있다.

(2) 비사회적 행동을 나타내는 아동의 특성

비사회적 행동을 일으키는 학습자의 특성은 다음과 같다.

① 신체적 특성

개인의 신체적 조건은 그의 정서, 사회적 적응에 영향을 미치며, 이 신체적 조건은 신장, 체중 및 신체활동성의 요인을 포함한다. 학급 내 위축·고립 학생의 경우는 기본적으로 신체활동성이 그 주요 원인이 될 수 있다.

② 인지적 특성

위축, 고립 행동을 나타내는 학생들은 자기가 항상 놀림을 당하고 있으며 친구들에게 오해받고 있다는 생각을 많이 한다. 이것은 특히 사회인지적 능력의 결함에서 비롯될 수 있는데, 사회인지적 능력이란 자기가 속한 사회적 집단 내의 구성원들과 그 구성원들의 행위에 대한 이해력을 말하며 여기에는 자기 자신에 대한 이해, 타인에 대한 이해, 그들과 나와의 사회적 관계에 대한 지각, 사고, 지식 등이 포함된다.

이러한 사회인지적 능력의 차이는 학생들의 사회적 인간관계의 형성에 중요한 영향을 미치며, 특히 학급 내 고립 학생들의 비사회적 행동들은 사회인지적 능력의 부족으로 인해 나타나는 경우가 많다. 즉, 학급에서 위축되거나 고립되는 학생들은 동료가 느끼는 감정과 욕구를 잘 파악하지 못하기 때문에 동료와 원활하게 상호작용하는 방법을 잘 익히지 못하여 동료나 교사가 원하는 행동을 잘 나타내지 못하게 되는 것이다.

③ 성격 및 정서 특성

비사회적 행동을 나타내는 사람들의 성격 특성은 일반적으로 활동성, 사려성, 지배성, 안정성, 협동성 등이 현저히 낮으며, 반면에 우울증, 불안감, 무력감 등의 수준은 높은 편이다. 또한 이타성, 친애의 욕구, 근접성(타인과 가까이 지내려는 특성)이 특히 낮으며 외로움의 정서를 과도하게 가지지만 자기 노출을 잘하지 못한다. 따라서 다른 사람들이 어떤 일들을 앞서 해 주기 바라는 타인의존성이 강하며, 주위에서 발생하는 일들에 대해 변명과 구실이 많고, 일반적으로 회피행동을 많이 나타낸다. 그리고 정서적으로는 우울정서를 많이 가지며, 일반적인 사회적 위축성 때문에 비현실적 만족 수단인 공상, 수줍음, 은둔성 및 열등감 등을 많이 가진다.

3. 친구관계의 발달

1) 친구관계의 의미

사회적 행동의 발달은 개인이 다른 사람들과 어울리면서, 그리고 사회적으로 다양한 환경과 접촉해 보면서 이루어진다. 그러나 최근 학생들의 일상생활 패턴은 이러한 사회성 발달의 원천과는 거리가 먼 TV나 비디오 및 컴퓨터 등의 기계를 조작하고 혼자 즐기는 생활패턴으로 변화되고 있어, 대부분의 여가 시간을 사회적인 기술이 필요 없는 수동적인 상태에서 보낸다. 그러므로 이전에는 일상생활 속에서 자연스럽게 형성되었던 사회적 행동들에 대한 학습기회가 거의 박탈된 상황에서 생활하고 있다. 따라서 많은 학생이 타인에 대한 감정이입 능력과 자기 표현력의 부족으로 사회적 인간관계를 회피하는 경향성을 지니고 있다.

사회적 인간관계 중 특히 친구관계는 또래들과의 상당히 안정된 상호적 관계로서 청소년기의 발달에 매우 중요한 영향을 미친다. 친구관계의 형성은 학생들이 그들이 속한 집단에 적응하고, 집단 내에서 어떤 역할을 수행하는 데 중요한 역할을 한다. 친구관계가 학생들에게 미치는 영향은 연령에 따라 증가하고 변화된다. 아동기 초기에는 부모와의 관계가 친구들과의 관계보다 훨씬 중요한 위치를 차지하지만, 아동기 중기 이후부터는 부모와의 관계보다 또래들과의 관계가 점점 더 안정적으로 친밀하게 형성되고 개인적으로 더 중요시된다. 이러한 친밀성과 사회적 지지의 근원으로서의 친구관계는 학생들의 사회성과 도덕성 발달의 근원이 된다.

2) 친구관계 형성이 발달에 미치는 영향

- 사회적 관계에 대한 기본 욕구 충족: 친구관계의 형성은 친화, 애정 또는 친밀성 등 사회적 관계에 대한 기본 욕구의 충족을 위해 필요하다.

- 인간관계 기술의 향상: 친구관계는 아동들에게 대등한 입장의 사람과 사회적 상호작용의 기술을 학습하고 연습하는 기회를 제공한다. 친구관계의 경우에 이런 기술에는 가까운 관계를 협동하여 만들고 유지하는 기술과 의사소통, 갈등해결 및 타인에 대한 신뢰와 친밀성을 관리하는 기술이 포함된다.

- 인간에 대한 애착과 친밀성의 발달: 친구관계는 다른 사람의 요구에 대한 민감성과 그에 따른 애착의 발달 그리고 미래의 사회적 적응의 발달에 중요한 역할을 한다.

- 사회적 지식의 교환과 검증: 친구관계는 다른 사람들과 세상에 대한 사회적 지식의 근원이 된다. 이것은 아동들이 성장하면서 부모와의 관계보다는 친구관계에 더 의존하게 되면서 그 중요도가 증가한다.

- 사회적 지지를 통한 정서 안정성의 유지: 가까운 친구들의 지지는 학생들로 하여금 보다 폭넓은 사회적 환경에서 일어나는 여러 가지 어려움으로부터 보호해 주는 요인이 된다. 이러한 사회적 지지를 통하여 학생들은 다양한 스트레스의 근원으로부터 보호될 수 있다.

3) 친구관계의 발달 과정

아동기가 되면 생활의 중심이 가정에서 학교로 옮겨 가게 되며, 이 시기는 부모나 가족보다 또래 친구와의 관계에 의한 사회적 영향을 더 많이 받는다. 그러므로 이 시기를 도당기(徒黨期, gang age)라고도 한다. 또한 이 시기는 가족관계나 친구관계를 통한 사회적 인지가 발달되기 시작하여 타인의 생각이나 감정에 공감하고 그에 따른 이타성을 학습하게 되는 중요한 시기다.

청소년기에는 아동기에 비하여 사회적 모델의 범위가 확장되어 주변의 다양한 사람이 행동의 모델이 된다. 그러나 이 시기에는 아동기보다 동료 의식이 강해져 보다 폭넓으면서도 깊은 관계의 또래집단을 형성하게 되고, 특히 급격한 신체 변화로 인하여 아동기와 청소년기의 친구관계에 대한 인식은 일반적으로 다음의 발달

단계를 거친다.

(1) 자기중심적 단계

7세 또는 8세까지 지속된다. 이 연령의 아동은 자기중심적이며, 타인의 외부적인 특징과 행동에 주목한다. 친구관계에 있어서 시간과 공간의 근접성, 활동의 공유, 신체적 외모 그리고 소유물 등이 강조된다. 친구와의 상호적 관계는 현재의 물질적·사회적 부담과 이익을 강조하고 매우 단순하며 구체적이다. 친구와의 상호작용에서 물건 나누기, 같이 놀기 등 친구관계에 필수적인 활동들을 알고 이것은 엄격하게 규칙에 기초한 것으로 본다.

(2) 사회중심적 단계

9세경이 되면 친구의 수가 증가되면서 많은 친구관계가 비교적 일시적이지만 쉽게 형성된다. 이것은 약 11세 정도까지 지속된다. 이 단계의 주요 특징은 나누기, 규칙 지키기와 관계에 대한 의무를 강조하는 것이다. 친구관계에 대한 기대는 심리적 차원, 내적 특성과 질을 강조한다. 이 단계에서는 비인간적 활동보다는 인간적 성격이 더 강조된다. 협동성, 친밀성, 신뢰감, 상호존경과 같은 추상적인 내용들이 친구관계에서 추구된다.

(3) 내적·심리적 단계

청소년기가 되면 친구관계는 새로운 특성과 친밀성을 지니게 되며, 그것은 보다 심리적인 것으로 대체된다. 즉, 친구관계에서 친밀성, 신뢰, 자기개방, 친구의 심리적 특징들이 강조된다. 이 시기에는 신뢰감과 충성심, 서로에 대한 지지와 은밀한 비밀이나 문제의 공유가 중요시된다. 이 단계가 되면 친구관계에 대한 기대가 점점 더 분화되고 구조화되어 복잡해진다.

4) 바람직한 친구관계 형성을 위한 지도

학생들의 바람직한 친구관계 형성을 위하여 교사가 할 수 있는 역할들은 다음과 같다.

첫째, 학교 상황에서 다양한 교과내용을 활용하여 자신과 타인의 입장을 고려해 볼 수 있는 공감적 사고와 정서를 경험해 볼 수 있는 다양한 방안을 구상하여 활용한다.

둘째, 학생들에게 학급 구성원으로서 다양한 역할을 부여하고 자신의 역할을 항상 인식하게 해 봄으로써 자기 이해력을 향상시키고 아울러 타인과 자기와의 사회적 관계에 대한 이해를 증진시킨다.

셋째, 사회극이나 역할극 등의 방법을 적극 활용하여 공감을 바탕으로 친구를 배려하는 경험들을 자주 체험하게 한다.

넷째, 친구들 간에 갈등이 일어났을 때 이것을 계기로 하여 갈등을 해결하는 방식으로서의 양보, 절충, 타협의 방안들을 생각해 보게 한다.

다섯째, 학생들이 친구들 간의 관계에서 분노를 적절히 표현할 수 있는 분노 통제의 방법들을 지도한다.

여섯째, 학교의 모든 일상사에서 교사들이 이타적 행동의 시범을 보이고 그 행동에 대한 구체적인 표현들을 자주 해 준다.

📖 탐구 문제

1. 에릭슨의 성격 이론이 청년기의 자아정체감 형성의 발달에 주는 시사점을 논의해 보시오.

2. 아동기의 성격 형성에 있어서 교사가 유념해야 할 사항들을 프로이트의 성격발달 이론을 기초로 제시해 보시오.

3. 학급에서 교사가 학생들을 대상으로 하여 친사회적 행동을 증진시킬 수 있는 방안들을 논의해 보시오.

4. 교실에서 자주 폭력 행동을 나타내는 학생이 있다면 그 학생에 대해서 교사가 지도해야 할 방안들을 설명해 보시오.

5. 친구들 사이에서 집단 따돌림을 받는 학생이 있다면 그를 어떻게 지도할 수 있을 것인지 논의해 보시오.

제4장

자아 및 도덕성 발달

자아란 개인이 인식하고 있는 자신에 대한 이미지다. 인간의 성격, 사회성 및 도덕성의 발달은 이러한 자아를 기초로 하여 발달된다. 개인의 자아 발달은 특히 선악을 구별하고, 옳고 그름을 올바르게 판단하며, 인간관계에서의 규범을 준수할 수 있는 도덕성의 발달과 관련되어 인간으로서의 기본을 형성하는 중요한 바탕이 된다.

따라서 이 장에서는 학습자의 자아에 대한 이해와 이와 관련된 도덕성 발달의 특성을 살펴보고자 한다.

1. 자아의 발달

자아란 자신이 누구인지 혹은 어떤 사람인지에 대한 총체적 이미지를 말하며(송인섭, 1990), 자아의 발달이란 이러한 자아에 대한 통합적인 인식의 발달을 말한다. 자아의 발달은 개인이 그가 처한 상황과 사람들에 대하여 서로 다른 인식과 행동을 나타내는 주요한 요인이 된다.

여기에서는 자아의 의미 그리고 그와 관련된 자아개념, 자아존중감 및 자아정체감의 발달에 대해서 살펴보고자 한다.

1) 자아의 의미와 자아개념의 발달

자아(self)의 의미는 철학적 · 심리학적 · 행동주의적 입장에서 다양하게 정의될 수 있다. 심리학적으로 자아는 한 개인이 자기라고 말할 수 있는 모든 것으로 자신의 지적 기능, 성취 특성, 신체적 기능, 대인관계 기능 및 사회적 책임감에 관한 영역들이 포함될 수 있다(김기정 편역, 1995).

이러한 자아에 대한 개념은 학문에 대한 자아개념, 중요 타인에 대한 자아개념, 정의적 자아개념의 하위요인들로 구성될 수 있다. 학문에 대한 자아개념은 자신의 학급에 대한 자아, 자신의 능력에 대한 자아 그리고 학업성취에 대한 자아들이 포함된다. 중요 타인에 대한 자아개념은 부모, 교사, 친구들에 의한 평가로서의 사회 자아, 가족에 대한 자아가 포함되며, 정의 자아개념에는 자신의 정서적 반응, 이상, 도덕성, 성격에 관한 지각으로서의 정서 자아개념과 신체 및 외모에 관한 자아로서의 신체 자아개념이 포함된다(송인섭, 1998).

자아개념은 인간이 성장함에 따라 점점 복잡하게 세분화되어 가는데, 유아기에는 자신의 연령 등 자신에게 부여된 특별한 범주를 통하여 자아개념이 발달된다. 이 시기의 자아는 신체적인 것에 주로 집중되며, 현실에 대한 지각이 매우 자기중심적이고, 신체와 두뇌, 정신과의 관련성을 의식하지 못한다.

아동기의 자아개념은 대부분 자신의 외모, 활동, 타인과의 관계, 개인의 심리적 특성 등에 집중되며, 자신이 가진 그러한 범주들을 타인과 비교함으로써 자아개념을 발달시킨다.

이 시기에는 정신과 신체를 포함하는 개별적인 인간으로서의 자아를 인식하기 시작하는데, 단순한 수준에서 자신의 의견과 사실 사이의 구별을 할 수 있다. 또한 이 시기에 자신을 인식하는 독립적인 자아가 나타나기 시작한다.

청소년기에는 아동기 자아 발달의 특성 외에 대인관계에 관련된 자아가 보다 발달되기 시작하며, 자신과 타인의 심리적인 특성을 고려한 자아개념의 발달이 이루어진다. 이 시기에는 바람직한 사회적 이미지로 인정을 얻기 위한 외적인 통제된 자아가 나타나며, 다양한 자기에 대해 깨닫고, 가능한 자기를 형성한다. 청소년기에는 특히 자신의 감정이나 경험 세계는 다른 사람들과 근본적으로 다르다고 생각하는 개인적 우화나 과장된 자의식으로 인하여 자신이 타인의 집중적인 관심과 주의의 대상이 되고 있다고 믿음으로써 자신의 작은 실수에도 민감하게 반응하는 상상적 청중에 대한 자아중심성이 매우 강하다. 이러한 현상은 청소년기가 자신을 다시 새롭게 발견하는 시기이며, 자신의 이상적 자아와 실제적 자아를 구분하기 시작하는 시기이기 때문에 나타난다.

18세 이후의 청년기에 들어서면 자아의 발달은 자신의 경험에 따른 행동으로서 나타나는데, 이 시기에는 내적인 욕망과 충동으로서의 자아와 그것을 객관적으로 관찰할 수 있는 자아가 나타난다. 즉, 내적으로 통제된 자아가 형성된다.

청년기 이후의 성인기에 들어서면 정신과 신체가 통합될 수 있는 자아가 나타난다. 즉, 자신과 타인을 수용하고 자아실현을 할 수 있는 통합된 자아가 발달된다.

자아개념의 형성에는 특히 자신에게 중요한 타인들이 자신을 어떻게 보고 자신에게 어떻게 반응하는지가 중요한 영향을 미친다.

아동기 및 청소년기에 중요한 타인은 부모, 교사, 친구들이다. 부모의 경우, 부모들이 자녀를 수용하는 정도, 허용 행동의 한계, 자녀 행동에 대한 존중과 관용의 정도 및 부모 자신들의 자아존중감의 정도 등이 자녀의 바람직한 자아개념의 발달에 영향을 미친다.

그리고 교사의 경우, 교사의 자아개념이 바람직하게 형성되어 학생들에 대한 이해, 감정이입, 온정 및 친애 등의 행동을 나타낼 때 학생의 자아개념은 더 긍정적이며, 수업에 있어서도 학습자 중심의 교수법을 선호하는 학생과 교사들은 지시적인 교수법을 선호하는 사람들보다 훨씬 높은 긍정적 자아개념을 소유한다(송인섭, 1990).

2) 자아존중감의 발달

(1) 자아존중감의 의미와 발달

자아가 자기 자신에 관한 총체적 이미지라면 자아존중감은 자아에 대한 평가적인 개념으로 우리 자신에 대한 가치 판단과 그러한 판단과 관련된 감정들을 말한다. 즉, 우리 스스로가 가치 있는 존재임을 느끼고 필요한 것과 원하는 것을 주장할 자격이 있으며, 자신의 노력으로 얻은 결과를 즐길 수 있는 권리를 가지고, 스스로 행복해질 수 있다고 믿는 것이다(강승규 역, 1996).

자아존중감은 우리의 감정, 행동, 적응방식 그리고 우울이나 불안과 같은 심리적 문제에 영향을 준다는 점에서 매우 중요하다(이대식 외, 2010). 자아존중감이 낮으면 인생의 역경에 직면할 때 그것을 회복하고자 하는 힘이 감소되고 긍정적인 자아존중감이 부족하면 심리적 성장에 방해를 받게 된다.

자아존중감은 자아개념과 마찬가지로 한번 형성되면 일관성 있게 안정적으로 유지되는 경향이 있다. 그러나 발달 시기별로 보면 아동기에서 청소년기를 거치는 동안 다소 변화가 나타난다. 즉, 자아존중감은 아동기에서 청소년기를 거치는 동안 다소 낮아졌다가 대학생이 되면서 회복되는 V자 모양을 나타낸다고 한다(김기정 편역, 1995). 이것은 자아정체감을 찾기 위해 새로운 역할들을 시도해 보고 많은 시행착오를 겪기도 하는 청소년기의 발달 특성에 귀인될 수 있을 것이다. 이러한 청소년기를 겪게 되면서 대학생 시기에는 점차 안정된 자아존중감을 회복하려는 경향성을 가질 수 있다.

이러한 자아존중감의 발달 과정을 좀 더 자세히 살펴보면 다음과 같다.

① 1단계: 자조 기술의 발달

만 2세경부터 나타나는 자조 기술(self-help skills)의 발달과 함께 자아존중감의 발달이 시작된다. 밥 먹기, 옷 입기, 세수하기 등 일상의 과업들을 성공적으로 수행하면서 아동은 자신의 기본 능력에 대하여 신뢰감을 가지게 되며, 이러한 신뢰감이 자아존중감의 중요한 기초가 된다.

② 2단계: 사회적 비교에 의한 자아존중감 형성

5~6세부터 아동은 또래와 비교하여 자신을 평가하기 시작한다. 이때부터 아동들은 자신의 기본 능력뿐 아니라 옷차림, 소유물, 가정 배경, 또래로부터의 수용도 등 여러 측면에서 다른 아동들과 자신을 끊임없이 비교하게 된다. 이 결과가 긍정적일 때 바람직한 자아존중감이 형성되지만 지적 능력이 낮거나 사회성이 부족하거나 저소득 계층의 아동들은 낮은 자아존중감을 형성하기도 한다. 이 시기의 자아존중감은 비교적 안정감을 갖고 있지 못하며, 특히 부모와 안정된 애착을 형성한

아이일수록 더욱 긍정적인 자아존중감을 갖는다.

③ 3단계: 인지적 · 사회적 능력에 의한 자아존중감의 형성

8~9세부터 11~12세까지의 아동들은 학업 성적을 비롯한 모든 성취를 다른 아이들과 비교하고, 그 결과로 자기를 평가하는 준거로 사용하기 시작한다. 이때는 특히 학업적 자아존중감이 발달되기 시작하여 다른 아이들에 비해 자신의 성취가 바람직하다고 평가할 때 아동은 긍정적인 학업적 자기존중감을 형성한다. 이런 아동들은 성공에 대한 성취 기대가 높고, 더욱 끈기 있고 꾸준하게 공부하는 경향성을 가진다.

특히 아동기 후반의 아이들은 학교에서의 성적과 친구 수에 따라 자아존중감이 달리 형성되기도 한다. 그러므로 이 시기의 학교 공부와 사회적 기술 형성은 자아존중감의 발달에 중요한 의미를 갖는다.

④ 4단계: 자아의식이 높아짐에 따른 일시적 자아존중감의 저하

청소년기에는 자아존중감이 일시적으로 낮아진다. 이것은 이 시기에 자아의식이 급격히 높아지면서 타인이 자신을 어떻게 보는가에 보다 민감해지기 때문이다. 즉, 자아의식이 높아지면서 청소년들은 자신에 대해 보다 비판적으로 생각하게 되며, 타인의 시선을 의식하고 타인과 비교하여 자신을 보다 엄격하게 평가하게 된다.

이 시기는 사춘기의 신체적, 성적 변화와 그로 인한 정서적 동요가 심하고, 정신적 긴장 또한 높아지기 때문에 이것이 자아존중감을 상대적으로 낮게 만드는 원인이 될 수 있다(송명자, 2006).

(2) 자아존중감의 지도

자아존중감의 지도에 있어서 교사가 할 수 있는 몇 가지 지도 방안들을 제시하면 다음과 같다.

첫째, 학생들의 자부심을 키울 수 있도록 지도한다. 자아존중감은 근본적으로 자신의 생활에 대한 의지적인 통제로 이루어진다. 그러므로 아동들이 자신의 존재 가치를 외적인 것보다는 스스로의 행동에 의한 자부심을 통해 인정할 수 있도록 지도

한다.

둘째, 학생들이 적절한 포부 수준을 가질 수 있도록 돕는다. 교사는 각 학생들의 특성을 잘 파악하여 학생들이 자신에게 적절한 포부 수준을 가질 수 있도록 조력하는 것이 필요하다. 이를 통하여 학생들은 스스로를 가치 있게 여길 수 있으며, 자신을 무기력이나 좌절의 감정에 휘말리지 않게 할 수 있다.

셋째, 독자적인 사고 능력을 키워 준다. 독자적인 사고는 자아존중감을 향상시킬 수 있다. 교사가 학생들에게 단순한 모방이나 반복이 아닌, 이해를 수반하는 지식을 가르칠 때, 학생들은 독자적인 사고 능력을 기를 수 있다. 또한 교사가 학생들이 선택한 것에 대해서 스스로 독자적인 사고를 해 보도록 함으로써 자신에 대한 존중감을 학습할 수 있다.

넷째, 자신의 모든 행동에서 항상 목적과 의도를 인식할 수 있도록 한다. 학생들이 자신의 행동을 계획할 때 항상 그것이 자신의 삶에 어떤 방향성을 제시해 주는 것인지 가치를 결부시켜 주고, 장기적인 삶의 목표와 관련지어 줄 때, 학생들의 자아존중감은 향상될 수 있다.

다섯째, 매사에 자기 긍정의 태도를 가지도록 한다. 자아존중감을 높이기 위해서는 우선 자기 긍정의 태도를 가져야 한다. 그러므로 학생들이 성장하면서 자아존중감을 갖도록 하기 위해서 교사는 먼저 학생들이 자기 자신을 스스로 인정할 수 있도록 지도해야 할 것이다. 즉, 학생들이 외모 등의 개인적 특성을 포함한 자신에 관한 사실들, 자신의 존재에 대한 실체를 받아들이고 긍정할 수 있도록 지도하는 것이 필요하다(강승규 역, 1996).

3) 자아정체감의 발달과 지도

(1) 자아정체감의 의미와 발달

자아정체감은 자기의 성격, 취향, 가치관, 능력, 관심 등에 대하여 비교적 명료한 이해를 하고 있으며, 그런 이해가 지속성과 통합성을 가지고 있는 상태를 말한다 (신명희 외, 2012).

자아정체감의 발달에 대하여 알포트와 프로이트는 유아기의 발달을 중시하였다. 알포트는 고유자아의 발달단계에서 유아기의 아동들은 자신에 대한 원초적인 정체감을 갖게 되는데 자신의 이름을 알고 자신이 다른 사람과 구별되는 존재라는 것을 앎으로써 시작된다고 보았다. 그리고 프로이트는 유아기의 남아의 경우에 오이디푸스 콤플렉스의 극복, 그리고 여아의 경우에는 엘렉트라 콤플렉스의 극복을 통해 정체감이 형성된다고 보았다. 그리고 에릭슨은 심리사회적 발달의 단계에서 청년기에 이르러 자아정체감이 성숙된다고 보았다.

특히 청년기는 신체적·인지적·정서적으로 급격한 변화를 경험하는 시기이며, 주로 학업 능력, 운동 능력, 사회적 수용, 외모 등에 대해 자신을 탐색하는 아동기에 비해 보다 폭넓은 인간관계, 이성에 대한 매력, 직업 유능성 등 훨씬 넓은 범위에서 자신을 탐색하게 된다. 따라서 이 시기의 자아정체감의 확립은 매우 중요한 발달과업 중 하나다.

이러한 자아정체감의 발달은 이후 성인기의 심리적·사회적 적응에 중요한 영향을 미치게 된다. 건강한 성인으로 성장하기 위해서는 자아정체감 형성이라는 발달과업을 이 시기에 바람직하게 해결하여야 성인기의 새로운 도전들을 효과적으로 해결할 수 있다.

자아정체감의 발달은 다음과 같은 네 범주로 나누어 볼 수 있다(Marcia, 1980).

- 정체감 성취: 정체감 성취(Identity Achievement)란 자아정체감 위기를 성공적으로 극복하여 신념, 직업, 정치적 견해 등에 대해 스스로 의사결정을 할 수 있는 상태를 말한다.

  자아정체감은 반드시 한 방향에서 최고의 성숙 단계까지 직선적인 발달 양상을 보이지는 않는다. 정체감 성취 상태에서도 정체감 유예나 혼미상태로 퇴행했다가 다시 정체감 성취 상태에 도달하는 경우도 있다.

- 정체감 유예: 정체감 유예(Identity Moratorium)란 현재 정체감 위기의 상태에 있으면서 자아정체감 형성을 위해 다양한 역할, 신념, 행동 등을 실험하고 있으나 의사결정을 못한 상태를 말한다. 정체감 유예로 분류된 사람의 대부분은 정체감 성취로 옮겨 가지만, 그중에는 정체감 혼미 쪽으로 기울어지는 사람들도 있다.

- 정체감 유실: 정체감 유실(Identity Foreclosure)이란 자신의 신념, 직업 선택 등에 대한 중요한 의사결정을 하기 위한 수많은 대안을 스스로 생각해 보지 않고, 부모나 다른 역할모델의 가치나 기대 등을 그대로 수용하여 비슷한 선택을 하는 경우를 말한다. 위기를 경험하지 않고 쉽사리 의사결정을 하는 사람들이 이 범주에 속한다.

  자아정체감 성취를 위해서 심각한 위기가 꼭 필요한 것은 아니지만, 독립적 사고와 의사결정 등을 하기 위해서는 자신의 신념, 가치관 등에 대한 고통스러운 갈등도 필요하며, 성숙되고 통합된 정체감 발달을 위해서는 이러한 위기에 대한 경험도 필요하다.

  정체감 유실의 특수한 경우로서 부정적 정체감의 형성을 들 수 있다. 부정적 정체감이란 부모나 사회의 가치관과 정반대가 되는 자아개념을 의미한다. 부정적 정체감은 대개 부모나 사회로부터 긍정적 강화를 받지 못하거나 성취에 대한 지원을 받지 못할 경우에 생기기 쉽다. 이들은 사회적으로 용납되는 행위를 내면화할 기회가 없어, 사회적 가치에 반대되는 태도, 행동 등을 자신의 것으로 수용하여 그것을 암암리에 드러내는 등 악순환적 과정을 통해 부정적 정체감을 형성하게 된다.

- 정체감 혼미: 정체감 혼미(Identity Diffusion)란 자아에 대해 안정되고 통합적인 견해를 갖는 데 실패한 상태를 말한다. 정체감 혼미의 범주에 있는 사람들은 위기를 경험하거나 직업이나 이념 선택 등의 의사결정을 하지 않을 뿐만 아니라 이러한 문제에 관심도 없다. 정체감 유예는 자아에 대해 통합된 견해를 갖지 못했더라도 자아정체감과 관계된 갈등은 해결하려고 열심히 노력한다는 측면에서 정체감 혼미와 구별된다.

(2) 자아정체감 확립을 위한 지도

학습자들의 자아정체감을 확립시키기 위한 방안들은 다음과 같다.

첫째, 아동기에는 자신의 능력에 대한 신념을 형성시켜 주는 것이 중요하다. 초등학교 시기는 자아정체감의 형성이 청소년기에 비하여 보다 좁은 범위에서 이루어지며, 자신이 가진 총체적 능력에 대한 특수한 신념들이 발달되기 시작한다. 이 중 학업 능력에 있어서의 자신에 대한 신념은 매우 중요하다. 그러므로 교사는 학생들의 성취에 관심을 가지고 학습의 결과보다는 과정에 초점을 두어 학생들이 스스로의 능력에 자부심을 가지도록 격려와 조언을 자주 해 준다.

둘째, 청소년기의 독립성을 인정하고 고취시켜 준다. 청소년기는 정서적·인지적 및 성적으로 매우 큰 변화를 겪는 시기다. 그러므로 이 시기를 질풍노도의 시기라고도 한다. 따라서 이상적 자아를 추구하는 경향도 높으며 그에 따라 현실적으로 자기만의 무언가를 나타내 보이려는 성향도 강하다. 교사는 이러한 청소년기의 발달적 특성을 이해하여 바람직한 성인기의 발달로 향할 수 있도록 학생들의 독립성을 고취시켜 줄 필요가 있다.

셋째, 자신의 진로, 종교 및 성역할 등에 대한 탐색 기회를 자주 제공한다. 확실하고 변함없는 자아를 형성하기 위해서는 청소년기에 자신의 삶에 대한 정확한 목표의식을 세워 줄 필요가 있다. 교사는 청소년들이 미래에 필요한 삶의 기술을 형성할 수 있도록 수업시간 등을 활용한 다양한 탐색의 기회를 제공해 줄 필요가 있다.

넷째, 학습자에 대한 끊임없는 신뢰와 공감이 필요하다. 학생들의 자아정체감 형성을 돕는 교사는 학생 개개인에게 관심을 가지고 그들이 바람직한 성인으로서 교육받을 수 있다는 확고한 신념을 가진 교사다. 청소년기는 독립성을 주장하지만 한편으로는 불안정한 정서를 가진 시기이기도 하다. 이 시기에 교사는 학생들의 상태를 공감하고 정서적 안정감을 주면서 학생들의 바람직한 자아인지 형성을 도울 필요가 있다.

2. 도덕성의 발달

1) 도덕성의 의미와 발달

도덕성의 의미는 도덕을 연구하는 관점에 따라 매우 다양하다. 일반적으로 도덕성은 크게 규칙에 대한 복종, 선한 의도 및 도덕적 판단의 역량 등으로 설명되고 있다.

도덕성을 규칙에 대한 복종으로 보는 관점에서는 도덕성이 실천해야 하는 것과 삼가야 하는 것의 목록에 의해 결정된다. 도덕성을 선한 의도로 정의하는 입장에서는 도덕성을 규칙과의 일치로 보기보다는 개인의 도덕적 의도를 도덕성의 지표로 보아야 한다고 주장한다. 이에 대해 도덕성을 도덕적 판단의 역량이란 입장에서 보았을 때, 도덕성이란 내적·자율적 원리들에 바탕을 둔 도덕적 판단과 결정을 내리고 그러한 판단에 따라 행동할 수 있는 능력을 말한다(심성보, 2014).

도덕성 발달을 옳고 그름을 판단하는 역량의 발달이라고 보았을 때, 여기에는 도덕적 사고, 감정 및 행동의 세 요소가 관련되며(Santrock, 2003), 이에 따라 도덕성 발달은 도덕성의 인지적·정서적 및 행동적 요소를 중심으로 살펴볼 수 있다.

일반적으로 도덕성의 발달을 인지적으로 접근하여 연구한 것은 피아제(J. Piaget)와 콜버그(L. Kohlberg) 등을 중심으로 한 인지발달 이론에서 살펴볼 수 있는데, 그들은 주로 인간의 도덕적 사고에 관심을 갖는다.

도덕성 발달에 관한 연구를 정서적으로 접근한 것은 주로 정신분석 이론에서 살펴볼 수 있는데, 여기에서는 도덕성의 발달을 도덕적 문제에 대한 사람들의 정서에 초점을 둔다. 그리고 도덕성의 발달을 행동적 요소를 중심으로 하여 연구한 것은 주로 모델링을 통한 도덕적 행동의 발달을 중시한 사회학습 이론에서 찾아볼 수 있다.

도덕성의 발달을 도덕적 정서와 행동에 초점을 두어 연구한 사회화 이론과 도덕적 사고에 중심을 둔 인지발달 이론으로 나누어 그 내용을 살펴보면 다음과 같다(송명자, 1995).

(1) 사회화 이론

사회화 이론(socialization theory)에서는 인간의 도덕성 발달은 인간이 성장하면서 그 사회의 구성원들이 지켜 주기를 기대하는 가치와 행위의 규범체계가 내면화되면서 이루어진다고 본다. 즉, 도덕성이란 사회에서 기대하는 규범들을 내적인 신념으로 내면화하는 과정을 통해 획득된다고 본다. 따라서 사회화 이론에서는 도덕성 발달에 영향을 미친다고 보는 부모와의 동일시, 훈육, 모델링, 강화 등의 방법이 강조된다. 도덕성은 기존 규칙과 기대 등을 내면화하는 과정에서 발달된다는 이러한 이론으로서는 프로이트의 정신분석이론과 사회학습이론을 대표적으로 들 수 있다.

프로이트는 도덕성 발달을 초자아의 형성과정으로 설명한다. 초자아는 아동이 스스로 도달하고자 지향하는 가치체계인 자아이상과 옳고 그름을 판단하는 양심으로 구성된다. 자아이상은 부모와 어른들의 행위를 닮도록 행동하는 동일시에 의해 획득된다. 반면에 옳은 행동은 보상하며, 잘못된 행동은 처벌함으로써 수치와 죄의식을 느끼도록 하는 부모들의 통제에 의해 양심이 형성된다. 이러한 초자아의 형성은 주로 3~6세에 이루어지는 것으로 보고 있다(서봉연 역, 1985).

사회학습 이론가들은 도덕성도 다른 행동과 마찬가지로 모방과 강화에 의해 학습되는 행동으로 생각한다. 아이들은 일찍부터 부모나 교사 등 주변의 어른들을 모델로 하여 이들의 도덕적 행동을 보고 배우는 모델학습을 통해 도덕성을 획득한다. 이 과정에는 스스로 도덕적으로 옳은 행동을 했을 때는 보상받으며 도덕적으로 부적절한 행동은 처벌받음으로써 억압되는 강화의 원리가 크게 작용한다. 또한 타인이 같은 방식으로 강화받는 것을 보고 배우는 대리강화도 중요한 도덕성의 학습기제가 된다(Bandura, 1977a).

도덕성 발달을 설명하는 사회화 이론은 아동이 실제로 도덕적 가치나 행동들을 획득해 가는 기제를 잘 설명해 주는 이론이다. 그러나 이 이론은 근본적으로 도덕성이 외적인 통제에 의해 학습된다고 주장함으로써 인간 스스로 도덕적으로 사고하고 판단하며 행동하고자 하는 주관적이며 내재적인 성향을 인정하지 않는다. 즉, 개인이 도덕적 가치 체계에 대하여 내적인 인식과 통찰을 통해 도덕성을 발달시킬 수 있는 능력을 도외시한다. 따라서 사회적 갈등 상황에 직면하여 스스로 문제를 이해하고 구성할 수 있는 인간의 능력에 대한 고려가 결핍되어 있다고 볼 수 있다.

(2) 인지발달 이론

도덕성을 인지적 관점에서 연구한 피아제와 콜버그는 인간의 도덕성을 사회화된 태도나 가치가 아닌, 인간이 가진 인지 능력으로 보았다. 따라서 인간이 이러한 인지적 판단능력을 가지고 있을 때 비로소 도덕적 행동이 가능하다고 믿는다. 또한 도덕적 사고와 행동은 인간이 내적으로 수용한 도덕 원리들과의 관련에 의해서 이루어지며, 이것은 인간의 인지적 · 정서적 · 행동적 영역을 포괄한다고 보았다.

도덕성의 인지발달 이론은 피아제에 의해 최초로 제시되었으며, 이것을 토대로 발전된 콜버그의 도덕성 발달 이론은 도덕교육의 기초가 되고 있는 중요한 이론이다. 이들은 도덕성 발달을 인지발달의 한 양상으로 생각하기 때문에, 아동이 자라면서 인지적 능력이 질적으로 변화함에 따라 도덕성 또한 일련의 질적인 단계를 거쳐서 발달하게 된다고 믿는다.

　이와 같은 도덕성 발달에 관한 접근 중 인지발달 이론에 있어서 피아제의 도덕성 발달 이론, 그것을 확대하고 발전시킨 콜버그의 도덕성 발달 이론 및 도덕성 발달을 배려 윤리에 기초하여 확립한 길리건(D. Gilligan)의 도덕성 발달 이론을 살펴보면 다음과 같다.

2) 피아제의 도덕성 발달 이론

　피아제는 인지발달과 도덕성 발달이 함께 이루어진다고 보고 아동들의 규칙이나 질서에 대한 인지를 바탕으로 하여 도덕성 발달단계를 다음과 같이 제시하였다. 그는 도덕성의 발달은 크게 타율적 도덕성에서 자율적 도덕성의 단계로 발전된다고 보았다(Piaget, 1965).

(1) 전도덕성

　2~4세의 아동이 여기에 속하며, 규칙이나 질서에 대한 도덕적 인식이 거의 없다. 이 시기의 아동들은 아무런 규칙 없이 가상적 놀이나 게임에 몰두한다. 도덕적 갈등 사태에 대해서도 일관성 있게 도덕적 인식을 하지 못한다.

(2) 도덕적 실재론에 따른 타율적 도덕성

　5~7세경의 아동은 놀이를 비롯한 일상 활동 속에는 자신이 따라야 할 규칙, 질서 또는 사회적 정의가 있다는 것을 깨닫고 이를 존중하고 준수하기 시작한다. 이 단계의 아동은 규칙은 하나님이나 부모와 같은 절대자가 만들어 놓은 것이며, 따라서 누구든 반드시 지켜야 하고, 결코 변할 수 없는 것으로 믿고 있다. 피아제는 이 단계의 아동이 가지는 절대주의적인 도덕적 사고를 도덕적 실재론(moral realism)이라 부른다.

　이 단계에 속한 아동의 도덕적 사고는 타율적 도덕성(heteronomous morality)에 지배된다. 타율적 도덕성 단계의 아동은 행위의 결과가 얼마나 나쁜가 또는 결과적으로 다른 사람으로부터 비난을 받을 것인가의 여부에 의해 도덕적 선악이 결정되는 것으로 판단한다. 그리고 이 단계의 아동은 규칙의 절대성을 매우 강하게 믿기 때문에 규칙을 어기면 반드시 벌이 따라온다는 내재적 정의(immanent justice)에 지배된다.

이 단계의 아동이 타율적이며 절대론적인 도덕적 사고에 묶여 있는 것은 이 시기의 인지발달 수준이 주관적 경험과 실재를 구별하지 못하는 자기중심적이며 실재론적인 사고단계에 있기 때문이다.

(3) 도덕적 상대론에 의한 자율적 도덕성

8~11세경에 아동은 도덕적 상대론(moral relativism)의 단계에 접어들게 된다. 이 단계의 아동은 사회적 규칙은 임의적인 약속이며, 사람들의 동의에 의해 변화될 수 있다는 것을 알 수 있다. 상황에 따라 규칙은 지켜지지 않을 수도 있으며, 이로 인해 반드시 처벌받는 것이 아니라는 것도 깨닫게 된다. 이 시기에는 결과가 아닌 동기나 의도에 의한 도덕적 사고가 가능하며, 이에 따라 이 단계를 자율적 도덕성(autonomous morality)의 단계라고 본다.

아동이 인지적으로 보다 성숙하고 사회적 경험을 쌓아 감에 따라 점차 타인의 숨겨진 동기와 의도를 파악할 수 있게 되며, 따라서 타율적이고 절대적인 도덕성으로부터 자율적이고 상대적인 도덕성으로 이행하게 된다.

이 단계에서는 자율적 도덕성을 바탕으로 한 이상적 상호호혜성(ideal reciprocity)이 발달된다. 이상적 상호호혜성이란 상호성에 대한 진전된 이해력을 가지고 개인의 상황에 따라 규칙이 재해석되고 수정될 수 있다고 보는 사고다(이종숙 외, 2008).

11~12세 이후에 조작적인 사고가 가능해지면서 도덕성 발달도 매우 성숙해지게 된다. 이 단계에서는 새로운 규칙을 생성할 수 있으며, 가설적 상황을 통제할 수 있는 규칙을 미리 설정할 수도 있다. 이 단계의 도덕적 추론은 연령이 증가되면서 점차 개인적 차원을 넘어서서 전쟁, 환경, 공해문제 등 보다 폭넓은 사회 및 정치적 차원으로 확대된다.

3) 콜버그의 도덕성 발달 이론: 정의 윤리로서의 도덕성

콜버그는 피아제의 도덕성 발달의 인지적 관점을 기초로 하여 도덕성 발달 이론을 보다 정교하게 발전시켰다. 콜버그도 피아제와 마찬가지로 도덕성 발달은 인지 발달과 병행한다고 보았다. 그리고 도덕성을 내적 · 자율적 원리에 따라 도덕적 판단과 결정을 내리고 그에 따라 행동할 수 있는 능력으로 보아 정의 윤리로서의 도덕성을 연구하였다.

콜버그는 인간의 도덕성 발달단계를 다음과 같이 전인습 수준, 인습 수준 및 후인습 수준으로 나누었고, 각 수준에 따라 두 단계의 도덕성 발달단계를 제시하여 6단계의 도덕성 발달단계를 제시하였다(Kohlberg, 1984).

〈표 4-1〉 콜버그의 도덕성 발달단계

수준 1: 전인습 수준(preconventional level)
행위의 결과가 가져다주는 보상이나 처벌에 의해 옳고 그름을 판단하거나, 규칙을 정하는 사람들의 물리적인 권위에 따라 도덕성을 고려하여 판단한다. 즉, 도덕성은 외적으로 통제된다.

• 단계 1: 처벌과 복종 지향
인간적 의미나 가치와는 무관하게 행위의 물리적 결과에 의해 옳고 그름을 결정한다. 처벌을 피할 수 있거나 힘이 있는 사람에게 무조건 복종하는 것 자체가 도덕적 가치를 갖는다.

• 단계 2: 도구적 상대주의 지향
자신이나 타인의 욕구를 도구적으로 충족시키는 것이 옳은 행위다. 인간관계는 시장원리와 유사하다. 공정성, 상보성, 분배의 평등성에 대한 인식이 시작되지만, 진정한 정의나 관용보다는 자신에게 돌아오는 이익을 생각하는 수단적인 호혜성의 수준에 그친다.

수준 2: 인습 수준(conventional level)
자신의 이익 때문에서가 아니라 가족 · 사회 및 국가의 기대를 유지하는 것 자체가 가치로운 것이라고 본다. 이러한 태도는 단순히 개인적 기대나 사회적 질서에 동조하는 것뿐 아니라, 적극적으로 질서를 유지하고 지지하며, 집단이나 구성원들에게 동일시하고 충성하는 것을 포함한다.

• 단계 3: 대인 간 조화 또는 착한 소년-소녀 지향
옳은 행동은 타인을 기쁘게 하거나 도와주며, 타인으로부터 인정을 받는 것이며, 대다수의 사람이 갖는 고정관념에 동조한다. 타인의 반응이 도덕성 판단의 기준이 되지만, 물리적인 힘보다는 심리적인 인정 여부에 관심이 있으며, 착해짐으로써 타인의 인정을 얻고자 한다. 이 단계에서부터 사회적 규제를 수용하며, 의도에 의해 행위의 옳고 그름을 판단하기 시작한다.

- 단계 4: 법과 질서 지향

권위와 고정된 규칙 그리고 사회적 질서를 지향한다. 자신의 의무를 다하고, 권위자를 존중하며, 사회적 질서를 유지하는 것이 옳은 행동이라고 본다.

___

수준 3: 후인습 수준(postconventional level)

법적으로 적합한 것이 항상 도덕적으로 옳은 것만은 아니라고 생각한다. 즉, 집단의 권위나 권리를 행사하는 사람들과는 무관하게 도덕적 가치와 원리를 규정하려는 노력을 보인다.

- 단계 5: 사회적 계약 지향

개인의 권리를 존중하고 사회 전체가 인정하는 기준을 준수하는 것이 옳은 행동이라고 본다. 법은 개인의 자유의 규제가 아니라 그것을 극대화하기 위해 제정된다는 것을 인식한다. 사회적 약속은 대다수 구성원의 보다 나은 이익을 위해 항상 바뀔 수 있는 것으로 판단되며, 이전 단계와 달리 도덕적 융통성을 갖는다.

- 단계 6: 보편적인 윤리적 원리 지향

옳은 행동은 자신이 선택한 윤리적 원리와 일치하는 양심에 의해 결정된다. 이 원리는 구체적인 규율이 아닌 인간의 존엄성, 정의, 사랑 및 공정성에 근거를 둔 추상적이며 보편적인 행동 지침이다. 이 단계의 도덕성은 극히 개인적인 것이므로 때로는 대다수가 수용하는 사회적 질서와 갈등을 일으킬 수 있다. 그러나 이 단계에 도달한 사람들은 자신의 양심이 가하는 처벌을 사회가 가하는 처벌보다 더욱 고통스럽게 생각한다.

___

콜버그는 도덕성 발달 수준은 옳고 그르다는 도덕 판단 자체에 의해 결정되는 것이 아니라 그러한 판단을 낳게 한 사고의 내용에 의해 결정된다고 보고, 이러한 도덕성 발달단계를 측정하기 위하여 다음과 같은 갈등 이야기들을 제시하여 그 상황에 대한 도덕적 판단과 그 이유에 대한 설명을 분석하였다. 콜버그의 갈등 이야기 중 하인츠 이야기(Heinz dilemma)에서 하인츠의 행동에 대한 구체적인 반응을 각 단계별로 분류한 것을 예로 들면 다음과 같다.

〈하인츠 이야기〉

유럽에서 희귀한 암으로 죽어 가는 한 여성이 있었다. 의사가 그녀를 살릴 수 있을 것이라고 하는 라듐이라는 약이 하나 있었는데, 그것은 그녀가 사는 마을의 한 약사가 최근에 발명하였다. 그 약사는 그 약을 제조하는 데 사용된 비용의 10배인 2,000달러에 약을 팔겠다고 했다. 아픈 여성의 남편인 하인츠는 돈을 빌릴 수 있는 사람을 모두 찾아다녔지만, 그가 모은 돈은 그 약값의 반밖에 되지 못했다. 그는 아내가 죽어 가고 있다고 말했고, 그에게 그것을 좀 더 싸게 사거나, 나중에 돈을 지불할 수는 없겠느냐고 물었지만 거절당했다. 그래서 하인츠는 절망에 싸여 아내를 위하여 약을 훔치기 위해서 약국 문을 부수고 들어갔다.

다음 〈표 4-2〉는 하인츠의 행동에 대한 반응의 예들을 도덕성 발달의 단계에 따라 예시한 것이다(Shaffer, 1993).

〈표 4-2〉 하인츠의 행동에 대한 구체적 반응 예

단계 1: (괜찮다) 훔친 약값이 실제로는 200불밖에 안 될지도 모른다.
(나쁘다) 남의 것을 함부로 훔칠 수 없다. 그것은 죄다. 약값이 비싸니까 비싼 것을 훔치면 그만큼 큰 죄가 된다.

단계 2: (괜찮다) 약국 주인에게 큰 해를 끼치는 것도 아니고, 또 언제든 갚을 수 있다. 아내를 살리려면 훔치는 길밖에 없다.
(나쁘다) 약사가 돈을 받고 약을 팔려는 것은 당연한 일이다. 그것은 영업이고, 이익을 내야 한다.

단계 3: (괜찮다) 훔치는 것은 나쁘지만, 이 상황에서 아내를 사랑하는 남편으로서는 당연한 행동이다. 아내를 살리려 하지 않는다면 비난받을 것이다.
(나쁘다) 아내가 죽는다 해도 자기가 비난받을 일은 아니다. 죄를 안 지었다고 해서 무정한 남편이라 할 수는 없다. 훔치지 않아도 하인츠는 자기가 할 일을 다한 것이다.

단계 4: (괜찮다) 사람이 죽어 가는 데 약사가 잘못하는 것이다. 아내를 살리는 것이 하인츠의 의무다. 그러나 약값은 반드시 갚아야 하고, 훔친 데 대한 처벌도 받아야 한다.
(나쁘다) 아내를 살리려는 것은 당연하지만, 그래도 훔치는 것은 역시 나쁘다. 자기 감정이나 상황과 관계없이 규칙은 항상 지켜야 한다.

단계 5: (괜찮다) 훔치는 것이 나쁘다고 말하기 전에 전체적인 상황을 고려해야 한다. 이 경우 법은 분명히 훔치는 것이 나쁘다고 규정한다. 그러나 이 상황이라면 누구라도 약을 훔칠 수밖에 없을 것이다.
(나쁘다) 약을 훔쳐서 결과적으로 아내를 살릴 수 있지만, 목적이 수단을 타당화하지는 못한다. 하인츠가 전적으로 나쁘다고 말할 수는 없지만, 상황이 그렇다고 해서 그의 행동이 옳은 것이 될 수는 없다.

단계 6: (괜찮다) 법을 준수하는 것과 생명을 구하는 것 사이에서 선택하라면 약을 훔치더라도 생명을 구해야 하는 것이 더 높은 수준의 원칙이다.
(나쁘다) 암은 많이 발생하고 약은 귀하니 필요한 모든 사람에게 약이 다 돌아갈 수 없다. 이 경우 모든 사람에 보편적으로 옳다고 생각되는 행동을 해야 한다. 감정이나 법에 따라 행동할 것이 아니라 한 인간으로서 무엇이 이성적인가를 생각했어야 한다.

4) 길리건의 도덕성 발달 이론

길리건은 콜버그의 합리적 원칙과 추론에 기초한 도덕성에 대한 하나의 비판으로 배려 윤리로서의 도덕성을 강조하였다(Gilligan, 1982).

길리건은 콜버그의 이론이 남성만을 대상으로 한 연구에 기초하였고, 여성의 도덕적 판단에서 나타나는 대인관계적 요소가 평가절하되었기 때문에 콜버그의 연구 결과에서는 대부분의 남성은 4단계 수준에 그리고 대부분의 여성은 3단계 수준에 머무는 결과가 나타났다고 보았다. 즉, 콜버그의 연구에서의 도덕적 상황은 개인의 요구 및 권리와 사회적 공정성 유지 간의 갈등들을 내포하고 있으므로 대인관계를 중요시하는 여성들에게는 다소 불리한 경향이 있다는 것이다.

이에 따라 길리건은 도덕성 발달을 인간관계에서의 상호호혜적인 배려 관계에 초점을 두어 연구함으로써 돌봄과 보살핌에 근거한 새로운 도덕교육을 주장하였으며, 도덕성 문제에서 남성적 지향성과 여성적 지향성이 통합될 때 최상의 인간다움이 발휘될 수 있다고 생각하였다.

길리건은 여성의 도덕성 발달단계를 자신과 타인과의 관계를 중심으로, 다음의 세 가지 단계와 각 단계 사이의 전환기로 설명하고 있다.

(1) 1단계: 개인적 생존 지향

자기중심적이고 실제적인 관점에서 문제를 해결하려고 한다. 어떤 상황이 자신의 욕구와 일치되지 않을 때 도덕적 추론을 하게 되며, 자신이 원하는 것이 도덕적 판단의 기준이 된다.

전환기: 첫 번째 전환기로서 타인과의 관계 형성과 애착이 중요해지며, 따라서 도덕적 추론은 책임감과 관계성을 중시하는 쪽으로 발달해 간다.

(2) 2단계: 자기희생으로서의 선(善) 지향

자신의 욕구보다는 타인의 입장을 중요시하여 타인에 대한 배려, 책임감 및 그에 대한 자기희생 등의 대인관계 지향적 반응을 나타낸다. 즉, 타인과의 관계를 중시하여 자신의 주장을 포기하기도 한다. 타인과의 갈등 관계에서 배려와 자기 희생을 선으로 간주하지만 이것은 사적인 관계에서 주로 일어난다. 일반적으로 많은 전통적인 여성들이 이 단계에 속해 있다.

전환기: 이 시기는 개인의 자아개념 형성과 관계되어 타인에 대한 자신의 희생에 대하여 의문을 가지며, 자신의 주변보다는 더 넓은 범위에서의 배려와 희생을 생각하게 된다.

(3) 3단계: 비폭력의 도덕성 지향

일방적인 자기희생보다는 자신과 관련된 사람들 모두에게 최선의 방법을 모색하고자 한다. 즉, 자신의 권리와 타인에 대한 책임의 중요성이 함께 인식되면서 비폭력, 평화, 박애 등의 도덕성이 발달된다. 이 단계는 콜버그의 후인습 수준의 도덕성 발달단계와도 유사한 특징을 갖고 있다.

5) 바람직한 도덕성 발달을 위한 지도

앞에서 언급된 도덕성 발달 이론들을 종합하여 학생들의 도덕성 발달 지도를 위한 시사점들을 제시하면 다음과 같다.

첫째, 자아 이상을 길러 주는 도덕성 발달의 방향이 필요하다. 프로이트 이론에서 도덕성의 발달 기제는 양심과 자아 이상의 두 가지 발달로 제시되고 있다. 학생들에게 양심을 통해서 도덕성을 기르고자 하는 것은 학생들로 하여금 자신에 대한 무의식적인 죄책감을 가지게 한다. 그러므로 학생들의 도덕성을 발달시키고자 할 때 교사는 학생들에게 양심을 상기시키는 것보다는 보다 전향적인 방법인 자아 이상을 길러 주는 방법으로서 유도해야 할 필요가 있다.

둘째, 아동기의 자율적 도덕성 발달의 중요성을 인식한다. 피아제 이론에 따르면 초등학교 시기는 도덕적 자율성이 발달되는 중요한 시기다. 이 시기에 교사나 부모의 도덕적 지도는 도덕성 발달에 있어서 매우 중요한 영향을 미친다. 아동들은 자율적으로 하고자 하는 의지는 있으나 신체적·정서적·사회적 측면이 이에 상응하지 못해 행동에 있어서 많은 시행착오가 생길 수 있다. 그러므로 아동들의 시행착오를 비판하지 말고 그것을 있는 대로 수용하면서, 아동들이 보다 자율적으로 판단하고 자신의 행동을 숙고해 보게 하는 경험을 다양하게 해 보게 한다.

셋째, 학습자의 도덕 판단 수준에 따른 적합한 도덕교육이 필요하다. 학생들의 도덕성 지도를 위해서는 학생들이 현재 위치하고 있는 도덕 판단 수준을 잘 파악하고 그에 따른 행동 지도가 이루어져야 할 것이다. 학생들에게는 현재 수준보다 고차적이고 복잡한 추론을 해 보게 함으로써 도덕성 발달이 고양될 수도 있다. 그러나 학생들에게 교사의 수준에서 본 높은 수준의 도덕적 추론을 하게 하는 것은 효과적이지 못하다. 그러므로 학생들의 현재 도덕성 발달 수준을 파악하고, 현재의 단계보다 조금 높은 수준의 도덕적 추론을 해 볼 수 있게 하는 것이 필요하다.

넷째, 토론식 도덕교육의 방법이 필요하다. 콜버그는 학교 교육에서의 토론식 도덕교육 방법의 중요성을 제시하였다. 즉, 도덕적 행동을 덕목 위주로 지시적으로 가르치는 것은 도덕적 사고와 판단 능력을 길러 주지 못한다고 보았다. 그러므로 학생들 상호 간의 토론이나 교사와의 토론을 통해 도덕적 판단 능력을 신장시켜 주는 것이 바람직하다.

다섯째, 도덕교육에서 보살핌과 배려의 도덕성이 중요하다는 것을 인식한다. 학생들의 타인에 대한 배려심을 향상시키는 것은 도덕 지능과 공격성의 감소에도 매우 효과적이다(이연수, 2012). 학생들에게 보살핌과 배려의 도덕성을 키우기 위해서는 다른 사람의 생각과 감정에 공감하는 능력을 키워 주는 것이 필요하다. 그러므로 교사는 학생들이 친구관계와 교사와의 관계를 통해서 타인에 대한 공감의 능력을 키워 주기 위한 지도 방안들을 다양하게 강구하여야 할 것이다. 이를 위해서 특히 학교에서는 교사와 학생들 간의 진솔한 대화, 개방적인 의사소통의 장이 마련되어야 하며, 수업시간에는 역할극, 심리극들을 다양하게 활용해 볼 필요가 있다.

📖 **탐구 문제**

1. 자신이 공부를 해도 왜 하는지 모르고 다른 친구들이 하는 일에도 관심이 없으며, 자신의 장래 직업, 종교 등에 관해서도 전혀 관심이 없는 학생이 있다면, 그 학생은 Marcia의 네 가지 정체성 상태 중 어떤 상태이며, 그를 도와줄 수 있는 방안은 무엇인지 논의해 보시오.

2. 공부를 잘할 수 있는 능력이 있는 학생인데도 자신이 무가치하다고 느끼고, 자신을 항상 비관적으로 생각하며 공부할 의욕이 상실돼 있는 학생이 있다면 그를 도울 수 있는 방안에는 어떤 것이 있을지 설명해 보시오.

3. 2014년 4월 16일에 발생한 세월호 사건에서 배가 침몰하여 기울어져 가는데도 배 안의 승객들을 구조할 생각은 않고 자신이 먼저 구조선에 탄 선장과 배 안에서 끝까지 학생들을 구하려고 하다가 순직한 교사들을 비교해 볼 때, 각각의 사람들은 콜버그의 도덕성 발달 단계 중 어디에 속한다고 보는지, 왜 그렇게 생각하는지를 설명해 보시오.

4. 자신은 Gilligan이 제시한 도덕성 발달단계 중 어디에 속한다고 보는지, 왜 그렇게 생각하는지를 설명해 보시오.

제5장
학습자의 생태적 환경 이해

　교사가 학습자의 행동을 잘 이해하기 위해서는 학습자 개인의 특성에 대한 이해는 물론이고 학습자를 둘러싼 환경에 대한 종합적인 이해가 필요하다. 학습자를 둘러싼 환경에는 일반적으로 가정환경, 학교환경 및 사회환경을 들 수 있다. 이들 환경은 학습자에게 직접적으로 영향을 미치기도 하고, 이들 환경 간의 상호관계를 통해서 다양한 영향을 미치기도 한다.

　최근에는 이렇게 학습자에게 영향을 미치는 환경들을 학습 생태계로 보고, 각각의 환경들이 학습자의 발달에 미치는 영향과 아울러 이 환경들 간의 상호작용이 학습자의 발달에 미치는 영향들을 중요시하는 생태학적 환경 이론이 중요시되고 있다. 즉, 생태학적 환경 이론에서는 학습자를 둘러싼 환경들을 하나의 통합적인 체계로서 보고, 이를 통해 학습자의 행동에 영향을 미치는 환경들을 보다 종합적인 관점에서 보고자 하는 것이다.

　이 장에서는 학습자의 발달에 영향을 미치는 환경 요인들을 보다 체계적으로 이해하기 위한 방법으로 학습자의 생태적 환경에 대하여 살펴보고자 한다.

1. 학습자를 둘러싼 생태적 환경 체계의 이해

학습자의 행동은 가정, 교실, 학교, 이웃, 또래집단 및 그 사회의 문화 등을 포함한 여러 다양한 체계가 가진 환경적 특성과 학습자가 지닌 개인적 특성이 서로 상호작용하여 나타난 결과로 이해될 수 있다(Meyers et al., 2012). 최근 이러한 학습 생태학에 대한 조망은 교사교육 및 학교심리학의 영역에도 새롭게 적용되고 있다(Lin, 2011; Burns, 2011).

환경 이해를 위한 생태학적 관점은 브론펜브레너(U. Bronfenbrenner, 1992)의 생태학적 체계이론에 그 기반을 둘 수 있다. 그는 인간의 발달이란 '인간이 자신의 환경을 지각하고 다루는 방식에 있어서의 지속적인 변화'라고 보며, 이러한 변화의 기저가 되는 생태학적 환경은 개인에게 즉각적인 영향을 미치는 환경에서부터 개인이 속해 있는 사회적 제도의 이념과 조직을 포함하는 보다 큰 사회적 맥락에서의 환경까지도 포함한다고 보았다.

이러한 생태학적 관점에서 인간의 행동은 다음과 같이 이해될 수 있다(Apter & Conoley, 1984; Burns, 2011).

첫째, 인간의 행동은 그가 생활하고 있는 환경 체계와 분리되어 이해될 수 없다.

둘째, 인간의 심리적 장애는 그를 둘러싼 체계와의 불일치로 인해 일어난다.

셋째, 인간의 부적응 행동은 개인의 지식과 기술 그리고 환경적 요구 간의 부조화로 인해 발생한다.

넷째, 인간 발달에 대한 모든 개입은 그를 둘러싼 환경 체계에 초점을 맞추어 접근하는 것이 효과적이다.

학습자의 행동을 잘 이해하기 위해서 교사는 학습자의 생태학적 환경 체계를 제대로 파악할 필요가 있으며, 이러한 생태학적 환경 체계는 미시체계, 중간체계, 외체계, 거시체계, 시간체계의 다섯 가지 환경 체계로 나누어 볼 수 있다.

여기에서는 학습자의 생태학적 환경을 이러한 다섯 가지 환경 체계로 분류하여 교사들이 이해해야 할 학습자의 환경 체계 요인들을 제시하면 다음과 같다(허승희, 2014).

1) 학습자를 둘러싼 미시체계의 이해

미시체계(Microsystem)란 즉각적인 환경 내에서 학습자를 둘러싼 상호관계들의 복합체를 말한다. 즉, 학습자가 함께하는 다른 사람들 간의 관계, 그 관계의 본질 등을 말한다. 여기에는 학습자에게 가장 근접한 환경으로서 학습자가 살고 있는 집, 그 근처의 시설물, 학교 도서관, 놀이터 등의 물리적 특성과 학습자와 직접적으로 관계하는 가족, 친구, 학교 이웃 등이 여기에 포함된다. 예를 들어, 부모의 교육 수준, 양육 태도, 교사의 신념 등이 학습자 발달에 영향을 미치는 것이다. 여기서 학습자는 수동적으로 환경을 받아들이는 것이 아니라 학습자와 부모, 친구, 교사, 이웃 사람 등과 능동적으로 상호작용하면서 발달해 나간다.

대부분의 학습자의 발달에 관한 연구들은 이 미시체계에 초점이 맞춰진 경우가 많으며, 건강한 미시체계는 부모, 교사, 또래들처럼 학습자가 상호작용하는 사람들, 학습자의 미시체계를 구성하는 환경들이 학습자와 호혜적인 관계를 유지해야만 이루어진다. 학습자들이 미시체계에서 발달하는 방식을 이해하기 위해서는 이러한 미시체계 내의 다양한 상황에서의 그들의 행동을 알 필요가 있다.

(1) 학습자의 가정환경

학습자의 행동은 그를 둘러싼 환경과의 상호작용을 통하여 이루어진다. 특히 이러한 환경 중 가정환경은 학습자의 행동에 매우 중요한 영향을 미치게 된다. 교사는 학습자의 바람직한 발달을 위하여 학습자의 가정환경의 특성을 잘 파악할 수 있어야 할 것이다.

학습자에게 영향을 미치는 가정환경의 유형은 크게 지위환경, 구조환경 및 과정 환경으로 나누어 볼 수 있다. 지위환경이란 학습자의 발달에 영향을 미치는 가정, 학교 및 사회기관의 지위와 상태를 나타내는 정적 환경이며, 구조환경이란 동일한 환경변인이라도 그것을 받아들이는 개인의 특성에 따라 다른 결과를 가져올 수 있는 의미에서 물리적 환경과 심리적 환경이 혼합되어 있는 환경을 말한다. 과정환경이란 하나의 심리적 과정으로서, 학습자의 환경을 구성하는 인적, 물적 조건이나 자극과의 관계에서 발생되는 환경을 말한다. 이러한 가정환경의 요인들은 다음과 같이 분류될 수 있다(정원식, 1982).

① 가정의 지위환경

- 양친의 상태: 양친의 유무, 양친의 혼인, 별거 등의 상태
- 가정의 사회 · 경제적 지위: 부모의 교육, 직업 및 경제적 수준
- 가족 구성: 가족의 수, 형제자매의 수, 조부모의 유무 및 동거인의 상황
- 가옥 상황: 집의 크기, 가족 구성원을 위한 배실 상황 등

② 가정의 구조환경

- 문화적 상태: 대중매체 및 문화전달 매체의 시설 상태와 그 교육적 활용 상태
- 영양 및 위생상태: 식생활에서의 적절한 영양공급과 신체적 건강을 위한 위생적 환경의 조건
- 생활공간: 학습자의 개인생활에 필요한 공간의 정도, 적절한 운동을 할 수 있는 조건, 자연과의 접촉 가능성
- 언어모형: 가정의 언어수준, 즉 부모가 사용하는 어휘의 양과 질, 추상적 개념의 사용 수준, 언어 표현 방식
- 강화체제: 가정에서의 보상과 벌의 일관된 체제
- 가치지향성: 가정의 지배적인 가치체제
- 학습체제: 학습자의 학습을 위한 조력 조건, 학습동기를 유발하는 자극과 조건, 지적 학습과 성취를 강조하는 풍토를 포함한 체제적 조건
- 집단적 특성: 부모에 대한 역할 기대, 가족 구성 및 가족 상호 간의 태도, 가족의 응집력

③ 가정의 과정환경

- 부모의 양육 태도: 수용-거부, 자율-통제, 보호-방임, 성취-안일, 개방-폐쇄 등의 양육 유형

(2) 학습자의 학교 환경

학습자의 행동에 영향을 미치는 학교 환경으로는 학교 요인, 교사 요인 및 또래 집단 요인 등을 들 수 있다.

① 학교 요인

- **학교 풍토:** 학교 풍토는 학교 구성원들과 학생 간의 상호작용의 질과 빈도를 말한다. 건강한 학교 풍토는 학교 체계가 활기를 가지고, 학교 조직이 공정하고 효율적으로 구성되어 있으며, 학교 구성원들의 자아탄력성 수준이 높다 (Costanza, 2012). 학교 풍토에서 학교 구성원들이 스트레스를 잘 이겨 내고 변화에 잘 대처하는 자아탄력성을 기르기 위해서는 교사와 관리자의 리더십, 신속한 의사결정, 구성원들 간의 신뢰와 문제를 해결하고자 하는 전향적 자세가 필요하다.

- **학교에 대한 애착, 소속감 및 학교생활에 대한 만족 수준:** 학교에 대한 애착, 소속감 및 학교생활에 대한 만족도는 학생들의 학업과 바람직한 행동 형성에 중요한 영향을 미친다. 학교에 애착을 가지는 학생들은 자신의 학교에 대한 소속감이 강하며 학교생활에 만족을 느끼는 정도가 높다. 이러한 자신의 학교에 대한 애착심은 학생들의 폭력 행동을 간접적으로 억제해 주는 효과를 가진다(Stewart et al., 2004).

- **학교 환경에 대한 학습자들의 긍정적·부정적 인식:** 학교 환경에 대해 학생들이 긍정적으로 인식할수록 학생들은 학교에서 심리적 안전감을 느끼고 학업에 몰두할 수 있다. 학교 내의 사회적·물리적 환경이 학생들의 학교 안전에 대한 인식에 영향을 주며, 학교나 교실 환경이 무질서할 경우, 학생들은 학교폭력의 피해자가 될 것이라는 두려움을 더 많이 느낀다(Akiba, 2008). 또한 학생들의 학교에 대한 인식과 학교에 대한 태도는 학생들의 학교생활 적응과 학업성취 증진과도 관계가 있다(안도희, 2009).

- 학교 훈육의 방법과 이에 따른 학습자의 학교에 대한 만족 수준: 학교행정가, 교사들 및 학생들이 만들어 내는 개방적이거나 폐쇄적인 학교의 심리적 환경, 그리고 이와 관련된 학습자들에 대한 민주적 또는 권위적 훈육 방식은 학습자들의 학습과 학교생활의 적응에 영향을 미치며, 이것은 학습자들의 학교에 대한 심리적 만족 수준과도 관련이 있다.

- 학급당 인원 수와 교실 공간의 활동성 등의 물리적 요인: 학급당 인원 수는 학습자들의 학습 행동에 영향을 미치며, 이것은 또한 교실 공간의 활동성과도 관계가 있어, 교실 공간의 활동성이 낮을수록 학습자들의 불안, 공격성 등이 높아질 수 있다.

② 교사 요인

- 교사의 수업에 대한 열정: 교사의 수업에 대한 열정은 건강한 학교 생태계를 구성하는 데 중요한 역할을 한다(이상수 외, 2013). 그리고 수업의 내용에 있어서도 성적 위주의 교육보다 정서교육과 감성교육이 중시되면 학교에서의 공격적 행동도 감소될 수 있다(서미경, 2007).

- 교사의 학습자에 대한 부정적 또는 긍정적 피드백의 유형: 교사가 학습자들의 행동에 대해 긍정적 피드백을 많이 할수록 학습자들의 학습에 대한 자신감과 자기 효능감은 높아질 수 있다.

- 교사의 학습자에 대한 지지와 수용도: 학급에서 학생들 간에 그리고 교사와 학생 간에 원활한 소통이 이루어질 때 그것은 건강한 학교라고 볼 수 있다(이상수 외, 2013). 교사들이 학생들의 친구관계에 관심을 가지는 학급에서는 학교폭력 또한 감소한다. 그러나 교사와 학습자와의 관계에 있어서 교사가 특정 학습자에게 차별적 상호작용을 하는 것은 학습자들의 집단따돌림 현상에도 주요한 영향을 미친다(이정선, 최영순, 2001).

- 교사의 학습자에 대한 기대 수준: 교실에서 학습자에 대한 교사의 지각과 기대는 매우 중요하다(Brattesani, 1984; Weinstein, 1989). 교사가 학습자에게 더 큰 발전이 있을 것이라고 기대하게 되면 학생들을 보다 격려하는 방식으로 대하게 되고 그에 따라 학생은 변화될 수 있다.

- 교사의 훈육 방식: 훈육이란 학습자들의 잘못된 행동에 대한 교사의 대처를 말하며 교사가 훈육 방식을 학습자에 대한 공감과 배려를 중심으로 할 때 학급의 분위기와 학습자들의 행동은 긍정적으로 형성될 수 있다.

③ 또래집단 요인

- 또래에 의한 수용도: 또래들에게 수용되는 아동들은 친절하고, 사교적이며, 협동적인 특성을 가진다(Rubin, Bukowski, & Parker, 1998). 초등학교 학생들의 가장 큰 스트레스는 친구가 없어 외로울 때, 친구가 자기를 무시할 때, 자신이 친구로부터 따돌림을 당할 때 등의 또래관계에서 비롯된다(홍관식, 히로소리 시미다, 주호수, 1998; 황혜경, 김순자, 2001).

- 학급에서의 배척과 고립: 학급 내 친구관계가 지지적인지 또는 독점적이거나 배타적인지의 여부는 학습자의 학습 및 사회적 행동에 중요한 영향을 미친다.

- 또래 친구의 수: 친밀한 친구가 없고, 친구관계 형성에 어려움을 느끼거나 친구집단에 수용되지 못하는 것은 정서적 불안, 부정적 성격 및 낮은 자아존중감을 형성하여 폭력 가해 행동에 간접적인 영향을 미치기도 한다(유현근, 2007).

- 또래집단에서의 선호도와 인기도: 또래집단에서 선호하는 학생일수록 심리적으로 안정적이고 공격성 수준이 낮다. 그러나 또래집단에서의 인기도는 선호도와 다르게 나타날 수 있다. 즉, 또래들에게 인기가 많은 학생들이 공격성 수준이 높게 나타날 수 있는데(김동현, 이규미, 2010), 이것은 또래집단의 선호도와 인기도가 다르게 나타날 수 있다는 것을 말해 준다.

2) 학습자를 둘러싼 중간체계의 이해

중간체계(Mesosystem)란 미시체계 환경들 간의 관계에서 이루어지는 환경이다. 이 환경에는 미시체계와 연관을 갖는 가정, 학교, 각종 시설은 물론이고 미시체계에서의 두 집단 이상이 갖는 관계와 영향까지가 모두 포함된다. 이것은 개인이 서로 다른 환경에서 다양한 사회적 역할을 수행한다는 것을 전제로 한다.

일반적으로 이 체계들 간의 관계가 밀접할수록 학습자의 발달은 바람직하게 진행된다. 예를 들어, 교사와 부모로부터 관심과 지지를 받는 학습자는 친구들과 좋은 관계를 맺을 수 있다. 따라서 학습자의 발달을 체계적으로 이해하기 위해서는 가족, 친구, 학교, 학원 등 다양한 상황에서 학습자들이 하는 행동을 잘 관찰하는 것이 중요하다.

(1) 부모와 교사 간의 관계

- 부모와 교사 간의 소통: 부모와 교사 간에 자주 의사소통이 이루어지는 것은 학습자의 교육 환경으로서 매우 중요한 요인이며, 이것은 학습자의 학교에 대한 태도 및 학습 의욕에 영향을 미칠 수 있다.

- 부모의 자녀의 학교생활에 대한 관심: 부모가 학교 일에 대해 긍정적으로 수용하는지 부정적인 태도로 임하는지의 여부는 학습자의 학교에 대한 태도와 학업에 대한 가치 형성에 영향을 미치며, 특히 학습자의 친구관계 형성과도 간접적인 관계가 있다(Hong & Espelage, 2012).

- 교사에 대한 부모의 신뢰 수준: 부모가 교사를 신뢰하는 수준은 학습자의 학교생활 태도에 영향을 미친다.

(2) 부모와 학습자의 친구 간의 관계

부모가 학습자의 친구관계에 대해 얼마나 잘 알고 있느냐 하는 것은 학습자의 학교생활, 특히 학교에서의 인간관계 형성에 매우 중요하다.

(3) 학교와 교사와의 관계

- 학교의 훈육 원칙과 교사의 호응도: 학교에 공정한 훈육 원칙이 세워지고 이에 대한 교사들의 호응도가 높을 때 학습자들은 일관성 있는 훈육을 받게 되고, 이것은 학습자들의 학교생활에 중요한 영향을 미친다.

- 학교 관리자와 교사들 간의 인간관계: 교장, 교감 선생님들과 교사들과의 관계가 상호 지지적이고 우호적일 때 학교 분위기는 교육적으로 바람직하게 형성되며, 이것은 학습자들의 전반적인 발달에 영향을 미친다.

(4) 교사들 간의 상호 관계

교사들의 관계가 서로 우호적이면 학교에서 학생들의 학교폭력의 빈도가 낮으며, 학생들 사이에서의 행동 문제도 덜 일어난다. 예를 들어, 학교에서 학생과 교사들 간에 정규적인 대화를 하는 만남의 시간을 정하여 실행하고, 학생들과 교사들 간에 행동의 규준이 명확하며, 서로에 대한 기대를 공유하는 학교에서는 학생들의 문제 행동의 빈도가 낮다(Bryk & Driscoll, 1998).

(5) 학교 분위기와 또래집단 간의 관계

학교 전체의 분위기가 학생들을 지지하고 우호적일 때 학급 내 또래집단의 관계는 상호 지지적이고 안정적일 수 있다. 그러나 학교 전체의 분위기가 학생들에게 관심이 덜하고 방임적일 때 학급 내 또는 학교 내 또래집단은 학교와 상호 배척적인 관계가 형성될 가능성이 높으며, 이것은 학습자의 발달에 영향을 미치게 된다.

(6) 학급 내 학습자들 간의 상호작용

학급 내 학습자들 간의 배척, 고립, 방관 등의 힘의 균형 관계와 그 속에 속해 있는 학습자의 학급 내 사회적 지위 간에는 지속적인 상호작용이 이루어진다.

(7) 학급의 분위기와 학습자들 간의 관계

학급의 분위기가 협동적이냐 또는 경쟁적이냐에 따라 학급 내 학습자들 간의 대화와 협력의 정도는 달라지며 이것은 학습자에게 지속적으로 영향을 미친다.

3) 학습자를 둘러싼 외체계의 이해

외체계(Exosystem)란 학습자가 한 번도 관여한 적이 없어도 학습자의 직접적인 환경에서 어떤 일들이 일어나도록 영향을 끼치는 환경을 말한다. 즉, 학습자가 직접적으로 관여하지는 않지만 그로 인해 학습자의 경험이 달라지게 되는 환경이다. 외체계가 변화하면서 미시체계와 중간체계의 변화를 가져오게 되며 이 체계는 대부분 비개인적이고 일방적이다. 예를 들어, 부모가 다니는 직장의 특성이나 학교의 상담교사 유무 등의 요인들이 이에 해당되며, 지역사회 수준에서 기능하고 있는 사회의 주요 기관들도 여기에 포함된다. 예를 들어, 대중매체, 정부기관, 교통 통신 시설, 사회복지기관, 교육청, 교육위원회 등이 그것이다.

학교 정책을 결정하는 교육 제도는 학습자들의 발달에 중요한 의미를 갖는 외체계 변인 중의 하나인데, 예를 들어, 교육청에서의 교육정책들, 교육위원회에서 결정하는 일들이 그것이다. 또한 장기간의 부모 실직, 빈약한 주거 공간 등의 문제도 부모가 통제할 수 없는 학습자의 발달에 영향을 미치는 외체계의 요인들이다.

외체계는 앞의 요인들이 건강성을 유지할 때 학습자의 발달에 긍정적인 영향을 미치게 된다.

(1) 지역사회 환경

학습자가 생활하는 지역사회의 교육적 · 문화적 분위기를 말한다. 교육 공동체로서의 지역사회는 학생들의 발달에 간접적인 영향을 미친다.

정진성(2009)의 연구에서는 청소년들이 속해 있는 지역사회의 환경과 관련된 변수들이 폭력, 폭언, 왕따, 갈취, 협박 등의 전체 학교폭력 행동들과 밀접한 관계가 있는 것으로 나타났다.

(2) 거주 지역과 주변 환경

학습자가 거주하는 지역과 주변 환경의 사회적 · 문화적 수준은 학습자에게 많은 영향을 미친다. 예를 들어, 학교폭력 행동은 학교 장면 이외에 학생이 생활하는 주변 환경의 영향을 많이 받는다. 특히 빈곤 지역에 거주하거나 학생이 거주하는 곳의 주변 환경에서 폭력 행위가 자주 일어나면 학생들의 폭력 행동이 보다 많이 발생한다(Hong & Garbarino, 2012). 학교폭력 경험과 거주 환경과의 관계에 있어서 상가 및 유흥가에 인접한 지역에 거주하는 아동들은 다른 아동들에 비하여 학교에서 욕설과 협박을 더 많이 하는 경향이 있는 것으로 보고되고 있다(유영수, 2002).

(3) 학교의 학군

학교가 속해 있는 지역의 환경과 생활 조건은 학습자의 발달에 중요한 영향을 미친다.

(4) 학교 내의 교육 환경

학교의 경제적 여건에 따른 학교 시설물들과 인적 자원으로서의 전문상담교사 등의 교사 외 전문 인력 배치의 유무는 학습자의 학교생활에 직접적으로 또는 간접적으로 중요한 영향을 미친다.

(5) 지역의 교육청과 교육위원회의 교육에 대한 태도

지역의 교육청과 교육위원회가 교육 문제에 대해 잘 이해하고, 적극적으로 교육 현안에 대해 실천적인 대안을 구성하는 것은 학습자에게 영향을 미치는 중요한 교육 환경이다.

(6) 지역사회의 관심과 협력

학습자가 생활하는 지역사회 인사들의 교육에 대한 관심과 학습자의 학교외 생활을 지원할 수 있는 문화적 시설 등은 학습자의 교육에 매우 중요한 영향을 미친다.

(7) 대중매체의 역할

대중매체는 학습자의 교육 환경으로서 매우 중요한 역할을 한다. 예를 들어, 대중매체를 통한 폭력 경험은 학교폭력 현상을 증가시키는 원인이 될 수 있다. 즉, 폭력적인 TV 노출 경험, 비디오 게임, 인터넷 등이 학생들의 공격적 사고와 공격적 행동의 가능성을 증가시킨다. 실제로 학교폭력 가해 행동에는 또래 폭력, 가정 폭력 및 대중매체 폭력이 중요한 예측 변인이 될 수 있다(김혜원, 이해경, 2001; 이해경, 김혜원, 2001).

4) 학습자를 둘러싼 거시체계의 이해

거시체계(Macrosystem)는 법과 같은 명백한 형태를 가진 것도 있으나 대부분 비형식적인 것으로서 개인이 속해 있는 사회의 이념, 전통, 문화적 가치, 법, 관습 등이 포함된다. 이것은 앞의 미시체계, 중간체계, 외체계의 모든 요소에서부터 학습자가 살고 있는 문화적 환경까지를 모두 포함한다. 학습자들이 생활하고 있는 사회와 국가에서의 가치 있는 행동 및 사회적으로 적절한 행동의 기준 등은 거시체계에 의해 제시되며, 학습자를 둘러싼 사회 · 문화적 배경으로서의 거시체계는 학습자의 삶에 직접적으로 관여되지는 않지만 하나의 거대한 체계로서 학습자 발달에 지속적이고 강력한 영향을 미친다.

(1) 사회의 문화 규범과 가치관

학습자가 생활하는 사회의 사회적 · 문화적 풍토와 전반적 가치체계는 학습자의 행동에 중요한 영향을 미친다. 예를 들면, 우리 사회 특유의 집단주의적 문화가 이에 해당될 수 있다. 우리 사회의 집단주의 문화는 출신 지역, 출신 학교, 출신 군대 및 종교적 성향 그리고 다양한 이익집단이 나타내는 배타적인 성향들에 따라 내집단들끼리의 결합이 강조되고 그에 따라 그 집단에 속하지 않은 외집단에 대해서는 극단적인 배타성을 나타내는 경향이 강하다. 이러한 사회 특성은 잠재적으로 학습자들의 정서 및 사회성 발달에 중요한 영향을 미치게 된다.

(2) 종교

종교의 종류, 종교 집단의 분위기, 학습자와 가정의 종교 유무 등은 학습자의 교육에 영향을 미치는 중요한 요인이 된다.

(3) 사회 환경의 안전성과 교육에 대한 관심도

사회 환경의 안전성은 학생들의 발달에 중요한 영향을 미친다. 그 대표적인 예로서 2014년 4월 16일의 세월호 사건을 들 수 있다. 그리고 사회 환경 중 사회 구성원들의 교육, 문화 및 예술 등에 관한 관심도도 중요한 교육 환경 요인이다.

(4) 사회 전반적인 인성교육에 대한 관심

학습자가 생활하는 학교, 사회의 인성교육에 대한 관심은 교육의 질을 높일 수 있는 중요한 환경 요인이다.

(5) 교육제도

교육제도에서 야기되는 전반적인 경쟁적 · 협동적 교육 분위기는 학습자의 발달에 영향을 미친다. 특히 우리나라와 같은 입시 경쟁에 따른 교육의 위계성과 획일성이 팽배해 있는 사회의 경우에 교육제도의 문제는 학습자들의 발달에 매우 중요한 영향을 미친다. 우리나라의 상당수의 초등학교 아동들이 두 개 이상의 학원을 다니거나 과외를 한다는 것(조성연, 신혜영, 최미숙, 최혜영, 2009), 그리고 공부 위주의 심각한 교육 현실로 인하여 아동기 때부터 지나친 공부 스트레스를 겪고 있다는 것(김선혜, 2004)은 교육제도의 한 양상인 입시경쟁의 부산물이라고 볼 수 있다.

(6) 사회 · 경제적 계층 격차의 문제

실직률, 사회적 빈곤 현상과 그에 따른 빈곤 가정 문제는 학습자의 교육에 직접적으로 영향을 미치며, 이것은 가족 해체의 문제와도 연결되어 학교 교육에 영향을 미치게 된다.

5) 학습자를 둘러싼 시간체계의 이해

인간은 시대가 흐름에 따라 매우 다양한 경험을 할 수 있는데 이를 시간체계(Chronosystem)라고 한다. 즉, 시간체계는 인간의 전 생애에 걸쳐 일어나는 변화와 사회 · 역사적인 환경을 포함한다. 이러한 시간체계는 학습자가 성장함에 따라 겪게 되는 부모의 죽음 등의 외적인 사건이나 성장 과정에서의 심리적 변화 등의 내적인 사건 등이 그 구성요소가 된다.

시간체계에는 인간의 전 생애에서 발생되는 사건들이 학습자의 발달에 미치는 영향도 포함되지만, 시간이 경과하면서 연속적으로 일어나는 사건들이 누적적으로 학습자의 발달에 미치는 영향도 매우 중시된다. 예를 들어, 부모의 이혼이 종단적인 시간대에 따라 학습자의 발달에 미치는 영향과 유아기의 강한 스트레스와 학습자의 청소년기 또는 성인기 발달과의 관계 등이 여기에 속한다.

2. 학습자를 둘러싼 생태적 환경 이해의 방법

교사가 학습자를 둘러싼 다양한 생태적 환경의 내용을 이해하고, 그것을 교육에 적용하기 위해서는 학습자를 둘러싼 다양한 환경을 진단할 수 있어야 할 것이다. 학습자를 둘러싼 다양한 생태적 환경을 진단하기 위한 방법은 각 환경의 유형별로 그리고 그 하위 요인별로 다양하게 제시될 수 있다.

여기에서는 학습자의 환경 이해를 위하여 학교 현장에서 교사들이 유용하게 활용할 수 있는 방법으로서 관찰법, 면담법, 질문지법, 사회성 측정법 및 심리검사의 활용에 대해 간략하게 살펴보고자 한다.

1) 교사의 관찰

교사의 관찰에 의한 아동 환경 이해 방법은 다양하나 이 중 일화기록법과 행동목록법은 특히 학교 현장에서 유용하게 활용될 수 있다. 일화기록법은 어떤 사건이나 행동 특성을 객관적이고 사실적으로 상세하게 기록하는 방법으로서 다양한 상황에서의 학습자의 행동에 관한 정보를 제공해 주는 것으로서 학습자의 중요한 발달적 특성뿐 아니라 이를 통하여 아동을 둘러싼 환경을 이해할 수 있는 유용한 방법이다.

행동목록법은 교사가 관심이 있는 영역의 행동 목록을 사전에 준비하고, 그 목록에 포함된 학습자의 각 행동들이 나타나는지를 관찰하여 체크로 표기하는 방법으로서 학습자의 사회계층, 가족구조 및 삶의 방식은 물론, 행동 배경이나 환경에 관한 정보를 수집하는 데 유용하다(김병선, 이윤옥, 1998; 장휘숙, 1998).

2) 학생, 학생의 부모, 동료들 및 관련 인사들과의 면담

학습자의 환경을 이해하기 위하여 교사가 일반적으로 활용할 수 있는 면담의 방법은 학습자를 직접 면담하거나 학습자의 부모나 동료들 그리고 학습자의 행동과 관련된 사람들과의 면담하는 것이다.

면담의 형태는 분류 기준에 따라 다양하나 가장 널리 사용되는 분류 방법은 면담의 내용과 체계의 조직화된 정도에 따라 구조적 면접, 준구조적 면접 및 비구조적 면접으로 나누어 볼 수 있다. 이 중 준구조적 면담은 구조적 면담과 비구조적 면담의 절충형으로서 면담이 사전에 치밀하게 계획되나 면담 상황에 따라 면담자가 융통성을 가질 수 있는 방법으로서 실제 면담을 할 때는 이 방법이 가장 많이 활용된다.

3) 질문지의 활용

질문지법은 학습자로 하여금 일련의 질문에 대하여 스스로 응답을 기록하게 하는 방법으로서 학습자의 환경 이해를 위해 교사들이 유용하게 사용할 수 있는 방법이다. 즉, 학습자의 생육사, 가족 상황, 가족구조의 심리적, 사회경제적 배경, 동료 관계 등 학습자를 둘러싼 심리적 · 사회 · 문화적 환경을 구체적으로 이해할 수 있는 방법이다. 교사는 자유응답형, 예-아니요형, 선택형, 순위형 및 평정척도형 등 여러 가지 형태의 질문지를 만들어 사용할 수 있다.

교사가 학습자의 환경을 이해하기 위하여 질문지를 만들어 사용하고자 할 때 중요하게 고려해야 할 것은, 우선 질문의 내용 및 범위를 명백하게 규정하여야 한다는 것이다. 여기에 대해서는 교사의 질문 작성의 목적에 따라 이 장에서 제시된 학습자의 환경으로서의 다섯 가지 체계의 내용을 참조할 필요가 있을 것이다. 그리고 이것을 참조하여 질문의 내용을 구성할 때 응답자의 연령을 고려하여 가능한 한 응답자의 경험과 관련시켜 구체적으로 제시해야 한다.

4) 사회성 측정법의 실시

사회성 측정법은 교실 내에서의 학생 상호 간의 사회적 관계를 객관적으로 측정하고 평가할 수 있는 방법으로서 교육 현장에서 교우관계와 학급의 응집성을 파악하기 위하여 많이 활용되는 방법이다. 사회성 측정은 대개 '학급에서 누구와 함께 놀기(공부하기, 짝하기 등)를 원하는가?'의 형태를 취하는 몇 개의 질문으로 구성된다. 이에 따라 수집된 자료는 소시오메트리 행렬표, 소시오그램, 소시오메트리 지수 등으로 분석되며 학교 현장에서는 소시오그램의 그림을 통한 분석 방법이 활용도가 높다.

소시오그램을 통하여 교사는 교실에서의 학생들 간의 인기형, 연쇄형, 삼각형, 단짝형, 배척형, 고립형 등의 교우관계를 파악할 수 있다(이시용, 정환금, 허승희, 홍종관, 2003).

5) 표준화 검사의 실시

표준화 검사는 일반 교사들이 제작해서 학교에서 실시하는 질문지법 등과는 달리 전문가가 표준화된 절차를 통해 만든 검사다. 그러므로 검사에 관한 특별한 전문 지식이 없는 경우에는 이미 개발되어 있는 이러한 표준화 검사를 활용하는 것도 학습자 이해를 위한 유용한 방법이 될 수 있다.

교사가 학생의 환경을 정확히 이해하기 위해서는 학생들의 가정환경과 이에 대한 지각 그리고 동료들 간의 사회적 관계를 파악할 수 있도록 개발된 다양한 표준화 검사들을 활용해 보는 것도 필요하다.

표준화 검사를 사용하고자 할 때 교사는 검사 목적과 대상에 따라 적합한 검사를 사용하여야 하며, 개발된 검사의 신뢰도와 타당도를 먼저 확인해 볼 필요가 있다.

📖 탐구 문제

1. 본인을 둘러싼 미시체계 환경에는 어떤 것이 있는지 분석해 보고, 그 환경들이 나에게 어떤 영향을 주고 있는지 설명해 보시오.

2. 학생을 둘러싼 중간체계 중 학생의 부모와 교사와의 관계에 있어서 이 두 환경 간의 관계를 원활히 하여 학생에게 바람직한 교육 환경을 형성해 줄 수 있는 방법에는 어떤 것들이 있을 수 있는지 논의해 보시오.

3. 학생을 둘러싼 외체계 환경을 이해하려고 할 때, 자신은 어떤 내용들을 어떻게 구성하여 알 수 있을 것인지, 그리고 그 정보를 어떻게 활용할 것인지에 대하여 설명해 보시오.

4. 학생들을 둘러싼 생태 환경 중 가정환경에 대해 알아보고자 할 때 설문지법을 활용한다면, 그 내용을 어떻게 구성할 것인지 설명해 보시오.

제2부
학습에 대한 이해

제6장
지능과 창의성

학생들의 특성은 매우 다양하다. 외모나 생리적 특성뿐만 아니라 성적이 뛰어난 학생과 뒤떨어지는 학생, 공부를 열심히 하는 학생과 공부에는 아예 관심이 없는 학생도 있다. 학생들 사이에 나타나는 이런 차이를 개인차(individual difference)라고 하며, 보통 개인내(intra-individual) 차이와 구분하여 개인간(inter-individual) 차이라고도 한다. 이 개인차는 학습의 결과뿐만 아니라 교수-학습과정에도 영향을 끼치는 중요한 요인으로 많은 학자의 연구 주제였다.

개인차 연구의 시조로 인정받는 갈톤(F. Galton)을 비롯하여 개인차에 대한 초기 연구는 주로 인간의 지적 능력에서의 차이를 밝혀내는 데 집중되었다. 특히 최초의 지능검사를 제작한 프랑스의 비네(A. Binet)나 정신측정운동을 주도한 카텔(G. M. Cattell) 등은 이 분야에서 중요한 공헌을 하였다(서울대학교 교육연구소, 1995).

이 장에서는 학교학습에서 학생들의 학습 성과를 결정하는 데 가장 중요한 요인으로 간주되는 지능과 창의성에 대해 살펴보고자 한다. 일반적으로 지능이 학교학습과 밀접한 관계가 있다는 것은 분명하지만, 창의성 역시 학교학습과 깊은 관계를 가지고 있다. 지능이 얼마나 많이 알고 있는지 그리고 문제를 빨리 해결하는 속도 등을 의미한다면, 창의성은 학생이 자신의 지적 능력을 얼마나 창의적으로 활용하여 문제를 해결하는가를 의미한다. 학생의 지능과 창의성은 학교학습을 통한 지식

전수나 문제해결 능력 등 학교 교육의 성과뿐만 아니라 개인의 행복과 인류의 발전에 기여하는 핵심적인 요인이기 때문에 학교 교육에서도 중요하게 다루어져야 하는 요인들이다.

1. 지능

지능(intelligence)은 인간의 지적 특성 가운데 가장 중요한 특성이면서도 매우 복잡한 개념이다. 따라서 지능에 대한 정의도 '일정한 방향을 설정 · 유지하는 경향성, 소망하는 결과를 성취할 목적으로 순응하는 역량, 그리고 자기비판의 힘'(Binet & Simon, 1905), '추상적인 사고력'(Terman, 1916), '지능검사에 의해 측정된 점수'(Boring, 1923), '합리적으로 사고하고 유목적적으로 행동하며 환경을 효과적으로 다루는 총체적 능력'(Wechsler, 1958) 등 학자에 따라 다양하게 제시되고 있다. 지능에 대한 초기의 정의들은 지능을 학습 역량, 획득한 총 지식, 지능검사 점수, 새로운 상황과 환경에 적응하는 능력(Woolfolk, 2001) 등 주로 한 개인의 능력에 초점을 맞추고 있다.

그러나 스턴버그(Sternberg, 1986)에 따르면, 초기의 지능 연구가 주로 심리측정론적 접근에 의해 이루어졌다면, 1980년대 이후의 연구들에서는 정보처리론적 접근에 이어 생물학적 · 상황주의적 접근이 두드러지면서 지능의 정의에 있어서도 사회문화적 맥락이 반영되어야 한다는 점이 강조되는 경향이 나타났다. 즉, 스피어먼의 2요인설, 서스톤의 기초정신능력이론, 길포드의 지력구조모형 등 초기의 지능이론은 심리측정론적 접근에 기초하고 있는 반면, 가드너의 다중지능이론과 스턴버그의 성공지능이론으로 대표되는 현대의 지능이론은 각 개인이 처한 사회문화적 맥락을 중시한다. 즉, 지능이란 개개인의 능력이면서도 개인이 속해 있는 사회문화적 맥락을 고려할 때만 올바르게 이해할 수 있다고 주장한다.

지능 연구의 발전 과정을 고려하면 지능에 대한 이론적 접근은 심리측정론적 접근, 인지발달론적 접근, 정보처리론적 접근으로 구분할 수 있다. 그러나 여기에서는 편의상 전통적인 지능이론과 현대의 지능이론으로 구분하여 주요이론을 선별적으로 소개하고, 지능검사에 대한 이해를 도울 수 있는 내용을 다루고자 한다.

1) 지능이론

전통적 지능이론에는 심리측정론적 접근에 기초한 스피어먼의 2요인설, 서스톤의 기초정신능력이론, 그리고 길포드의 지력구조론 등이 있다. 이 입장은 인간의 지능이 여러 하위요인으로 구성되며, 지능검사를 통해 이를 측정하여 개인차를 확인하는 데 관심이 있다. 현대적 지능이론으로는 가드너의 다중지능이론과 스턴버그의 성공지능이론 두 가지를 소개한다. 한편, 전통적 지능이론과 현대적 지능이론 사이에 이들을 중재하는 이론으로 카텔의 Gf-Gc 이론을 소개한다.

(1) 스피어먼의 2요인설

스피어먼(C. Spearman, 1927)은 인간의 지능은 두 개의 주요 요인, 즉 모든 종류의 지적 활동에 필수적으로 관여하는 일반 요인(general: g)과 수학 문제해결 등 특정 과제의 유형에 따라 특수하게 동원되는 특수 요인(special factor: s)의 두 가지가 있다고 하였다. 그러나 특수 요인(s)은 특정 과제에만 관여하는 능력으로 중시되지 못하였기 때문에 그의 이론을 'g요인설'이라고도 한다. 그는 g요인으로 언어, 수, 속도, 주의력, 상상의 다섯 가지 하위 요인이 있다고 하였으며, 이후 지능을 구성하는 하위 요인의 수를 밝혀내는 연구에 많은 영향을 끼쳤다.

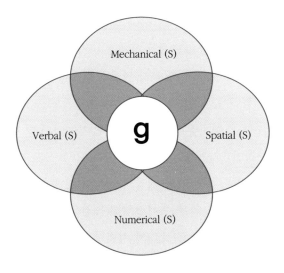

[그림 6-1] 스피어먼의 2요인설

(2) 서스톤의 기초정신능력이론

서스톤(L. Thurstone, 1938)은 스피어먼과는 달리 인간의 일반 지능은 하나가 아니라 상호독립적인 일곱 가지의 일반 요인들, 즉 다음과 같은 일곱 가지의 기초정신능력(Primary Mental Abilities: PMA)으로 구성된다고 하였다.

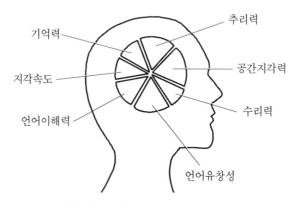

[그림 6-2] 서스톤의 기초정신능력

- 언어이해력(verbal comprehension): 단어와 문장의 의미 이해 능력
- 언어유창성(verbal fluency): 단어의 신속한 산출 능력
- 수리력(number): 기초 계산 및 수학 문제해결 능력
- 기억력(memory): 단어, 수, 그림 등의 단순한 기억력
- 공간지각력(spatial visualization): 상징이나 도형의 조작 능력
- 지각속도(perceptual speed): 자극이나 상징을 신속하게 재인하는 능력
- 추리력(reasoning): 유추를 통해 일반적 원리나 법칙을 찾아내는 능력

서스톤의 기초정신능력이론은 기존의 56가지 지능검사를 실시하여 요인분석을 통해 찾아낸 공통적인 일곱 가지 요인으로 구성된 것으로, 이런 장점 때문에 일부 비판에도 불구하고 많은 지능검사 제작의 이론적 토대로 활용되었으며, 오늘날에도 그가 분류한 하위요인의 일부는 여전히 지능검사의 요인으로 인정되고 있다. 이후 그의 이론은 다음에 소개할 길포드의 지력구조론이 등장하는 데 영향을 주게된다.

(3) 길포드의 지력구조론

길포드(Guilford, 1959)는 서스톤의 기초정신능력이론을 확장하여 인간의 지능은 내용(content), 조작(operation), 산출(outcome)의 세 차원으로 구성된다고 하였다. 내용이란 지적 활동에 사용되는 정보의 종류를, 조작은 정신적 과정을, 그리고 산출은 내용에 대해 조작이 가해진 결과를 의미한다. 1959년에 주장한 최초의 모형에서는 내용, 조작, 산출이 각각 4×5×6가지로 구분되어 120개의 하위요인들이 제안되었으나, 1982년에는 내용 차원의 도형적(figural) 요인이 시각적, 청각적의 두 요인으로 나누어져 5×5×6으로 모두 150가지를, 그리고 다시 1988년에 조작 차원의 기억(memory) 요인이 기억부호화, 기억파지로 구분되어 5×6×6으로 180가지의 하위요인으로 확장된 모형을 제안하였다.

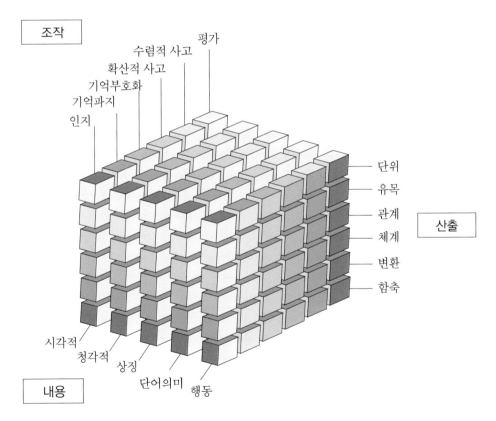

[그림 6-3] 길포드의 지력구조론

길포드의 지능이론은 지나치게 복잡하여 지능검사의 제작은 물론 학교 교육 현장에서의 활용도는 낮을 수밖에 없다. 그러나 스피어먼이나 서스톤 등의 이론처럼 인간의 지능에 대한 협소한 관점을 확장시켜 주었으며, 조작 차원에서 '수렴적 사고와 확산적 사고'의 구분은 인간의 창의성을 이해하는 단서를 제공하였다는 점에서 큰 공헌을 하였다. 또 그가 제안한 내용, 조작, 산출의 세 차원이 모두 중요한 것이라면 학교 교육의 과정에서도 이 세 차원을 균형 있게 고려해야 함에도 불구하고 일부 요소에만 치중하고 있는 학교 교육의 문제점을 드러내는 데에도 도움이 되었다.

(4) 카텔의 Gf-Gc 이론

카텔(R. Cattell, 1971)은 서스톤의 기초정신능력 검사를 실시하여 요인분석을 한 결과 지능의 일반요인으로 유동성 지능(fluid intelligence: Gf)과 결정성 지능 (crystalized intelligence: Gc)이라는 두 가지 요인을 추출했다. 유동성 지능은 문화적 영향을 받지 않고 문화적으로 보편적인 일반 요인으로서 생물학적·유전적으로 결정되는 요인이다. 따라서 생리학적 발달이 진행되는 청년기까지는 증가하나 성인기 이후에 생리학적 쇠퇴 현상과 더불어 점차 감소하는 경향을 보인다. 여기에는 정보처리속도, 기계적 암기, 일반적 추리 등의 능력이 해당한다. 반면, 결정성 지능은 문화적·환경적 요인에 의한 경험이나 교육의 영향을 통해 발달되는 지능으

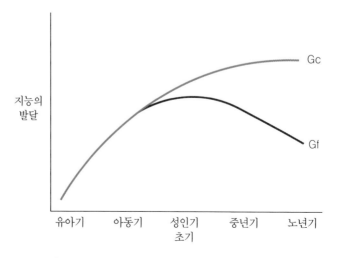

[그림 6-4] 카텔의 유동성 지능과 결정성 지능

로, 가정환경, 교육 수준, 직업적 경험 등에 따라 얼마든지 달라질 수 있다. 그러므로 성인기 이후에도 다양한 지적 자극을 계속 경험한다면 결정성 지능은 꾸준히 향상될 수 있으며, 언어이해력, 논리적 추리력, 문제해결력, 상식 등의 능력이 여기에 해당한다. 특히 카텔의 결정성 지능은 성인기 이후의 지능에 대한 판단이 전통적인 지능 혹은 유동성 지능에 근거해서는 안 된다는 것을 시사하며, 이후 사회적 지능의 개념과도 연결되어 연구되고 있다.

(5) 가드너의 다중지능이론

가드너(H. Gardner, 1983)는 인간의 지능을 언어와 논리-수학 관련 능력을 중심으로 규정하는 전통적인 지능이론은 서구 문화권의 가치관이 반영된 것으로, 사실 각 문화권이나 사회마다 가치 있다고 인정받거나 특정 직업 분야에서 최고 전문가로 인정받게 하는 지적 능력들은 서로 다르다고 한다(이영만, 1996; Walters & Gardner, 1985). 따라서 그는 지능이란 "한 문화권 혹은 여러 문화권에서 가치 있게 인정되는 문제를 해결하거나 산물을 창조해 내는 능력 혹은 능력들의 조합"(Gardner, 1983: 10)이라고 정의한다. 이 정의에 기초해 생물학적·문화인류학적인 증거들을 중심으로 여덟 가지 준거를 이용한 '사고 실험'(Walters & Gardner, 1985)을 통해 인간의 지능에는 상호 독립적이면서 상호작용하는 여러 지능이 존재한다는 다중지능이론(theory of multiple intelligences)을 제안하였다. 처음에는 ① 언어적 지능, ② 논리-수학적 지능, ③ 공간적 지능, ④ 신체-운동적 지능, ⑤ 음악적 지능, ⑥ 대인간 지능, ⑦ 개인내 지능의 일곱 가지 지능을 제안하였지만, 이후 ⑧ 자연관찰 지능과 ⑨ 실존 지능을 각각 추가하였다.

Gardner의 다중지능이론에 대해서는 많은 비판과 반발이 있기도 하지만(하대현, 1998), 학교 교육의 교육목적, 교육과정, 교수방법, 교육평가, 교실환경 구성 등 교육의 거의 전 분야에 걸쳐 시사점을 제공한다(이영만, 1996).

첫째, 인간의 지능을 광범하게 해석하는 다중지능이론에서는 학교의 교육목적과 관련하여 상당한 반성을 요구한다. 학교의 현행 교육과정에서는 국어·영어·수학·과학·사회 등 소위 주요 교과를 중시하고, 음악·미술·체육 등의 교과에 대해서는 비중을 적게 두고 있다. 이러한 교과의 중요도나 시간 배정에 있어서의 상대적인 차별은 전인(全人)을 기른다는 학교 교육의 근본적인 목적에 위반된다. 또

〈표 6-1〉 가드너의 다중지능이론

하위지능	의미	사례
언어적 지능	언어의 다양한 기능을 민감하게 파악하고 효과적으로 사용하는 능력	작가, 기자, 교사 등
논리-수학적 지능	효과적인 논리적 사고, 추상적 사고와 수학적 사고 능력과 추상적 사고력 및 문제해결 능력	수학자, 과학자, 경제학자 등
공간적 지능	삼차원상의 형태와 이미지를 지각, 이해, 변형, 재생할 수 있는 능력	엔지니어, 예술가, 항해사 등
신체-운동적 지능	신체의 일부나 전부를 통제하고 신체적 기능을 적절하게 활용하는 능력	무용수, 운동선수, 배우 등
음악적 지능	음악적 자극에 민감하게 반응하고 이해, 변별, 표현, 변환시키는 능력	작곡가, 연주자, 가수 등
대인간 지능	타인을 이해하고 인간관계를 맺는 능력으로 사회적 지능이나 정서지능과 관련	상담원, 정치인, 종교인 등
개인내 지능	자신에 대한 이해를 토대로 환경에 적응하는 능력	신학자, 소설가, 심리학자 등
자연관찰 지능	동식물 등 주변 환경을 관찰, 분석할 수 있는 능력	천문학자, 탐험가, 동물행동학자 등
실존 지능	인간의 존재, 가치, 삶의 의미 등에 대한 철학적·종교적 사고 능력	종교인, 철학자 등

학교 교육의 목적이 특정 분야에서 뛰어난 능력을 지닌 인간을 기르기 위해 교육의 일차적 목적을 특정 지적 능력의 개발로 할 경우에도 학생 개개인의 지적 능력과 교육내용을 상세하고 분석하고, 다음으로 각 학생의 장점을 살릴 것인가 아니면 약점을 보완할 것인가 또는 이 두 가지 교육을 동시에 할 것인가를 결정해야 한다.

둘째, 교육과정 구성에 있어서도 가장 먼저 검토해야 할 내용은 각 문화권에서 가장 중요하게 간주하는 영역이 무엇인가를 확인하고, 지능이 어떤 영역에서 가장 잘 발휘될 수 있는가를 따져 보는 일이다. 그러나 전인교육 혹은 조화된 인격의 발달을 교육의 일차 목적이라고 한다면, 특정 지능을 개발하는 일에 몰두하기보다는 아홉 가지 지능이 골고루 발달될 수 있도록 교육과정을 구성하는 일은 무엇보다 중요하다. 따라서 학습단원의 개발과정에서 아홉 가지 지능이 골고루 반영된 내용이 포함되도록 하는 일이 중요하다. 또 특정 분야에서 뛰어난 능력을 지닌 전문인을 기르기 위해서는 그 분야의 전문인들이 갖추어야 할 하위 지능에는 어떤 것들이 있는지 확인하여 하위 지능 프로파일을 확인한 후 그 프로파일에 맞도록 교육내용이 선정되어야 한다.

셋째, 교수방법 면에 있어서 다중지능이론의 시사점은 다음과 같다. 즉, 가드너에 따르면, 지능이란 '정보를 습득하는 도구' 또는 '정보 전수의 도구'이며, 따라서 학생은 언어적 부호(언어적 지능), 신체 혹은 공간적 표현(공간적 지능), 인간관계의 연결(대인적 지능) 등을 통해 학습을 할 수 있다. 이 말은 각 학생이 어떤 지능영역에 강점이 있는지를 확인한 후, 그 영역에 맞는 교수방법을 채택함으로써 각 학생에게 최적의 교수방법, 즉 교수방법의 완전한 개별화가 이루어질 수 있음을 의미한다. 따라서 가장 일반적인 교수방법인 강의식 혹은 설명식 수업은 언어적 지능과 논리-수학적 지능이 뛰어난 아동에게는 적절한 교수방법이지만, 다른 영역의 지능은 뛰어나지만 이 두 영역의 지능에서는 뒤떨어지는 아동에게는 적절한 교수방법이 되지 못하는 것이다. 수학의 원리를 학습하는 데 어려움을 겪는 학생의 경우에는 논리-수학적 지능이 뒤떨어지는 것이 그 이유인데, 이를 분석해 보면 수학의 원리라는 학습내용(논리-수학적 지능)은 논리-수학적 성격을 지닌 방법(또는 매체)을 통해 가르쳐지고 있다. 따라서 논리-수학적 지능이 뒤떨어지는 학생에게는 논리-수학적 지능을 요구하지 않으면서 그 학생이 잘할 수 있는 지적 영역의 매체(예를 들어, 음악적 지능이나 신체운동적 지능)를 이용하면 제대로 학습할 수 있다는 것이다. 특히 가드너(Gardner, 1993)는 학생들의 호기심을 자극하고, 다양한 관점을 경험하게 하며, 궁극적으로 학생들이 획득한 지식을 새로운 상황이나 새로운 맥락에 적용해 보게 하는 교육을 추천한다.

넷째, 다중지능이론에서는 학생의 지적 능력을 정확하게 파악하고, 지능영역별로 능력을 개발하는 데 적절한 학습과제를 준비한다. 그리고 이 두 가지 요소를 고려한 교육평가가 이루어진다. 따라서 교육평가와 관련하여 다중지능이론에서는 먼저 학생 개개인의 '지능 프로파일'을 정확하게 파악하는 것이 중요하다. 이를 위해서는 전통적인 검사 혹은 평가방법을 대신할 새로운 형태의 평가방법이 필요한데, 이 새로운 평가방법은 ① 검사보다는 평가 자체에 대한 강조, ② 단순하면서도 자연적인 상황에서의 평가, ③ 생태학적 타당성이 있는 평가, ④ '지능-공평'한 평가도구의 사용, ⑤ 다양한 측정방법의 이용가능성, ⑥ 개인차·발달수준·전문성에 민감한 평가, ⑦ 내적 흥미와 동기유발 자료를 이용한 평가, ⑧ 아동의 이익을 위한 평가 등이 고려되어야 한다(Gardner, 1993). 이런 요소를 갖춘 평가방법으로 가드너는 관찰법, 체크리스트법, 프로젝트법, 포트폴리오 등을 추천한다.

이상의 교육적 시사점에도 불구하고 가드너의 다중지능이론은 다중지능의 아홉 가지 하위지능의 상호 독립적 특성이 분명하지 않으며, 경험적 타당성이 부족하고, 음악적 지능 등의 일부 하위지능은 지능이라기보다는 재능(talent)에 가까우며, 다중지능 측정을 위한 타당한 검사 도구의 개발 미흡 등의 측면에서 비판을 받고 있다. 그러나 가드너의 다중지능이론은 지금까지 지능이라고 생각하지 않았던 능력들이 지능의 역할을 할 수 있으며, 그 종류 또한 다양할 수 있다고 가정한다. 이후 다중지능이론은 스턴버그의 성공지능이론, 샐로비와 메이어(Salovy & Mayer, 1990)의 정서지능이론, 도덕지능이론 등 지능의 개념 혹은 정의를 확장시키면서 학교 교육 개혁을 위한 이론적 배경을 제시하는 데 큰 역할을 하였다.

(6) 스턴버그의 성공지능이론

가드너와 함께 연구 활동을 하기도 했던 스턴버그(R. J. Sternberg, 2002)는 사회적으로 성공한 사람의 지적 능력이 지니는 특성에 초점을 맞추어, 지능이란 '자신의 인생에서 자신이 설정한 개인적 혹은 전문적 목적을 성취하는 능력, 즉 성공하는 능력'으로 정의한다. 또 이 성공지능은 서로 관련을 맺고 있는 세 개의 하위 요인, 즉 분석지능, 창의지능, 실제지능으로 구성되어 있다고 하였다. 이 세 가지 하위 지능은 실세계에서 성공하는 데 가장 중요한 것으로 스턴버그의 초기 이론인 삼원지능이론(Sternberg, 1985)의 하위요소들에서 추출한 것이다. 분석지능은 개인의 삶에서 유용한 선택 사항을 분석하고 평가하는 데 요구되는 능력을, 창의지능은 문제해결 방안을 새롭게 창출하는 데 요구되는 능력을, 그리고 실제지능은 문제해결 방안을 실제 맥락 속에서 효과적으로 실행하는 데 요구되는 능력을 의미한다. 이 가운데 분석지능은 전통적인 학구적 지능과 깊이 관련되어 있으며, 창의지능과 실제지능은 분석지능과는 독립된 능력으로, 실생활 속에서 개인의 성공을 위해서는 분석지능만큼이나 중요한 능력이다(Sternberg, 1999).

스턴버그(Sternberg, 1985)의 **삼원지능이론**에서는 인간의 지적 정보처리 과정에 관여하는 요인을 요소, 경험, 일상적 상황(맥락) 하위이론의 세 가지로 구분하였으며,

이 세 요인이 각각 분석지능, 창의지능, 실제지능으로 전환되었다. 요소 하위이론은 기본적으로 분석지능의 영역으로 메타 요소, 수행 요소, 지식획득 요소의 세 가지가 있다. 메타 요소는 집행 과정으로, 문제가 있음을 인지하고, 무엇을 할지 계획을 수립하고, 수행과정을 점검하며, 수행결과를 평가한다. 수행 요소는 메타 요소의 명령을 집행하며, 자극(문제해결책)의 비교, 해결책의 정당화, 실제 행위 등이 관장한다. 끝으로, 지식획득 요소는 문제해결 방법의 학습(방법적 지식)이나 단순한 명제적 지식의 학습에 동원되며 여기에는 선택적 부호화, 선택적 비교, 선택적 결합의 과정이 포함된다. 두 번째는 경험 하위이론으로, 상대적으로 새로운 과제나 상황에 직면할 경우에는 창의지능이 작용하며, 과제 처리 과정이 자동화될 때는 분석지능이 작용한다. 세 번째는 맥락 하위이론으로, 환경에 대한 적응, 조성, 선택에 적용될 때 실제지능이 작용한다(Sternberg, 2003).

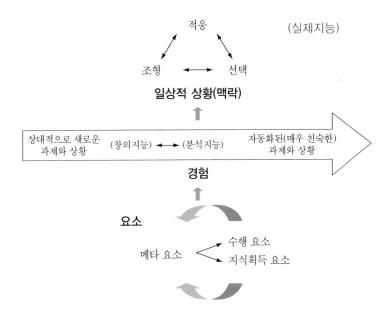

[그림 6-5] 삼원지능이론과 성공지능의 상호관계(Sternberg, 2003: 45)

이 성공지능이론이 지니고 있는 특징은 다음과 같다(Sternberg, 2003). 첫째, 성공지능이란, 자신이 속해 있는 사회적·환경적 맥락 속에서, 자신이 설정한 목적하에서, 인생에서 성공하는 능력이다. 둘째, 성공할 수 있기 위해서는 자신의 강점을 활용하고, 약점을 교정하거나 보완하는 활동이 전제되어야 한다. 가드너(1993)가 성공인의 경우 하위 지능들의 상호작용이 있어야 한다고 말한 것처럼, 스턴버그 역시 한 가지 하위 지능만으로 성공하기보다는 하위지능들의 상호작용을 통해, 즉 하위 지능들을 골고루 개발하는 것이 중요하다고 한다. 셋째, 성공은 분석, 창의, 실제 지능의 균형을 통해 달성된다. 인생에서 성공하기 위해서는 자신이나 타인의 아이디어를 분석하는 능력뿐만 아니라 새로운 아이디어를 창안하고, 타인들에게 그 아이디어의 가치를 설득시키는 능력도 필요하다. 넷째, 분석, 창의, 실제지능의 균형은 환경에 적응하거나, 환경을 조성(조절)하거나, 환경을 선택하는 과정을 통해 이루어진다. 예를 들면, 새로운 학교에 입학하거나 전입했을 때 학생도 교사도 새로운 환경에 적응하려고 노력(assimilation)하거나, 학교를 더 나은 곳으로 만들기 위해 학교 환경을 개선하려고 노력(accommodation)하기도 하며, 현재 다니는 학교에 적응하거나 학교를 바꾸려는 노력이 효과가 없을 때, 아예 다른 새 학교를 선택(selection)하기도 한다.

그러나 사람마다 세 가지 하위 지능들의 강약의 정도가 다르기 때문에 모든 사람은 독특한 지능 프로파일을 보이지만, 일반적으로 세 가지 하위 지능 중 한두 가지 지능에서 뛰어난 경우가 대부분이다. 분석지능은 추상적이거나 혹은 학구적인 과제에 정보처리 요소들(메타, 수행, 지식획득)을 적용하는 능력을 의미하며, 분석지능이 높은 사람은 아이디어와 산물을 분석하고, 평가하고, 비판하는 능력이 강하다. 창의지능은 정보처리 요소들을 비교적 새롭거나 친숙하지 않은 과제에 적용하는 능력을 의미하며, 창의지능이 높은 사람은 아이디어와 산물을 발견하고, 창조하고, 창안하는 능력이 뛰어나다. 실제지능은 정보처리 요소를 구체적이거나 상대적으로 친숙한 일상적인 과제에 적용하는 능력을 의미하며, 이 실제지능이 뛰어난 사람은 아이디어나 산물을 이용하고, 실천하고, 적용하는 능력이 뛰어나다.

그러나 성공지능이론을 교실 수업에 적용할 경우 스턴버그가 추구하는 목표는 분석지능, 창의지능, 실제지능을 균형 있게 개발하는 것이며, 궁극적으로는 모든 학습자가 성인기의 삶에서의 성공을 위한 준비를 시키는 것이다. 따라서 성공지능의 하위지능 각각을 중시하는 수업보다는 세 가지 하위지능을 동시에 개발시켜 주는 균형 잡힌 수업내용과 목표를 강조한다. 그러나 성공지능이론을 영재교육의 관점에서 접근한 바 있는 수자(Sousa, 2003)는 세 가지 하위지능의 다양한 결합에 의해 다른 영재가 나타날 수 있으며([그림 6-6] 참고), 한 가지 이상의 지능에서 비범하

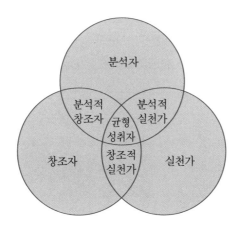

[그림 6-6] 성공지능의 하위지능 조합에 의한 교육 결과(Sousa, 2003: 37)

게 정확하고 효율적인 기술을 수행할 수 있는 능력이 있을 때 영재성이 나타난다고
한다.

2) 지능검사

지능이란 '지능검사에 의해 측정된 점수'(Boring, 1923)라고 단언할 정도로 지능이
론에서 제안하는 능력을 측정하는 지능검사의 개발은 중요한 관심사였다. 따라서
프랑스의 비네(A. Binet)와 시몽(D. Simon)이 1905년 현대적 의미의 지능검사를 최
초로 개발한 이후 이론적 · 현실적 필요에 의해 다양한 종류의 지능검사들이 개발
되어 왔다. 비네와 시몽이 최초로 개발한 개인용 지능검사는 프랑스 교육부의 의뢰
로 학습부진아를 가려내어 정규 교육과정과는 별도로 특수교육을 실시하려는 목적
으로 제작되었다. 따라서 정신연령 혹은 학령(學齡)을 학생의 지적 능력의 판단 기
준으로 삼아 7세의 정신연령을 지닌 학생이 해결할 수 있는 문항에 정답을 한 학생
은 실제 나이와는 관계없이 7세의 정신연령을 지닌 것으로 인정하게 된다. 따라서
실제 나이가 5세이면 실제 나이보다 똑똑한 학생이지만, 실제 나이가 10세이면 학
습부진아로 분류되어 특수한 교육을 받아야 할 대상으로 분류된다.

비네와 시몽의 지능검사는 이후 터만(Terman)에 의해 스탠포드-비네 검사(1916,
1937, 1960)로 발전하였으며, 그 외에도 웩슬러 지능검사나 집단용 지능검사가 등장
하는 촉매제의 역할을 한 것으로 평가받는다. 그러나 지능검사의 발전 과정에서 지

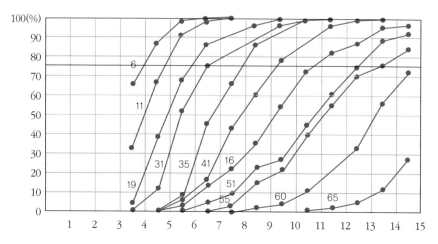

[그림 6-7] 비네와 시몽의 지능검사의 연령별 정답률(성태제, 2009: 242)

능검사를 구성하는 요인의 타당성에 대한 문제 제기와 지능검사 결과에 인종이나 종족, 문화적, 계층적 편견이 개입되어 있다는 지적이나 특정 이데올로기가 숨어 있다는 비판 등(황정규, 2010)으로 사용 범위나 용도가 이전에 비해 상당히 축소되고 있다. 여기에서는 지능검사의 종류와 지능지수(Intelligence Quotient: IQ)에 대해 살펴보자.

(1) 지능검사의 유형

지능검사란 지능을 측정하기 위한 도구나 그 과정을 뜻한다. 지능검사의 유형은 목적이나 검사가 진행되는 과정에 따라 다양하게 구분될 수 있지만, 황정규(2010)는 다음과 같이 네 가지 유형으로 구분하고 있다.

① 측정 목적에 따른 분류

지능검사의 측정 목적이 학생의 일반지능을 종합적 · 혼합적 · 합승식으로 측정하려는 경우는 일반지능검사에 해당하며, 현재 사용하고 있는 대다수의 지능검사가 여기에 해당한다. 예를 들어, 서스톤의 기초정신능력론에 근거해 일곱 가지 정신 능력을 측정하는 문항들이 혼합되어 지능검사가 만들어진다. 이에 반해 특수한 정신 능력만을 구분하여 측정하려는 경우는 특수지능검사라고 하며, 추리력 검사, 기억력 검사, 주의력 검사처럼 각각의 정신 능력을 독립적으로 측정하는 검사다.

② 검사 대상의 수에 따른 분류

지능검사를 실시할 때 학생 한 명을 대상으로 실시하도록 되어 있는 검사를 개인용 검사(individual test)라고 하며, 비네-시몽 검사(1905), 스탠포드-비네 검사(1916), 웩슬러 지능검사(성인용, 아동용, 유아용), 카우프만 아동용 지능검사(Kaufman Assessment Battery for Children: KABC) 등이 해당한다. 이 개인용 검사는 타당성, 실시 과정의 정확성, 임상적 해석 등의 장점이 있는 반면, 검사 실시를 위해 고도의 훈련 및 기술을 갖추어야 하며, 검사 시간이 길다는 단점이 있다. 반면, 한번에 여러 학생에게 실시하는 지능검사를 집단용 검사(group test)라고 하며, 제1차 세계대전 당시 군 입대 장병들을 신속하게 선별하고 분류하기 위해 개발된 육군알파검사(Army atest)나 육군베타검사(Army btest)를 필두로 학교에서 많은 학생을 대상으로 동시에 실시하는 집단용 표준화 지능검사가 여기에 해당한다. 집단용 검사는 실시하기 쉽고 많은 대상을 동시에 검사할 수 있다는 효율성을 장점으로 하지만, 검사 실시 과정에서 발생하는 다양한 오차 요인을 통제하지 못하므로 검사 결과의 신뢰도에 문제가 있다.

③ 언어의 이해도

지능검사의 문항이 주로 언어에 의존하고 있어서 학생이 문항에 제시된 언어적 자극을 이해하고 언어를 사용해 대답하게 되어 있는 경우를 언어성 검사(verbal test)라고 한다. 반면, 취학전 아동, 문맹자, 언어장애자, 외국인이나 노인 등 언어 능력이 취약한 대상을 상대로 지능검사 문항의 언어적 자극을 극소화시킨 것이 비언어성 검사(non-verbal test)이며, 언어적 자극 대신 도형, 그림, 기호, 실제 수행 등을 통해 지능을 측정한다. 앞서 소개한 육군알파테스트는 언어성 검사이며 육군베타테스트는 문맹자인 입대자들의 지능을 측정하기 위해 개발된 비언어성 검사다.

④ 지필도구의 사용 여부

지능검사의 각 문항에 응답을 하기 위해 종이 위에 검사 문항이 제시되고 그 문항을 읽고 생각하고 직접 필기도구로 답을 쓰도록 하는 지능검사를 필답형 검사(paper-&-pencil test)라고 한다. 이에 반해 동작성 검사(performance test)는 구체적 재료를 활용해 어떤 작업이나 기능을 수행하도록 요구하며, 예를 들어 나무토막,

그림, 나사, 종이, 간단한 기구 등을 활용해 작업을 하게 하고 그 결과물을 분석하여 지능 수준을 판단한다. 필답형 검사는 대개 집단용 검사인 경우가 많은 반면 동작성 검사는 개인용 검사일 가능성이 높다.

(2) 지능지수

지능검사를 통해 산출된 수치가 지능지수(IQ)이지만 지능지수가 곧 지능을 의미하는 것은 아니다. 인간의 지적 능력을 총칭하는 지능을 키나 몸무게처럼 직접 측정하는 것은 불가능하며, 제한된 시간 내에 지능검사에서 제시된 문항에 얼마나 많은 정답을 하였는지 확인하여 인위적으로 부여한 수치가 지능지수다. 즉, 지능지수란 외현적으로 드러난 문제풀이 행동을 통해 추측한 것이므로 지능지수의 의미를 정확하게 이해하고 활용해야 할 필요성이 있다.

① 지능지수(IQ)

처음으로 인간의 지능을 측정하려 한 것은 1905년 비네와 시몽의 검사다. 비네와 시몽의 지능검사에서는 정신연령(mental age, 혹은 학령)을 기준으로 지능을 표기했으나([그림 6-7] 참고), 이 정신연령은 절대적인 개념이 아니라 상대적인 개념이었다. 즉, 정신연령이 10세인 7세 학생과 정신연령이 10세인 10세 학생의 정신연령은 동일하지만, 이들의 지적 능력이 동일하다고 하기에는 무리가 있다.

이런 문제점을 개선하기 위해 등장한 것이 비율 지능지수(ratio IQ)다. 미국의 터만은 스탠포드-비네 검사의 개정판에서 독일의 스턴(Stern, 1912)이 처음 사용한 것을 지능지수의 개념으로 소개하였다. 이 비율 지능지수는 다음의 공식으로 계산한다.

$$IQ = \frac{MA(정신연령)}{CA(생활연령)} \times 100$$

즉, 이 공식은 학생의 생활연령(chronological age: CA)에 대한 정신연령(mental age: MA)의 비율로 지능지수를 계산하기 때문에 비율 지능지수라고 한다. 따라서 생활연령이 10세인 학생의 정신연령이 12세로 나타났다면 그 학생의 비율 지능지

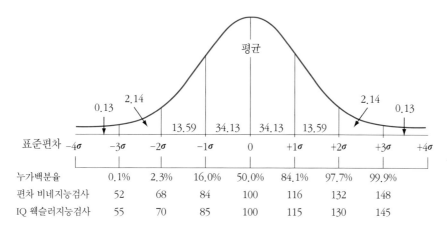

[그림 6-8] 지능지수(IQ)의 분포

수는 120이 된다. 이런 논리에 따라 정신연령의 수준이 실제 생활연령과 같으면 100, 실제 생활연령보다 정신연령이 빠르면 100보다 크고 늦으면 100보다 작게 된다. 그러나 이 비율 지능지수는 생활연령과 정신연령이 비례적으로 발달해 간다는 가정에 근거하지만, 실제로 15세 이후가 되면 정신연령은 거의 증가하지 않기 때문에 15세 이후에는 정신연령이 동일하더라도 지능지수가 낮아진다는 문제점이 있다. 또한 생활연령이 서로 다른 학생들 사이의 지능지수를 비교할 수 없다는 등의 문제점이 제기되었다.

이런 문제점을 개선하기 위해 오늘날 사용하고 있는 지능검사에서는 대부분 편차 지능지수(deviation IQ)를 사용한다([그림 6-8] 참고). 편차 지능지수란 지능검사를 각 연령 집단에 실시하여 각 연령집단을 모집단으로 한 정상분포에서 평균이 100, 표준편차가 15 혹은 16인 표준점수로 전환한 척도에서의 수치를 말한다. 즉, 편차 지능지수란 각 연령집단의 정상분포에서 학생 개인이 차지하는 상대적 위치를 나타내 준다.

따라서 웩슬러 지능검사에서 산출된 IQ가 100이라면 해당 연령집단의 평균에 해당하며, 산출된 IQ가 115라면 이 평균보다 +1σ 더 높은 지능을 지니고 있음을 의미한다. 또한 편차 지능지수는 정상분포곡선을 이용하기 때문에 학생의 IQ가 확인되면 해당 연령집단에서 어느 정도의 상대적 위치를 차지하는지 알 수 있다. 예를 들어, 정상분포곡선은 평균을 중심으로 ±1σ 사이에 전체 사례의 약 68%, ±2σ 사이에는 약 95%, ±3σ 사이에는 약 99% 정도의 사례가 분포한다. [그림 6-8]을 참고하면

웩슬러 지능검사에서 IQ가 115로 확인된 학생은 전체 사례 중 상위 16% 정도의 우수한 지능을 소유하고 있는 것으로 진단할 수 있다. 이 편차 지능지수를 적용하면 전체 인구의 68%가량은 ±1σ 사이인 85~115에 분포하며, ±2σ를 기준으로 +2σ 이상에 해당하는 IQ의 소유자는 영재, −2σ 이하의 IQ 소유자는 정신지체로 분류하기도 한다.

② 지능지수 해석상의 유의사항

지능검사는 인간의 지능을 객관적이고 계량적으로 측정하기 위해 만들어진 것이다. 그러나 인간의 지적 능력을 제한된 소수의 문항에 대해 정답을 한 개수로 결정하는 것도 문제이지만, IQ의 개념이 학자마다 다르고 산출 방식 역시 통계적 기법에 근거하고 있기 때문에 학생의 IQ를 해석하고 활용하려고 할 경우에는 신중해야 한다. 지능검사나 지능지수를 활용하고 해석할 때 유의해야 할 사항들은 다음과 같다.

첫째, 지능검사의 타당성이나 정확성에 대해 건강한 비판의식을 가져야 한다. 지능검사는 지능을 객관적으로 측정하는 도구임에는 분명하지만, 지능검사는 언어능력과 수리력, 유추능력 등 비교적 한정된 능력을 제한된 시간 내에 측정하고 있기 때문에 인간의 지능을 완전히 대표하지 못하며, 지능을 나타내는 지표 중의 하나에 불과하다. 특히 지능이 학업성적에 중요한 영향을 주는 요인이기도 하지만 정서지능은 물론 인성이나 동기 등의 정의적 요인 역시 학업성적이라는 지적 능력 수준에 강력한 영향을 준다는 연구 결과(Berkowitz & Bier, 2004)는 지능지수만으로 인간의 지적 능력을 정확하게 판단할 수는 없음을 뒷받침한다.

둘째, 지능지수는 인간의 변하지 않는 고정된 능력을 측정하는 것이 아니다. 모든 사람은 일생을 거쳐 다양한 경험을 하게 되며, 특히 지능과 관련하여 유전과 환경의 영향력이 모두 일정한 역할을 한다는 점에 비추어 보면 지능지수 역시 후천적 경험에 의해 바뀔 수 있음을 시사한다. 예를 들어, 뉴질랜드 심리학자 플린(Flynn, 1987)이 1980년대 국가별 IQ 지수의 변화 추세를 조사하면서 밝혀낸 플린(Flynn) 효과는 전 세계적으로 이전 세대에 비해 최근 세대의 IQ가 증가하는 현상을 지칭한다. 그 이유는 갈수록 사회적 흐름이 정신적 활동을 많이 요구하거나 지적 발달을 자극하는 환경적 영향, 질병의 감소 등인 것으로 추측하고 있다. 또한 지능검사의

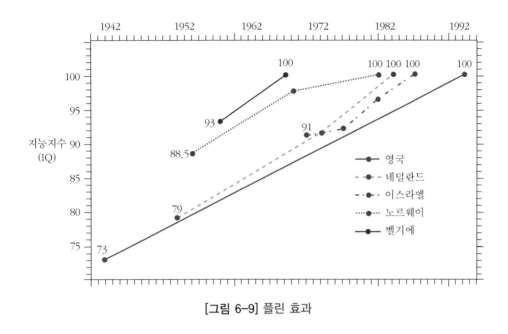

[그림 6-9] 플린 효과

문화적·인종적 편향성(bias) 역시 어떤 환경에서 성장했느냐에 따라 산출된 지능지수가 달라질 수 있음을 시사한다. 따라서 학생의 IQ는 고정된 실체가 아니라 교육 상황에 따라 달라질 수 있다는 건전한 긍정적 자세로 임해야 한다.

셋째, 지능검사 역시 직접 확인할 수 없는 심리적 현상을 측정하는 심리검사이기 때문에 일반적으로 심리검사의 해석 단계에서 유의해야 할 사항들이 똑같이 적용되어야 한다. 따라서 아무리 객관적이고 엄밀하게 측정된 IQ라 하더라도 정상분포곡선에 기초한 것이기 때문에 개인의 절대적 지적 수준이 아니라 규준(norm)집단에 기초한 상대적 지적 수준을 나타낸다. 신뢰도가 완벽한 심리검사는 존재할 수 없기 때문에 IQ는 정확한 점이 아니라 범위로 해석해야 하며, 이 범위 안에는 지능검사 수검 당시에 작용하는 오차 요인이 포함된다. 또 하나로 산출된 IQ보다는 지능검사가 측정하는 하위 요인들의 프로파일에 유의해야 한다. 즉, 두 학생이 모두 IQ 120으로 동일하다고 하더라도 한 학생은 언어능력이 높은 반면 수리력은 낮지만, 또 한 명의 학생은 정반대의 프로파일을 보일 수도 있다. 이 프로파일은 학생의 학습지도와 진로지도에 중요한 참고자료가 될 수 있다. 끝으로 보통 IQ와 학업성적과의 상관관계는 대략 .50~.70 정도라고 하지만, 앞서 언급한 것처럼 인성이나 동기 등의 요인이 학업성적에 많은 영향을 줄 수 있기 때문에 IQ만으로 학업성적을 완벽하게 예언할 수는 없다. 따라서 지능지수가 높다고 해서 반드시 학업성적 역시 높은 것은 아니기 때문에, IQ만으로 영재학생 선발이나 특수교육 대상자 선별을 위한 의사결정의 기준으로 삼는 것은 매우 위험하다.

2. 창의성

창의성은 4차 산업혁명이나 21세기 사회라는 지적에 꼬리표처럼 따라다닐 정도로 오늘날은 물론 급격한 변화 속도로 특징지어지는 미래사회에 가장 필요한 능력이다. 인간의 지능을 연구하던 학자들(Gardner, 1993; Sternberg, 1996: 이종인 역, 1997에서 재인용) 역시 사회적 성공을 위한 지적 능력의 최종 산물로 창의성을 언급하고 있다는 사실이 학교는 물론 사회 전체가 창의성 교육에 깊은 관심과 가치를 부여하고 있음을 뒷받침한다. 특히 21세기를 위한 학교 교육의 내용을 새롭게 구성하자는 주장을 펼치고 있는 Glatthorn과 Jailall(2000)은 21세기의 학교에서 가르쳐야 할 교과 여덟 가지 가운데 첫 번째 교과로 학습자들의 창의적 활동을 중심으로 하는 '창의적 교과(creative studies)'를 제시하고 있다. 우리나라의 경우에도 창의성과 관련된 논문이 엄청나게 쏟아지고 있을 뿐만 아니라, 교육부의 학교 교육과정 해설서나 교사용 지도서에서도 언제나 학습자들의 창의적 능력을 길러 주는 것을 중요한 목적으로 내세우고 있고, 교사에게도 창의적인 수업을 구성하고 운영하도록 압력을 가하고 있다. 이러한 현상들은 모두 창의성이 중요한 지적 능력이라는 사실을 반영하는 것이기는 하지만, 학교 교육의 측면에서 생각해 보면 이토록 중요한 창의성 교육의 내용을 어떻게 구성하여 어떤 방법으로 가르칠 것인가 하는 것이 항상 문제였다.

창의성이 본격적인 학문적 관심의 대상이 된 것은 1950년대이나, 1960년대에 들어와서 활발한 연구들이 이루어졌다. 즉, 1950년 미국의 길포드(J. P. Guilford)는 미국 심리학회 회장 취임 강연에서 그 당시까지 미국 내에서 창의성 교육에 대한 관심이 매우 부족하다는 사실을 다음과 같이 지적하였다.

대학 교육과정을 마친 졸업생들에 대한 가장 빈번한 비판은 그 졸업생들이 학교에서 이미 학습한 기법들을 사용해야 하는 과제는 쉽게 해결하지만, 전혀 새로운 해결 과정을 요구하는 문제는 전혀 해결하지 못하는 것이다(Guilford, 1950).

길포드의 따끔한 지적은 오늘날은 물론 미래에도 계속 유효할 것이다. 따라서 여기에서는 미래사회를 이끌어 갈, 그리고 오늘날의 기성세대와는 전혀 다른 삶을 살아가야 할 가능성이 매우 높은 어린 학생들에게 길러 주어야 창의성의 개념, 창의성 연구의 흐름, 창의성 훈련 프로그램과 검사에 대해 다루어 보고자 한다.

1) 창의성의 정의

창의성을 지능의 한 요소로 파악한 학자는 길포드(Guilford, 1967)다. 그가 제안한 3차원의 지력구조론 가운데 조작 차원에서 확산적 사고와 수렴적 사고를 구분하고 있다. 수렴적 사고는 어떤 문제에 대해서 유일한 정답 또는 해답을 찾아내는 능력을 뜻하며, 확산적 사고는 다양한 가능한 대답 또는 해결책을 찾아내는 능력이다. 그가 제안한 확산적 사고는 창의성의 토대가 되는 사고 과정으로 많은 논란을 불러일으켰지만 창의성의 개념을 정의하는 단서가 되었다. 이후 여러 학자가 제안한 대표적인 창의성의 정의를 몇 가지 소개하면 다음과 같다.

창의성(creativity)이란 '한 개인이 새로운 아이디어나 작품을 창출해 내거나, 또는 기존의 아이디어나 작품을 참신한 방법으로 재생산해 내는 정신적 과정'이다(Gallagher, 1985: 303).

창의적인 결과란 독창성(originality)과 적절성(appropriateness)을 갖춘 것을 말한다(Perkins, 1988).

창의성이란 새로움에 이르게 하는 개인의 사고 관련 특성이다(임선하, 1993).

이상의 정의들을 포함하여 창의성에 관한 수많은 정의를 분석하면 창의성의 개념에는 다음과 같은 의미가 내포되어 있다(이영만, 2010).

첫째, 창의성은 '새로움(novelty)' 혹은 '독창성(originality)'이라는 의미를 가지고 있다. 즉, 아무리 기발하고 고상한 아이디어나 작품이라 하더라도 새로움(독창성)이 없다면 창의적이라고 해석할 수 없으며, 보통 창의성을 판단하는 데 있어서 가장 중요한 요소로 간주된다.

둘째, 아이디어가 새롭다고 해서 항상 창의적인 것은 아니다. 새로운 아이디어라 하더라도 '적절성' 내지는 '유용성'이 있어야 한다. 이는 창의적인 아이디어나 작품의 실용성이나 가치를 뜻하는 것이라고 볼 수 있다. 그러나 여기에서 주의해야 할 점은 당장은 가치가 없는 아이디어라 할지라도, 나중의 어느 시점에서는 가치 있는 아이디어로 판명될 수 있다는 점이다.

대부분의 학자는 창의성의 준거로 앞에서 설명한 두 가지 준거, 즉 새로움과 적절성을 창의성의 준거로 삼고 있다. 그러나 앞의 겔러거와 임선하의 정의에는 이 두 가지 준거 외에도 또 다른 두 가지 준거가 더 포함되어 있다.

셋째, 창의성은 '한 개인(an individual)'의 정신작용이다. 대부분의 창의성 신장 프로그램은 집단적 사고를 강조하지만, 앞에서 제시한 창의성의 정의에서는 개인을 강조한다. 즉, 여러 사람이 모여 집단적인 사고 활동이 이루어지는 경우에는 특정 개인이 창의적인 사고를 제대로 하지 못한다고 해서 그리 문제가 되지는 않는다. 왜냐하면 그 집단의 다른 구성원이 창의적인 사고력을 발휘하거나 소위 '집단 지성'이나 '집단 창의성'을 발휘해서 집단에게 주어진 문제를 창의적으로 해결해 버린다면 아무런 문제도 없기 때문이다. 따라서 앞의 정의처럼 개인을 강조하는 경우도 있다(예: 임선하, 1993: 28-29). 물론 과학자나 예술가의 경우처럼 전문적인 수준의 창의적 과정은 한 개인의 정신과정으로 이해하는 것이 옳으며, 학교에서 창의성 교육을 하는 궁극적인 목적이 학생 개개인의 창의성 향상이라는 것 역시 중요하게 다루어야 한다.

넷째, 창의성은 '정신과정(mental process)'이다. 즉, 창의성이란 창의적인 문제해결이나 창의적인 아이디어의 산출과정에 작용하는 정신적 기술이라는 의미다. 따라서 이는 곧 창의성을 기르기 위해서는 구체적인 창의적 사고기술들이 학습되어야 한다는 사실을 의미한다. 물론 과거에는 창의성이 지능과는 다른 것으로 특정 인간만이 지니는 특성이라고 간주한 적도 있었고, 또 오늘날에도 창의적 인간의 특성이 창의성 교육에서 중요하게 고려되고 있다(Feldman, 1980). 그러나 오늘날에는 창의성을 창의적 사고과정이란 시각에서 파악하는 것이 보편적이다. 따라서 창의적 사고기술은 선천적인 재능이 아니라 어느 누구든 학습할 수 있다는 견해가 보편적이다.

앞에서 살펴본 창의성의 정의와 준거에도 불구하고 우리가 주의해야 할 사항은, 창의성이 원래 그 속성상 항상 규칙이나 관습을 추종하기를 거부하며 따라서 '창의성이란 언제나 창의성의 정의를 초월해서 전개되는' 특성을 가지고 있다는 점이다. 그러므로 앞에서 제시한 창의성의 개념은 하나의 예시적 개념이지 유일한 개념은 아니다.

• 지능과 창의성의 관계

지능과 창의성이 학교에서의 학업성취도와 어떤 관계를 맺고 있는가를 살펴볼 필요가 있다. 앞서 지능을 다룬 부분에서 소개한 것처럼 IQ와 학업성취도는 .50~.70 정도의 상관관계를 지니며 던랩(Dunlap, 1994)은 이를 효과크기(effect size)로 환산하여 지능지수(IQ)가 학업성취도에 66.7~70.5%의 예언력을 가진다고 주장한 바 있다. 그만큼 지능은 학업성취도에 많은 영향을 끼친다는 것이 분명하다. 그러나 지능만이 학업성취도에 영향을 주는 것이 아니라 다양한 변인이 동시에 작용한다. 예를 들어, 게젤스와 잭슨(Getzels & Jackson, 1962)의 연구에서는 지능검사에서 IQ의 상위 20% 이내의 학생들을 고지능 집단으로, 창의성 검사에서 상위 20% 이상에 해당하는 학생들을 고창의성 집단으로 선별하였다. IQ와 창의성 점수가 동시에 높은 학생들은 배제하였다. 이들을 대상으로 조사한 결과를 요약하면 다음의 〈표 6-2〉와 같다.

〈표 6-2〉 고지능 집단과 고창의성 집단의 조사 결과

	전체 집단 (N=449)	고지능 집단 (N=28)	고창의성 집단 (N=24)
IQ	132.00	150.00***	127.00
성적	49.91	55.00***	56.27***
성취동기	49.81	49.00	50.04
교사평가	10.23	11.20**	10.54

***p<.001, **p<.01에서 전체 집단과 유의한 차이

출처: 이성진(2002: 70).

〈표 6-2〉의 결과는 다음과 같은 세 가지 사실을 시사한다. 첫째, 고지능 집단과 고창의성 집단 간의 IQ 차는 현저하나 학업성취도에 있어서는 두 집단이 거의 동등하며, 모두 학교 전체 평균에 비하여 월등하게 높다. 둘째, 고지능 집단과 고창의성 집단은 성취동기 수준에 있어서 차이가 없으며, 지능이 상대적으로 낮은 고창의성 집단의 학업성취도가 높은 한 가지 이유로서 그들의 학습동기가 높기 때문이라는 가설을 부정한다. 셋째, 교사는 일반적으로 창의성이 높은 학생보다는 IQ가 높은 학생을 좋아하는 경향이 있다. 이 연구 결과는 창의성 검사가 측정하고 있는 능력 역시 지능과 마찬가지로 학교에서의 학업성취도와 밀접한 관계가 있다는 것을 시사하며, 창의성은 지능과는 독립적으로 학업성취도에 영향을 주는 변인임을 의미한다. 따라서 지능과 창의성은 서로 관련이 없는 능력임을 나타낸다.

이런 해석을 뒷받침하는 또 하나의 근거로 토랜스(E. P. Torrance) 등의 식역가설(threshold hypothesis)이 있다. 이 식역가설에서는 IQ 120 이전의 범위에서는 지능과 창의성이 높은 상관관계를 보이지만, IQ가 120을 넘어서면 지능과 창의성은 서로 독립적으로 발달해 간다고 한다. 창의성이 지능과 관계가 없는 식역 수준이 IQ 120이라는 학자가 있는가 하면, IQ 130을 식역 수준으로 주장하는 학자도 있는데, 이들의 주장을 종합하면 지능이 일정 수준 이하일 때는 지능과 창의성이 상관관계가 있으나 일정 수준을 벗어나면 별개의 능력이라는 점에서 일치된 견해를 보이고

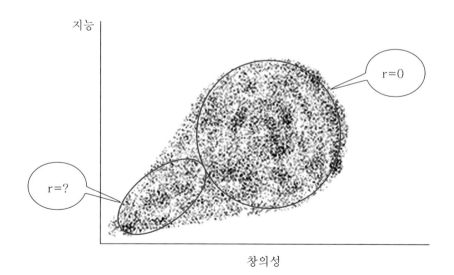

[그림 6-10] 지능과 창의성의 관계에 대한 식역가설

있다. 개인의 지능과 생애 업적을 비교한 연구 결과 중 일부를 소개하면, 천재 과학 자인 아인슈타인은 IQ가 160이 넘는 천재 수준이었고, 제2차 세계대전을 종식시켰던 원자폭탄 제작에 참여한 바 있던 물리학자 파인만(Richard Feynman)은 IQ가 122로 평범한 수준이었다고 한다. 반면, 기네스북에서 실제 IQ 228로 세계 최고의 IQ로 기록되어 있는 사반트(Marilyn Savant)는 평범한 가정주부의 삶을 살았다고 한다.

이 외에도 길포드(Guilford)처럼 창의성이 지능에 포함되는 개념이라거나, 반대로 지능을 창의성의 요소로 포함시키기도 하며(Sternberg & Lubart, 1995), 이 두 개념이 본질적으로 동일하다거나(Haensley & Reynolds, 1989) 서로 중복되는 지적 특성(Kaufman, Plucker, & Baer, 2008) 등 지능과 창의성의 관계에 대한 다양한 관점이 존재한다. 그러나 이상과 같은 연구 결과 혹은 관점들이 시사하는 바는, 창의성이 지능과 더불어 또는 지능과는 별도로 교육시켜야 할 인간의 중요한 지적 능력 중의 하나라는 점이다.

2) 창의성의 구성요소와 창의적 사고 모형

창의성을 구성하는 요소가 무엇인가 하는 측면에 대해서도 다양한 주장이 있다. 이 가운데 널리 알려진 관점은 창의성을 확산적 사고의 측면에서 유창성, 융통성, 독창성, 정교성 등의 요인들로 구성된다고 이해한다. 김영채(2007: 151)는 이를 '아이디어를 많이(many), 다양하게(varied), 독특하게(unique), 그리고 정교하게(elaborative)' 제시할수록 창의적인 것으로 해석한다는 것이다. 그러나 이러한 전통적 해석은 창의성을 확산적 사고나 상상력에 국한시켜 이해한 것으로, 참된 창의성에는 길포드(E. Guilford)가 구분한 확산적 사고와 수렴적 사고가 통합적으로 동원되어야 한다(이경화 외 공역, 2014; 이영만, 2010). 물론 인지적 측면에서의 요인들 이외에도 창의성에 관련된 정의적 성향(허경철 외, 1990) 역시 창의성을 발휘하는 데 중요한 하위 요인으로 추가해서 종합적인 창의성의 구성요소를 제안하는 것이 현대적인 흐름이다.

예를 들어, 임선하(1989)는 ① 창의적 사고 관련 기능, ② 창의적 사고 관련 성향, ③ 창의적 사고 관련 지식, ④ 창의적 사고 관련 경험의 네 가지를 제시하고 있다. 또 Amabile(1989)은 ① 영역관련 기술, ② 창의성 관련 기술, ③ 내재적 동기라는 세 가지 요소를, 김경자, 김아영, 조석희(1997)는 ① 일반적 지식, ② 창의성 관련 지식, ③ 동기, ④ 창의적 사고기술, ⑤ 비판적 사고기술이라는 다섯 가지 요소를 창의성의 발휘에 필요한 하위 요인으로 제안한다. 이러한 여러 학자의 창의성의 구성요소에 대한 제안을 정리해 보면(이영만, 2010: 25), 학교 교육 상황에서 창의성 교육을 위한 창의성의 구성요소는 다음과 같이 분류할 수 있다.

① 창의성 관련 선행경험(임선하, 1989)
② 내재적 동기 중심의 창의적 성향(이영만, 1992; Hennessey & Amabile, 1989 등)
③ 초인지 기술(이영만, 1992; Sternberg & Williams, 1996)
④ 영역 구속적 지식과 일반적 지식을 포함하는 지식 기반(김경자 외, 1997)
⑤ 구체적인 창의적 사고기술

모든 학습자는 이러한 다섯 가지 구성요소에 대한 선수학습 경험이 있을 것이나 개인별 수준은 다양할 것으로 예측할 수 있다. 창의성 교육 장면에서는 일반적으로 전개되는 창의적 사고 과정에 대한 이해가 선행된 후, 가능한 범위에서 이 개인차를 창의성 사고 과정에 반영할 필요가 있을 것이다.

일반적인 창의적 사고의 진행 과정에 대해서도 다양한 의견이 있다. 이 의견들을 종합하여 수정한 연구(이영만, 1992, 2010)에서는 창의적 사고 과정을 [그림 6-11]과 같이 제안한다. [그림 6-11]을 보면, 창의적 사고는 문제 상황에서 문제를 발견하거나 정의하는 것이 첫 번째 단계로, 이 단계에서 중요한 것은 다른 사람들은 전혀 문제라고 생각하지 않는 것을 문제라고 지각하거나 다른 사람과는 다른 시각에서 문제를 규정하는 능력이다(de Bono, 1986). 두 번째 단계에서는 유창성, 융통성, 독창성 등이 발휘될 수 있는 다양한 창의적 사고기법을 활용하여 다양하고 신기한 아이디어나 해결방안을 탐색하며 그 결과에 대해 정교성이라는 요소가 작용하여 아이디어를 다듬는 과정이 이어진다. 세 번째 단계인 평가단계에서는 두 번째 단계에서 창안한 아이디어에 대해 그 실용성과 가치를 따져 보는 검증 작업이 이루어지며, 주로 논리적·비판적 사고가 작용한다. 그리고 이 모든 과정에서 창의적 성향과 초인지 기술과 지식 기반이 관계한다. 이처럼 창의적인 산물을 얻기 위해서는 창의성을 구성하는 모든 요소가 체계적으로 작용해야 하며, 그런 과정을 통해 독창적이고

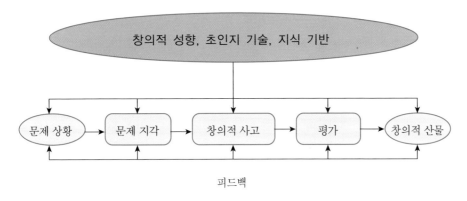

[그림 6-11] 창의적 사고의 과정

참신하면서도(확산적 사고) 유용하면서 쓸모 있는(수렴적 사고) 창의적 산물을 얻을 수 있는 것이다.

3) 창의성의 연구 동향: 4P 모형

창의성을 연구하는 접근방법은 매우 다양하다. 임선하(1993)는 창의성에 관한 주요 이론적 접근을 합리성, 인성과 환경, 정신건강, 정신분석 대상, 자기도취 세계로서의 창의성 등 다섯 가지 입장으로 구분한다. 스타코(Starko, 1995)는 역시 임선하와 유사하게 정신분석학적 접근, 행동주의 · 연합주의적 접근, 인본주의 · 발달심리학적 접근, 인지심리학적 접근, 체제이론적 접근의 다섯 가지 이론적 틀을 분류하고 있다. 그리고 플루커와 렌즐리(Plucker & Renzulli, 1999)는 창의성 연구에 사용된 연구법에 초점을 맞추어 심리측정학적 접근, 실험적 접근, 전기적 접근, 역사측정학적 접근, 생물측정학적 접근 등 다섯 가지로 구분한 바 있다. 또 김영채(1999) 역시 심리측정적 접근, 인지적 접근, 성격과 동기 접근, 사회적 및 개인 역사적 접근, 통합적 접근의 다섯 가지로 구분한다. 이처럼 창의성에 대한 연구는 학자들의 관점에 따라 다양하게 전개되고 있으며, 여기에서는 편의상 로데스의 고전적 4P 모형을 중심으로 창의성 연구의 결과를 간략하게 소개한다.

로데스(Rhodes, 1961)는 기존의 창의성에 대한 정의 56가지를 수집하여 분석한 결과를 토대로 창의적인 사람(person), 창의적 과정(process), 창의적 산출물(product), 창의적 환경이나 압력(place or press)의 네 요인이 창의성에 중요한 요인임을 주장하였다. 물론 로데스의 분류는 창의성의 요소들을 단순히 분류한 것에 그쳐 이후 이작센 등(Isaksen, Dorval, & Treffinger, 1994)에 의해 이 네 요소 사이의 상호작용을 강조하는 4P 모형으로 수정되었으며, 호스 등(Horth & Buchner, 2008)은 조직 환경 속에서의 창의성에 적용하는 등 일반적으로 창의성의 연구 영역에 중점을 두고 창의성을 이해하려는 모형으로 여전히 널리 언급되고 있다.

(1) 창의적인 사람

초기의 창의성 연구들에서 주로 관심을 가진 내용 중의 하나가 창의적인 사람과 그렇지 못한 사람을 구분할 수 있는 특성을 찾는 작업이었다. 대표적인 연구 결과를 몇 가지 소개하면 다음과 같으며 여러분 자신과 비교해 보아도 좋을 것이다.

우선 길포드(Guilford, 1970)는 창의성과 정적 상관이 있는 성격 특성으로, 사고의 유창성, 표현의 유창성, 독창성, 자발적 융통성, 자유에 대한 욕구, 다양성의 욕구, 충동성, 모험심, 심미적 표현에 대한 관심 등을 지적했다.

또 배론과 헤링턴(Barron & Harrington, 1981)은 창의적인 성취를 한 사람들은 에너지가 많고, 관심 분야가 폭넓고, 복잡한 것에 매력을 느끼며, 반대되거나 모순되는 특성을 조절하는 능력이 있고, 창의적인 자아에 대한 확고한 신념을 갖고 있다고 한다.

특히 사이몬톤(Simonton, 1994)은 천재의 창의적인 성격을 연구한 결과를 다음과 같이 제시하고 있다. 천재는 기존의 관념에 얽매이지 않고 지적인 모험을 즐기며, 주위 동료로부터 이상한 사람이라고 비판을 받아도 개의치 않는다. 또한 내향적이어서 깊이 있는 사고를 하는 데 유리하고, 전문분야 이외의 분야에 관심을 기울여 참신한 발상으로 연결하기도 하며, 지적인 산책을 즐기고 어느 순간에 창의적인 영감을 떠올리기도 한다. 비유의 명인이며, 일 중독자이기 때문에 다작을 하는 경향이 있고, 자신의 일에서 어린아이와 같은 희열을 느낀다.

창의적인 아동의 특징을 조사한 우드만 등(Woodman & Schoenfeldt, 1989)은 창의적 아동일수록 놀기를 좋아하고, 솔선수범의 태도를 보이며, 독립성이 강하고, 생각이 자유로우며, 어떤 일에 몰두함으로써 즐거움을 맛보며, 불일치하거나 어려운 일이라도 기꺼이 시도하고, 세부적인 것에 관심을 갖는 등의 특성을 지닌다고 한다.

이처럼 창의적인 사람의 특성에 대한 연구들은 창의적인 사람들이 지니고 있는 독특한 특징을 밝히는 데 공헌하였을 뿐만 아니라, 창의성이 발휘되는 데 필요한 구성요소를 규명하는 연구에도 영향을 주었다. 그 결과 창의성이 발휘되려면 능력, 기능, 동기가 필요하다고 한 토랜스(Torrance, 1979)를 비롯하여, 영역관련기술, 창의성 관련기술, 과제 관련 동기의 세 가지 요소가 갖추어져야 한다는 아마빌(Amabile, 1996)의 상호작용 모형, 지적 능력, 지식, 사고방식, 인성, 동기, 환경의 여섯 가지 요소가 필요하다는 스턴버그 등(Sternberg & Lubart, 1995)의 투자이론 등이 등장하게 되었다고 볼 수 있다.

(2) 창의적 과정

창의적 과정이란 창의성이 발휘될 때 일어나는 정신적 사고 과정을 의미한다. 로데스(Rhodes, 1961)는 창의적 사고의 단계는 무엇이며, 창의적 사고 과정은 가르치고 배울 수 있는지 등의 문제와 관련이 있다고 하였다.

대표적으로 토랜스(1988)는 창의성을 창의적 과정으로 정의하면서, 창의적 과정이란 해결해야 할 문제와 정보에 있어서의 차이를 파악하고, 문제에서 부족한 요소와 잘못된 부분을 탐색하며, 이러한 부분에 대해 가설을 설정하고, 가설을 평가하고 검증하며, 가능하다면 이러한 가설을 다시 수정하고 재검증하여 최종적인 결과를 제시하기까지의 모든 과정이 포함된다고 하였다.

또 고전적인 창의적 사고 단계이론을 제시한 왈라스(Wallas, 1926)는, '창의적 과정'이란 ① 문제를 지각하고 자료를 수집하는 준비기 → ② 마음속에 항상 문제에 대해 생각하고 있는 부화기 → ③ 순간적으로 새로운 아이디어가 떠오르는 조명기 → ④ 최종 아이디어를 검증하는 검증기의 네 단계를 제시한 바 있다.

오스본-판즈(Osborn-Parnes)가 제안한 창의적 문제해결(Creative Problem Solving: CPS) 모형은 ① 문제 덩어리 탐색 → ② 자료 탐색 → ③ 문제 탐색 → ④ 아이디어 탐색 → ⑤ 해결방안 → ⑥ 수용이라는 여섯 단계를 거치면서 수렴적 사고와 확산적 사고 활동이 번갈아 활용되는 창의적 사고 모형으로 발전하였다(Isaksen & Treffinger, 1985).

이러한 창의적 사고 과정에 관한 연구들은 창의성의 교수-학습과정 문제와 연결되어 있으며, 이는 곧 '창의적 사고 과정이 훈련 가능한가?'라는 문제로 이어진다.

아인슈타인이나 모차르트 등 매우 특출한 일부 사람들만이 창의성을 발휘할 수 있을 뿐 일반인들은 창의성을 발휘할 수 없다고 보는 학자들이 있다. 그러나 로데스 (Rhodes, 1961)는 창의성은 누구에게나 존재하며 가르치고 배울 수 있다고 보았으며, 그의 견해에 동조하는 학자들이 대부분이다. 창의적 사고의 훈련 가능성을 전제로 다양한 창의적 문제해결력 교수–학습 모형과 각종 창의성 훈련 프로그램이 개발된 것이다. 창의성 훈련 프로그램은 다음 절에 소개한다.

(3) 창의적 산출물

창의적 산출물이란 창의적 사고 활동으로 얻게 되는 유형·무형의 결과물을 의미한다. 창의성의 개념을 정의하는 경우 대부분 창의적 활동의 결과인 산출물에 초점을 맞추게 된다. 앞서 설명한 것처럼 창의성을 '새로움'이나 '독창성' 그리고 '적절성' 내지는 '유용성'을 기준으로 판단한다는 것은 바로 창의적 활동의 결과에 대한 판단이 이루어짐을 의미한다. 따라서 아인슈타인의 상대성이론과 같은 획기적인 과학이론이나 아름다운 그림이나 교향곡, 발명품 등 유형의 산출물이나 구성원의 창의성을 발휘하게 하도록 허용하는 리더십이나 교육 분위기와 같은 무형의 산출물이 포함된다.

그러나 창의적인 사람이라고 인정받으려면 누구나 아인슈타인의 '상대성 이론'이나 베토벤의 '전원교향곡'과 같은 뛰어난 창의적 산출물을 제시할 수 있어야 할까? 물론 그렇지 않다. 이 문제는 두 가지 측면에서 검토되어야 한다.

첫째, 창의성의 '과정 대 결과'에 관한 문제가 있다(Bailin, 1988). 즉, 창의적 활동이 종료된 시점에서 창의적인 산출물을 공식적인 형태로 제시해야 한다는 입장과 그렇지 못할 수도 있다는 입장이 있다. 후자의 경우는 창의성이란 창의적인 결과를 제시할 수 있는 가능성을 의미하지 항상 창의적인 산출물을 제시할 수는 없다는 것이다. 특히 결과를 중심으로 창의성을 파악하면, 어린 학생들에게 창의적인 결과를 제시할 것을 강요하게 될 것이고, 이런 강요는 어린 학생들의 창의적인 싹을 꺾어 버리는(임선하, 1993) 비교육적 효과를 가져올 수도 있다. 따라서 학교에서 이루어지는 창의성 교육에서는 창의적인 결과를 강조하기보다는 창의적인 사고 과정이나 창의적 활동에 적극적으로 참여하는 것을 강조하는 '과정'에 더 많은 비중을 두어야 한다.

둘째, 첫 번째 문제와 연결하여 '창의적 결과의 수준' 문제를 검토해야 한다. 이 문제와 관련하여 객관적 창의성과 주관적 창의성을 구분(Lytton, 1972)하기도 하는데, 객관적 창의성이란 한 개인의 창의적 사고 활동의 결과가 일반적인 창의성의 준거, 즉 산출물의 새로움과 가치 혹은 실용성이라는 준거를 충족시킴을 의미한다. 반면, 주관적 창의성이란 자기 혼자만의 창의적인 노력을 뜻하는 것으로 그 결과는 자신에게만 의미가 있는 경우를 말한다. 이러한 구분은 데겐하르트(Degenhardt, 1976)의 내적 창의성과 외적 창의성의 구분과도 일치한다. 즉, 내적 창의성이란 개인의 창의적 경험에 중점을 두는 것으로 주관적 창의성에 해당하며, 외적 창의성이란 최종 산물의 창의적 특성에 중점을 두는 것으로 객관적 창의성 개념에 해당한다. 또 맨스필드와 부세(Mansfield & Busse, 1982)는 창의적 사고 활동의 결과를 기준으로 전문가 수준의 창의성과 아마추어 수준의 창의성을 구분한다. 전문가 수준의 창의성이란 아인슈타인, 모차르트, 피카소 등 전문 분야에서 전문지식을 기초로 높은 수준의 창의적 공헌을 할 수 있는 창의성 수준을 말한다. 이에 반해 아마추어 수준의 창의성이란 학생 발명경시대회 우승자, 교사에 의해 창의적인 시나 글을 쓴 것으로 인정받은 초등학교 학생, 학교의 동아리 활동을 통해 상을 받은 아마추어 사진작가 등이 이 수준에 해당한다.

이상에서 살펴본 것처럼 창의성의 결과가 지니는 수준은 두 가지로 구분할 수 있는데, 이러한 구분은 학교에서의 창의성 교육을 전개하는 데 상당한 시사점을 제공한다. 즉, 학교 수준 또는 학생들의 연령 수준의 변화에 따라 어느 수준에서 창의성 교육의 효과를 기대할 것인가를 결정하는 데 도움을 준다. 특히 임선하(1993: 190-191)는 학교 수준이나 학생의 연령 수준과 관련하여 창의성 교육의 단계를 세 단계로 구분하는데, 그의 구분을 앞에서 소개한 다른 학자들의 창의성 수준의 구분과 연결해 보면 〈표 6-3〉과 같다. 또한 창의성 교육의 세 가지 요소, 즉 창의적 사고 기술, 창의적 성향(동기), 창의성을 발휘할 분야의 전문 지식동기를 고려할 때, 학생의 수준에 따라 어느 요소에 중점을 둘 것인가 하는 것 역시 달라져야 할 것이다([그림 6-12] 참고).

〈표 6-3〉 단계별 창의성의 수준

창의성의 수준/단계	특성	요구되는 창의성 수준
제1단계 (아동의 창의성 단계)	아무런 조건이 없는 자유스러운 생각과 표현	주관적 · 내적 · 아마추어적
제2단계 (학생의 창의성 단계)	각종 창의성 관련 기술과 지식을 습득하는 단계	↑
제3단계 (자유인의 창의성 단계)	주변의 사회적 압력이나 분위기를 벗어난 높은 수준의 창의성 발휘 단계	↓ 객관적 · 외적 · 전문가적

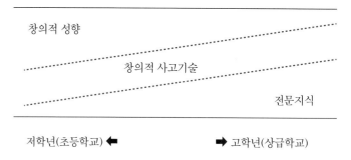

[그림 6-12] 수준별 창의성 교육의 중점

(4) 창의적 장소 혹은 압력

창의적인 장소 또는 환경이란 창의적 사고 과정을 자극하고 창의적 산출물이 완성되기까지 창의성 발휘에 도움이 되는 물리적인 환경이나 심리적 환경, 가정, 학교, 작업장, 문화 등 총체적이고 복잡한 일체의 상황(Taylor, 1988)을 의미한다. 사실 창의성이 새로움이나 기발함을 의미하는 것이라면, 이 새로움이나 기발함을 수용하지 못하는 환경에서는 창의성을 발휘하는 일이 쉽지 않다. 그러므로 창의성을 극대화시킬 수 있는 환경의 조성이 중요하며 때에 따라서는 환경이 창의성을 요구하는 압력(press)으로 작용하기도 해야 한다(Rhodes, 1961).

이런 면에서 주변의 환경적 요소가 창의성을 자극하는 데 유리해야 한다는 점에 많은 학자가 동의하고 있으면서도 아직 많은 연구가 이루어지지 않고 있다. 그러나 스턴버그나 루바트(Sternberg & Lubart, 1995)의 투자이론, 칙센트미하이(Csikszentmihalyi, 1996)의 IDF 모형 등에서 강조하는 맥락(context), 영역(domain),

분야(field) 등 창의성의 체제이론들에서는 주변 환경이 창의성 발휘를 허용하고 자극하는 것이어야 함을 강조한다. 따라서 가정, 학교, 기업, 국가 등 환경으로 작용하는 모든 단위에서 구성원들의 창의성을 자극하는 바람직한 환경을 조성하는 데 관심을 가져야 한다.

4) 창의성 훈련 기법 및 프로그램

1930~1940년대에 독창적인 아이디어를 산출하는 능력을 길러 주기 위한 기법들이 등장했다. 물론 이 시기에 체계화된 기법들은 주로 기술자, 경영인, 산업 디자이너 등의 창의성을 신장시키려는 의도에서 개발된 것이었지만, 1960년대에 들어서면서 이 초기의 창의적 사고 기법들이 점차 학교 교육에도 응용되기 시작했다. 여기에서 소개하는 기법이나 프로그램을 학습하거나 연습했다고 해서 곧장 창의성을 발휘할 수 있는 것은 아니며, 체계적이고 반복적으로 경험되어야 한다.

창의적 사고를 위한 기법이나 훈련 프로그램은 확산적 사고에 근거한 기법과 은유 및 유추를 활용한 기법으로 나눌 수 있다. 첫째, 확산적 사고란 가능한 한 다양한 아이디어나 반응을 생각해 내는 능력을 의미하며, 길포드(Guilford)의 지력구조론에서 제안된 개념으로 유창성, 융통성, 독창성, 정교성이라는 네 가지 요소로 구성된다. 이 확산적 사고에 기초를 둔 창의적 사고 기법이나 프로그램으로는 오스본의 '브레인스토밍' 그리고 브레인스토밍을 체계화한 'SCAMMPER 기법', 크로포드의 '속성열거법', 드보노의 '수평적 사고와 CoRT 사고교육 프로그램', 트레핑거와 이작센의 '창의적 문제해결 기법' 등이 있다. 둘째, 창의적 아이디어를 얻기 위해 은유나 유추를 활용하는 방법은, 서로 아무런 관련이 없는 아이디어나 대상들을 결합하는 소위 '원격 연합(remote association) 기법'(Boden, 1994)에 근거한 것이다. 이 은유와 유추에 의한 창의적 사고 기법은 일차적으로 아이디어의 양에 관심을 두는 확산적 사고와는 달리, 착상해 낸 아이디어나 해결 방안의 질적 수준에 관심을 가진다는 점에서 성격이 다르다(Starko, 1995). 여기에서는 널리 알려져 있는 몇 가지 기법을 소개한다.

(1) 오스본의 브레인스토밍 기법

1940년에 오스본(Osborn, 1963)에 의해 창안된 이 기법은 '브레인스토밍(brainstorming)', 즉 뇌에 폭풍이 일어날 정도로 어떤 문제에 대해 자유분방하게 아이디어를 생산할 수 있도록 하는 기법이다. 브레인스토밍은 기본적으로 집단 활동으로 이루어지며, 참여자들은 ① 비판금지의 원칙, ② 자유분방의 원칙, ③ 질보다양 우선의 원칙, ④ 결합과 개선의 원칙이라는 네 가지 원칙을 준수해야 한다.

이 브레인스토밍 기법을 수업에 활용하려 할 경우, 물론 교사가 가장 먼저 해야할 일은 학생들에게 브레인스토밍의 원칙과 과정을 학습하도록 하는 일이다. 그러나 이 브레인스토밍 기법은 형편에 따라 여러 가지 방식으로 변화를 줄 수 있다. 예를 들어, 브레인스토밍을 실제 수업에 적용할 때 〈표 6-4〉의 4단계에 제시되어 있는 것처럼 집단 브레인스토밍 활동에 들어가기 전에 개인별로 브레인스토밍 시간을 허용하는 것도 좋은 방법이다.

〈표 6-4〉 브레인스토밍에 의한 수업의 전개과정

단계	활동
① 문제의 확인	교사는 수업시간에 다룰 문제를 선정한다. 이때 여러 가지 아이디어가 제시될 수 있는 문제를 선정하도록 한다.
② 집단의 구성	소집단 또는 전체 학급을 대상으로 지도자와 기록원을 정한다. 이때 결정은 교사가 하거나 학생들이 할 수도 있다.
③ 문제의 제시	학생들에게 문제를 제시한다. 미리 큰 종이에 적어 두거나 칠판에 크게 적어 두는 편이 좋다.
④ 개인별 브레인스토밍	본격적인 활동에 들어가기 전에 약 2~3분간 학생들 개인별로 주어진 문제에 대한 아이디어를 생각해 보도록 한다. 개인별 활동은 집단 브레인스토밍 과정에 상당한 도움이 된다.
⑤ 집단 브레인스토밍	앞서 언급한 네 가지 원칙을 학생들에게 인식시킨 후 집단 브레인스토밍 활동을 전개한다. 이때 지도자는 활동을 조정하고, 기록원은 제시된 아이디어를 칠판에 기록한다.
⑥ 평가 및 정리	제시된 아이디어를 하나씩 평가한다. 따라서 가치나 실용성, 그리고 실현가능성이라는 측면에서 아이디어를 검토해 최종적인 아이디어나 해결방법을 결정한다.

(2) SCAMMPER 기법

SCAMMPER 기법은 이벌(Eberle, 1977)이 오스본의 브레인스토밍 활동에서 사용하는 핵심적인 질문들을 기억하기 쉽게 수정한 것이다. 또 이 기법은 학생들뿐만 아니라 성인들에게도 다양한 아이디어를 생각하도록 하는 데 도움이 되기 때문에 광범위하게 활용할 수 있다.

- Substitute(대체하기): 새로운 해결방법을 찾거나 기존 현상의 혁신을 위해 원래 존재하고 있는 대상의 재료를 바꾸거나 일부를 교체하기(예: 밀고기, 가글)
- Combine(결합하기): 전혀 관계가 없는 두 가지 이상의 대상이나 물건들을 결합하여 새로운 아이디어나 물건 만들기(예: 복합프린트기, 스마트폰)
- Adapt(동화하기): 주어진 문제를 해결하기 위해 이미 알고 있는 어떤 것을 이용하기(예: 찍찍이, 물로켓)
- Modify(수정하기): 현재의 아이디어나 방법, 산물 등을 조금만 바꾸거나 수정하여 독창적인 아이디어 만들기(예: 물파스 용기 모양, 캠코더를 실물화상기로)
- Magnify or Minify(확대하기/축소하기): 확대하기는 "어떻게 하면 이것을 더 크고, 더 강하고, 더 과장되거나, 더 빈번하게 일어나도록 할 수 있을까?"라는 질문에 대답하기이며, '축소하기'는 '확대하기'와 정반대로 "어떻게 하면 이것을 더 작고, 더 가볍고, 덜 빈번한 것으로 만들 수 있을까?"라는 질문의 대답 찾기(예: 대형 TV, 풍차)
- Put to other use(다른 용도 찾기): 어떤 물건이 지니고 있는 원래의 용도가 아닌 새로운 용도, 또는 전혀 다른 용도를 생각해 봄으로써 독창적인 아이디어 얻기(예: 3M 메모지)
- Eliminate(제거하기): 어떤 대상을 구성하고 있는 요소들에서 제거하거나 생략할 수 있는 것을 찾아냄으로써 새로운 아이디어 만들기(예: 디지털 카메라, 효도폰)
- Rearrange(재배열하기): 어떤 대상이나 현상의 구성요소들을 재배열하거나 거꾸로 배열하기(예: 좌우 운전석, 아래쪽에 병뚜껑이 있는 화장품)

(3) 크로포드의 속성열거법

크로포드(Crawford, 1954)의 속성열거법(attribute listing)에서는 현재 문제가 되는 어떤 대상의 주요 속성을 나열하고, 문제해결을 위해 그 대상의 속성을 개선할 수 있는 가능한 방법들을 모두 제시해 보도록 한다. 예를 들어, 학교에서 사용하는 분필의 가루는 교사와 학생들 모두에게 위생상의 문제를 유발한다. 그러므로 이 비위생적인 분필 문제를 해결하기 위해 속성열거법을 사용하는 수업은 다음의 〈표 6-5〉와 같이 진행될 수 있다.

〈표 6-5〉 속성열거법에 의한 분필의 유해성 해결

문제: 분필을 사용하면 건강에 해롭다. 건강을 해치지 않는 새로운 분필이나 분필 사용법을 생각해 보자.
〈해결과정〉
절차 1: 분필의 속성을 열거하시오. (모양, 크기, 색깔, 단단함, 재료 등)
절차 2: 제시된 분필의 속성을 변경시킬 수 있는 방법을 열거하시오.
  (색깔을 바꾸거나 공기보다 무거운 재료를 사용하는 방법 등)
절차 3: 다른 물건들의 속성 중 분필의 속성을 고려하여 이용될 수 있는 속성을 찾아보시오.
  (조개: 무겁다, 담배 파이프: 담배를 손에 직접 대지 않는다)
절차 4: 빌려 온 속성과 분필의 속성을 고려하여 위생적인 분필이나 분필 사용법을 찾아보시오.
  (조개로 만든 분필, 분필 집게 사용하기)

(4) 드보노의 수평적 사고와 CoRT 사고교육 프로그램

'수평적 사고(lateral thinking)'라는 용어를 창안한 드보노(de Bono, 1987)에 따르면, 수평적 사고는 전통적인 논리중심의 사고, 즉 '수직적 사고(vertical thinking)'에 대비되는 개념이다. 이 수직적 사고는 논리적, 계열적, 예언 가능, 관습적이지만, 수평적 사고는 비논리적, 비계열적, 예언 불가능, 비관습적인 특징을 가지고 있다. 따라서 수직적 사고는 전통적인 논리적/비판적 사고와 유사하며, 수평적 사고는 창의적 사고와 유사한 개념이라고 할 수 있다. 창의적 아이디어를 얻기 위한 사고 기법으로 수평적 사고를 자극하는 대표적인 기법 몇 가지를 소개하면 다음과 같다(de Bono, 1970).

첫째, 의도적인 '창의적 휴식(creative pause)'을 중시한다. 의도적인 휴식기간이란 사고 활동을 완전히 중단하는 것이 아니다. 자신이 지금까지 해 왔던 사고방식이나 문제에 대한 접근방식을 재점검하거나 새로운 각도에서 검토하는 활동을 함으로써 새로운 접근방식, 즉 새로운 시각에서 문제를 볼 수 없는가 하는 것을 면밀히 따져 봄으로써 더 나은 문제해결 방법 혹은 창의적인 문제해결 방법을 얻는 것이다. 둘째, 창의적 아이디어의 촉진을 위해 'PO'라고 하는 새로운 용어를 도입하여 사고 활동에 활용한다. 이 PO는 어떤 문제에 대한 분명한 이분법적 판단인 YES나 NO가 아니라 '가능성(possibilities)'을 의미하는 것으로, 주어진 문제를 다른 방식으로도 생각할 수 있거나, 전혀 관련이 없는 대상들도 관련성이 있을 '가능성'이 있음을 인정하는 용어다. 셋째, '무선적 투입(random input)'은 창의적 해결을 요하는 문제를 무선적인 방식으로 선정된 단어와 나란히 두고 거기에서 창의적인 아이디어를 끄집어내는 기법이다. 넷째, 수평적 사고는 아니지만 효율적인 사고 활동을 위한 기법으로 드보노는 '육색사고 모자(six thinking hats)'를 제안한 바 있다(de Bono, 1991). 여섯 가지 색깔의 모자 중 어떤 모자를 쓰느냐에 따라 각기 다른 시각에서 문제 상황에 접근함으로써 다양한 관점에서의 사고가 가능하다(〈표 6-6〉 참고).

〈표 6-6〉 육색사고 모자 기법

모자의 색깔	사고 활동의 종류
하얀색 모자	컴퓨터처럼 중립적이고 객관적인 정보를 탐색하는 사고 활동
빨간색 모자	자신과 타인의 감정, 느낌, 직관을 탐색하며, 논리성은 배제하는 사고 활동
검정색 모자	틀렸다, 옳지 않다 등의 비판적 판단을 요구하는 부정적인 사고 활동
노란색 모자	앞으로의 이익이나 가능성을 탐색하는 낙천적이고 건설적인 사고 활동
초록색 모자	수평적 사고와 관련이 있으며, 대안을 탐색하는 창의적인 사고 활동
파란색 모자	자신의 사고 활동 전반을 통제하고 조정하는 초인지적 사고 활동

또 드보노(de Bono, 1986)는 종합적인 사고교육 프로그램인 CoRT 사고 프로그램을 개발했는데, 수평적 사고의 궁극적인 목적인 창의적 사고 기법의 개발은 네 번째 프로그램인 CoRT Ⅳ에 담겨 있다(〈표 6-7〉 참고).

〈표 6-7〉 CoRT Ⅳ에서 다루는 창의적 사고를 위한 기법들

CoRT Ⅳ의 사고 기법들	내용
① YES/NO/PO	어떤 아이디어에 대해 '예/아니요'라는 즉각적인 이분법적 판단을 유보하고, 아이디어의 여러 측면을 골고루 탐색하는 사고 습관을 기른다.
② 징검다리	기존 아이디어를 새로운 아이디어를 얻는 수단으로 이용할 수 있음을 이해시키고, 다양한 연습을 통해 습관화시킨다.
③ 관계없는 것끼리 결합하기(무선적 결합)	새롭고 독창적인 아이디어를 얻기 위해 현재의 문제와는 아무런 관련이 없는 아이디어나 대상을 결합하는 사고 기법을 기른다.
④ 개념 도전	기존의 개념이나 이론을 당연한 것으로 받아들이지 않고, 오히려 의심하고 도전함으로써 새로운 아이디어를 탐색한다.
⑤ 지배적 아이디어 찾기	주어진 문제 상황에서 가장 중요한 지배적인 아이디어나 법칙을 찾아내어, 그 아이디어나 법칙을 의도적으로 부인함으로써 새로운 아이디어를 탐색한다.
⑥ 문제점의 정의	새롭고 독창적인 아이디어는 문제 상황을 정확하게 규정함으로써 얻을 수 있음을 이해시키고, 다양한 연습 상황을 제시해서 그런 습관을 기르도록 한다.
⑦ 결점의 제거	기존의 아이디어나 대상에서 잘못된 점을 찾아내어 제거하거나 부족한 부분을 보완함으로써 새로운 아이디어나 대상을 착상하는 능력을 기른다.
⑧ 결합	둘 이상의 기존 아이디어나 대상들을 결합해서 독창적인 아이디어나 대상을 만들 수 있는 사고 기법을 다룬다.
⑨ 필수요건 찾기	주어진 문제 상황이 요구하는 조건들을 규명하여, 그 조건들을 충족시키는 아이디어나 문제해결 방법을 착상할 수 있는 능력을 기른다.
⑩ 평가	아이디어나 문제해결 방법의 장점과 단점 그리고 필수적인 요건을 갖추고 있는지를 따져 보는 습관을 기른다.

(5) 고든의 발견적 해결법

고든(Gordon, 1961)이 제안한 '발견적 해결법(synectics)'이란 서로 관련이 없는 요소들 간의 결합을 의미한다. 즉, 새로운 아이디어나 해결 방안을 얻기 위해 전혀 다른 성질의 두 대상이나 아이디어를 함께 결합한다.

이 기법을 적용하는 방법은 기본적으로 두 가지가 있다. 즉, 학생들이 ① 이미 친숙

한 대상을 낯선 것으로 간주함으로써 새로운 것을 창안하도록 하거나(전략 1), ② 학생들이 친숙하지 않은 낯선 대상을 친숙한 것으로 보도록 하는(전략 2) 방법을 사용한다. 따라서 이 기법은 결국 학생들이 처한 주위 상황에서 당연한 것으로 받아들이던 대상이나 요소를 이상한 것으로 간주해 보거나, 또는 완전히 낯선 대상이나 요소를 이미 잘 알고 있었던 것처럼 간주해 보는 '비유 또는 유추적 경험'을 통해 학생들에게 주변 사물이나 대상에 대한 민감성(문제를 찾아내는 능력과 사고의 폭)을 증진시키려는 기법이다.

(6) 코빙턴의 생산적 사고 프로그램

코빙턴(Covington, 성일제 외, 1989)의 '생산적 사고 프로그램'은 초등학교 5, 6학년 학생들을 대상으로 현 상황의 불일치를 인지하는 방법과 가설을 세우는 방법 등을 프로그램 학습화한 것이다. 이 프로그램에서는 학생들이 학습하는 과정에서 과학자, 형사 또는 기자 등의 입장에서 생각해 볼 수 있도록 15개의 만화식 소책자로 구성되어 있다.

이 생산적 사고 프로그램에서 말하는 '생산적 사고'란 주어진 문제를 효과적이고 지적이며 창의적으로 해결하기 위해 사고 활동을 전개하는 것을 말한다. 따라서 생산적 사고를 하기 위해서는 문제 상황에 대한 추론과 비판적 분석, 상상력과 창의성이 요구되며, 여기에는 5종류의 사고기술, 즉 ① 문제의 발견과 형성, ② 정보의 조직 및 활용, ③ 아이디어의 생성, ④ 아이디어의 평가와 개선, ⑤ 새로운 지각 창출 등의 사고기술이 사용된다. 따라서 이 생산적 사고 프로그램에서도 창의성 신장을 위해서는 창의적 사고기술뿐만 아니라 논리적/비판적 사고기술을 동시에 배양하는 데 초점을 맞추고 있다고 할 수 있다.

5) 창의성 검사

창의성의 개념을 정의하는 방식에 따라 창의성을 측정하는 검사가 달라진다는 것은 당연하다. 앞서 소개한 로데스(Rhodes, 1961)의 4P 모형에 따라 창의성 검사를 구분할 수도 있다(임규혁, 임웅, 2008), 한 개인이 창의적인 특성을 얼마나 소유하고 있는가를 진단하는 경우에는 창의적 인성(성격) 척도(Gough, 1992)나 창의적 활동 체크리스트(Runco, 1987)를 활용하며, 창의적 사고 과정이 얼마나 효율적으로 전개되는지를 파악하려는 경우에는 길포드의 확산적 사고 개념에 토대를 둔 검사(Meeker, 1969; Torrance & Ball, 1984 등)를, 창의적 산출물을 판단할 경우에는 창의적 산물 척도(Taylor, 1975)나 합의적 평가 기법(Amabile, 1983) 등을, 창의적 환경을 진단할 경우에는 개인을 둘러싸고 있는 주변 환경이 얼마나 창의적 사고를 자극하는 환경인지를 측정하는 질문지(Amabile & Gryskiewiez, 1989) 등을 사용한다. 여기에서는 가장 널리 활용되고 있는 토랜스의 창의적 사고력 검사(Torrance Test of Creative Thinking: TTCT)를 간단하게 소개한다.

- 토랜스의 창의적 사고 검사(TTCT)

TTCT는 언어(verbal) 검사와 도형(figural) 검사의 두 가지가 있으며, 이 두 검사는 다시 각각 A형과 B형으로 나뉜다. 언어검사는 질문하고 추측하기, 작품 향상([그림 6-13] 참고), 색다른 용도, 색다른 질문, 가상하기 등의 하위검사에서 일곱 가지 과제에 대한 수행 결과를 유창성, 융통성, 독창성으로 구분하여 창의성 점수가 산출된다. 도형 검사는 그림 구성, 그림 완성([그림 6-14] 참고), 선을 이용한 그림 그리기의 세 가지 하위검사를 실시하여 유창성, 독창성, 정교성, 제목의 추상성, 개방성을 기준으로 창의성 수준을 평가한다.

[그림 6-13] 작품 향상

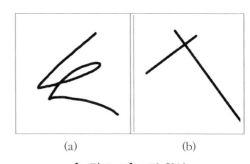

(a)   (b)

[그림 6-14] 그림 완성

📖 탐구 문제

1. 가드너의 다중지능이론이나 스턴버그의 성공지능이론은 전통적인 지능이론과 다르다. 이 차이점을 지능의 개념, IQ의 실제 활용이라는 측면에서 설명해 보시오.

2. 지능검사의 문제점을 지적하고, IQ를 해석할 때 주의해야 할 사항을 제시해 보시오.

3. 지능과 창의성은 어떤 관계에 있는지 설명해 보시오.

4. 교사가 지능이 높은 학생과 창의성이 높은 학생을 대할 때 어떤 면에 특히 유의해야 하는지 자신의 생각을 서술해 보시오.

5. 이 장에서 소개한 창의적 사고기법 한 가지를 선정해 교과 수업시간 중에 활용할 수 있는 간단한 학습활동으로 재구성해 보시오.

제7장
인지양식과 학습양식

교실에 모인 학생은 모두 서로 다르다. 각 학생의 지능 수준과 성격 유형이 다르다. 또한 학생의 가정 배경, 사회경제적 지위, 문화적 배경도 서로 다르다. 최근 다문화 학생의 증가로 민족적 배경 또는 인종적 배경이 다른 학생도 학급 속에 다수 있다. 이런 개인차는 학생의 학습에 많은 영향을 준다(Sternberg & Williams, 2010).

학생이 가지고 있는 인지양식과 학습양식도 학습에 영향을 주는 것으로 밝혀지고 있다. 학생이 가진 인지양식과 학습양식은 수업에서 어떻게 활동하느냐에 영향을 주기 때문이다. 예를 들어, 어떤 학생은 모둠학습을 좋아하지만, 어떤 학생은 모둠학습 시간을 싫어하고 참여를 하지 않으려고 한다. 또 어떤 학생들은 시각적 정보를 좋아하고, 어떤 학생들은 청각적 정보를 주고받는 것을 더 좋아한다. 시각적 정보를 좋아하는 학생은 그림이나 표 그리고 영상물을 좋아하지만, 청각적 정보를 선호하는 학생은 토론 수업을 더 좋아한다. 어떤 학생은 충동성이 높고, 어떤 학생은 사려성이 높아서 의사결정하는 데 어려움을 많이 겪고 주저하는 경향이 있다. 이러한 개인적 차이가 학생들의 학교생활 적응 전반에 영향을 주기 때문에 교사는 학생의 인지양식과 학습양식에 대한 이해를 가지고 활용할 수 있어야 할 것이다.

1. 인지양식

인지양식(cognitive style)은 사람이 정보를 인지적으로 처리할 때 특정한 방식을 더 선호하는 것을 의미한다. 인지양식은 개인이 가진 능력의 차이라기보다 선호하는 정보처리 방법의 차이를 반영하는 개념이다. 최근 다양한 종류의 인지양식이 새롭게 발견되고 있지만(Grigorenko & Sternberg, 1995; Sternberg & Grigorenko, 2000), 여기에서는 널리 알려진 장 의존성(field-dependence)-장 독립성(field-independence)과 사려성(reflection)-충동성(impulsivity)을 다룬다.

1) 장 의존성 대 장 독립성

(1) 정의 및 특징

인지양식 중 가장 널리 알려져 있고 쉽게 사용될 수 있는 것이 장 의존성과 장 독립성이다. 이 개념은 위트킨(Witkin, 1950)에 의해 처음 제안되었으며, 1970년대에 검사 도구가 개발되면서 많은 연구가 수행되었다. 장 의존성과 장 독립성을 판별하는 기준은 자기 자신과 주변 상황(장)을 분리하는 능력이다. 장 의존성이 높은 사람은 주변 상황으로부터 자신을 잘 분리하는 데 어려움을 겪고, 더 나아가 구조화가 덜 된 상황에서 어떤 패턴을 찾는 데 어려움을 겪는다. 예를 들어, 장 의존적인 사람은 주변 상황과 비슷한 패턴 속에 있는 정보를 구별하는 데 어려움을 겪기 때문에 숨은 그림 찾기를 잘하지 못한다. 반면, 장 독립적인 사람은 주변 상황과 목표물을 분리하는 데 능숙하기 때문에 숨은 그림을 잘 찾는다. 따라서 장 의존적인 사람은 체계가 없는 혼란스러운 정보 속에서 필요한 정보를 찾는 데 큰 어려움을 겪는다.

반대로 장 의존적인 사람은 장 독립적인 사람들에 비해 대인관계 능력이 높은 편이고, 사회적 단서를 읽는 데 능숙하며, 자신의 감정을 잘 표현한다. 그 결과 장 의존적인 사람은 다른 사람들로부터 따뜻하고, 친절하며, 인간적이라는 평가를 듣는다. 이에 반해 장 독립적인 사람은 사회적 관계에서 혼자서 기능하기를 좋아하기 때문에 주변 사람들로부터 과제 중심적이고 비인간적이라는 평을 듣기 쉽다.

(2) 발달적 측면

① 양육 방식

위트킨(1975)은 장 의존성과 장 독립성은 부모의 양육 방식으로부터 영향을 받는다고 믿었다. 부모가 통제보다 학생의 자율성과 독립성을 강조하면, 학생은 장 독립성을 획득하게 된다. 부모가 권위에 복종하는 것을 강조할수록 학생은 장 의존성을 더 많이 갖게 된다.

② 성

장 의존성과 장 독립성에 성차가 있는지를 밝히고자 하는 연구들이 있었다. 어린 학생을 대상으로 한 연구에서는 성차에 따라 장 독립성과 장 의존성에서의 차이가 발견되지 않았지만, 성인들에게서는 뚜렷한 차이가 발견되었다. 성인의 경우 남성들이 장 독립성이 높고 여성들은 장 의존성이 높았다. 그렇다고 모든 성인 남자가 장 독립적이고 여자가 장 의존적이라고 여겨서는 절대 안 된다. 이러한 결과는 개인차일 뿐이다.

③ 연령

성인일 때 장 독립성과 장 의존성에서 성차가 있다는 것은 연령에 따라 장 독립성과 장 의존성에 차이가 있을 수 있다는 뜻이다. 실제로 나이가 어릴수록 장 의존성이 높으며, 연령이 증가할수록 장 독립성이 조금씩 높아진다. 청소년기에 장 독립성이 급격히 증가하며, 성인 초기에 절정에 도달한다. 따라서 성인학습자는 장 독립성이 높은 편이다(Gurley, 1984). 그러나 노인이 되어 갈수록 다시 장 의존성이 높아지는 경향이 있다(Witkin, 1977).

(3) 검사 방법

학생이 장 독립적인지 장 의존적인지 파악하기 위해 사용되는 검사는 잠입도형 검사가 널리 사용된다. 이 검사는 여러 개의 선으로 이루어진 도형에서 특정한 모양을 찾는 것으로 되어 있다. 숨은 그림을 찾는 것과 비슷하다. 잠입도형 검사의 한 예시를 제시하면 [그림 7-1]의 왼쪽에 있는 그림 속에서 오른쪽에 있는 작은 그림

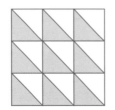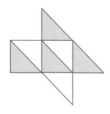

[그림 7-1] 잠입도형 검사의 예

두 개가 있는지 확인하는 것이다(가운데 그림은 왼쪽 그림에 여러 개 있지만, 오른쪽 끝에 있는 도형은 한 개 있다).

앞에서 제시한 예시는 매우 단순한 것이다. 왼쪽 끝에 있는 그림을 복잡하게 만들수록 그 속에 어떤 그림이 숨겨져 있는지 파악하는 것은 점점 더 어려워진다. 특히 장 의존적인 사람은 더 어렵게 느낀다.

(4) 적용

〈표 7-1〉은 장 독립적인 사람과 장 의존적인 사람이 서로 다르다는 것을 잘 보여 주고 있다. 이런 차이는 학교에서의 학습과정에 영향을 주기 때문에(Davis, 1991), 교사가 학생을 지도할 때 활동할 수 있다. 예를 들어, 장 의존적인 학생은 대인관계를 중요하게 여기므로 사회적인 관계에 더 크게 영향을 받으며 장 독립적인 학생보다 협력학습 또는 모둠학습활동을 더 선호한다. 장 의존적인 학생들은 문학이나 역사과목을 토론하면서 학습할 수 있는 과목을 더 좋아한다. 또 모둠학습 활동을 자주 가지는 것이 장 의존적인 학생들에게 효과적이다. 그러나 장 의존적인 학생들은 친구관계로 인해 스트레스를 크게 받을 수 있기 때문에 모둠활동을 하는 동안에 갈등이 생기지 않도록 해야 한다.

반면, 장 독립적인 학생들은 자신의 준거 틀에 따라 교과내용을 조직화하는 것을 좋아하기 때문에 교사가 상세히 설명하는 것보다는 학생이 스스로 발견하고 조직화하는 기회를 자주 가지는 것을 좋아한다. 장 독립형 학생은 팀학습 활동보다 개인 활동 시간을 많이 가질 때 수업 만족도가 높다. 장 독립적인 학생들은 분석적 능력을 요구하는 수학이나 과학과목을 혼자서 공부하는 것을 선호한다. 따라서 자기주도적 학습기회를 충분히 제공하는 것이 장 독립적인 학생에게 유리하다.

〈표 7-1〉 장 의존 및 장 독립 인지양식의 특징

장 독립적인 사람	장 의존적인 사람
분석적이고 구체적	전체적이고 통합적
사회적 관계에 관한 단서를 무시하는 경향	사회적 관계에 관한 정보에 관심 높음
혼자 공부하거나 일하기 좋아함	다른 사람과 함께 공부하거나 일하기 좋아함
친구보다 일을 더 중시	일보다 친구관계 중시
추상적이고 개념적인 것을 좋아함	사실에 기반한 사고를 중시
자신의 준거 틀에 따라 아이디어 제시	타인에 의해 제시된 아이디어를 수용
구조와 형식이 없어도 지장이 없음	구조와 형식이 없을 때 혼란을 겪음
소음이나 외부 스트레스 무시	소음이나 스트레스에 큰 영향을 받음

출처: Jonassen & Grabowski (1993).

2) 사려성 대 충동성

(1) 정의 및 특징

인지양식을 사려성과 충동성으로 구분한 심리학자는 케이건(Kagan, 1966)이다. 케이건(1966)은 사람들이 문제를 해결할 때 접근하는 방식에 차이가 있음을 깨닫고 이를 사려성과 충동성으로 구분하였다. 사려성과 충동성을 구분하는 기준은 반응의 잠복 시간(response latency)과 반응의 오류(response error)다.

반응을 하기 전에 주어진 정보를 처리하고 의사결정하는 데까지 걸리는 시간이 반응의 잠복 시간이며, 이 시간이 길수록 사려성으로 분류된다. 반대로 의사결정을 하기 전에 충분한 시간을 가지지 않고 빠르게 반응하면 충동성으로 분류된다. 따라서 사려성과 충동성은 서로 역상관을 가진다. 즉, 사려성이 높으면, 충동성이 낮다. 예를 들어, 문제를 받은 뒤 반응하기 전에 긴 시간 동안 고민을 할 때 사려성은 높고 충동성이 낮다. 사려성이 높은 사람은 정보를 처리하고 의사결정하기 전에 대안을 생각하는 경향성을 가진다. 무슨 일이든 깊이 생각해 보고 결정하려고 한다. 반면, 충동성이 높은 사람은 충분한 생각이 없이 의사결정하는 경향성이 높다(Kagan, 1966). 예를 들어, 사려 깊은 학생은 교사의 질문에 대답하기 전에 답을 검토해 보고 다른 답은 없는지 생각한다. 반면, 충동적인 학생은 시험문제에 어떤 함정이 있는지 확인하지 않고 머릿속에 떠오르는 생각을 불쑥 말하거나 답하는 경향성이 높다.

반응을 하기 전에 충분한 시간을 가질수록 반응의 오류가 줄어드는 경향이 있다. 반면, 충동성이 높아서 반응을 하는 데 걸리는 시간이 짧고 즉흥적으로 답을 할수록 반응의 오류가 증가하는 경향이 있다. 따라서 문제에 대한 평가, 대안적 해결안 탐색, 문제해결 속도 등이 중요한 기준이 된다.

사려성과 충동성에 관한 많은 연구를 통해 얻은 결론은 다음과 같다. 첫째, 사려성은 연령이 증가함에 따라 높아진다. 둘째, 사려성과 충동성은 이를 개선하려는 노력에도 불구하고 20세가 될 때까지는 잘 변하지 않는다. 바꾸어 말하면, 충동적인 유아는 고등학생일 때도 충동성이 높은 편이다. 첫 번째 결론과 두 번째 결론을 종합하면, 사려성은 연령과 함께 증가하지만(충동성은 줄어들지만), 모든 사람의 사려성이 증가하기 때문에 상대적 위치는 크게 변하지 않는다고 봐야 한다. 셋째, 사려성과 충동성은 다양한 과제를 수행할 때 나타난다. 특정한 과제에서만 나타나는 것이 아니라 거의 모든 영역의 과제를 수행할 때 충동성이나 사려성이 발휘된다. 넷째, 사려성이나 충동성은 성격과도 관련이 있다. 내향적인 사람은 사려성이 높은 편이고 외향적인 사람은 충동성이 높은 경향이 있다.

사려성-충동성이 중요한 이유는 충동적인 학생은 학교에서 교사의 질문에 대답할 때만 즉흥적으로 행동하는 것이 아니라 거의 모든 일상생활에서도 마찬가지로 즉흥적이라는 데 있다. 충동적인 학생은 물건을 살 때나 여행을 할 때도 충동적이다. 충동성이 높을수록 먼저 행동을 하고 뒤에 따져 보기 쉽다.

(2) 발달적 측면

사려성의 발달에 영향을 주는 가장 강력한 요인은 연령이다. 나이가 어릴수록 학생은 충동적이고, 나이가 많을수록 사려성이 높아지는 경향이 있기 때문이다 (Messer, 1976). 즉, 연령이 증가할수록 사려성이 높아지며, 10세 이후에는 어느 정도 안정이 되어 큰 변화가 없다(Salkind & Nelson, 1980). 이러한 사려성은 논리적 사고, 개념형성, 문제해결 능력과 밀접하게 연관되어 있기 때문에 연령이 증가할수록 논리적 사고력이 높아지고 사려성도 높아진다.

(3) 검사 방법

사려성과 충동성을 측정하는 검사로는 케이건에 의해 1965년에 처음 개발된 MFFT(Matching Familiar Figure Test)가 있다. MFFT는 12개의 본문항으로 구성되어 있고 각 문항은 1개의 표준그림과 6개의 선택그림으로 구성되어 있는데, 학생에게 표준그림과 같은 그림을 선택그림들 속에서 찾게 하는 것이다. MFFT는 첫 번째 반응이 나타나기까지 걸린 시간과 실수한 빈도를 측정한다. '시작' 신호로부터 첫 반응이 있을 때까지의 시간을 초 단위로 측정하고, 정답이 나올 때까지 나온 오답의 수를 계산한다. 반응하는 데 걸리는 시간이 짧을수록, 그리고 오답의 수가 많을수록 충동성이 높다는 뜻이다. MFFT에 속한 문항 중 하나를 제시하면 [그림 7-2]와 같다.

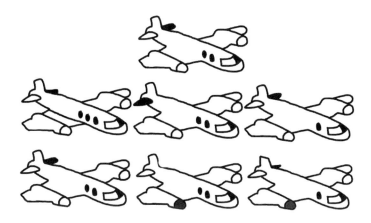

[그림 7-2] MFFT에 있는 문항 예시

(4) 적용

사려적인 학생이 충동적인 학생보다 학습에서 수행이 더 좋은 것으로 나타난다. 사려적인 학생은 반응하기 전에 적어도 한 번 더 생각해 보기 때문에 반응은 다소 느려도 오류가 적기 때문이다. 메서(Messer, 1976)에 따르면, 사려적인 학생은 충동적인 학생보다 주의력이 더 높고, 지속적이고 체계적으로 반응한다. 반면, 충동적인 학생은 세심하게 주의를 기울이지 않는 경향이 있고, 과제를 수행할 때 체계적이지 않은 경향이 있다. 충동적인 학생은 추론문제를 해결할 때 오류를 범하기 쉽고, 기억과제에서 더 자주 실수를 범하게 된다. 따라서 충동적인 학생의 학업성취도가 낮아질 가능성이 높다.

충동성을 줄이고 사려성을 높이는 훈련 및 교육 방법도 개발되었다. 마이켄바움과 굿맨(Meichenbaum & Goodman, 1971)은 다른 사람의 행동을 관찰하는 모델링만으로도 반응 잠복 시간을 늘리는 것이 가능하다는 것을 발견하였다. 그런데 이들은 모델링은 오류를 줄이는 데 큰 효과가 없었고 오직 자신에게 하는 혼잣말이 오류를 줄이는 데 도움이 된다는 것도 발견하였다. 수업시간에 충동적으로 대답하는 학생이 벌점을 받는 것을 보는 것만으로 충동성을 줄이고 사려성을 높일 수 있다. 그러나 학생이 오답을 줄이고 정답을 더 많이 찾기 위해서는 문제해결 과정을 말로 표현하도록 시키는 것이 효과적이다. 시험지에 문제해결 과정을 기록한 학생을 칭찬함으로써 충동성을 줄이는 효과를 높일 수 있다.

그러나 지나친 사려성은 역효과를 낳을 수도 있기 때문에 학생의 사려성을 높이려는 노력은 신중해야 한다. 사려성이 높은 학생은 지나치게 생각하기 때문에 일을 빠르게 진척시키지 못하는 우유부단한 학생으로 여겨질 수 있기 때문이다. 반대로 충동적인 학생은 결단력이 있다고 인정받을 수도 있고 재난 구조와 같이 긴박하게 결정해야 하는 상황에서 충동적인 학생이 오히려 더 유리할 수 있다.

또한 확산적 사고가 요구되는 상황에서는 사려적인 학생보다 충동적인 학생이 더 잘 수행한다. 사려적인 학생은 틀리지 않는 것에 초점을 두기 때문에 확산적 과제에서 어려움을 겪을 수 있다. 반면, 충동적인 학생은 틀리는 것보다 빨리 많은 아이디어를 만들어 내는 것을 더 중요하게 여기기 때문이다.

⟨표 7-2⟩ 사려성과 충동성의 특징 비교

사려적인 사람	충동적인 사람
반응 느림	반응 빠름
오류 적음	오류 많음
우유부단하다고 여겨질 수 있음	결단력 있다고 인정받을 수 있음
추론이나 논리적 과제를 잘함	창의적 과제를 잘함
세심하다고 인정받음	꼼꼼하지 못하다고 여겨짐
주의집중 잘함	주의집중 못함

2. 학습양식

　학습양식(learning style)은 사람들이 학습할 때 자주 사용하는 정보처리 방식이나 선호하는 조건을 의미한다. 학습양식은 개인이 가진 능력에서의 차이가 아니라 인지·정서·행동·성격·생리적 측면이 학습하는 과정(결과가 아니라)에 영향을 주는 개인차를 반영하는 개념이다. 따라서 개인마다 서로 다른 고유한 학습양식을 가지고 있으며, 상황과 맥락에 따라 서로 다른 학습행동을 보여 준다. 예를 들어, 시끄러운 교실에 있어도 어떤 학생은 학습에 집중하지만, 다른 학생은 학습에 집중을 할 수가 없다.

　학습양식은 능력이 아니라 선호도이므로 특정한 학습양식이 더 좋거나 우수하다고 말할 수 없다. 상황과 맥락에 적합한 학습양식이 다를 뿐이며, 그 상황이나 맥락과 어울리는 학습양식을 습득할 수도 있다. 어린 아동은 자신의 학습양식 선호도에 영향을 많이 받으므로 적절한 환경에서 학습할 기회를 가져야 한다(New York State Board of Regents, 1988). 그럼에도 심리적 요인이나 학습하는 동안에 일어나는 인지적 과정에 따른 학습양식의 차이를 파악하는 것이 어려우며 학습자의 선호도를 충족시켜 주는 것은 더욱 어렵다. 따라서 교사나 학습컨설턴트는 학생들의 학습양식을 정확히 이해하고 각 학생의 학습양식에 맞춘 서비스를 제공하기 위해 노력해야 한다.

1) 콜브의 학습양식

(1) 정의 및 특징

　콜브(Kolb, 1984)는 학습양식은 정보를 지각(perceiving)하고 처리(processing)하는 과정에서 발생하는 개인적 차이라고 정의한다. 먼저, 학습자마다 정보를 지각하는 방식에서 차이가 있다. 어떤 사람은 정보를 지각할 때 구체적 경험을 통해 정보를 느끼기(feel) 좋아하지만, 어떤 사람은 정보에 대해 생각하기(think)를 더 좋아한다. 정보를 느끼기 좋아하는 사람은 구체적 경험(concrete experience: CE)을 선호하는 경향을 가지며, 정보에 대해 생각하기를 좋아하는 사람은 추상적 개념화(abstract conceptualization: AC)를 선호한다. 구체적 경험을 통해 정보를 지각하는 사람은 직접 경험하는 것을 통해 학습하기를 더 좋아한다. 반면, 추상적 개념화를 통해 정보를 지각하는 사람은 논리와 아이디어를 사용하기를 더 좋아한다.

둘째, 학습자는 정보를 처리하는 방식에서 차이를 가진다. 이것은 정보나 문제를 관찰하려는(watch) 경향과 정보나 문제를 실행하려는(do) 경향으로 나뉜다. 즉, 학습양식을 구분할 때 사용할 수 있는 축으로 성찰적 관찰(reflective observation: RO)과 능동적 활동(active experiment: AE)이 대비된다. 성찰적으로 관찰하는 사람은 의사결정하기 전에 주의 깊게 관찰하는 반면, 능동적으로 실험하려는 사람은 문제를 직접 실험하여 해결하려고 한다.

콜브(Kolb, 1984)는 지각과 처리라는 두 가지 기준에 의해 만들어지는 네 가지 학습 과정(구체적 경험, 성찰적 관찰, 추상적 개념화, 능동적 실험)이 순차적으로 일어난다고 가정하였다. 즉, 학습자는 구체적 경험을 통해 지각한 것을 성찰적으로 관찰하면서 처리하고, 이어서 추상적인 개념으로 바꾸어 일반화시키며, 그것을 새로운 상황에서 능동적으로 실험하는 과정을 거친다는 것이 콜브의 주장이다. 우선 사람은 정보나 지식을 학습하기 위해서는 무엇보다 먼저 그것을 구체적으로 경험해야 한다. 그리고 정보에 대한 느낌을 통해 학습한다. 따라서 학습은 정보로부터 얻는 느낌으로 시작된다고 볼 수 있다.

일단 구체적으로 경험을 하고 나면, 학습자는 정보를 성찰적으로 관찰해야 한다. 세심한 관찰을 통해 정보의 의미를 이해하고 새로운 의미를 생성하기도 한다. 따라서 학습자는 정보를 먼저 느끼고 이어서 그 정보를 성찰적으로 관찰하는 과정을 거친다.

학습자는 정보를 관찰한 다음 그것을 추상적 개념으로 바꾸어야 한다. 느끼는 것과 관찰하는 것만으로는 학습이 충분하게 일어나지 않는다. 학습자는 논리와 자신이 가진 배경지식을 활용하여 구체적으로 경험하고 성찰적으로 관찰한 것을 추상적 개념으로 바꾸어 주어야 한다. 이 과정은 체계적인 계획과 예리한 상황판단을 통해 더 활성화된다.

끝으로 학습자는 새로 획득한 추상적 개념을 능동적 실험으로 옮겨야 한다. 실전에 적용하지 않은 지식은 때로는 죽은 지식이 되기도 한다. 따라서 콜브에 따르면, 학습자는 추상적 개념을 실제 상황에 적용하여 다양한 문제를 직접 해결해야 한다.

문제를 직접 해결하는 동안에 획득한 개념이 타당하다는 것을 검증하기도 하지만, 기존의 지식으로 설명할 수 없는 새로운 경험을 얻을 수 있다. 즉, 자신이 모르는 새로운 정보를 접하게 될 수 있는데, 이런 경우 새로운 학습 사이클이 시작된다. 이렇게 네 단계를 거치면서 일어나는 과정을 콜브는 학습 사이클이라 부르며, 이것을 그림으로 표현하면 [그림 7-3]과 같다.

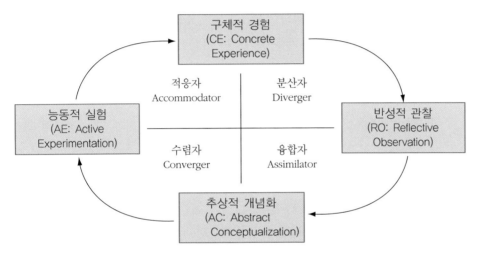

[그림 7-3] 콜브의 학습 사이클과 학습 유형

콜브(Kolb, 1985)는 지각과 처리라는 두 축을 교차시키고 4단계의 학습사이클을 통합하여 학습양식을 네 가지로 분류하였다. 즉, 정보를 처리하는 방식과 정보를 지각하는 방식을 두 축으로 교차시키면, 네 개의 분면으로 나누어진다. 정보 지각 방식과 정보 처리 방식을 교차시켜 만들어 낸 네 가지 학습양식을 그림으로 표현하면, [그림 7-3]에서 원의 안쪽에 있는 네 개의 분면이 된다.

• 분산자: 분산자(Diverger: RO-CE)는 구체적 경험을 통해 정보를 지각하고 성찰적 관찰을 통해 정보를 처리하기를 좋아하는 사람을 가리키는 용어이다. 분산자는 학습 사이클 1, 2단계에 능통한 사람으로 새로운 상황을 다양한 관점으로 지각하고 성찰적으로 관찰하는 동안에 폭넓은 정보를 수집할 수 있게 되며, 마침내 다양한 아이디어를 가질 수 있다. 따라서 분산자는 창의적 사고력이 높은

편이며, 열린 마음을 가지고 있고, 개방적 사고에 능통하다. 분산적 학습양식을 가진 학생은 새로운 과제를 해결하는 프로젝트를 잘할 수 있으므로 교사 및 학습컨설턴트는 창의적 과제를 모둠학습할 때 분산자가 모든 모둠에 속하도록 안배하는 것이 좋다.

• 융합자: 융합자(Assimilator: RO-AC)는 학습 사이클 중에서 2단계와 3단계에 익숙한 사람으로 추상적 개념화(3단계)를 통해 정보를 지각하고 성찰적 관찰(2단계)을 통해 정보를 처리하기를 좋아하는 사람이다. 명칭에서 알 수 있듯이 융합자는 새로운 정보를 기존의 틀에 맞추는 것을 잘한다. 융합자는 관찰하여 얻은 다양한 정보를 통합하여 간결하고 논리적인 형태로 구조화하는 능력이 뛰어나다. 다양한 것에서 공통적인 요소를 뽑아내어 간결하게 하는 귀납적 추리에 능통하고 이론을 개발하는 것도 잘한다. 반면, 융합자는 자신이 개발한 이론을 실제로 적용하는 과정에는 별로 관심이 없고 사람과의 관계나 감정에 무관심하다. 융합적 학습양식을 가진 학생은 토론하는 동안에 다른 학생의 생각을 듣고 이를 종합하고 정리하는 것을 잘한다.

• 수렴자: 수렴자(Converger: AE-AC)는 학습 사이클 3단계인 추상적 개념과 4단계인 능동적 실험에 능숙한 사람이다. 따라서 수렴자는 추상적으로 개념화하여 지각하며, 활동적으로 실험하면서 정보를 처리하는 특성을 가진 사람이다. 이들은 풍부한 지식과 이론을 습득하여 그것을 실제로 적용하는 것을 잘하며, 새로운 업무를 추진하기 위한 의사결정이나 문제해결 능력이 뛰어나다. 수렴자는 새로운 과제를 수행할 때 체계적이고 과학적으로 접근하며 능동적으로 실험하기 때문에 최상의 정답이나 해결안을 찾는 상황에서 학습을 잘한다. 이들이 가진 단점은 사회적인 문제나 사람과의 관계에 능숙하지 못하고 타인의 감정에 무관심하다는 데 있다.

• 적응자: 적응자(Accommodator: AE-CE)는 학습 사이클 1단계와 4단계에 익숙한 사람으로 구체적인 경험을 통해 정보를 지각하고 능동적인 실험을 통해 정보를 처리하려고 한다. 적응자는 몸으로 부딪히면서 직접 경험한 것을 통한 학습

을 좋아하며, 실제 과제를 수행하는 동안에 얻은 체험을 좋아한다. 바꾸어 말하면, 계획을 실천하는 데 뛰어나며 새로운 도전을 추구하고 새로운 상황과 맥락에서도 잘 적응한다. 따라서 환경변화에 즉각적이고 직감적으로 적응해 나가며, 긴박한 상황에서 뛰어난 적응력을 발휘한다. 다른 사람과의 관계를 중요시 여기고 타인에게 의존하는 경향이 있으며 지도성이 높은 편이다.

(2) 발달적 측면

콜브가 처음 학습양식 유형을 분류할 때는 18세 이상의 성인에 초점을 두었다.

⟨표 7-3⟩ 콜브 학습양식에 따른 학습방법의 특징

학습양식	학습방법
분산자	• 실생활에서 접할 수 있는 구체적인 상황을 관찰하는 학습을 더 잘함 • 상상력이 풍부하고 폭넓은 영역의 정보를 수집하는 데 능함 • 한 가지 이상의 많은 해결안을 생산하기를 좋아함 • 많은 대안을 마련할 수 있음 • 행동하기보다는 관찰하기를 더 좋아함
융합자	• 다양한 정보를 통합하여 이론적 모형으로 조직화하기를 잘함 • 논리적이며 추상적임 • 숫자에 강함 • 프로젝트보다 토론식 수업을 더 좋아함 • 추상적인 개념을 잘 개발하지만 이를 실제 적용하는 데 관심 없음
• 수렴자	• 개념과 이론에 대한 분석 및 종합을 선호 • 문제 상황에서 결정하는 능력이 뛰어나 문제나 과제가 제시될 때 아주 빠르게 움직임 • 혼자서 일하는 것을 선호 • 기술적인 문제를 다루는 것과 능동적인 실험을 선호 • 유추를 잘함
• 적응자	• 적극적인 실험과 구체적인 경험을 통해 학습 • 문제해결하는 과정에서 논리보다 직감에 의존하는 경향 • 발견학습을 좋아하고 프로젝트 수업을 좋아함 • 다른 사람으로부터 얻은 정보를 잘 이용 • 생각하기보다 실천하기를 더 좋아함 • 발견법을 적절히 이용하는 것이 중요함

콜브와 콜브(Kolb & Kolb, 2005)는 19세 이전과 이후에서 추상적 개념화가 급격히 증가하며, 능동적 활동이 줄어든다고 밝히고 있다. 그러나 콜브가 정보를 지각할 때 선호하는 경험 방식을 구체적 경험과 추상적 개념화로 양분한 것은 피아제의 인지발달 과정을 닮았다. 피아제에 따르면, 사람은 어릴수록 구체적 경험을 선호하고 청소년기에 들어서야 추상적 개념화가 가능하다. 따라서 콜브의 학습양식에서 어린 아동은 구체적 경험과 능동적 활동을 선호하기 때문에 적응자의 모습을 가질 가능성이 높다.

또한 학습자가 가진 유전적 요인과 성장해 온 환경에 따라 선호하는 학습양식이 다를 수 있지만, 학습자는 구체적 경험, 성찰적 관찰, 추상적 개념화, 능동적 실험이라는 네 가지 과정을 모두 거쳐야 학습을 달성할 수 있다. 따라서 연령에 상관없이 모든 학습자는 한 가지 학습양식만 사용하기보다는 네 가지 학습양식을 골고루 사용할 수 있도록 준비하는 것이 중요하다.

(3) 검사 방법

콜브는 학습양식을 측정하는 검사를 개발하면서 이것이 필요한 이유를 제안하였다. 학습양식 검사 도구는 학습자가 자신의 경험으로부터 학습이 일어나는 과정과 자신만의 학습양식을 이해하도록 돕는다. 자신이 어떻게 학습하는지 이해하게 되면, 자신의 학습에 대한 메타인지적 조절이 가능하기 때문에 학습양식을 측정하는 도구가 필요하다.

콜브는 1971년에 처음으로 학습양식 검사(Learning Style Inventory-Version 1)를 개발하였다. 이 검사는 네 가지 학습양식으로 구성되어 있고 각 양식마다 6문항으로 이루어져 있다. 따라서 학습양식검사 1판은 총 24문항 구성되어 있다.

콜브는 1985년에 검사 도구의 신뢰도를 높이기 위해 학습양식 검사 2판으로 개정하였다. 개정된 2판은 네 가지 학습양식 각각 6문항이 추가되었고, 문항들은 중학생도 이해할 수 있도록 쉽게 수정되었다. 그 결과 1판보다 신뢰도가 더 높아졌다.

콜브는 1999년에 다시 학습양식 검사 3판으로 개정하였다. 검사 문항을 학습사이클과 일치하도록 조정하였고, 팀워크, 갈등관리, 의사소통, 진로 선택 및 발달 등도 포함시켰다. 그리고 2005년에 학습양식 검사 3.1판으로 또 다시 개정하였다. 콜브의 학습양식 검사에 있는 문항은 〈표 7-4〉와 같다.

〈표 7-4〉 콜브 학습양식 문항

1. 학습할 때 나는 _____	느낌에 따라 학습하기를 좋아한다.	① ② ③ ④
	주의깊게 보고 듣는 것을 좋아한다.	① ② ③ ④
	생각해 보는 것을 좋아한다.	① ② ③ ④
	직접 해 보는 것을 좋아한다.	① ② ③ ④
2. 나는 _____ 가장 잘 배운다.	내 직감을 믿을 때	① ② ③ ④
	신중하게 보고 들을 때	① ② ③ ④
	논리적 사고에 의존할 때	① ② ③ ④
	학습활동을 끝내기 위해 열심히 할 때	① ② ③ ④
3. 배우고 있는 동안에 나는 _____	내용에 강한 느낌과 반응을 갖게 된다.	① ② ③ ④
	조용하고 별로 표현하지 않는다.	① ② ③ ④
	이유를 알고 싶어 하는 경향이 있다.	① ② ③ ④
	학습한 것에 책임감을 느낀다.	① ② ③ ④
4. 나는 _____	느낌으로 배운다.	① ② ③ ④
	보면서 배운다.	① ② ③ ④
	생각하면서 배운다.	① ② ③ ④
	직접 해 보면서 배운다.	① ② ③ ④

(4) 적용

콜브의 학습양식 이론과 검사 도구는 최근 널리 사용되고 있다. 검사 도구를 끊임없이 개정하면서 최근에는 성인 직장인의 학습을 도울 수 있는 방법을 모색하고 있다. 학습양식 검사 도구를 활용함으로써 교사는 학생이 자신의 학습양식이 문제해결, 팀워크, 갈등해결, 의사소통, 진로선택에 어떻게 영향을 주고 있는지 이해하도록 도울 수 있다. 또한 교사는 학생이 자신의 학습 유연성을 높이도록 도와줄 수 있다.

2) 감각적 학습양식

(1) 정의 및 특징

던과 던(Dunn & Dunn, 1992)은 학습양식을 각 개인이 새로운 정보에 집중하고, 처리하고, 흡수하고, 보유하는 방법이라고 정의한다. 이러한 학습양식은 생물학적 또는 발달적 요인에 의해 형성되기 때문에 각 학생은 서로 다른 학습양식을 가질 수 있다. 즉, 학생들은 타고난 감각적 수용 능력과 선호도 수준에서 서로 다르고 그 결과 서로 다른 학습양식을 선호할 수 있다. 예를 들어, 어떤 학생은 시각적 정보를 선호하고 어떤 학생은 청각적 정보를 더 좋아할 수 있다.

던과 던(Dunn & Dunn, 1978)은 학습양식을 세 가지 주요 감각 수용기[시각 (Visual), 청각(Auditory), 운동 및 촉각(Kinesthetic & Tactile)] 중 어느 것을 더 자주 사용하는가에 따라 구분하였다. 이런 분류는 우리의 오감 중 일부를 이용하고 있기 때문에 쉽게 이해할 수 있으며, 오늘날 널리 사용되고 있다.

모든 학습자는 새로운 정보를 받아들이고, 학습하고, 경험하기 위해 이 세 가지 감각 수용기를 사용한다. 그러나 모든 사람이 이 세 가지 감각 수용기를 똑같이 사용하거나 좋아하는 것은 아니다. 어떤 사람은 시각을 더 자주 사용하기 때문에 시각적 정보를 더 좋아하고, 어떤 사람은 청각을 더 선호하기 때문에 청각적 정보를 더 빨리 배우고 기억한다. 어떤 사람은 운동 감각기관이 발달되어 있기 때문에 운동적 형태로 표현된 정보를 더 잘 배운다.

청각적 학습자는 다른 사람이 하는 말을 듣는 것을 좋아할 뿐만 아니라 자기 자신에게 말하고 듣는 것을 좋아한다. 이들은 시각보다 청각을 통해 정보를 받아들이

청각적 학습자 듣기 	정보를 귀로 듣는 것을 좋아함 말로 표현한 것을 들을 때 잘 학습함 녹음된 학습자료를 잘 활용함 음향 효과에 민감함 토론식 수업과 강의식 수업 모두에서 잘 적응함
운동촉각적 학습자 하기 	손으로 만지면서 정보를 파악하는 것을 좋아함 실제 행동할 때 잘 학습함 활동자료를 잘 활용함 몸을 움직이는 것에 민감하게 반응함 발표나 프로젝트 수업에서 잘 적응함
시각적 학습자 보기 	정보를 눈으로 보는 것을 좋아함 그림이나 표로 제시된 것을 볼 때 잘 학습함 영상이나 프리젠테이션 자료를 잘 활용함 색상이나 시각 효과에 민감함 다양한 영상이나 인쇄물을 나누어 주는 수업에서 잘 적응함

[그림 7-4] 감각적 학습양식

고 처리하는 것을 더 좋아하고 잘한다. 따라서 책이나 문서를 읽는 것보다 다른 사람이 해 주는 말을 듣기를 더 좋아한다. 청각적 학습자들 중 다수는 책 읽기를 좋아하지 않는 경향이 있다. 특히 그림이 없는 책을 읽는 일은 이들에게 고역이다. 내가 아는 대학교수 중에도 청각적 학습자가 있는데, 그 교수는 학생이 작성한 과제도 직접 읽지 않고 학생에게 읽어 달라고 부탁한다. 자신이 과제를 읽을 때보다 학생이 읽어 줄 때 학생의 글을 더 정확하게 이해하고 편하게 여기기 때문이다.

(2) 발달적 측면

어린 아동은 대부분 운동과 촉각을 통해 학습하는 학습자다. 즉, 학령기 이전의 아동들은 신체 운동을 이용하여 학습하는 것을 좋아하는데, 이러한 현상은 피아제의 인지발달 단계에서 어린 아동은 감각운동기로 분류하는 것과 일치하는 것이다. 초등학교 시기에는 청각적 능력과 시각적 능력이 더욱 발달한다.

그런데 성별에 따라 학생들이 선호하는 감각적 학습양식에서 차이가 있다는 연구 결과가 많이 있다. 예를 들어, 남자 청소년은 시각적 학습양식과 운동/촉각적 학습양식에서 강점을 보이고 여자 청소년은 청각적 학습양식에서 강점을 가지는 것으로 드러났다(Dunn, Dunn, & Price, 1989). 또한 의과대학생을 대상으로 한 연구에 따르면, 남녀 대학생 모두 감각적 학습양식을 중복해서 사용하기를 가장 선호하는 것으로 나타났다. 남학생의 56.1%와 여학생의 56.6%가 시각, 청각, 운동/촉각 모두를 좋아한다고 응답한 반면, 어느 한 가지만 선호하는 학생은 절반이 되지 않았다.

종합하면, 성별에 따라 선호하는 감각적 학습양식이 다르며, 여학생이 청각적 학습양식을 선호하는 것으로 나타났다. 또한 연령이 증가함에 따라 한 가지 학습양식보다는 여러 가지 학습양식을 모두 사용하려고 하는 것으로 드러나고 있다.

(3) 검사 방법

던과 그의 동료 교수들(1989)은 학습양식 검사 도구를 개발하였는데, 이 검사는 104문항으로 구성되어 있으며 학습과 관련된 구체적 영영에서 선호하는 정도를 파악하기 위한 것이다. 이 검사의 영역은 환경(소음 수준, 실내 온도, 조명, 책상 및 의자), 사회적 맥락(다른 친구나 부모의 존재 여부), 정서적 요인(인내력, 책임감, 학습동기, 구조화 정도, 부모와 교사를 기쁘게 하려는 욕구), 생리적 선호도(돌아다니려는 욕구, 학습 중의 식욕, 에너지가 넘치는 시간대, 새로운 정보를 학습하기 위해 선호하는 감각적 양상)로 구성된다. 여기서 감각적 양상은 다시 청각, 시각, 운동/촉각으로 나누어지며, 이 책에서는 이 부분만 다룬다.

이후 바취(Barsch, 1991)가 24문항으로 구성된 감각적 학습양식 검사를 개발하였다. 이 검사는 3점 척도이며, 각 문항에 대해 자주, 가끔, 드물게 중 하나를 선택하도록 요구한다. 자주는 5점을 부여하고, 가끔은 3점을 부여하며, 드물게는 1점을 부여하면서 채점한다. 예시 문항은 〈표 7-5〉와 같다.

〈표 7-5〉 감각적 학습양식 문항

		자주	가끔	드물게
1	나는 어떤 내용을 읽을 때보다 들을 때 더 잘 기억한다.			
2	그래프와 차트 만들기를 즐기며 잘한다.			
3	도구를 가지고 작업하는 것을 즐긴다.			
4	퍼즐이나 미로 문제를 해결하는 것을 잘한다.			

(4) 적용

감각적 학습양식 이론에 따르면, 학생이 선호하는 학습양식에 따라 특정한 정보를 더 오래 기억할 수 있고 그렇지 않을 수도 있다. 감각적 학습양식이론에 따르면, 시각적 학습자에게 가장 좋은 학습방법은 보고, 관찰하고, 기록하는 것이다. 반면, 청각적 학습자에게 좋은 학습방법은 말하고, 듣고, 토론하고, 논의하는 것이다. 교사는 학생의 학습양식을 파악한 뒤에 이를 수업에 적용할 수 있다. 예를 들어, 청각적 학습자를 돕고 싶어질 때 다음과 같이 해야 할 것이다.

• 가르칠 내용을 간단하게 먼저 설명하고 시작하며, 수업 도중에 자주 질문하고, 끝날 때는 수업에서 다룬 내용을 종합하여 설명하라.
• 수업을 진행하는 동안에 소크라테스의 문답법을 적용하여 자주 질문하는 것이 도움이 된다.
• 청각적 활동을 수업 시간에 많이 포함시키라. 청각적 활동에는 브레인스토밍,

소규모 토론 집단, 각종 모둠 활동이 있다. 그러나 학생들이 하는 활동만 시키지 말고 그 활동을 설명해 주는 시간을 충분히 가져야 한다.

- 학생들 사이에 질의응답하는 시간을 많이 가지는 것이 중요하다.
- 두문자법이나 운율을 넣어 여러 개념을 기억하도록 돕는 기억술을 활용하는 것이 도움이 된다.

시각적 학습자는 청각적 학습자처럼 학습활동을 하면 학습의 효과성이 낮아질 것이다. 시각적 학습자는 언어와 공간이라는 두 가지 통로를 모두 이용하여 학습하기를 잘한다. 먼저, 언어–시각적 학습자는 강의나 연설처럼 말로 듣는 내용을 파악할 때 어려움을 겪지만, 인쇄물을 읽을 때는 수행을 더 잘하는 사람이다. 이들은 인쇄물 읽기를 좋아하므로 인쇄물을 학습에 도움을 주는 도구로 여긴다.

공간–시각적 학습자는 그래프, 그림, 차트, 비디오, 기타 시각적 보조장치를 이용할 때 학습을 훨씬 더 잘한다. 즉, 이들은 그래프나 그림과 같은 시각적 정보와 텍스트를 함께 읽을 때 수업에 흥미를 더 느끼고 집중한다. 이들은 상상만으로도 사람의 얼굴이나 장소를 잘 파악하고 기억할 수 있다.

교사는 시각적 학습자를 돕고 싶어질 때 다음과 같이 해야 할 것이다.

- 그래프, 차트, 그림, 비디오 등과 같은 보조물을 적극 활용한다.
- 학습자가 읽고 노트할 수 있는 요약물, 개념도, 유인물 등을 적극 활용한다. 이때 노트할 수 있는 여백이 있어야 한다.
- 수업시간 이외에 읽을 수 있는 유인물을 많이 준비한다.
- 이들은 청각적 정보만 받을 때 빨리 지치므로, 청각적 환경에서 주의를 유지할 수 있도록 돕기 위해 질문을 자주 한다.
- 배운 내용을 표, 도표, 그림으로 그릴 수 있는 시간을 제공한다.
- 시각적 이미지를 이용한 기억술을 사용하도록 가르치고 돕는다.

운동–촉각적 학습자는 손으로 만지고 몸을 움직이며 학습할 때 가장 잘한다. 이들은 외부적 자극이나 몸의 움직임이 없는 학습상황에서 주의를 쉽게 잃는다. 강의를 들을 때, 적어도 손을 움직이기 위해 노트필기를 하고 싶어 한다. 책을 읽을 때는 책을 먼저 훑어보고 세부적인 내용을 읽기 시작한다. 책 읽는 동안에 중요하다고 여겨지는 부분을 강조하기 위해 밑줄을 긋거나 하이라이트를 이용하며, 노트필기도 한다.

교사는 운동-촉각적 학습자를 돕고 싶어질 때 다음과 같이 해야 할 것이다.

- 학생이 일어나 움직일 수 있는 활동을 자주 사용한다.
- 학습활동 도중에 적절한 음악활동도 포함시킨다.
- 핵심 내용을 강조하기 위해 칠판이나 화이트보드에 색분필이나 색마커를 이용한다.
- 몸을 움직일 수 있는 휴식시간을 가능한 한 자주 가진다.
- 풍부한 예를 제공한다.

📖 **탐구 문제**

1. 장 독립적인 학생과 장 의존적인 학생이 함께 공부해야 하는 상황에서 교사는 어떻게 도와주어야 하는가?

2. 충동성이 높은 아동은 성인이 되어서도 충동적으로 행동하는 경우가 자주 있다. 물건을 충동적으로 구매하는 것도 충동성의 한 가지 형태다. 충동적인 구매를 줄일 수 있는 방법을 찾아보시오.

3. 콜브의 학습 사이클에 따르면, 누구나 구체적 경험, 성찰적 관찰, 추상적 개념화, 적극적 실험이라는 네 개의 과정 또는 단계를 거치면서 학습한다. 그렇다면 이 네 가지를 모두 잘해야 효과적인 학습자가 될 것이다. 이 네 가지를 모두 잘하도록 돕는 방법을 찾아보시오.

제8장
학습동기

한국은 교육열이 가장 높은 나라 중 하나다. 이는 우리 국민 대부분 다 아는 사실이며, 과거 미국의 대통령인 오바마도 우리나라의 뜨거운 교육열을 부러워하였다. 교육에 대한 열의 또는 열정 자체가 일종의 동기에 해당하므로 한국인의 교육에 대한 동기는 높다고 볼 수 있다. 그런데 최근 OECD 연구 결과에 따르면, 한국 학생들의 학습동기는 다른 국가 학생들보다 낮다. 이처럼 한국인의 교육열은 높으나 학생의 학습동기가 낮은 것은 모순처럼 보인다. 왜 이러한 현상이 일어나는 것일까?

한국에서 중2병이라고 불리는 현상은 많은 나라에서도 나타나는 사회적 문제다. 미국의 중학생은 초등학생보다 동기 수준이 낮다는(윤채영, 김정섭, 2010; Anderman & Midgley, 1997; Eccles, Lord, & Buchanan, 1996; Zanobini & Usai, 2002) 점에서 미국의 학생도 중2병에 해당하는 문제를 가지고 있다고 볼 수 있다. 거의 모든 나라에서 결석하거나 중도탈락하는 중·고등학생의 수도 점점 증가하고 있다. 반면, 어떤 학생들은 학습동기가 매우 높으며 자기조절 학습을 잘한다. 이들은 자신의 꿈을 달성하는 데 필요한 것을 배울 때 열정을 쏟는다. 이들은 수업에서도 적극적으로 활동하면서 학습참여의 정도가 높다.

어떤 학생은 학습으로부터 도피하고 어떤 학생은 학습에 열의를 가지는 이유는 뭘까? 낮아진 학습동기를 다시 높이는 방법은 있는 걸까? 또는 학생들의 학습동기가 떨어지지 않도록 돕는 방법은 무엇일까? 이러한 질문에 답하기 위해서는 교사가 동기에 관한 이론을 학습하여 동기가 어떻게 작동하는지 이해하고 있어야 할 것이다.

1. 동기의 의미와 역할

동기는 유기체가 어떤 목적을 성취하기 위해 행위하도록 이끄는 내재적 또는 외재적 힘이다. 동기는 유기체가 무엇을 할 것인지 선택하고, 목적을 향한 행위를 일으키고, 그 행위를 유지시키는 역할을 한다. 모든 생명체가 가지는 다양한 생물학적 욕구도 동기에 해당한다. 다양한 형태의 욕구는 그 자체가 동기이자 학습동기와 같은 이차적 동기를 유발하는 원천이기도 하다.

생존에 필요한 기본적인 욕구를 일차적 동기(또는 기본 동기)라 부른다. 일차적 동기는 태어날 때부터 누구나 가지는 욕구를 가리키며, 식욕, 갈증, 수면욕, 배설 욕구 등이 포함된다. 반면, 이차적 동기는 일차적 동기와 연합되거나 복잡한 사회적 관계에서 학습된 동기를 가리킨다. 이차적 동기에는 성취동기, 호기심, 인정의 욕구, 친애의 욕구, 권력 욕구 등이 포함된다. 이러한 이차적 동기는 각자가 가진 가치와 결합된다. 따라서 각 개인이 가지는 이차적 동기의 종류와 수준이 다르다.

동기의 중요성은 동기가 하는 세 가지 역할에서 찾을 수 있다. 동기가 하는 첫째 역할은 개인이 행동을 선택하도록 이끄는 것이다. 인간은 여러 가지 행위를 동시에 할 수 없으므로 매 순간 어느 행위를 할 것인지 선택해야 한다. 소를 물가에 끌고 갈 수는 있어도 먹일 수는 없다는 격언에서도 동기의 선택역할을 찾을 수 있다. 이 격언은 소가 물을 마실지 말지를 선택할 수 있음을 강조한다. 부모나 교사가 학생을 학교로 보낼 수는 있어도 수업시간에 학습에 참여할 것인지 말 것인지를 선택하는 것은 학생이다.

둘째, 동기는 선택한 행동이 실제로 일어나게 만드는 역할을 한다. 목마른 사람이 우물을 판다는 속담이 이러한 동기의 역할을 잘 대변한다. 어떤 소가 물을 마실 것을 선택하였더라도 실제로 물을 마시는 행위는 빨리 일어날 수도 있고 늦게 일어날 수도 있다. 그러나 갈증이 심한 소는 아마도 빨리 물을 마실 것이다. 사람도 스스로 뭔가를 하기로 선택하였음에도 불구하고 그것을 실제 행동으로 옮기는 것은 시간이 걸릴 수 있다. 어떤 사람이 다이어트를 위해 운동하기로 선택하였더라도 실제 운동을 시작하는 데는 상당한 시간이 걸리는 경우가 많다. 운동하고 싶은 동기가 어느 수준 이상으로 높은 사람(절실한 사람)이 실제로 운동을 시작한다. 셋째, 동기는 선택하고 시작한 행동을 계속 유지하는 역할을 한다. 어떤 스포츠를 배울 때 한 번 또는 두 번 연습했다고 그것을 잘하는 사람은 거의 없다. 어느 정도 그 스포츠를 즐기려면 상당한 시간을 투자하여 연습하고 실제로 경기를 해 보아야 한다. 타인이 아무리 잘 가르쳐 주어도 학습자가 계속해서 연습하지 않는다면, 충분한 학습이 일어나지 않는다.

동기는 학생의 학습에도 큰 영향을 주는 요인이다(Alderman, 2007). 많은 연구는 학습동기가 높은 학생이 학교에서의 성취도가 더 높다는 것을 보여 준다(Sternberg & Williams, 2010). 동기는 학생의 학교생활뿐만 아니라 일상생활에서도 중요한 역할을 한다(Eccles & Wigfield, 2002). 동기가 높은 학생이 모든 영역에서 생활을 잘하는 이유는 동기가 없는 학생에 비해 더 긴 시간 동안 노력하고, 과제를 수행할 때도 더 적극적으로 참여하며, 실패하였을 때 더 노력하여 다음에 성공하기 때문이다.

2. 동기이론

사람의 동기를 유발하는 이유는 다양하다. 유발되었던 동기가 사라지는 이유도 다양하다. 따라서 동기를 설명하려는 심리학 이론도 다양할 수밖에 없다. 심리학의 아버지라 불리는 분트(Wundt)에서 시작하여 프로이트(Freud)의 정신분석이론, 제임스(James)의 기능주의 이론, 미국의 행동주의 이론, 사회인지 이론, 인본주의 심리학, 정보처리 이론, 구성주의 이론 등 거의 모든 심리학 이론은 동기에 대한 나름의 설명을 제시하고 있다. 이 장에서는 동기에 관한 여러 이론 중 교사가 학생의 학습을 도와줄 때 필요한 동기에 관한 이론들을 행동주의 동기이론, 인본주의 동기이론, 정서와 동기이론, 인지와 동기이론, 환경과 동기이론으로 구분하여 살펴본다.

1) 행동주의 동기이론

(1) 항상성 유지

행동주의 관점에서 볼 때 동기는 항상성을 유지하려는 추동(drive)에서 발생한다. 항상성은 생명을 유지하는 데 필요한 생리적 조건을 최적의 상태로 계속 유지하려는 힘을 의미한다. 항상성을 유지하려는 원리는 자동 온도조절장치에서 찾을 수 있다. 온도가 정해진 것보다 더 높아지면 장치가 작동을 멈추고, 거꾸로 정해진 온도보다 더 낮아지면 장치가 다시 작동하기 시작하는 것이 항상성을 유지하는 원리다. 인간의 다양한 생리적 욕구(수면, 식욕, 배변, 성욕)도 항상성을 유지하려는 경향성을 가진다. 이러한 경향성 때문에 인간의 동기가 유발되는 것이다. 예를 들어, 장시간 동안 음식을 섭취하지 못할 때 식욕이 발생하고, 반대로 지나치게 많은 음식을 섭취할 때 식욕이 사라지는 것이 항상성을 유지하려는 추동이다. 이처럼 어떤 특성이나 욕구가 최적의 상태 이상으로 높아지거나 낮아질 때 원리 상태로 되돌아가려는 경향성이 유기체로 하여금 어떤 행동을 하도록 동기를 유발한다.

헐(Hull, 1943)에 따르면, 항상성 유지는 습관화의 강도에 따라 변한다. 즉, 항상성은 습관화를 통해 유지될 수 있다. 습관화된 행동은 일정한 주기로 반복해서 나타나며, 주기가 되었을 때 그 행동을 하고 싶은 추동이 생긴다. 만약 때가 되었음에도 불구하고 행동이 나타나지 않을 때 몸에서는 습관화된 행동을 하고 싶은 욕구가 증가한다. 그리고 습관화된 행동을 했을 때 추동이 감소한다. 예를 들어, 토요일마다 테니스를 하는 사람은 토요일 아침이 되면, 테니스를 하고 싶은 욕구가 증가한다. 만약 비가 와서 테니스를 하지 못하면 몸이 근질근질해지고 스트레스가 높아진다. 결국 테니스와 유사한 라켓볼이나 탁구 또는 배드민턴이라도 해야 추동이 감소하고 안정이 된다.

모우러(Mowrer, 1960)의 이론은 항상성을 유지하고 싶은 추동이 두려움, 안심, 희망, 실망이라는 네 가지 정서와 결합하여 학습동기를 유발하거나 억제할 수 있다고 보았다. 희망은 어떤 자극이 주어지면, 곧 추동을 충족시켜 줄 어떤 결과물이 있을 것이라는 기대나 예상에서 오는 정서다. 두려움은 고통에 대한 기대나 예견이 있을 때 나타나며, 안심은 두려운 상황에서 벗어나게 될 때 발생하는 정서다. 실망은 추동을 감소시켜 줄 자극이 기대와 달리 나타나지 않을 때 느끼게 되는 정서다. 이런 네 가지 정서는 추동과 결합하여 동기를 유발한다.

항상성 유지 원리는 학습동기에도 적용할 수 있다. 매일 일정한 시간에 공부하는 습관을 가진 학생은 다음 날 그 시간이 되면, 학습동기가 저절로 생긴다. 만약 정해진 시간에 공부를 할 수 있다고 예상할 때 희망과 안심을 느낀다. 반면, 공부를 하지 못하고 시간을 보내면 오히려 초조해지고 실망을 느끼게 된다. 따라서 교사는 학생들이 정해진 시간에 공부하는 습관을 가지도록 안내하고 도와줄 필요가 있다.

(2) 인센티브와 벌

행동주의 학습이론에 따르면, 인간의 학습은 어떤 행동에 대한 강화물(보상)이나 처벌을 통해 일어난다. 감탄고토(甘呑苦吐)는 강화물과 처벌이 동기에 주는 영향을 보여 주는 고사성어다. 사람이 어떤 행동을 한 뒤에 강화물을 받으면 그 행동을 또 하고 싶은 동기를 느끼고, 벌(혐오자극)을 받으면 그 행동을 피하고 싶은 동기를 느낀다(Henderlong & Lepper, 2002). 따라서 행동주의 동기이론은 학습자의 내재적 요인보다 강화물이나 벌과 같은 외재적 요인에 의해 동기가 유발된다고 본다.

한국의 교사 중 대다수는 행동주의 교수-학습 이론을 배웠고, 그 영향으로 교사들이 교실에서 자주 사용하는 동기유발 요인은 강화물이다. 예를 들어, 많은 초등 교사들은 학생들의 학습동기를 유발하기 위해 스티커를 이용한다. 교사가 주는 스티커를 더 많이 받고 싶어서 학생들은 교사의 지시를 잘 따르고 수업에 적극 참여한다. 그런데 초등학교 고학년으로 갈수록 스티커를 이용하는 비율이 감소한다. 학생의 나이가 많아질수록 이들은 물질적 형태 보상보다는 만족이나 보람과 같은 내재적 요인에 의해 더 영향을 받기 때문이다. 즉, 인간은 발달할수록 물질적ㆍ생리적 요인보다 철학적ㆍ감성적ㆍ종교적 요인을 더 중요하게 여기는 경향이 있다. 또한 물질적 보상은 내재적 동기를 죽이고 외재적 동기를 더 높이기 때문에 나쁘다고 주장하는 학자들도 많이 있다. 따라서 교사는 학생들의 학습동기를 높이기 위해 강화물(보상)이나 벌을 이용할 때 신중해야 한다.

교사들이 학생들의 학습동기를 유발하기 위해 자주 사용하는 또 다른 형태의 강화물은 칭찬이다. 누구나 인정받고 싶은 욕구를 가지므로 교사가 학생에게 하는 칭찬은 학습동기를 높이는 데 효과적이다. 따라서 칭찬은 사회적인 것이지만, 물질적 강화물과 동일하게 작동한다.

그런데 헨더롱과 레퍼(Henderlong & Lepper, 2002)에 따르면, 칭찬은 물질적 강화물처럼 아동에게 나쁜 영향을 준다. 칭찬을 자주 받는 학생은 교사를 기쁘게 해 줄 것이라고 여겨지는 행동만 골라서 배우기 때문에 창의성을 발달시키지 못할 소지가 많다. 또한 칭찬은 내재적 동기를 감소시킨다. 학생이 재미있어서 과학 실험에 적극 참여하였는데, 그 대가로 강화물인 스티커를 받았을 때, 학생은 왜 그 실험을 하였는지 다시 생각하게 된다. 좋아하기 때문이 아니라 강화물 때문에 그 실험을 하였다고 지각하면, 그 실험을 또 수행하고 싶은 마음이 사라진다(Deci & Ryan, 1985).

2) 인본주의 동기이론

인본주의 동기이론은 행동주의 동기이론과 매우 다르다. 인본주의자들은 사람과 동물은 다르며, 동물에게 적용할 수 없는 인간만이 가지는 독특한 능력과 잠재성이 있다고 본다. 또한 인본주의 동기이론은 강화물이 아니라 개인의 내면적 욕구와 자아성취를 하려는 경향성이 동기를 일으키는 데 있어서 중요한 역할을 한다고 가정한다.

인본주의 동기이론을 대표하는 학자에는 로저스(Rogers)와 매슬로(Maslow)가 있다. 로저스(Rogers)에 따르면, 인간은 긍정적으로 존중받고 싶은 욕구를 가지고 있으며, 이런 욕구를 충족시키기 위해 필요한 학습을 좋아한다. 로저스와 프라이버그(Rogers & Freiberg, 1994)에 따르면, 모든 사람은 실현 경향성(actualizing tendency)이라는 동기의 내적 원천을 가지고 있다. 모든 사람은 스스로 원하는 것을 실현하기 위해 학습하기를 갈망하고 있다. 따라서 학생의 학습동기를 무조건적으로 수용하기만 하면 되는 것이며, 이들의 학습동기를 유발하기 위해 애쓰는 것은 불필요한 일이다.

한편, 매슬로(1970)는 인간은 생존에 필요한 결핍욕구와 더 성장하고 싶어 하는 자아실현(self-actualization) 욕구를 가지고 태어난다고 가정한다. 그리고 매슬로는 인간의 다양한 욕구는 결핍욕구와 성장욕구로 나뉘며 위계화되어 있다고 주장한다. 매슬로의 욕구위계설에 따르면, 인간은 결핍욕구에 해당하는 낮은 수준의 욕구를 충족했을 때만 상위 수준의 성장욕구가 발생한다. 먼저, 결핍욕구부터 자세히 살펴보자.

① 결핍욕구

결핍욕구(deficiency needs)는 생존에 필요한 욕구이며 부족하면 채우고 싶고, 넘치면 약해지거나 사라지는 욕구이다. 결핍 욕구에는 생리적 욕구, 안전의 욕구, 사랑의 욕구, 자존감의 욕구가 있다.

- 가장 기초적이면서 낮은 수준의 욕구를 생리적 욕구라고 한다. 이 욕구는 의식주와 같이 생존에 필요한 물리적 필요에 대한 욕구다. 예를 들어, 배고픔, 졸림, 갈증 등과 같은 생리적 욕구가 여기에 해당한다. 만약 생리적 욕구가 충족되지 않으면, 몸이 제대로 작동하지 않는다. 그 결과 충분한 음식섭취나 수면 등을 통해 배고픔과 졸림이 해결되지 못한 상태에서 학습을 하고 싶은 욕구가 발생하지 않는다. 따라서 아침에 충분한 음식을 섭취하지 못하는 학생들은 무상급식이라도 받아서 배고픔을 먼저 해소해야 학습동기가 일어날 것이다.
- 다음 수준의 욕구는 안전과 보호의 욕구다. 생리적 욕구가 충족되면, 편안한 삶과 정서적 안정을 느끼고 싶다는 욕구가 생긴다. 코로나19와 같은 전염성 질병이나 자연재해와 같은 위기의 상황에서는 안전과 보호의 욕구가 매우 높아지고 학습에 대한 욕구는 약해지기 쉽다. 따라서 매슬로의 위계 이론은 학교가 안전한 곳이며 학생을 보호해 주는 공간이어야 하는 이유를 제시한다. 학교가 사회적 위협, 위생 문제, 학교폭력 등과 같은 위험으로부터 자유로워야 학생들은 안정의 욕구가 충족되고 학습동기도 높아지게 된다.
- 세 번째 욕구는 소속과 사랑의 욕구다. 이 욕구는 다른 사람들과 친밀하게 지내면서 같은 집단에 속한 구성원이라는 느낌을 받고 싶고 그 사람들과 사랑을 나누고 싶은 욕구다. 소속의 욕구는 가족뿐만 아니라 학교에서 또래나 교사로부터 충족될 수 있다. 애교심은 소속의 욕구를 충족시켜 줄 수 있으므로 학생들이 학교를 사랑할 수 있도록 따뜻하게 대하고 즐거운 행사도 자주 개최하는 것이 좋다.
- 네 번째 욕구는 자존감의 욕구다. 사람은 자기 자신을 가치 있는 존재로 느끼고 싶어 한다. 학생들은 타인에게 존중받고 싶어 하며, 자신을 높이 평가받고 싶

어 한다. 특히 개인적 우화(personal fable)를 가진 청소년은 자신을 동화 속의 주인공처럼 아주 특별한 존재라고 믿고 있는데, 그런 믿음과 정반대인 자존감을 떨어뜨리는 상황을 좋아할 리 없다. 이런 상태에서 학습에 몰두하기는 어렵다.

② 성장욕구

성장욕구(growth needs)는 고차적 욕구라 불리는데, 결핍욕구가 충족되어야 발생할 수 있기 때문이다. 성장욕구는 자신을 실현하고 더 발전시키는 데 필요한 어떤 것을 더 채우고 싶다는 것으로 표현된다. 성장욕구는 결핍욕구와 달리 충분히 충족되는 경우가 거의 없다. 알면 알수록 더 많이 알고 싶어지기 때문에 지적 욕구를 충분히 충족한 사람은 아무도 없다.

- 다섯 번째 욕구는 세상에 대해 알고 이해하고 싶은 지적 욕구다. 결핍욕구가 충족될 때 사람들은 세상과 자기 자신에 대해 더 많이 알고 이해하고 싶은 욕구를 지니고 있다. 신생아도 새로운 것을 배우기 좋아한다. 교사와 학습컨설턴트들은 학생들의 지적 욕구를 충족시키기 위해 각별히 노력해야 한다.
- 여섯 번째 욕구는 심미적 욕구다. 사람은 아는 것 못지않게 아름다움을 추구하는데, 아름다움을 추구하는 것을 심미적 욕구라 부른다. 결핍욕구가 충족되고 나면, 사람은 신체적·지적·정서적 아름다움과 균형을 찾고 유지하고 싶은 욕구를 가진다. 요즘 청소년들은 외모에 많은 관심을 가지고 있다. 교사는 학생들이 외모에 대한 관심을 심미적 욕구로 승화시키도록 도와주어야 할 것이다.
- 성장욕구 중 가장 높은 수준의 욕구는 자아실현의 욕구다. 이것은 자신의 잠재력을 충분히 발달시켜서 세상과 함께 잘 어울리고 싶은 욕구다. 간디와 같은 성인이 이런 욕구를 충족했다고 볼 수 있다. 그래서 매슬로는 이런 자아실현 욕구를 충분히 누리는 사람은 거의 없다고 말한다.

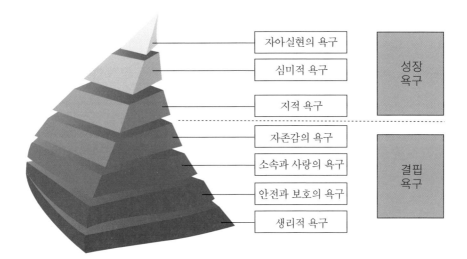

[그림 8-1] 매슬로의 욕구단계

3) 정서와 동기이론

(1) 각성

각성(arousal)은 뇌와 신경이 깨어 있는 정도 또는 활성화되어 있는 정도이며 생리적 · 심리적 준비 상태를 의미한다(Anderson, 1990). 각성 수준이 적절할 때 뇌와 신경계가 활발하게 작동하므로 반응의 속도가 빠르며 강하게 일어난다. 이러한 각성은 개인이 처한 맥락이나 상황에 따라 달라지기도 하지만, 동일한 상황이나 맥락 속에서도 사람마다 서로 다른 수준으로 일어난다. 예를 들어, 동일한 대입수능시험 장소에 있는 고등학생들 중에서도 어떤 학생은 각성 수준이 너무 높아서 불안을 느끼고, 어떤 학생은 불안을 전혀 느끼지 않는다.

각성 이론은 동기를 정서적 과정의 산물로 보는 이론이다(Schunk, Pintrinch, & Meece, 2013). 뉴런과 뇌 과학의 발달에 선구적 역할을 한 헵(Hebb)은 유기체가 어떤 활동을 수행하기 위해서는 적정한 수준의 각성이 있어야 뉴런이 전기적 정보를 전달할 수 있는 힘을 얻는다고 가정한다.

각성 수준이 적절할 때 수행이 좋아지며, 지나치게 높거나 낮을 경우는 수행이 방해받는다(Berlyne, 1960). 따라서 각성 수준이 지나치게 낮거나 높으면, 최적의 각성 수준으로 되돌리고 싶은 동기가 발생한다(Hebb, 1949). 예를 들어, 각성 수준이 너무 낮을 때 학생들은 적절한 각성 수준으로 되돌리기 위해 재미있는 놀이(play)를 찾는다. 놀이는 각성 수준을 높이는 좋은 방법이기 때문이다. 놀이가 불가능할 때 는 몽상이나 공상, 졸기, 낙서, 옆 친구와 말하기 등의 행동을 보인다. 수업시간에 이와 같은 행동을 하는 학생이 많다면, 수업이 각성을 최적 수준으로 유지시키지 못하고 있다는 뜻이다. 반대로 무서운 분위기에서 학생의 각성 수준은 급속히 높아 진다. 각성 수준이 너무 높아질 때 학생들은 불안을 많이 느끼게 되며 심지어 위경 련과 같은 신체화 현상도 나타난다.

개입 방법

학생의 개인 특성에 따라 최적의 각성 수준이 달라질 수 있다. 발동이 늦게 걸리는 학 생은 각성이 쉽게 일어나지 않아서 숙제의 마감일이 가까워져야 숙제를 열심히 한다. 어 떤 학생은 결과에 대한 기대가 클 때만 열심히 학습한다. 반면, 어떤 학생은 각성 수준이 조금만 높아도 쉽게 불안을 느끼고 학습활동에 집중을 하지 못한다. 이런 학생에게는 높 은 점수를 받을 것을 요구하기보다는 학습 그 자체에 관심을 가지도록 안내할 때 더 열 심히 학습한다. 그러나 보통 학생들은 중간 정도의 각성 수준을 느낄 때 학습활동을 가 장 잘한다.

(2) 흥미와 호기심

흥미가 동기에 영향을 준다는 생각은 오래전부터 있어 왔다. 윌리엄 제임스 (William James)와 존 듀이(John Dewey)도 흥미가 동기를 높이는 데 중요한 역할을 한다는 것을 강조하였다. 그러나 행동주의 이론이 강세를 보이는 동안 흥미에 대한 관심이 급격히 줄어들었다가 1980년 후반부터 다시 주목을 받고 있다. 이런 이유로 인해 흥미는 고전적 이론이 아니라 현대이론에서 자주 거론되고 있다. 사람들은 서 로 다른 것에 호기심을 느끼고 흥미를 느낀다. 어떤 학생은 스포츠를 좋아하고 스 포츠 관련 활동에 호기심을 가지는데, 다른 학생은 스포츠에는 전혀 관심이 없고 대인관계에 흥미를 더 많이 느낀다. 어떤 학생은 문학에 관심이 많고 어떤 학생은 책 읽기에 흥미를 전혀 보이지 않는다.

이런 개인적 흥미의 차이는 직업적 흥미의 차이로 나타난다. 과학에 흥미를 느끼는 아동은 자연계 계통의 학문에 관심을 더 많이 가지고 직업도 연구직을 선호한다. 예를 들어, 공룡에 흥미가 높은 아동은 공룡 모형 수집을 좋아하고, 공룡의 이름을 잘 알며, 지구과학이나 고고학에 관심을 가진다. 반면, 사람들과의 관계에 흥미가 높은 학생은 사업가가 되거나, 교사 또는 상담가가 되고 싶어 한다.

흥미는 일상생활에서뿐만 아니라 교실에서의 학습활동에도 중요한 역할을 한다. 흥미 있는 과목을 학습할 때는 적극적으로 참여한다. 반면, 흥미 없는 교과내용을 배울 때는 수업에 집중하기보다 졸거나 친구와 장난을 치면서 시간을 보내려고 한다. 따라서 교사는 가르치는 내용을 가능한 한 학생들의 흥미와 연결시키기 위해 노력해야 한다. 교사는 흥미가 어떻게 학습에 영향을 주는지 알아야 하고, 학생의 흥미를 유발하고, 필요에 따라서는 학생의 흥미를 향상시키는 전략을 배워서 익혀 두어야 한다(Schraw, Flowerday, & Lehman, 2001).

4) 인지와 동기이론

인지적 동기이론은 외적 환경을 강조하는 행동주의 동기 이론과 다르며 내적 욕구를 강조하는 인본주의와도 다른 관점을 가진다. 인지적 동기이론에 따르면, 인간은 자기 자신을 스스로 이해하고, 극복하고, 성공하고, 성장하고, 도전하고 싶은 욕구 때문에 동기가 유발된다.

초창기 인지이론은 인지적 일관성과 인지적 부조화에 초점을 두었지만, 최근의 인지이론은 학생의 계획, 타인이나 환경에 대한 기대, 목표, 성공과 실패의 원인 파악 등과 같은 인지적 과정을 중요시한다. 따라서 인지이론은 학생의 인지적 신념이나 생각이 동기를 일으키거나 감소시키는 과정에 초점을 둔다(Schunk & Zimmerman, 2007). 여기서는 귀인이론, 목표 및 목표 지향성, 기대×가치 이론만 다룬다.

(1) 귀인이론

사람은 어떤 행동이 목적을 성공적으로 달성하거나 실패하였을 때 그러한 결과를 초래한 이유를 알려고 노력한다. 사람은 자신의 성공과 실패를 가져온 원인을 알게 될 때 이후에 어떻게 행동할 것인지를 결정할 수 있기 때문이다. 만약, 우리가 어떤 목표를 성공적으로 달성하게 만든 이유를 알게 된다면, 그 이유에 근거하여 동일한 목표를 또 추구할 것인지 말 것인지 결정할 수 있다. 이처럼 특정한 행동이 성공한 이유 또는 실패한 이유를 찾으려는 노력에 기초하여 인간의 동기를 설명하는 동기이론을 귀인이론이라 부른다. 여기서 귀인(attribution)은 사람이 특정 행동을 하거나 하지 않는 이유에 대한 설명이다.

귀인이론은 과거의 성공과 실패의 원인을 찾는 것과 미래에 그것을 할 것인지 말 것인지 예측하도록 도울 수 있다. 귀인이론은 하이터(Heider, 1958/1983)에 의해 처음 개발되었지만, 널리 알려진 귀인이론은 와이너(Weiner, 1992)에 의해 수정·보완된 것이다. 와이너(1992)에 따르면, 사람들은 자신이 한 일의 성공과 실패를 가져온 원인을 설명하기 위해 다양한 정보를 사용한다. 이때 사용하는 정보는 ① 소재 차원(원인이 자기 자신 또는 외부 중 어디에 있는가), ② 안정성 차원(원인이 오래 지속되는 것인가 쉽게 바뀌는 것인가), ③ 통제 가능성 차원(원인이 통제 가능한 것인가 아닌가)에서 나온다.

소재 차원은 귀인을 할 때 성공과 실패의 원인이 자기 자신에게 있느냐, 외부에 있느냐에 관한 것이다. 어떤 사람은 자기 자신에게서 원인을 찾는 경향성이 있지만, 어떤 사람은 주로 외부에서 그 원인을 찾는다. 시험에서 낮은 점수를 받은 뒤에 교사가 출제를 너무 어렵게 했기 때문이라고 자주 말하는 학생은 실패의 원인을 외부에서 찾는 것이다. 반면, 학생 자신이 무능력해서 시험을 망쳤다고 믿는 학생은 귀인의 소재를 내부에 둔 것이다.

안정성 차원은 성공과 실패의 원인이 시간과 장소에 상관없이 동일한 것이냐, 시간과 장소에 따라 변하기 쉬운 것이냐에 관한 것이다. 어떤 원인은 안정성이 높은 반면, 어떤 원인은 안정성이 낮다. 예를 들어, 능력 또는 적성은 쉽게 변하지 않는 것으로 안정성이 높지만, 노력은 때와 장소에 따라 쉽게 변하는 것으로 안정성이 낮다. 학교 담임 교사가 가진 편견은 안정성이 높은데, 학습컨설턴트의 도움은 안정성이 낮은 편이다.

통제 가능성 차원은 성공과 실패의 원인을 자신이 통제할 수 있는 것이냐, 통제 불가능한 것이냐에 관한 것이다. 자기 자신이 통제할 수 있을 때와 그렇지 않을 때 느끼는 정서적 반응이 다르므로 통제 가능성 차원도 중요하다. 능력과 노력은 모두 소재가 자기 자신에게 있지만, 사람들은 능력이나 적성은 스스로 통제하기 어렵다고 느끼는 반면, 노력은 통제하기 쉽다고 생각하는 경향이 있다. 성공과 실패의 원인이 통제 가능하다고 인식될 때 사람들은 그 원인을 극복하고 싶은 동기가 생기지만, 통제 불가능하다고 느낄 때는 포기하고 회피하려고 한다.

귀인의 중요성은 어디에 탓을 하느냐 그 자체보다 귀인을 할 때 또는 그 뒤에 느끼는 심리적 결과와 행동적 결과에 있다. 성공을 자신의 노력에 귀인한 사람은 효능감을 느끼고 다음에 비슷한 상황에서도 노력하면 성공할 것이라는 기대를 가진다. 그리고 실제로 노력한다. 반면, 실패의 원인을 능력이 낮기 때문이라고 귀인하였을 경우 무기력을 느끼고 다음에 비슷한 일을 직면하게 될 때 그 일을 도전하기보다는 피하게 된다.

〈표 8-1〉학생의 성공과 실패에 대한 귀인 양식

안정성	소재			
	내부		외부	
	안정	불안정	안정	불안정
통제 가능	장기간 노력	일시적 노력	교사의 편견	주변 사람의 도움
통제 불가능	능력(적성)	건강/기분 상태	과제 난이도	운/기회

안정성	소재			
	내부		외부	
	안정	불안정	안정	불안정
통제 가능	"열심히 공부한 덕에 성적이 좋다."	"친구 문제로 공부할 시간이 없었어."	"너무 좋은 학교라 내신 성적이 나빠."	"○○와 함께 공부한 덕분이야."
통제 불가능	"나는 똑똑해서 원래 공부를 잘해."	"몸이 아파서 공부할 시간이부족했어."	"선생님은 항상 시험을 어렵게 내."	"운 좋게 쉬운 시험 문제만 걸려."

• 귀인과 정서의 관련성

와이너(1986)는 귀인과 정서와 관련을 짓는 과정에서 정서를 인지적 과정의 결과물로 정의한다. 즉, 정서는 인지적 평가 과정에 의해 영향을 받는다. 물론 정서가 인지에 영향을 주는 것을 부정하는 것은 아니었다. 다만, 우리가 어디에 귀인을 하느냐에 따라 우리가 느끼는 정서가 달라질 수 있음을 강조한다. 예를 들어, 성공과 실패의 원인이 자신의 능력에 있다고 귀인을 할 때 우리는 자존감의 저하를 경험하게 된다. 이와 달리 경기에서 진 뒤에 패배의 원인을 팀원이나 조상 탓으로 돌리면, 자존감을 유지할 수도 있다. 따라서 우리나라의 많은 사람은 자존감을 높이거나 유지하기 위해 성공의 원인은 자신의 능력에 두고 실패의 원인은 조상 탓, 남의 탓, 운명 탓으로 돌리기도 한다.

성공의 원인을 자신이 통제할 수 있다고 인식하게 될 때 사람들은 책임감을 느낀다(Weiner, 1992). 예를 들어, 과학 과제를 수행하는 데 있어서 중요한 요인은 노력이라고 믿는 학생은 어려운 팀 과제를 할 때 많은 노력을 기울인다. 반면, 능력이

교실 적용 방법: 귀인 훈련

귀인은 동기를 설명하는 중요한 변인이다. 그런데 바람직하지 않은 귀인 행동을 가진 사람은 다양한 심리적 문제와 대인관계 문제를 경험할 수 있다. 예를 들어, 지나치게 자신의 능력에 귀인을 하거나 극단적으로 남의 탓을 하는 사람들이 있다. 이런 경향성을 귀인 편향(attribution bias)이라고 부르는데, 이런 귀인 편향을 바로잡는 것이 귀인 훈련 또는 귀인 재훈련(attribution training or retraining)이다. 예를 들어, 학습부진학생은 자신의 능력이 너무 낮아서 실패했다고 믿고, 자신의 무능함을 부끄러워하며, 다음 시험에서도 실패할 것이라 강하게 믿는 경향이 있다. 그리고 실패할 때마다 자신의 무능함을 탓한다.

이런 학생의 귀인 편향을 재훈련할 때는 실패를 자주 낳는 상황 속에 직면시키고, 귀인을 능력 부족에서 노력 부족 또는 학습전략 부족으로 바꾸어 주어야 한다(Brophy, 1986; Lumsden, 1994). 우수한 학생들은 주로 노력이나 사용한 학습방법(학습전략)에 귀인하는 경향을 가지기 때문에 이렇게 귀인을 바꾸도록 돕는 것은 효과적이다. 귀인 훈련을 하는 또 다른 이유는 학생이 실패에 대한 두려움에서 벗어나 과제에 집중하도록 돕는 데 있다. 귀인 훈련은 학생이 포기하게 하지 않고 문제를 해결하는 다른 방법을 모색하도록 격려하는 것을 목표로 삼는다. 뿐만 아니라 다음 시험에서는 이 학생들이 성공할 수 있다는 믿음을 가지도록 충분히 상담해 주어야 한다.

귀인 훈련은 특히 학습부진 학생 및 학습된 무기력을 가진 학생에게 도움이 된다(Fulk & Mastropieri, 1990; Pearl, 1982). 수학이나 영어와 같이 특정한 과목을 포기한 학생은 자신이 아무리 노력하더라도 수학성적과 영어성적이 오르지 않았다고 믿고 있다. 이들에게도 귀인 훈련을 시키면 수학이나 영어를 다시 공부하려고 노력한다.

중요한 원인이라고 믿는 학생은 어려운 팀 과제를 수행할 때 당황하거나 수치심을 느끼고 회피하려고 한다. 다른 사람의 실패 원인이 능력 부족에 있다고 인식할 때는 그 사람에게 연민이나 동정심을 느끼는 경향이 있다.

(2) 목표 지향성

우리는 학생들에게 꿈을 가지라고 권한다. 그리고 꿈은 이루어진다고 말해 준다. 꿈은 일상생활에서 사용하는 용어인데 학술적으로는 '목표'라 불리기도 한다. 목표(goal)는 현 상태보다 더 나은 상태를 구체적으로 표현한 그 무엇이며, 노력해서 얻을 수 있는 것이어야 한다. 꿈이 비현실적일 때 몽상이라고 표현하는 것처럼 목표가 비현실적일 때 그 목표는 비효과적이다. 따라서 목표 그 자체가 있느냐 없느냐보다 어떤 목표를 설정했느냐가 더 중요하다.

성공적인 학습자는 스스로 설정한 목표를 달성하려고 하는 반면, 실패하는 학습자는 자기가 원하는 목표를 명확하고 구체적으로 설정하지 못한다. 학습자가 설정한 목표에 따라 유발되는 동기가 달라지기 때문이다.

로크와 라탐(Locke & Latham, 1990)은 목표가 동기를 유발하는 이유 네 가지를 제시했다. 첫째, 목표는 해야 할 과제에 집중하도록 돕는다. 학생이 가진 목표가 명확하고 구체적일 때 학생은 그 목표를 달성하기 위해 주의를 더 집중한다. 둘째, 목표는 심리적 · 물리적 · 사회적 자원을 동원하고 활용하는 데 도움을 준다. 자신이 정한 목표를 달성하기 위해 필요한 자원이 무엇인지 알게 되고 그 자원을 얻기 위해 노력한다. 셋째, 목표는 끈기나 인내력을 높인다. 목표가 없을 때는 쉽게 그만둘 과제도 자신이 달성할 목표로 정하고 나면 그 목표를 달성할 때까지 지속하는 경향성이 높아진다. 넷째, 목표는 성취를 돕는다. 목표가 명확하고 구체적일 때 그 목표를 달성할 수 있는 하위 목표를 정하고 하나씩 달성해 나가다 보면, 최종 목표도 달성될 수 있다. 목표가 명확하고 구체적이면 출발점에서 목표점에 이르는 단계, 계획, 전략을 수립할 수 있다(Miller, Galanter, & Pribram, 1986).

학생들이 가지는 목표 그 자체 못지않게 중요한 것은 바로 목표지향(Goal orientation)이다. 목표지향 이론은 학교에서 학생들이 과제를 학습하고 수행할 때 어떻게 접근하는지를 설명하기 위해 만들어졌으며, 숙달목표지향과 수행목표지향이 관심을 받고 있다. 엘리엇과 드웩(Elliott & Dweck, 1988)은 학습목표와 수행

목표가 동기에 미치는 영향에 관해 연구하였다. 여기서 학습목표는 학습하여 자신
의 능력을 높이는 데 초점을 둔 목표인 반면, 수행목표는 다른 사람으로부터 인정
받는 데 초점을 둔 목표다. 수행목표를 가진 사람은 어려움을 겪을 때 무기력을 느
낄 가능성이 높지만, 학습목표를 가진 사람은 동일한 상황에서 인내력을 보여 준다
(Molden & Dweck, 2000). 심지어는 실패를 경험할 때도 회복탄력성을 보여 주기도
한다.

학습목표지향은 숙달목표지향과 거의 동의어로 사용되고 있다. 숙달목표지향
(mastery goal orientation)은 과제를 충분히 이해하고 완성하는 데 초점을 두는 것이
며, 이런 목표를 가진 학생들은 수행목표를 가진 학생들에 비해 더 적극적으로 학
습활동에 참여하려는 경향성을 보인다. 또한 숙달목표를 가진 학생은 실패를 두려
워하지 않고 오히려 성공을 위한 하나의 길로 보기 때문에 새롭고 어려운 과제에
도전한다.

그러나 지나치게 숙달과제지향적일 때 학업성취도가 낮아지는 경향도 있으므로

교실 적용 방법

목표가 동기를 유발하므로(Locke & Latham, 1990) 학생이 자신의 목표를 잘 설정하
도록 돕는 것도 중요하다. 그리고 교사가 학생이 학습목표를 설정하는 것을 도울 때 수
업의 질이 높아진다. 학생들의 개인적 차이도 고려하여 과제를 제시하고, 학생이 스스로
목표를 설정하여 자신에게 필요한 것을 배울 수 있도록 권장한다.

수행목표지향을 가진 학생은 어려운 문제가 아니라 쉬운 문제만 해결하려는 경향성이
높다. 자신의 실패를 남에게 보여 주고 싶지 않기 때문이다. 따라서 이 학생들은 비교적
열심히 공부한다. 그러나 난이도가 높은 문제를 해결하려고 하지 않기 때문에 난이도가
높은 시험에서는 실패할 가능성이 높아진다. 평상시 공부할 때도 많은 시간을 들여서 어
려운 문제를 해결하여 성취감을 느끼는 것보다 쉬운 문제를 많이 풀어 봄으로써 실수를
하지 않는 것이 중요하다고 생각한다. 그 결과 수행목표지향을 가진 학생들은 보통 중간
또는 상위권의 성적을 얻는다. 그러나 정작 어려운 문제는 해결할 수 없다는 한계를 가
지고 살아가야 한다.

수행목표지향을 가진 학생을 지도할 때는 몇 문제를 해결하였는가보다 얼마나 즐겼는
지 또는 스스로 해결한 뒤 느끼는 기분이 어떤지에 초점을 두어야 한다.

신중해야 한다. 특히 한국의 학생들 중에서 숙달과제지향이 높은 학생이 오히려 학업성취도가 낮은 경향이 있는 것으로 나타났다. 이것은 어려운 문제만 도전하려고 하다 보니 쉬운 문제를 틀리기 때문일 것이다.

반면, 수행목표를 가진 학생은 자신의 능력에 귀인하는 경향이 높고, 학습된 무기력에 걸릴 가능성도 높다. 이들은 노력과 능력은 역상관관계를 가지는 것으로 믿는다. 즉, 노력을 많이 기울이면 능력이 낮고, 적은 노력으로 높은 성과를 이룰 때 능력이 높다고 여긴다. 수행목표를 가진 학생은 어려운 과제를 회피하고 쉬운 과제만 수행하려고 하기 때문에 공부를 어느 정도는 잘하지만, 최상의 수준에는 도달하지 못하는 경향이 있다. 수행목표를 가진 학생들은 자신의 수행에 대해 다른 사람들로부터 받는 평가에 관심을 많이 갖는다. 따라서 수행목표를 가진 학생은 자신의 능력이 부정적으로 평가받을 상황을 피하고 우수하거나 긍정적인 평가를 받는 것을 좋아한다.

(3) 기대×가치

어떤 행동이나 과제를 할 것인지 말 것인지를 예측하는 데 적용할 수 있는 동기이론은 기대×가치 이론이다(Atkinson, 1957). 귀인이론은 과거에 어떤 행동이나 과제를 성공했거나 실패했던 원인을 찾고 그것을 또 할 것인지 말 것인지 결정하는 데 유용하다. 반면, 기대×가치 이론은 과거에 해 본 행동이나 과제뿐만 아니라 과거에 해 보지 않은 행동과 과제라도 스스로 판단한 기댓값과 가치수준에 따라 새로운 행동과 과제를 할 것인지 말 것인지 결정하는 것을 설명할 때 유용하다(Wigfield, 1994).

예를 들어, 독일어를 배워야 하는 학생은 평상시 자신의 언어 능력(국어와 영어 모두)에 비추어 볼 때 독일어도 배울 수 있다고 믿을 수 있다. 이런 경우 기댓값은 1이 된다. 그런데 독일어를 배우는 것이 아무런 쓸모가 없거나(독일에 갈 일이 없다고 판단할 때) 중요하지 않다고(앞으로 독일어보다 중국어가 더 중요해질 것이니) 판단할 때는 가치가 0이 된다. 이런 경우 그 학생은 독일어를 배우고 싶은 동기가 높아지지 않는다. 거꾸로 자신의 언어능력 특히 영어를 배우는 데 실패하였기 때문에 독일어도 배울 수 없을 것이라고 판단할 때도 독일어를 공부하고 싶은 동기가 일어나지 않는다. 오직 독일어를 배울 수 있고 또 독일어가 중요하다고 판단할 때만 독일어를 배우고 싶은 동기가 생긴다.

스턴버그는 기대와 가치가 상호작용하면서 어떤 행동이나 과제를 배우고 싶은 동기를 유발하는 방법을 〈표 8-2〉와 같이 제시하였다.

〈표 8-2〉 기대×가치 이론을 이용하여 학생의 동기 향상시키기

성공 기대가 높은 학생	성공 기대가 낮은 학생
• 과제가 가치가 있다고 판단할 때: 높은 동기가 일어나고 노력도 많이 하여 성공할 가능성이 높다. 이런 경우 교사는 별다른 조치를 취하지 않아도 된다. • 과제가 가치가 없다고 판단할 때: 약한 동기를 높여 주어야 한다. 교사는 먼저 학생이 새로운 목표나 진로를 설정하도록 돕는다. 학생의 장점과 정말로 좋아하는 과제를 찾도록 돕는 것이 필요하다.	• 과제가 가치가 있다고 판단할 때: 동기가 약하게 생기지만, 실패할 것이라 믿기 때문에 많은 노력을 기울이지 않는다. 교사는 학생의 약간의 진보도 격려한다. 칭찬을 통해 자기효능감을 높여 주는 것도 필요하다. • 과제가 가치가 없다고 판단할 때: 동기가 거의 없다. 중요하지도 않으면서 실패할 과제이므로 관심도 주지 않는다. 교사는 학생이 더 가치 있는 새로운 과제를 찾도록 돕고 그 과제를 완수하기 위한 노력을 격려해 준다.

학생이 과제에 대한 자신의 기대뿐만 아니라 교사가 학생의 수행에 대해 가지는 기대도 학생의 동기에 영향을 준다는 것이 밝혀지고 있다(Goddard, Hoy, & Hoy, 2004). 로젠탈과 제이콥슨(Rosenthal & Jacobson, 1968)이 처음 연구한 뒤에도 교사의 기대가 학생의 동기유발에 미치는 영향에 관한 연구는 계속 이루어지고 있다.

학생들의 능력 수준에 대해 가지는 교사의 기대는 학생들의 학습 결과에 영향을 준다. 때로는 잘못된 교사의 기대마저도 학생의 성취 결과에 영향을 주는 것으로 나타났다(Harris & Rosenthal, 1985). 회사 중역들과 군대 사회에서도 피그말리온 효과가 나타나는 것으로 밝혀지기도 했다. 교사로부터 잘할 것이라고 기대받은 학생은 실제로 학업성취도가 높고, 반대로 교사로부터 공부를 못할 것이라고 낙인받은 학생은 실제로 학업성취도가 낮아진다.

이런 결과는 두 가지 이유에서 야기된다. 첫째, 교사의 기대는 교사 자신의 행동에 영향을 준다. 교사는 우수하다고 예상되는 학생에게는 더 친절하고, 질문에 대한 답변을 기다려 주는 시간이 더 길어지고, 때로는 질문에 대한 보충 설명도 더 많이 해 준다. 반면, 교사들 중에 다수는 학습부진 학생에게 더 엄격하고, 오랫동안 반

응을 기다려 주지 않으며, 때로는 '그럴 줄 알았다'는 듯이 조롱하는 경향을 보인다.

둘째, 교사로부터 높은 기대를 받은 학생은 교사의 기대가 부응하기 위해 더 많이 노력한다. 특히 자기가 좋아하거나 존경하는 사람으로부터 좋은 평가를 받을 때 그 사람과 좋은 관계를 지속하기 위해 기대에 맞게끔 행동하려고 하는 경향 덕분이다. 그런 평가가 지속되도록 다른 사람이 자신에게 거는 기대를 무시하기는 어렵다.

학교급에 따라 교사들이 학생에게 거는 기대와 다루는 방법이 다르기 때문에 많은 중학생은 학교에서 혼란을 경험하기도 한다. 구드와 브로피(Good & Brophy, 1984)에 따르면, 초등학교 교사들보다 중학교 교사들이 학생을 통제하고 훈육하는 것을 더 중요시 여기며, 학생들을 불신하는 경향이 있다. 중학교 교사들은 학생을 지원하는 초등학교 교사들에 비해 학생들을 편파적으로 대하는 경우가 많고 학생들을 지원하거나 우호적인 태도를 보이는 경우가 적다고 한다.

이제까지 기대가 동기에 주는 효과를 다루었다. 이제 두 번째 요소인 가치 부분을 살펴보자. 가치는 과제나 행동을 수행할 때 얻게 될 것이라고 믿는 이득, 보상, 혜택의 크기 또는 중요성이다(Eggen & Kauchak, 2011). 에클스와 위그필드(Eccles & Wigfield, 2002)는 과제가 가지는 가치를 획득가치(중요성), 내재적 흥미, 효용가치, 비용으로 나누었다.

여기서 획득가치는 어떤 과제나 행동을 잘하는 것이 자신에게 얼마나 중요한가에 관한 것이다. 예를 들어, 미용사가 되고 싶은 어느 고등학생에게는 수학을 잘하는 것이 자신에게 얼마나 중요한지를 생각해 볼 것이다. 상식적으로 볼 때 이 학생에게 수학은 획득가치가 낮은 과목이다. 그러나 염색약이나 파마약은 모두 화학물이기 때문에 이 학생에게 화학은 획득가치가 높을 수 있다. 따라서 미용사가 되고 싶은 학생에게 학습컨설팅을 할 때는 획득가치가 높은 과목에 대해 동기를 부여하는 것이 요구된다.

내재적 흥미는 과제를 수행하는 동안에 느끼는 즐거움이며, 뒤에서 다루는 데시와 리안(Deci & Ryan, 1985)의 내재적 동기와 매우 유사하다. 과제가 내재적으로 가치 있다면, 심리적으로 긍정적 결과를 얻게 되므로 그 과제에 대한 동기가 높아진다.

효용가치는 어떤 과제나 행동이 한 개인의 미래 목표 또는 직업 목표와 관련되는

교실 적용 방법

기대×가치 이론에 따르면, 어떤 과제가 주어질 때 학생이 그 과제를 하고 싶은 동기가 일어날 가능성은 25%밖에 되지 않는다. 기대가 1이고 가치가 1이어서 하고 싶은 동기가 일어나는 경우가 1/4이고 하고 싶은 동기가 일어나지 않는 경우가 3/4이기 때문이다. 그렇지만 필자는 학생의 동기를 부여할 때 기대×가치 이론을 적용하는 것을 좋아한다. 학생이 할 수 있다고 기대하는 정도의 난이도를 가진 과제를 찾아서 그것이 자신의 삶에 꼭 필요한 것임을 발견하도록 도와주면, 학생은 그 과제를'하고 싶다'라고 말하게 된다. 예를 들어, 박지성 같은 축구 선수가 되고 싶다는 초등학생은 나중에 영국 프로축구팀 선수로 활동할 때 영어를 할 줄 아는 것이 중요하다는 것을 깨닫게 될 때 영어를 배우려는 동기가 일어난다.

정도다. 예를 들어, 수학은 과학자가 되고 싶은 학생에게는 효용가치가 매우 높다. 따라서 교사는 학생의 장래 목표를 명확히 찾도록 도와주고 그 목표를 이용하여 자기가 가르치는 과목에서 효용가치를 찾도록 도와주는 것이 중요하다.

비용은 한 가지 과제나 행동을 하면 그 대가로 다른 활동을 하지 못하는 것을 의미한다. 비용은 과제를 수행하는 데 필요한 노력의 양과 정서적 상태를 포함한다. 따라서 비용은 과제를 할 때 다른 소중한 일을 포기해야 하는 것 같은 부정적 측면에 관한 것이다. 예를 들어, 어떤 학생이 영어를 공부하는 것이 자신에게 효용가치가 높으므로 영어를 공부하기로 하였을 때 그 학생은 친구 만나기를 포기해야 하고 심지어는 수학을 포기해야 하는 경우도 있다. 이렇게 효용가치가 더 높은 것을 선택할 때 상대적으로 효용가치가 낮은 것을 포기해야 하는 것이 비용이다.

5) 환경과 동기이론

(1) 사회문화적 영향: 사회적 변화

무엇보다 학생들의 동기 수준을 이해하려면 사회적 변화를 알아야 한다. 세대가 바뀌고 사회문화적 요인이 변하면 학생들의 동기도 자연스럽게 변한다. 100년 전의 사람들과 오늘날의 사람들이 생각하는 것과 행동하는 것이 다르기 때문에 학습에 대한 동기도 다를 수밖에 없다. 시대와 사회가 변함에 따라 사람들이 자주 하고 싫어 하는 행동이 달라진다.

　30년 전만 해도 한국의 중학생들은 오늘날의 중학생과 많이 달랐다. 최근 게임기, TV, 컴퓨터, SNS, 스마트폰 등 다양한 테크놀로지의 발달로 인해 학생들을 유혹하는 것이 너무 많아지고 있다. 그런데 1년은 365일이고 하루는 24시간이라는 것은 30년 전이나 지금이나 똑같다. 따라서 오늘날의 학생들은 학습 이외의 것에 마음을 빼앗겨서 학습동기를 잃기 쉽다. 예를 들어, 2014년 4월에 서울시와 시립강북인터넷중독예방상담 센터에서 서울시 거주 청소년(초등학교 4학년~고등학교 2학년)을 대상으로 실태조사하여 발표한 자료에 따르면, 스마트폰 사용 수준이 높을수록 학교생활과 가정생활에 불만이 높고, 학교 성적은 낮은 것으로 나타났다. 반대로 최근 일본 문부성에서 초등학생과 중학생에게 설문조사한 결과에 따르면, 스마트폰을 사용하는 시간이 짧을수록 학생의 성적이 높았다. 이것은 사회적 변화가 학생들의 학습동기에 영향을 준다는 명확한 증거다.

(2) 동조

　사회인지 이론은 행동주의 원리와 인지적 작용을 모두 수용한 이론이다. 관찰학습과 자기효능감이 사회인지 이론에 다루는 주요 개념들이다. 사회인지 이론에 따르면, 한 개인의 인지적 조건(생각, 계획, 자신의 능력에 대한 신념 등)과 환경적 조건(목표의 달성 가능성, 목표 달성 시의 보상 등)이 상호작용하면서 동기가 변한다.

　친구 따라 강남 간다는 속담은 동기를 유발하는 요인에 동조가 있음을 보여 준다. 이 속담은 자기는 처음에 호기심이나 흥미가 없어서 하고 싶은 마음이 없었는데, 남이 하니까 자기도 따라 하게 된다는 뜻을 가진다. 즉, 다른 사람의 행동에 동조하는 것이 동기유발의 기제다.

　집단문화가 발달한 한국은 동조에 의해 동기가 유발되는 경향이 강하다. 남과 비교하면서 남이 하는 것은 자기도 해야 한다는 생각이 강하다. 사돈이 논을 사면 배가 아프다고 하는데, 자기도 논을 사고 싶은데 살 수가 없으니 배가 아픈 것이다. 최근에는 친구가 인기 있는 학원에 가면, 자기도 그 학원에 가야 하고, 친구가 외제차를 사면 자기도 외제차를 사고 싶어 한다. 이런 동조는 학습에서도 나타난다.

3. 내재적 동기와 외재적 동기

앞서 동기유발 요인과 그에 관한 이론을 다양하게 살펴보았다. 이런 요인들이 일으키는 동기는 내재적 동기 또는 외재적 동기로 구분된다. 학생이 배우고 싶은 동기를 느낄 때 그 동기가 어디에서 시작되었느냐에 따라 내재적 동기와 외재적 동기로 나누어진다. 사람은 자발적으로 행동하거나 스스로 상황을 관찰하고 탐색할 때, 사물을 스스로 조작할 때, 주위 환경을 정복하고 싶을 때 내재적 동기가 일어난다(White, 1959). 따라서 배우는 것 자체가 즐거워서 배우고 싶다면, 그것은 내재적 동기다. 공자는 『논어』의 「학이(學而)편」에서 "學而時習之 不亦說乎(배우고 익히면 즐겁지 아니한가)?"라고 말하였다. 이 말은 학습 그 자체가 즐거움이라고 한 것이므로 학습이 내재적 동기에 의해 일어남을 강조한 것이다.

반대로 어떤 동기가 외부의 힘에 의해 일어나는 경우도 있다. 예를 들어, 요즘 젊은 사람들에게 유행하는 성형수술을 하고 싶다는 생각은 사실 주변 사람으로부터 '예쁘다'라는 칭찬을 받고 싶은 마음에서 한 것이므로 외재적 동기에서 나온 것이다. 성형수술 그 자체는 고통스러운 것이지만, 다른 사람으로부터 받는 칭찬이나 사랑이 더 중요하기 때문에 그 고통을 참고 이겨 내야 하는 것이다. 따라서 성형수술을 받으려는 동기는 내재적 동기가 아니라 외재적 동기다. 남들에게 몸매가 좋다는 칭찬이나 인정을 받고 싶어서 다이어트를 한다면, 이것도 외재적 동기다. 공부를 열심히 하는 이유가 그 자체에서 느끼는 즐거움에 있지 않고 부모로부터 사랑받고 싶거나 성공하고 싶다는 것이라면, 그것도 외재적 동기에 의해 발생하는 행동이다. 그러나 만약에 자신의 건강을 관리하기 위해 스스로 다이어트를 한다면, 이것은 내재적 동기에서 유발된 행동이다. 내재적 동기가 생겨서 자발적으로 체중을 줄이려고 하는 사람은 오랜 시간이 지나도 계속해서 다이어트를 하기 때문에 요요현상이 일어나지 않는다.

지금 이 책을 읽고 있는 예비교사에게도 내재적 동기와 외재적 동기를 적용할 수 있다. 만약 여러분이 교육심리라는 과목을 선택하고 이 책을 읽는 이유가 '교직 이수를 위해' '임용시험에 대비하여' '교사가 되기 위해' '학점을 잘 준다고 해서' 등과 같은 것에 있다면, 외재적 동기에 의존한 것이다. 그러나 만약 그 이유가 교육심리가 '재미있어서' '배우고 싶어서' '좋아해서' 등과 같은 데 있다면 내재적 동기에 의해 이 책을 읽고 있는 것이다.

1) 내재적 동기와 외재적 동기의 관계

많은 교육심리학자와 심리학자는 내재적 동기와 외재적 동기는 서로 양립 불가능한 것으로 파악했다. 바꾸어 말하면, 한 사람의 외재적 동기가 높으면 내재적 동기는 반드시 낮아야 한다. 내재적 동기와 외재적 동기는 서로 다른 효과를 가지기 때문이다(Covington & Mueller, 2001).

항상성 유지는 그 자체가 내재적 동기를 유발하지만, 때로는 보상과 연합되어 외재적 동기를 유발하기도 한다. 배고픔은 먹고 싶은 내재적 동기를 유발하는데, 배고픔을 달래 주는 음식은 보상물이 되어 학습을 촉발하는 외재적 요인이 된다.

흥미나 호기심은 주로 내재적 동기를 일으킨다. 자기가 좋아하고 흥미가 있기 때문에 그 자체가 동기를 일으킨다. 따라서 흥미 있고 호기심이 많은 것을 학습할 때 학생들은 내재적 동기가 유발된다. 대부분의 학생은 수학을 싫어하고 포기하지만, 수학적 기호와 풀이과정에 호기심을 가진 학생은 수학을 배우는 것이 즐겁다.

각성 수준이 너무 낮을 때는 무관심해지기 때문에 동기가 유발되지 않고, 지나치게 높을 때는 내재적 동기가 줄어들 수 있다. 예를 들어, 시험을 앞두고 각성 수준이 지나치게 높으면, 시험 불안이 생기고 결국 공부하고 싶은 동기가 줄어든다. 반면, 각성 수준이 너무 낮으면, 학생은 시험 자체를 잊어버리고 시험 준비를 거의 하지 않는다.

보상, 사회적 변화, 동조는 내재적 동기보다 외재적 동기를 유발하는 요인이다. 행동주의자들이 강화물이라고 부르는 보상은 어떤 행동을 하면 그 대가로 받는 것이기 때문에 행동을 하도록 동기를 유발하는 힘을 가진다. 그런데 그 행동을 하고 싶은 마음이 흥미나 호기심에서 나오는 것이 아니라 보상을 받기 위한 것이기 때문에 외재적 동기다. 지나치게 과한 보상은 각성을 높여서 불안을 초래하고 마침내 내재적 동기를 죽일 수 있다. 예를 들어, 어떤 학생이 이제부터 공부를 열심히 해 보겠다고 말하자 그 학생의 엄마는 반에서 5등 이내에 들어가면 최신 스마트폰을 사 주겠다고 약속했다. 이전 시험에서 12등 하였던 이 학생은 그런 약속을 받은 뒤로 한동안 열심히 공부하였다. 그러나 점점 학생이 집중이 되지 않는다고 불평하고, 마침내 엄마에게 왜 그런 약속을 했냐고 하소연했다. 이번 시험에서 5등 이내에 들어가지 못하면 갖고 싶은 스마트폰이 사라진다고 생각하니 걱정이 앞서고 공부에 집중을 할 수 없었던 것이다. 따라서 보상을 자주 주거나 지나치게 큰 보상을 주는 것은 내재적 동기를 죽일 수 있다. 칭찬도 일종의 보상이기 때문에 교사는 칭찬이 내재적 동기를 죽일 수 있음을 감안해야 할 것이다.

그러나 내재적 동기와 외재적 동기가 서로 배타적으로 작용하는 것이 아니며, 따로 작용할 수도 있고 동시에 작용할 수도 있다(Covington & Mueller, 2001). 특히 창의적 산출물을 만들어 내려면 내재적 동기와 외재적 동기가 동시에 작용하는 것이 요구된다(Amabile, 1993). 아마빌레(Amabile, 1993)는 외재적 동기와 내재적 동기가 조화를 이루는 상태를 시너지 동기(synergistic motivation)라 부른다. 바꾸어 말하면, 외재적 동기가 높으면 항상 내재적 동기가 낮은 것이 아니라 동일한 대상에 대해 외재적 동기와 내재적 동기가 동시에 작동할 수도 있다는 것이다. 예를 들어, 교사로부터 칭찬받고 싶어 하면서 동시에 스스로 공부하려는 욕구도 강한 학생이 있다. 이런 학생은 내재적 동기와 외재적 동기 모두 높다고 봐야 한다. 어떤 학생은 내재적 동기와 외재적 동기 모두 낮아서 학습에 대한 의욕이 없다.

외재적 동기는 어린 아동에게 효과적이다. 어린이집, 유치원 또는 초등학교 저학년 담당 교사는 아동의 학습동기를 유발할 때 사탕이나 기타 기호식품과 스티커, 별표, 토큰 등의 보상 체계를 적절히 사용한다. 그러나 초등학교 고학년 학생부터 보상에 대해 거부 반응을 보이기 시작하고, 학년이 올라갈수록 더 싫어한다. 따라서 학생의 발달에 발맞추어 내재적 동기를 높여야 한다(Gottfried, Fleming, &

Gottfried, 2001). 물론 중학생들에게 외재적 동기를 이끌어 내는 보상을 전혀 사용하지 말라는 뜻은 아니다. 배고플 때는 간소한 음식물이 큰 동기를 이끌어 내며, 목마를 때는 음료수 한 잔이 큰 힘을 발휘하기도 한다. 교사는 학생들의 동기를 유발하기 위해 적절한 시기에 유인가를 이용할 줄 알아야 할 것이다.

그러나 외재적 동기가 내재적 동기를 감소시키는 경우도 있다. 예를 들어, 칭찬이 학생의 내재적 동기를 감소시킬 때도 있다. 칭찬이 자신의 행동을 통제하기 위한 것이라고 인식하였을 때는 칭찬에 대해 거부 반응을 일으키고, 결국에는 내재적 동기가 감소한다. 예를 들어, 교사나 부모가 해 준 칭찬 때문에 공부하였다고 느꼈을 때 학생은 다음에는 부모나 교사로부터 칭찬을 받기 위해 공부한 것이 된다. 즉, 학생은 자신의 내재적 흥미나 즐거움에 따라 공부한 것이 아니라 외부의 조건 때문에 공부하였다고 믿는다. 즉, 내재적 동기에 의해 행동을 한 것이 아니라 외재적 동기에 의해 행동이 일어났음을 깨닫는다.

2) 자기결정 동기

내재적 동기와 외재적 동기가 양립 가능하다는 생각은 순수하게 외재적 동기 및 내재적 동기가 있고, 외재적 동기 속에 내재적 요인이 섞일 수 있다는 생각으로 발전한다. 인센티브를 제공하면, 내재적 동기가 외재적 동기로 바뀐다는 것이 인본주의 동기이론과 다수 인지이론의 주장이었다. 즉, 스위치를 바꾸는 것처럼 둘 중 하나만 존재한다고 본 것이다.

그러나 처음에는 외재적 동기에 의해서 시작되었던 행동도 자기결정(self-determination)할 수 있는 기회가 증가하면 점차 내재적 동기에 의해 하는 것으로 바뀔 수 있다는 것이 데시와 리안(Deci & Ryan, 1985)에 의해 제시된 자기결정 동기이론이다. 사람들은 외부의 힘에 의해 통제받는 것보다 자기 스스로 결정하는 것을 더 좋아한다(Deci & Ryan, 2000). 따라서 처음에는 외부의 힘에 의해 시작된 행동도 스스로 결정할 수 있는 기회가 주어지면, 스스로 하고 싶어진다. 즉, 어떤 행동은 처음에는 외재적 동기에 의해서만 작동하다가 점점 내재적 동기에 의해 시작될 수 있다.

따라서 자기결정이론가들은 외재적 동기를 여러 가지 네 가지 하위 동기 유형으로 나눈다(김아영, 2010). 가장 낮은 단계의 유형인 외적 조절(external regulation)은 내재적 요인이 전혀 포함되지 않은 전형적인 외재적 동기다. 보상을 얻기 위해 또는 처벌을 피하기 위해 동기가 유발되었다면, 이 동기는 외적 조절이다.

　외재적 동기의 두 번째 유형인 내사된 조절(introjected regulation)은 주사바늘로 내부에 주사한 것처럼 의무감에 의해 유발되는 동기다. 의무감은 개인 내적인 것이지만, 사실 주어진 책임을 내재화한 것이므로 여전히 외재적 동기다. 또는 부모에 대한 죄책감 때문에 공부를 하는 것은 순수한 내재적 동기가 아니라 내사된 동기에 의해 유발된 행동이다.

　세 번째 유형은 동일시된 조절(identified regulation)이다. 이 동기는 개인적 필요에 의해 일어나는 동기다. 따라서 동일시된 동기는 얼핏 보면 내재적 동기처럼 보일 것이다. 이런 동기가 내재적 동기가 아닌 것은 그 활동 또는 행동이 순수하게 자신의 흥미와 통제감에 의해 결정된 것이 아니기 때문이다. 그 자체가 흥미롭고 재미있어서 어떤 행동을 하는 것이 아니라 유용성 가치 때문에 한다는 것은 여전히 외재적 동기다. 즉, 활동 그 자체가 목적이 아니라 활동을 통해 얻게 되는 개인적 소득 때문에 공부를 하는 것은 동일시된 동기라 볼 수 있다. 예를 들어, 수학이 재미있어서 공부하는 것이 아니라 대학에 진학하는 데 꼭 필요해서 스스로 수학을 공부하는 것을 동일시된 동기라 부르며, 이것은 여전히 외재적 동기다. 외재적 동기 중 가장 내재적 동기에 가까운 것은 통합된 조절(integrated regulation)이다.

　외재적 동기와 내재적 동기의 차이는 자기결정 및 통제의 소재에 있다. 순수하게 자기결정에 따라 어떤 행동을 하는 것은 내재적 동기이고, 순수하게 외부의 힘에 의해 어떤 행동을 하게 된다면 외재적 동기에 해당된다.

　우리 인간은 다른 사람이나 외부의 힘에 의해 통제받는다고 느낄 때 행복하지 못하며, 자기 자신의 운명을 스스로 결정하려는 동기를 지니고 있다.

　데시 등의 연구에 따르면, 내재적 동기를 가진 학생들은 외재적 동기를 가진 학생에 비해 학습을 더 좋아하고, 더 바르게 행동하고, 이해와 적용을 더 잘한다. 교사가 학생들을 통제하지 않고 자율성, 유능감, 소속감을 가지고 행동하도록 격려하고 인정하는 것도 학생들의 내재적 동기를 향상시키는 좋은 방법이다.

　그러나 교사는 주로 학생이 긍정적인 학습행동을 했을 때 그 행동을 유지하기 위해 보상으로 선택권을 주는 경향이 있다(Sternberg & Williams, 2010). 공부를 열심히

하지 않은 학생에게는 강제로 공부를 시키고, 공부를 잘하는 학생은 선택권을 부여
받는다. 이것은 '닭이 먼저냐 달걀이 먼저냐'와 같은 질문을 하게 만든다.

3) 무동기

자기결정 동기이론은 외재적 동기와 내재적 동기를 명확히 구분하였고, 더 나아
가 동기가 없는 상태도 함께 논의한다. 무동기(amotivation)는 동기가 없다는 뜻이
며, 내재적 동기는 물론 외재적 동기마저 없는 상태, 또는 행동하기를 꺼리는 상태
이다. 따라서 학업 관련 무동기 학생은 학습활동을 하려는 마음이 없거나, 주저하
거나, 꺼린다(Ryan & Deci, 2000). 자기결정 동기이론은 처음부터 무동기를 포함시
켜 논의하였지만, 무동기에 대한 연구가 상당히 부족한 편이다.

무동기 상태의 학생은 자신의 행동에 대해 가치를 부여하지 않고, 그 행동을 잘
할 수 있다고 믿지 않으며, 그 행동이 자신이 원하는 결과를 가져올 것이라고 믿지
않는다(Pelletier, Fortier, Vallerand, & Brière, 2001). 그러나 어떤 학생이 깨어 있는
동안 잠시라도 무동기 상태라는 보는 것은 잘못된 가정에 기초하고 있다. 무동기
는 영역 특수적인 특정 행동만 하지 않으려는 상태로 이해해야 한다. 학업 무동기
는 학업에 관한 행동을 하지 않으려는 상태이지 어떠한 활동도 하지 않으려는 것이
아니다. 즉, 특정한 대상에 대해 무동기는 있을 수 있으나, 한 개인이 무동기 상태
로 깨어 있다는 것은 그 사람의 욕구를 동기로 인정하지 않을 때만 가능하다. 한 개
인의 생리적 욕구는 멈춰 있는 상태가 아니며 여러 종류의 욕구가 발생할 수 있기
때문이다. Pelletier, Dion, Tucson과 Green-Demers(1999)도 무동기는 동기가 전
혀 없는 상태를 의미하는 것이 아니라 특정 행동을 수행하려는 동기의 부족함을 의
미한다고 주장한다. 이에 Legault, Green-Demers와 Pelletier(2008)는 Pelletier 등
(1999)의 연구를 기반으로 학업 무동기를 능력 신념, 노력 신념, 과제 가치 신념, 과
제특징 신념이 부족한 상태로 정의한다. 따라서 학생이 학습에 대해 무동기 상태에
있다면, 심각한 문제로 작동할 수 있다.

학생의 학습 무동기를 해결하기 위해 인간의 다양한 욕구를 충족시키려는 노력
이 효과적일 수 있다. 배가 고파서 학습 무동기에 빠진 학생에게 학습동기를 높이
려고 교사가 교수방법을 바꾸는 것은 실패로 끝나기 쉽다. 오히려 교사는 학생의

배고픔을 학습동기를 높이기 위한 방법으로 활용하는 것이 더 효과적이다. 일단 배고픔을 채우기 위해 노력하는 학생에게 음식을 먹기 전후에 학습활동을 요구받으면 학습활동을 하고 싶은 동기가 높아진다는 것이 행동주의 동기이론을 통해 설명된다. 인간은 어떠한 순간에도 완전한 무동기 상태로 존재하지 않는다고 믿는다면, 학습 무동기에 빠진 학생의 학습동기를 높이기 쉬워진다.

4. 종합

학생의 동기를 이해할 때 주의할 점이 있다. 모든 동기유발 기제는 모든 학생에게 똑같이 작용하는 것이 아니다. 초등학생에게 효과적인 동기유발 기제라 하더라도 중학생에게는 동기유발 효과가 없을 수 있다. 또한 초등학생들 중에서도 어떤 학생은 스티커를 받기 위해 학습동기가 유발되지만, 어떤 학생은 전혀 관심이 없을 수 있다. 특히 치열한 경쟁을 강조하는 교실에 놓인 학습부진 학생은 스티커를 받을 기회가 전혀 없다고 판단하고 아예 스티커 받는 것을 포기해 버릴 수도 있다. 따라서 학생 개개인에게 의미가 있는 것만이 좋은 동기유발 기제가 될 수 있다. 즉, 친구로부터 인정을 받기 위해 학습을 하는 학생도 있지만, 교사의 기대를 충족시키기 위해 학습하는 학생도 있다. 습관이 되어 있어서 공부를 하는 학생도 있고, 스티커를 받기 위해 공부를 하는 학생도 있다. 또한 칭찬을 받기 위하여 열심히 공부하는 학생도 있지만, 돈, 장난감, 특권과 같은 현실적인 보상을 받기 위해 열심히 공부하는 학생들도 있다.

동기유발 기제를 정확하게 이해해야 하는 또 다른 이유가 있다. 즉, 때로 어떤 기제는 바람직하지 않은 행동을 하도록 유도할 수 있기 때문이다. 예를 들어, 친구로부터 인정을 받고 싶어 폭력적 행동 또는 비행 행동을 하는 학생도 있다. 중학생들이 담배를 피우는 이유 중 한 가지도 친구로부터 인정을 받아서 같은 집단에 속하고 싶어 하기 때문일 때가 자주 있다. 즉, 학교의 규칙보다는 친구들 사이의 규칙이 더 중요하게 작용할 수 있다.

• 내재적 동기 향상 방법을 모르는 사람을 위한 컨설팅

학생들의 내재적 동기를 유발하는 것이 중요하다는 것을 모르는 사람은 거의 없다. 그러나 실제로 자녀양육을 하는 동안에 자녀에게 내재적 동기를 자극해 주는 부모는 적다(Barrett & Boggiano, 1988). 초등학교에서도 인센티브를 즐겨 사용하는 교사가 상당히 많다. 아동이 발달하는 동안에 통제적 수단으로 사용한 인센티브에 익숙해진 학생들이 많기 때문이기도 하다.

내재적 동기를 향상시키기 위한 방법에서 가장 중요한 것은 학생에게 결정권을 부여하는 것이다. 학생이 자율권을 많이 누릴수록 내재적 동기가 높아진다. 학생들이 과제를 선택할 수 있게 해 주고, 토론할 주제를 학생들이 정하도록 기회를 제공할수록 학습내용에 대한 학생들의 내재적 동기는 높아진다.

• 인센티브를 이용하는 방법

인센티브는 여러 가지 단점을 가지고 있더라도 즉각적인 효과를 발휘하는 동기유발 요인이다. 그래서 교사 자신이 바쁘고 힘들 때는 더 자주 사용하게 된다. 이런 함정에 빠지지 않도록 주의하면서 학생에게 적절한 인센티브를 제공하는 것은 학생의 동기를 유발하는 데 있어서 효과적이다. 특히 인센티브는 어린 학생들에게 효과적이고 부작용도 적은 편이다. 따라서 초등학교 고학년부터 인센티브를 점점 줄여 가는 것이 좋다.

• 흥미나 호기심을 자극하는 방법

학생이 좋아하는 것을 적극 활용하면 효과적이다. 저자의 석사 및 박사 과정 학생이 헤어 디자이너가 되고 싶은 학습부진 학생에게 학습컨설팅을 제공할 때 있었던 일이다. 이 학생에게 염색약과 파마약에 대해 얼마나 알고 있는지 묻고, 다음 회기에서는 염색약과 파마약에 대한 화학적 기호를 알고 있는지 물었다. 그 학생은 조금씩 화학에 관심을 보이기 시작하였고, 마침내 화학에 내재적 동기가 일어났다. 머리카락의 건강도 관리해 주는 헤어 디자이너가 되도록 안내하였더니, 그 학생은 식품영양학에 대해서도 관심을 가지게 되었다.

• 교사의 기대가 주는 효과 이용

학생에 대해 모르는 교사가 너무 많다. 학생과 상호작용하지 않고 교과내용을 가르치기만 하려고 하는 교사가 많다. 그러다 보면, 학생에 대한 긍정적 기대를 가지기 어렵다. 학생에 대한 긍정적 기대를 가지려면, 가르치는 학생들의 장점을 찾으려고 노력하고 찾은 장점을 학생기록부에 기록한다. 가능한 한 자주 그 장점을 읽어 보라. 일단 교사가 긍정적 기대를 가지면, 아동은 높은 기대에 따르려고 노력한다. 학생이 여전히 그 장점을 유지하려 노력할 때 마침내 피그말리온 효과가 일어난다. 즉, 꿈★은 이루어진다!

• 학생의 장점 활용

단점 또는 문제점만 찾아서 치료해 주는 클리닉이 아니라 장점을 통해 문제점을 극복하는 힘을 얻도록 돕는 것이 학습 컨설팅에서는 중요하다. 긍정심리학의 원리를 적용하는 것이 중요하다. 학습 컨설팅이 성공하려면, 학생을 진단할 때 반드시 학생의 장점을 적어도 한 가지는 찾아야 한다. 장점을 격려하고 칭찬하는 것이 학생의 자존감을 충족시켜 주고, 자기의 노력에 귀인하도록 돕는 방법이다. 학생의 장점을 이용하면 자율성 동기, 자기효능감, 내재적 동기 등을 높이는 데 도움이 된다. 따라서 교사는 칭찬하는 방법을 배워서 학생들에게 자주 칭찬해야 한다.

• 기본적인 욕구 충족 우선

학습 컨설팅을 실시할 때 학생들이 배고프거나, 피로하거나, 외로운 상태에서 시작하지 않아야 한다. 매슬로의 욕구위계론에 맞추어 기본적인 욕구를 충족시키는 방법을 먼저 모색해야 한다. 필요하다면 학교나 사회기관의 지원을 받으면 된다. 특히 교육복지 관련 예산을 적극 활용할 수 있도록 준비하는 것이 좋다.

📖 탐구 문제

1. 무슨 일이든지 시작하는 데 오랜 시간이 걸리는 사람이 있다. 기질적으로 늦게 발동이 걸리는 사람(slow to warm up)은 느리기 때문에 게으르다고 핀잔받기 쉽다. 이런 사람이 빨리 움직이도록 동기를 유발하는 방법은 무엇인가?

2. 매슬로의 욕구위계론이 적용되지 않는 사례가 많이 있다. 어떤 것인지 적어도 세 가지 사례를 찾아보시오.

3. 최근 중학교에서 실시되고 있는 자유학기제는 중2병을 해결할 수 있을까? 그 이유도 함께 제시하시오.

4. 칭찬이 내재적 동기를 죽이는 사례를 찾아서 그 이유를 논의해 보시오.

5. 수행목표를 가진 학생이 자신의 목표지향성을 숙달목표로 바꾸도록 돕는 방법을 찾아보시오.

제9장
행동주의와 사회인지 학습이론

생명체는 어떤 자극이 반응을 일으킬 정도로 충분히 강할 때 그 자극에 대해 반응을 한다. 중요한 점은 생명체가 자극에 대해 반응할 때 무작위로 일어나는 것이 아니라 어떤 규칙이나 법칙을 따른다는 것이다. 예를 들어, 식물은 빛을 좋아하고 빛을 향해 자라나며, 지렁이는 반대로 빛이 없는 곳으로 이동한다. 사람들도 마찬가지로 어떤 자극에 대해 무작위로 반응하는 것이 아니라 어떤 법칙에 따라 반응한다. 이러한 법칙은 동물이나 인간이 새로운 행동을 학습하는 데 그대로 적용될 수 있다. 환경적 자극과 유기체의 반응 사이에 존재하는 법칙을 찾아서 인간의 행동을 설명하는 이론이 행동주의 학습이론이다.

행동주의 학습이론에 따르면, 학습은 자연적으로 일어난 것이 아니라 경험한 결과로 일어난 행동의 변화이며, 행동의 변화가 일시적으로 나타났다 사라지는 것이 아니라 비교적 영구적으로 지속되는 것이다(Mazur, 1990; Sternberg & Williams, 2010). 행동주의 관점에서 볼 때 학습은 경험(계획과 상관없이)을 통해 일어난 행동의 변화를 가리킨다. 예를 들어, 아이가 엄마와 상호작용하면서 말을 배우는 것은 학습이다. 주변을 청소하는 친구가 칭찬받는 것을 본 초등학생이 자신도 칭찬받고 싶어 청소하는 것도 학습이다. 그러나 이차성징처럼 성숙으로 인해 일어나는 행동의 변화는 학습이 아니며, 무릎반사나 재채기하는 것처럼 자극에 대해 무조건적으로 일어나는 반사적 행동도 학습이 아니다. 질병이나 피로로 인해 일시적으로 나타나는 행동의 변화도 학습이 아니다.

행동주의 학습이론(behavioral theories of learning)은 역사가 100년이 넘기 때문에 행동주의의 종류도 다양하지만, [그림 9–1]처럼 고전적 조건화 이론, 조작적 조건화 이론, 사회인지 학습이론으로 분류된다. 거의 모든 행동주의 학습이론은 공통적으로 다음에서 제시하는 기본 전제들을 받아들이고 있다.

[그림 9–1] 행동주의 학습이론의 종류

첫째, 행동주의 학습이론은 환경이 인간의 행동을 결정한다고 가정한다. 초기 행동주의자였던 왓슨(Watson)은 여건만 갖추어지면 아동을 자기가 원하는 모습으로 길러 낼 수 있다고 믿었다. 환경이 사람의 행동을 결정한다고 믿으므로 환경결정론이라 불리기도 한다. 다음의 사례에서 명수가 중학교에서 어려움을 겪은 것은 환경의 영향을 보여 주는 예다.

둘째, 행동주의자들은 외부에서 주어지는 강화물(보상)이나 처벌과 같은 외적 자극이 중요하지 감정과 같은 내적 현상은 중요하지 않다고 생각한다. 행동주의자들은 다음의 사례에서 명수의 행동이 바뀐 것은 장 교사가 해 준 칭찬 때문이지 명수의 내적 감정 때문이 아니라고 본다.

셋째, 학습 여부는 행동이 수행되느냐 아니냐로 판단할 수 있다고 가정한다. 다음의 사례에서 명수는 불안을 느끼지 않으면서 발표를 할 수 있게 되었으므로 발표하는 행동이 학습되었다고 볼 수 있다. 그러나 행동이나 지식이 학습되었으나 아직 행동으로 나타나지는 않는 잠재적 학습도 있을 수 있다고 주장하는 행동주의자들도 있다(Tolman & Honzik, 1930). 이런 세 가지 행동주의 학습이론의 기본 전제들을

235

이해하도록 돕기 위해 하나의 사례를 가져왔다.

사례

명수는 초등학교에서 매우 우수한 학생이었다. 초등학교 6학년 때에는 전교 학생회장직도 맡았었다. 중학교에 진학하여 처음 학교에 가는 날 명수는 기대에 들떠 있었다. 중학교에서도 여전히 잘할 것이라는 기대에 설렘도 느꼈다. 그런데 학교 교문 앞에서 선도반 형들이 지도하는 모습에 다소 긴장이 되었다. 안타까운 것은 첫 시간에 수학교사로부터 질문을 받았는데 명수가 모르는 내용이어서 대답을 못했다. 교사는 실망하고는 그것도 모르느냐는 듯이 무시하는 말을 하고 수업을 진행하였다. 그 뒤로 명수는 수학시간만 되면 긴장이 되었고 집중을 하지 못했다. 결국 수학 성적이 떨어지고 수학시간만 되면 불안해졌다.

학습컨설턴트 자격증을 가진 교사는 진로진학시간에 명수에게 자신의 꿈을 발표시켰다. 명수는 과학자가 되고 싶어 하였다. 수학을 무서워하면서 과학자가 되는 것이 어렵다는 것을 잘 아는 장 교사는 명수의 수학 불안을 줄이기 위해 노력하였다. 명수에게 '꿈과 장애물'이라는 주제로 자신의 경험을 발표하도록 시켰다. 명수는 2주 동안 준비하였지만, 발표가 다가오자 긴장되면서 얼굴이 창백해졌다. 명수가 주저하면서 앞으로 나왔을 때, 장 교사는 명수에게 지금 발표할 수 있는지 질문하였고, 긴장이 풀리면 나중에 해도 된다고 말해 주었다. 명수는 다음 차례에 발표하는 것이 좋겠다고 말했다. 이에 장 교사는 즉각 자리로 돌아가 마음속으로 발표 연습을 하면서 다음 차례에 하도록 허락하였다. 명수는 마음속으로 발표를 연습한 다음 발표에 도전하였다. 장 교사는 발표하러 앞으로 나온 명수에게 눈을 감고 연습한 것을 잠시 생각해 보도록 시켰다. 앞에서도 떨리지 않게 된 명수는 '꿈을 이루는 데 있어서 가장 큰 장애물은 두려움'이라는 것을 자신의 경험을 이용하여 발표하였다. 그리고 성공적으로 발표를 마쳤다. 친구들과 교사로부터 박수를 받고 자리로 들어가면서 명수는 미소를 지었다.

과학자가 되고 싶은데, 수학시간만 되면 불안한 것이 자신의 진로 장애물이라고 명수가 두려움 없이 대답할 때 교사가 명수의 어깨를 가볍게 두드려 주면서 칭찬을 해 주었다. 이렇게 몇 번 한 뒤에 명수는 교실 앞으로 나와 자신이 준비한 다른 보고서를 자신 있게 발표할 수 있었고, 수학시간에도 발표를 할 수 있게 되었다.

1. 고전적 조건화

고전적 조건화는 러시아의 생리학자 파블로프(Pavlov)가 발견한 학습원리다. 그는 고전적 조건화의 원리를 발견한 덕분에 1904년에 의학과 생리학 분야에서 노벨상을 받았다. 고전적 조건화는 인간을 수동적 학습자로 보는 한계를 가지지만, 조건화를 통해 여러 가지 정서가 학습되는 과정을 잘 설명하고 역으로 그런 문제로 발생한 정서 문제를 해결하는 데 이용되고 있다.

1) 기본 가정

고전적 조건화에는 적어도 세 가지 기본 가정이 있다(Schultz & Schultz, 2012).

첫째, 동물의 행동을 변화시키는 원리와 인간의 행동을 변화시키는 원리는 같다. 파블로프는 개를 통해 얻은 고전적 조건화의 원리는 인간에게도 그대로 적용될 수 있다고 생각하였다. 이후 많은 행동주의 심리학자가 모두 동물에게서 얻은 학습원리는 인간에게 그대로 적용할 수 있다고 믿고 있다.

둘째, 외부 자극이 동물이나 사람의 행동을 이끌어 내는 힘을 가지고 있다. 음식은 개가 침을 흘리게 만드는 힘을 가진 외부 자극이다. 종소리를 듣고 개가 침을 흘리게 되었다면, 종소리도 개가 침을 흘리게 만드는 외부 자극이다. 마찬가지로 시험도 어떤 학생들에게는 공포를 유발하는 힘을 가진 자극이 될 수 있다.

셋째, 서로 다른 기능을 하는 두 자극을 연합하면 동일한 기능을 하게 된다. 어떤 자극은 동물이나 인간의 반응을 끌어내는 힘을 가지고 있고 어떤 자극은 그런 힘이 없다. 그런데 힘이 없던 어떤 자극이 반응을 이끌어 내는 힘을 가진 자극과 연합되면, 반응을 이끌어 내는 힘이 생긴다. 즉, 서로 다른 두 자극을 연합시키면, 비슷한 기능을 하게 된다. 무조건 자극과 중성 자극을 반복하여 연합시키면, 중성 자극이 무조건 자극과 강도의 세기는 다를지라도 비슷한 기능을 하는 힘을 가지게 된다.

종소리나 시험이 처음부터 침을 흘리게 만들거나 공포를 유발하는 힘을 가진 것은 아니었다. 종소리와 음식이 반복해서 연합된 뒤에 개는 종소리만 듣고도 침을 흘리게 되며, 시험과 시험 결과가 나빠서 오는 창피하고 야단맞는 상황이 반복해 연합이 된 뒤에 어떤 학생은 시험이라는 단어만 들어도 무서워하게 된다.

2) 주요 개념 및 원리

(1) 고전적 조건화 과정

동물이나 인간은 어떤 자극에 대해 무조건적으로 반응하도록 프로그램되어 있다. 예를 들어, 음식물을 보거나 냄새를 맡으면, 침이 자동적으로 분비된다. 강한 바람이나 날아오는 물체는 눈을 무조건 감게 만드는 자극이다. 이런 자극들을 무조건 자극(US)이라 부른다. 무조건 자극에 대해 아무런 저항 없이 일으키는 반응을 무조건 반응(UR)이라 부른다.

딸랑이 소리는 아기가 입을 오므리면서 뭔가를 빨게 만드는 무조건 자극이 아니다. 이런 자극을 중성 자극이라 부른다. 하지만 딸랑이 소리를 들려줄 때마다 무조건 자극인 분유를 주면, 아기는 딸랑이 소리만 듣고도 젖병을 빨려고 하듯이 입을 오므리게 된다. 이때 딸랑이 소리는 분유처럼 빨게 만드는 힘을 가지게 된 것이다. 이처럼 처음에는 빨기 반응을 이끌어 내는 힘이 없던 자극(중성 자극)이 빨기 반응을 이끌어 내는 힘을 가지게 될 때 조건화가 일어났다고 말하며, 딸랑이 소리는 이제 조건 자극(CS)이라 불린다. 아기가 딸랑이 소리를 듣고 빠는 행동은 조건 반응(CR)이라 불린다.

무조건 자극, 무조건 반응, 조건 자극, 조건 반응 사이의 관계를 이해하기 쉽게 그림으로 표현하면 [그림 9-2]와 같다.

앞에서 언급한 명수의 사례에서 명수가 중학교에서 첫날 수학 시간에 겪은 실패는 긴장이나 불안을 일으키는 무조건 자극이고, 실패 때문에 일어나는 긴장이나 불안은 무조건 반응이다. 수학시간(중성 자극)은 그 자체로 긴장이나 불안을 야기하는 무조건 자극이 아니지만, 실패와 반복적으로 연합되면 긴장이나 불안을 야기하는 힘을 가지게 된다. 이때 수학시간은 조건 자극으로 바뀌게 되었다. 실패를 경험하지 않아도 수학시간만 되면 느끼는 불안은 조건 반응이다.

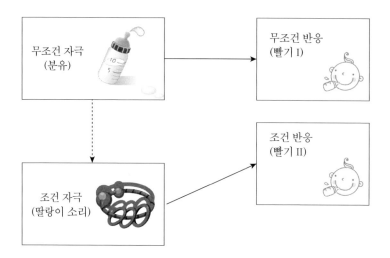

[그림 9-2] 고전적 조건화의 과정

고전적 조건화가 발생하기 위해서는 다음과 같은 원리가 충족되어야 한다.

- 조건 자극이 무조건 자극보다 먼저 제시될 때 조건화가 잘 일어난다. 조건 자극이 무조건 자극과 동시에 또는 뒤에 제시될 때 조건화가 일어나는 것이 불가능하지는 않지만, 매우 힘들다.
- 조건 자극과 무조건 자극 사이에 시간적 간격이 너무 크지 않아야 한다. 조건 자극이 제시되고 몇 초 이내에 무조건 자극이 제시될 때 고전적 조건화가 잘 일어난다. 조건 자극과 무조건 자극 사이에 시간적 간격이 너무 클 때 고전적 조건화가 일어나지 않는다. 다만, 미각혐오처럼 생명과 관련이 있으면서 특정한 음식물을 섭취한 뒤에 질병이 발생하였을 때는 조건 자극과 무조건 자극 사이에 시간적 간격이 크더라도 고전적 조건화가 일어날 수 있다. 이것을 가르시아 효과(Garcia effect)라 부른다.
- 조건 자극과 무조건 자극 사이에 상관이 중요하다. 조건 자극이 있을 때마다 무조건 자극이 있고, 조건 자극이 없을 때는 무조건 자극이 언제나 없다면, 조건 자극과 무조건 자극 사이의 상관은 100%다. 상관지수가 높을수록 조건화가 잘 일어나고 낮을수록 조건화가 일어나는 데 오랜 시간이 걸린다.

(2) 일반화와 변별

자극의 일반화(Generalization)는 조건 자극과 비슷한 특성을 가진 다른 중성 자극에 동일한 조건 반응을 일으키는 것을 의미한다. 사람이나 동물은 조건 자극에 대한 조건 반응이 형성되면, 그 조건 자극과 유사한 다른 자극에도 조건 반응을 일으킬 수 있다. 예를 들어, 전화벨 소리와 눈으로 향하는 강한 바람을 연합하면, 전화벨 소리만 듣고도 아기는 눈을 깜박이는 조건 반응을 일으킨다. 이때 전화벨 소리와 비슷한 초인종 소리가 울릴 때 아기는 눈을 깜박이는 조건 반응을 할 수 있다. 이렇게 무조건 자극(강한 바람)이나 조건 자극(전화벨 소리)과 연합된 적이 전혀 없더라도 초인종 소리를 듣고 아기가 눈을 깜박(조건 반응)이는 것을 자극 일반화라 부른다. 우리나라 속담 중 자라 보고 놀란 가슴 솥뚜껑 보고 놀란다는 말은 일반화 과정을 설명하는 대표적인 예다. 솥뚜껑은 자라와 모습이 비슷하므로 자라를 보지 않고 솥뚜껑만 보아도 놀라는 것이다.

명수가 중학교에서 첫 수학시간에 겪은 경험 때문에 이후 수학시간에도 긴장하거나 불안해하는 것도 엄밀히 말하면 자극 일반화다. 어제의 수학시간과 오늘의 수학시간은 분명히 다르기 때문에 동일한 자극이 아니라 유사한 자극이다. 따라서 유사한 자극에 동일한 반응을 한 것이기 때문에 일반화다. 만약 명수가 물리시간에도 긴장한다면 이것도 일반화다. 물리는 수학처럼 많은 수식을 이용하기 때문에 일반화가 일어난 것이다.

변별(Discrimination)은 일반화와 정반대의 과정이다. 일반화가 유사한 자극에 대해 동일한 조건 반응을 일으키는 것이라면, 변별은 유사한 자극에 서로 다르게 반응을 하는 것이다. 예를 들어, 개가 조건 자극인 전화벨 소리에는 눈을 깜박이지만 초인종 소리에는 아무런 반응을 하지 않는다면, 개가 두 자극을 변별한 것이다. 개가 주인을 알아보는 것, 소믈리에가 특정한 와인의 맛을 알아내는 것도 변별이다. 명수가 수학시간과 장 교사 수업에서 서로 다른 반응을 하는 것도 자극을 변별한 것이다. 객관식 시험 문제에서 정답을 골라내는 것도 변별의 한 예가 된다. 따라서 학생들이 시험을 잘 치려면, 자극들 사이에 존재하는 미묘한 차이를 알아차리고 다르게 반응하는 변별을 잘해야 한다.

(3) 소거

고전적 조건화를 통해 획득된 반응은 대부분 제거될 수 있다. 조건화 과정과 정반대의 과정을 거치면, 사람이나 동물은 조건 자극에 대해 더 이상 반응을 하지 않는다. 즉, 조건 자극이 제시되었음에도 불구하고 무조건 자극이 반복적으로 나타나지 않을 때, 학습된 조건 반응은 사라진다. 예를 들어, 개에게 종소리만 여러 번 들려주고 음식은 전혀 주지 않으면, 개는 침 흘리는 반응을 하지 않는다. 결국에는 종소리에 조건화되었던 개가 종소리를 듣고도 침을 흘리지 않는다. 이렇게 조건 자극이 반응을 이끌어 내는 힘을 상실하는 것을 소거(Extinction)라 부른다.

고전적 조건화가 자주 일어나는 것은 공포나 불안과 같은 정서적 반응이다. 그런데 이런 정서적 반응은 한번 조건화되면, 소거가 잘 일어나지 않는다. 예를 들어, 학교 그 자체는 중성 자극이지만 불안이나 공포에 대한 무조건 자극인 폭력이나 무서운 분위기와 반복적으로 연합되면, 즉 학교만 가면 폭력을 당하거나 무서운 경험을 겪게 되면, 학생들은 학교에 대해 불안이나 공포와 같은 조건 반응을 하게 된다. 이런 경우 학교에 대해 불안이나 공포를 줄이기 위해서는 소거의 과정이 필요하다. 그러나 불안, 공포, 역겨움, 미각혐오와 같은 부정적 정서는 소거가 잘 일어나지 않는 경향이 있다. 이런 경우 체계적 둔감법을 이용해야 한다.

체계적 둔감법은 역조건화의 원리를 곧바로 적용할 때 야기되는 부작용을 줄이기 위해 Wolpe가 개발한 심리치료 방법이다. 역조건화 원리는 어떤 아동이 개(조건 자극)에 대해 심한 공포를 느낄 때 편안함을 주는 조건 자극인 친한 친구와 연합하면, 개에 대한 공포가 사라지고 개를 좋아하게 된다는 원리다. 그런데 이러한 역조건화는 거꾸로 일어날 수 있다. 즉, 개에 대한 공포가 친구 덕분에 사라지는 것이 아니라 친구에 대한 편안함이 개 때문에 공포로 바뀔 수 있기 때문이다.

체계적 둔감법은 공포나 불안을 야기하는 조건 자극을 직접 대면하여 공포나 불안을 이겨 내려고 하기보다는 편안함을 주는 자극에서부터 시작하여 편안함을 계속 느끼도록 하면서 점진적(체계적)으로 자극의 강도를 높여 가는 방법이다. 체계적 둔감법을 활용하려면, 먼저 가장 강한 공포나 불안을 일으키는 조건 자극에서부터 조금도 공포나 불안을 일으키지 않는 편안함을 주는 자극에 이르기까지 위계를 만들어야 한다. 이러한 위계에서 편안함을 느끼게 만드는 자극부터 시작하여 점진적으로 공포 또는 불안을 일으키는 자극으로 다가가도록 안내한다. 체계적 둔감법은 학생이나 내담자가 처음부터 편안함을 느끼게 만들어 놓고 점진적으로 강한 자극으로 이끌어 가면서도 편안함을 느끼도록 하여 마침내 목표 자극에서도 편안함을 느끼게 만드는 기법이다.

(4) 자발적 회복

소거는 조건 자극이 제시되었음에도 불구하고 더 이상 조건 반응을 하지 않게 되는 것을 말한다. 이렇게 되었다면 학습되었던 행동에 대한 기억마저 완전히 사라진 것일까 하는 의문이 든다.

자발적 회복은 학습되었던 행동이 사라지고 긴 시간이 지난 뒤에 갑자기 조건 자극을 제시하면 사라졌던 조건 반응이 일어나는 현상을 말한다. 이런 현상은 동물이나 사람 모두에게서 나타난다. 예를 들어, 전화벨 소리에 침을 흘리도록 조건화된 개에게 소거가 일어나게 만들면, 전화벨 소리를 듣고도 침을 흘리지 않게 된다. 그런데 몇 달이 지난 뒤에 우연히 전화벨 소리를 들은 개는 침을 흘리기도 하는데 이것을 자발적 회복이라고 한다. 고등학생 시절 시험 불안을 겪었던 명수가 학습컨설팅을 받고 시험불안이 소거되었고, 그 덕분에 대학에서 치는 시험에는 전혀 불안을 느끼지 않았는데, 취업 관련 시험을 앞두고 갑자기 불안을 느끼게 되는 것을 자발적 회복이라 부른다.

3) 고전적 조건화에 관한 새로운 연구 결과

고전적 조건화에 관한 연구는 계속 이루어지고 있다. 특히 고전적 조건화가 일어나는 과정에 영향을 주는 요인으로 생물학적 준비성에 관한 연구가 집중적으로 이루어지고 있다. 동일한 자극의 크기와 빈도에도 불구하고 어떤 동물이나 사람은 고전적 조건화가 빨리 일어나고 어떤 사람에게는 잘 일어나지 않는다. 또한 조건화가 잘 일어나기 위해서는 두 자극이 서로 잘 어울려야 한다. 예를 들어, 무조건 자극인 전기충격과 연합이 더 잘 일어나는 것은 빛이며, 단맛은 비교적 약하게 조건화된다. 반대로 질병이나 복통을 일으키는 무조건 자극인 독극물과 더 잘 연합되는 자극은 빛이 아니라 단맛이다. 이처럼 특정 자극들끼리 연합이 더 잘 일어난다는 것은 생물학적 준비성이 고전적 조건화가 일어나는 과정에서 중요한 역할을 한다는

교실 적용 방법

고전적 조건화의 과정은 교사나 학생이 잘 알지 못하는 과정에서 형성될 수 있다. 주로 정서적 반응으로 나타난다. 예를 들어, 수학교사나 국어교사 중 일부는 수업시간에 무서운 분위기를 조성하는 것을 좋아한다. 그래야 학생들이 자지 않고 수업에 집중한다고 믿기 때문이다. 그런데 무서운 분위기를 자주 조성하는 수학교사는 자기 자신이 무서움의 대상이 되기 쉽다. 그 교사가 나타날 때마다 무서운 분위기가 조성된다면, 이것은 고전적 조건화가 일어나는 조건이 완성된다. 무서운 분위기는 공포나 불안 반응을 이끌어 내는 무조건 자극이 되고 이것과 연합되는 교사는 조건 자극이 되기 때문이다.

거꾸로 학생들 중에는 특정한 조건 자극에 불안이나 공포를 느끼는 경우가 있다. 예를 들어, 영어 때문에 크게 실망하고 부끄러움을 느꼈던 학생은 영어교사나 영어수업 자체를 싫어하는 조건 반응을 일으키기도 한다. 이런 경우 소거, 역조건화, 체계적 둔감법을 통해 그런 반응을 없앨 수 있다.

학생들이 가지는 대표적인 조건 반응 중 하나가 시험불안이다. 시험 자체는 불안을 야기하는 무조건 자극이 아니다. 시험에서 낮은 점수를 받은 뒤 교사로부터 야단을 맞았거나 친구들 앞에서 창피를 당한 경험은 두려움이나 부끄러움 같은 정서적 반응을 일으키는 무조건 자극이다. 시험에서 반복적으로 실패한 학생은 시험이라는 조건 자극이 실패라는 무조건 자극과 연합되었기 때문에 시험만 닥치면 불안이라는 반응을 하게 된 것이다. 이런 시험불안을 제거하기 위해 시험이 있을 때마다 실패가 없도록 하거나(소거), 실패가 아니라 성공을 경험하도록 만들거나(역조건화), 점진적으로 시험에 대해 불안을 일으키지 않도록 만드는 과정(체계적 둔감법)을 통해 시험불안을 제거할 수 있다.

뜻이다.

생물학적 준비성은 특히 공포증을 일으키도록 조건화시키는 연구를 통해 증명되었다. 예를 들어, 뱀이나 거미는 꽃이나 버섯보다 전기충격과 더 연합이 잘되며, 소거에 대한 저항은 더 강하다. 즉, 버섯과 전기충격의 연합은 쉽게 소거될 수 있지만, 뱀과 전기충격 사이의 연합은 소거가 잘되지 않았다. 뱀 자체가 공포반응을 일으키도록 준비되어 있기 때문이다. 이것은 인간이 진화하는 동안에 꽃이나 버섯보다 뱀이나 거미로부터 더 자주 생명의 위협을 받아서 뱀이나 거미에 쉽게 공포증을 일으키도록 태어날 때부터 준비되어 있다는 뜻이다.

2. 조작적 조건화

조작적 조건화는 미국의 심리학자인 손다이크(Thorndike)와 스키너(Skinner)에 의해 개발된 학습원리다. 이들은 모두 제임스(James)의 기능주의 심리학의 영향을 받았고 미국 행동주의 심리학의 발달을 주도하였다.

1) 기본 가정

조작적 조건화에는 적어도 세 가지 기본 가정이 있다. 첫째, 동물의 행동을 변화시키는 원리와 인간의 행동을 변화시키는 원리는 동일하다. 조작적 조건화의 원리를 발견한 손다이크와 스키너는 동물에게서 얻은 학습원리를 인간에게 그대로 적용할 수 있다고 믿었다.

둘째, 동물이나 인간은 목표를 달성하기 위해 다양한 행동을 한다. 그러나 목표를 달성하는 방법을 모르고 있으므로 시행착오의 과정을 거치는 경우가 자주 있다. 이미 프로그램화되어 있는 행동도 학습하지만, 먹을 것을 구하기 위해 또는 살아남기 위해서는 프로그램화되지 않은 행동도 학습한다. 예를 들어, 먹이를 얻기 위해 돌고래와 코끼리는 다양한 쇼를 해야 한다. 셋째, 동물이나 사람은 자극에 수동적으로 반응하기보다는 능동적으로 행동을 하여 그 결과에 따라 다르게 행동한다. 자극에 대해 불수의적(involuntary) 반응을 학습하는 원리를 제공하는 고전적 조건화와 달리 조작적 조건화는 수의적(voluntary) 또는 능동적 행동의 학습원리를 제공한다. 인간이나 동물은 자극에 대해 먼저 행동을 하고 그 결과가 유리하면 그 행동을 또 하지만, 결과가 나쁘면 자발적으로 그 행동을 또 하지 않는다.

2) 주요 개념 및 원리

(1) 조작적 조건화의 과정
동물이나 인간은 어떤 목표를 달성하기 위해 다양한 행동을 한다. 어떤 자극에 대해 무조건적으로 반응하도록 프로그램되어 있지 않은 행동도 학습해야만 생존할 수 있을 때가 많다. 이런 경우 사람이나 동물은 목표를 달성하기 위해 새로운 행동을 학습한다. 예를 들어, 상자 속에 갇힌 고양이는 밖에 있는 생선을 먹기 위해(목표 달성) 상자의 문을 열고(새로운 행동) 나가야 한다. 그런데 상자의 문을 여는 방법은 고양이가 태어나면서부터 알고 있는 것이 아니다. 따라서 고양이는 상자 밖으로 나가기 위해 여러 가지 방법을 시도한다. 레버를 당기면 문이 열린다는 것을 우연히 알게 된 고양이는 점점 더 빠른 시간 안에 레버를 당기고, 마침내 상자 속에 갇히자마자 레버를 누르고 밖으로 나오게 된다. 쥐나 비둘기도 버튼을 누르면 음식이 나오는 장치가 있는 상자 속에서 음식을 얻기 위해 버튼을 누르는 행동을 학습할 수 있다.

여기서 중요한 점은 인간이나 동물이 존재하고 있는 자극에 대해 어떤 행동을 가하여 그 결과로 음식이나 기타 원하는 것을 얻게 될 때 그 행동을 또 하게 된다는 점이다. 행동한 뒤에 따라오는 바람직한 결과를 강화물이라 부른다. 반대로 어떤 행동을 할 때 고통이나 박탈과 같이 바람직하지 못한 결과가 일어나면, 그 행동의 빈도는 줄어든다. 이렇게 행동의 빈도를 줄이는 것을 벌이라고 부른다.

조작적 조건화는 고전적 조건화에 비해 유기체가 능동적으로 먼저 행동을 가하기 때문에 유기체의 자발적 행동을 강조한다. 그러나 행동 뒤에 따라 오는 강화물이 유기체의 행동을 결정하기 때문에 여전히 환경결정론 입장을 고수한다.

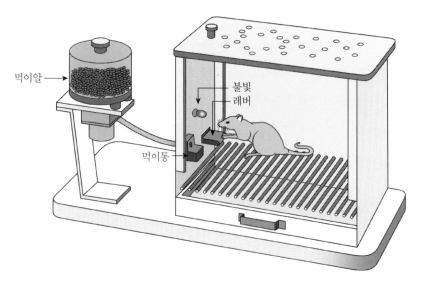

[그림 9-3] 스키너 상자

(2) 강화: 행동을 증가시키는 방법

강화(Reinforcement)는 강화물을 이용하여 행동의 강도와 빈도를 증가시킨다는 의미를 지닌다. 강화는 교육적 상황과 비교육적인 상황을 구분하지 않고 적용되는 개념으로 특정한 행동을 한 뒤에 조작되는 자극의 상태[강화물 제공 또는 혐오자극(벌) 제거]에 따라 그 행동의 강도나 빈도를 증가되는 것이 강화다. 그러나 교육적 상황에서는 빈도가 너무 낮거나 강도가 약해서 충분하지 않은 바람직한 행동을 증가시킬 때 강화를 적용할 수 있다. 강화에는 정적강화와 부적강화의 두 가지 종류가 있다.

① 정적강화

정적강화는 목표 행동을 한 뒤에 강화물을 제공하였을 때 그 행동의 빈도가 증가하는 현상을 가리킨다. 행동을 증가시키는 힘을 가지는 대상을 가리켜 강화물이라고 부르며, 동물이나 사람이 어떤 행동을 한 뒤에 곧바로 강화물이 제공되면 그 행동은 더 자주 나타난다. 예를 들어, 교사가 친절하게 해 주는 말 한 마디, 칭찬, 미소, 높은 시험점수 등은 모두 정적강화물이다. 이런 정적강화물을 받은 뒤에 학생의 행동 빈도가 증가하는 것을 정적강화라 일컫는다.

어린 아동이 처음 떼를 쓸 때 원하는 것을 얻었다면, 떼쓰는 행동이 증가하는데 이것도 정적강화의 원리로 설명된다. 고집을 부려서 원하는 것을 얻게 되었으니, 다음에 원하는 것을 얻고 싶을 때 또 떼를 쓸 것이다. 이런 과정을 거치면서 아이는 고집부리는 행동을 점점 더 자주 한다.

학교에서도 정적강화가 자주 일어난다. 초등교사가 수업시간에 자주 사용하는 스티커는 정적강화물이다. 학생들이 바람직한 행동을 할 때 스티커를 나누어 줌으로써 학생의 바람직한 행동을 강화시킨다. 또한 교사가 학생에게 하는 칭찬도 좋은 사회적 강화물이다. 유능한 교사일수록 칭찬을 효과적으로 자주 사용한다.

② 부적강화

부적강화는 동물이나 사람이 목표 행동을 한 뒤에 혐오자극(벌)이 사라짐으로써 그 행동의 빈도가 증가되는 현상을 가리킨다. 여기서 '부적'이라는 말 때문에 행동을 감소시키는 것으로 오해하는 경우도 많으나 부적강화는 어디까지나 행동을 증가시키는 원리다. '부적'이라는 수식어는 '혐오자극이 사라진다'는 의미만 가진다. 예를 들어, 학생이 과제를 완수하면 청소를 면제시켜 주어 과제를 완수하는 행동을 증가시키는 것이 부적강화다.

부적강화는 일상생활에서 자주 볼 수 있다. 예를 들어, 교통질서를 지키면 벌금과 사고를 면할 수 있다. 그 결과 교통질서를 지키는 행동이 증가한다. 이처럼 거의 대부분의 법은 부적강화의 원리와 일치한다. 우리가 법규를 준수하면, 벌금과 징역을 면제받기 때문에 법을 지키려고 한다.

학생들이 부적으로 강화되는 경우도 자주 있다. 예를 들어, 새 학기를 시작할 때 첫 시간에 과제를 많이 받은 대학생들이 불평하면서 떼쓰는 행동이 과제를 줄이는 것도 부적강화에 해당한다. 교수는 학생들에게 많은 것을 가르쳐 주고 싶어서 교수계획서를 짤 때 매주 과제를 제시하기로 하였다. 첫 시간에 수업에 들어온 학생들은 과제가 너무 많아서 질린다. 과제가 너무 많다고 한 학생이 불평한다. 그러면 여러 명이 동시에 과제가 너무 많으니 줄여 달라고 떼쓴다. 마음 약한 교수는 알겠다고 하면서 과제를 줄여 준다. 이렇게 되면, 학생들은 수업 첫 시간에 과제를 줄여 달라고 떼쓰는 행동을 하면 과제가 줄어든다는 것을 학습하기 때문에 부적으로 강화된다. 떼를 쓰면 혐오자극인 과제가 줄어들기 때문이다.

③ 벌: 행동을 줄이는 방법

벌(Punishment)은 혐오자극을 이용하여 행동의 강도와 빈도를 감소시키는 현상을 가리킨다. 벌도 강화처럼 교육적 상황과 비교육적인 상황을 구분하지 않고 적용되며, 특정한 행동을 한 뒤에 조작되는 자극의 상태(혐오자극 제공 또는 강화물 제거)에 따라 그 행동의 강도나 빈도를 감소되는 것이 벌이다. 그러나 교육적 상황에서는 너무 자주 또는 너무 강하게 일어나는 바람직하지 못한 행동을 감소시킬 때 벌을 적용한다. 벌에도 부가적 벌과 제거적 벌의 두 가지 종류가 있다.

첫 번째 유형의 벌인 부가적 벌(presentation punishment)은 싫어하는 자극(혐오자극)을 제공하여 바람직하지 못한 행동을 줄이는 방법이다. 혐오자극에는 소음이나 역겨운 냄새와 같은 물리적 자극과 화장실 청소, 노역, 과외 노동, 숙제 등과 같은 활동적 자극, 무시, 꾸지람, 비난 등과 같은 사회적 자극이 있다. 어떤 행동을 한 뒤에 혐오자극을 받으면, 그 행동과 혐오자극 사이에 연관성이 있음을 알게 된 사람이나 동물은 혐오자극을 받지 않기 위해 그 행동을 하지 않게 된다. 그 결과 행동의 빈도나 강도가 줄어든다.

　두 번째 유형의 벌은 제거적 벌(removal punishment)이며, 좋아하는 자극(강화물)을 제거하여 바람직하지 못한 행동을 줄이는 방법이다. 제거적 벌은 강화되었던 행동의 소거와 매우 비슷하다. 소거는 유기체가 강화된 행동을 하였음에도 불구하고 더 이상 강화물을 제공하지 않아서 그 행동의 빈도나 강도가 감소하는 것을 말한다. 예를 들어, 아동이 아침에 일찍(6시) 일어났을 때 칭찬과 용돈을 받았다면, 다음 날에도 일찍 일어난다. 이렇게 한 달 정도 하였을 때 이 아동은 계속 일찍 일어난다. 그런데 부모님이 더 이상 용돈과 칭찬을 하지 않는다. 따라서 아동은 점점 늦게 일어나기 시작한다. 그리고 1개월이 더 지나자 아동은 강화가 시작되기 전처럼 7시 30분이 되어도 일어나지 않는다. 이런 과정이 소거다. 소거는 강화물을 제거하여 행동을 줄이는 것이다. 비슷하게 제거적 벌도 사람이 바람직하지 못한 행동을 할 때마다 좋아하는 것을 빼앗아 가기 때문에 좋아하는 것을 잃지 않기 위해 바람직하지 못한 행동을 줄이도록 만든다.

　벌의 효과에 대한 논쟁은 뜨겁다. 행동주의 원리에 따르면, 벌은 행동을 줄이는 장기적인 효과가 있어야 한다. 그런데 실제 생활에서는 많은 경우 벌은 일시적으로 억제하는 효과만 가진다. 즉, 벌을 주는 사람이 있을 때만 효과가 있고 그렇지 않을 때는 반발작용으로 행동이 더 심하게 증가하기도 한다. 벌의 효과에 대한 또 다른 논쟁점은 벌이 대안 행동을 증가시키지 못한다는 것이다. 즉, 바람직하지 못한 특정 행동을 줄이는 데는 다소나마 효과를 가지지만, 바람직한 대안 행동을 형성하도록 돕지 못한다는 것이 문제다. 이를 극복하는 방법은 바람직하지 못한 행동을 벌하는 것보다는 양립 불가능한 바람직한 대안행동을 형성시키는 것이다. 그러면 벌을 최소한으로 제공하고 바람직한 행동은 증가시키는 일석이조의 효과를 가질 수 있다.

　그럼에도 교사가 벌을 사용해야 하는 상황이 있다. 예를 들어, 폭력이나 도박은 학생들이 다치거나 피해를 입게 될 수도 있기 때문에 교사는 가능한 빠른 시간에 벌을 사용할 수밖에 없다. 그러나 바람직하지 행동을 없애기 위해 벌을 주어야만 할 경우에도 다음 사항은 반드시 지켜야 한다.

- 먼저, 대안 행동을 강화해야 한다. 나쁜 행동을 줄이고 싶어도 그 대신 할 수 있는 다른 행동이 없다면, 벌을 받기를 각오하고 나쁜 행동을 하는 경우가 있다. 수업시간에 떠드는 행동을 줄이기 위해 벌을 자주 사용하면, 학생들은 교사의 질문에 대답하는 행동마저 줄어들 수 있다. 따라서 학생들끼리 불필요하게 떠드는 행동은 벌주되 질문에 답하고 새로운 아이디어를 내는 것을 허용하고 오히려 증가시켜야 한다. 토론 시간을 자주 갖는 것도 한 가지 방법이다.

- 문제 행동을 해서는 안 되는 이유도 함께 제시해야 한다. 학생들은 어떤 행동을 하여 벌을 받게 되었을 때 이유도 함께 설명을 들으면 그 행동을 더 빨리 줄이는 경향이 있다. 그러나 교사가 벌을 주는 이유가 분명히 있다고 생각하지만 말해 주지 않고 벌만 제시한다면, 학생은 그 행동을 줄이기보다는 교사에 대한 반감만 가질 수 있다.

- 즉각적으로 벌을 주어야 한다. '나중에 보자'는 협박처럼 비효과적인 것이 시간이 한참 지난 뒤에 주는 벌이다. 학생이 바람직하지 못한 행동을 한 후 즉시 벌을 주면, 왜 벌을 받는지 명확히 인식할 수 있다. 그러나 한참 뒤에 주어지는 벌은 그 이유를 잊어버리고 감정적으로 대하기 쉽다. 또한 그 사이에 바람직한 행동을 했다면, 바람직한 행동마저도 줄이는 결과를 낳게 된다. 나쁜 행동을 한 뒤에 벌을 받지 않았지만, 학생은 죄책감에서 착한 행동을 했을 수 있다. 문제는 착한 행동을 한 뒤에 벌이 주어졌기 때문에 학생은 나쁜 행동보다는 착한 행동을 줄이려고 할 수도 있다.

- 벌을 줄 때는 변명의 여지가 없음을 분명히 해야 한다. 바람직하지 못한 행동을 했을 때 벌을 주기로 하였다면, 그 행동을 했을 때마다 반드시 벌을 받는다는 것을 학생이 알도록 해야 한다. 만약 학생이 변명을 하였을 때 쉽게 받아들인다면, 나쁜 행동은 줄지 않고 변명이라는 새로운 나쁜 행동이 증가될 뿐이다.

④ 강화계획

강화물을 받아야 행동이 증가한다는 강화원리가 적용되지 않는 상황에서도 학습이 일어난다. 스키너의 상자나 실험실이 아니라 일상생활에서 동물이나 사람들은 연속적 강화가 아니라 간헐적 강화에 의해 행동을 통제받는다. 연속적 강화는 사람이 바람직한 행동을 할 때마다 강화물을 제공하는 것이고, 간헐적 강화는 그중 일부분만 강화물을 제공하는 것이다. 그런데 동물이나 사람이 바람직한 행동을 할 때마다 항상 강화물을 주고 바람직하지 못한 행동을 할 때마다 항상 벌을 준다는 것은 현실적으로 불가능한 일이다.

이런 상황에서는 연속강화가 불가능하므로 간헐적 강화가 작동한다. 간헐적으로 강화를 할 때, 아무 계획 없이 마음 내킬 때만 강화물을 주는 것이 아니라 일정한 계획에 따라야 한다. 스키너는 이런 현실을 깨닫고 있었고, 강화계획을 통해 이런 상황을 조작할 수도 있다는 것을 알고 있었다. 즉, 강화계획(schedule of reinforcement)을 적용한 간헐적 강화는 연속강화처럼 학습을 일으킨다. 경우에 따라서는 강화계획에 따르는 간헐적 강화가 연속강화보다 더 강력한 학습을 유발한다. 특히 행동의 소거에 대한 저항력을 더 높여 준다.

⑤ 강화계획의 유형

강화계획을 세울 때 우리가 가장 우선적으로 고려해야 할 조건은 행동의 시간과 비율이다. 시간을 기준으로 삼은 강화계획은 간격계획(a interval schedule)이라 불린다. 이 계획에서는 행동의 빈도는 전혀 중요하지 않고, 오직 시간의 경과가 중요하다. 일정한 시간이 지난 뒤에야 강화물을 받을 수 있다. 월급이 간격계획의 대표적인 예다. 아무리 열심히 일해도 월급날이 되기 전까지는 강화물인 돈을 받을 수 없다. 학생에게는 매주 월요일에 주는 용돈이 간격계획이다.

행동의 비율을 기준으로 삼은 강화계획을 비율계획(a ratio schedule)이라 부른다. 행동의 비율은 행동의 발생 빈도를 가리키며, 몇 번 행동을 해야 강화를 받게 되느냐에 관한 기준이다. 예를 들어, 행동비율을 3으로 정했다면, 어떤 사람이 정해진 행동을 반드시 세 번 한 뒤에 강화물을 받는다. 아무리 긴 시간이 지나더라도 정해진 수의 행동이 나타나지 않는다면, 그 사람은 강화를 받을 수 없다. 예를 들어, 네 가지 숙제를 해야 스티커를 받는다는 강화계획을 세웠다면, 학생은 숙제를 한 시간에 관계없이 네 가지 숙제를 모두 다했을 때만 스티커를 받을 수 있다.

강화계획을 세울 때 융통성이라는 또 하나의 기준을 적용할 수 있다. 융통성은 강화물을 받기 전에 빈도와 간격에 변동을 줄 수 있느냐 아니냐에 관한 것이다. 반드시 정해진 빈도나 시간이 나타나야 강화물을 주는 것을 고정계획이라 부르고, 일정하지 않지만 평균적으로 볼 때 어느 정도 빈도나 시간이 경과한 뒤에 강화물을 주는 것을 변동계획이라 부른다. 비율계획, 간격계획, 고정계획, 변동계획을 조합하면, 강화계획의 유형은 고정간격계획, 변동간격계획, 고정비율계획, 변동비율계획의 네 가지로 나누어진다. 어떤 유형의 강화계획을 사용하느냐에 따라 행동의 발생빈도와 강도는 달라진다.

• 고정간격 강화계획: 이 계획에서 행동의 빈도는 무시되고 오직 정해진 시간이 지나갔느냐에 따라 강화물이 주어질지 결정된다. 정해진 시간이 지난 뒤에 처음 하는 행동에 대해 강화물이 주어진다. 강화물을 받기로 정해진 시간 간격 사이에서는 아무리 많은 행동을 하여도 강화를 받지 못하고, 오직 정해진 시간이 지난 뒤에 하는 행동에만 강화물이 주어진다. 학교에서는 학기말에 주는 성적표가 대표적인 고정간격 강화계획이다. 급식시간이 되어야만 받을 수 있는 음식도 고정간격 강화계획에 따르고 있다. 배고프다고 아무 때나 먹을 수 있는 것이 아니라 학교에서 정한 급식시간에 식당으로 가야만 급식을 받을 수 있기 때문에 이는 고정간격 강화계획이다. 배고픈 학생들은 다른 때보다 식당으로 가기 직전에 선생님의 지시를 더 잘 따른다.

• 변동간격 강화계획: 이 계획은 앞의 고정간격 강화계획과 달리 강화물을 제공하는 시간을 정해 놓지 않는다. 강화물을 받을 시간을 정해 놓으면, 유기체는 그 시간을 예측할 수 있기 때문에 강화물을 받고 난 뒤에는 행동을 해도 강화물이 나오지 않는다는 것을 알게 된다. 따라서 한동안 증가시키고자 하는 행동을 하지 않는다. 예를 들어, 월급을 받고 나면 일을 열심히 하지 않고 직장에 대한 불만이 오히려 증가한다. 다음 월급이 다가오면 점점 더 열심히 일하고 월급날을 기다린다. 따라서 강화물을 받는 시간을 예측할 수 없도록 강화물을 제공하는 시간이 바뀐다. 그러나 아무 때나 강화물을 제공하는 것이 아니라 평균적인 시간 간격을 정하고 그 계획에 따라 강화물을 제공한다. 예를 들어, 버스 시간표는 고정간격으로 짜여 있지만, 실제 교통사정은 정해진 시간에 버스정류장을 통과하기 어려울 때가 많다. 이런 이유로 인해 다음 버스가 도착하는 시간을 알려 주는 장치가 없는 버스 정류장에서 오랜 시간 동안 버스를 기다리는 사람들이 있다. 버스가 언제 올지 모르기 때문에 계속 버스를 기다리는 것이

다. 만약 어느 교사가 매주 금요일을 스티커를 나누어 주는 날로 정하면, 아마 학생들은 수요일까지 스티커 받는 것에 별 관심이 없다가 목요일이 되면 스티커를 받기 위해 열심히 행동한다. 이것이 고정간격 강화계획의 약점이다. 따라서 그 교사는 변동간격 강화계획을 적용하여 매주 1회 스티커를 나누어 주되 어떤 주에는 월요일, 어떤 주에는 금요일, 그 다음 주에는 수요일에 나누어 주면, 학생들은 어느 요일에 스티커를 받게 되는지 알지 못한다. 따라서 스티커를 받고 싶은 학생들은 항상 바람직한 행동을 하려고 한다.

• 고정비율 강화계획: 고정비율 강화계획은 시간이 아니라 행동의 빈도에 초점을 둔다. 몇 번 행동한 뒤에 강화를 줄 것이냐에 초점을 두는 것이다. 고정비율 강화계획은 유기체가 정해진 횟수만큼 행동을 했을 때 강화물을 제공받는다. 예를 들어, 스티커 10개를 모은 모둠에게 떡볶이를 먹을 수 있는 쿠폰을 주는 것, 정해진 수의 책을 읽은 학생에게 독서상을 주는 것, 10개의 선행을 했을 때 선행상을 주는 것 등이 고정비율 강화계획이다.

• 변동비율 강화계획: 고정비율 강화계획은 언제 강화물을 받을 수 있는지 예측이 가능하다. 따라서 그런 예측을 할 수 없도록 강화받기 전에 해야 하는 행동의 수를 일정하지 않게 계획을 세울 수 있다. 평균적으로 몇 번 행동하면 강화물이 제공될 것인지 사전에 미리 계획되어 있을지라도 강화를 받는 사람은 그 계획을 모르기 때문에 언제 강화를 받게 될지 예측할 수 없다. 따라서 사람들은 강화받는 행동을 더 열심히 하게 된다. 도박이나 로또는 변동비율 강화계획을 적용하여 많은 사람이 중단하지 않고 계속 하도록 만드는 대표적인 예다. 학교에서도 교사는 변동비율 강화계획을 적용할 수 있다. 예를 들어, 독서를 권장하고 싶을 때 교사는 평균 5권 읽을 때 강화하는 것으로 계획한 다음, 어떤 때는 2권 읽은 다음 강화를 하고 어떤 때는 9권 읽은 다음 강화물을 제공하면 학생들은 예측할 수 없다. 다만, 책을 읽으면 강화를 받을 수 있다는 것은 알기 때문에 몇 권을 읽어야 강화를 받을 수 있는지 알 수 없을 때 강화를 받고 싶은 학생은 평상시 자주 책을 읽게 된다. 학교에서 변동비율 강화계획을 적용할 때 어떤 학생에게는 2번, 다른 학생에게는 7번 해야 강화를 받게 하면 차별이라고

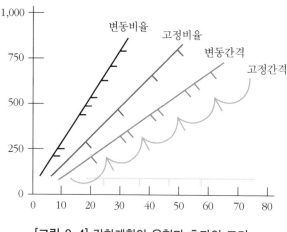

[그림 9-4] 강화계획의 유형과 효과의 크기

인식하게 되어 부작용이 발생할 수 있다. 우연히 그런 일이 일어나도 학생은 차별이라고 여길 수 있으니, 신중하게 적용해야 할 것이다.

⑥ 강화물의 유형

행동의 빈도를 높이고 강도를 증가시키는 방법인 강화에 대해 이해하는 것 못지 않게 행동을 강화시키기 위해 제공하는 인센티브인 강화물에 대한 이해도 중요하다. 강화물을 잘못 사용하면, 아무리 잘 구성된 강화계획도 효과를 전혀 발휘하지 못하기 때문이다.

학교에서 교사들이 사용할 수 있는 강화물은 다양하다. 다양한 강화물은 크게 다섯 가지로 구별된다. 소비 강화물, 활동, 조작 강화물, 소유 강화물, 사회적 강화물로 나뉜다(임선아, 김종남 공역, 2012). 소비 강화물은 음식물이 가장 대표적인 것이며, 과자, 과일, 음료수 등이 포함된다. 배고픈 학생들에게는 이런 강화물이 효과를 발휘한다. 활동 강화물은 TV 시청, DVD 시청, 컴퓨터 게임 등이 해당된다. 조작 강화물은 레고나 조립형 장난감, 찰흙이나 물감, 다양한 만들기가 포함된다. 조작 강화물은 활동 강화물과 매우 유사하다. 소유 강화물은 인형, 다양한 포스터, 스티커, 보석상자 등이 해당된다. 물론 소유 강화물은 활동이나 조작 강화물로 활용할 수 있다. 끝으로 사회적 강화물은 칭찬, 애정 어린 미소, 쓰다듬기, 눈맞춤 등이 해당된다.

이렇게 다양한 강화물을 동시에 여러 가지 사용하기보다는 학생이 가장 원하는 한두 가지를 이용하는 것이 더 효과적이다. 물론 강화물에 가치의 차이를 두어 낮은 가치를 가지는 강화물을 모아서 큰 가치를 가지는 강화물과 교환할 수 있게 만드는 것도 상당히 효과적이다. 실제 많은 교사는 작은 스티커 10개를 모으면 가치가 큰 스티커 하나와 교환할 수 있게 해 준다. 더 나아가 큰 스티커 10개를 모으면 떡볶이를 사먹을 수 있는 쿠폰으로 교환할 수 있게 해 줄 때 학생들은 스티커 모으기에 열중한다.

하지만 강화물이 모든 학생에게 동일한 수준의 동기를 유발하는 것은 아니다. 강화물을 오랫동안 접하지 못한, 즉 박탈된 학생은 그렇지 않은 학생에 비해 강화물을 얻기 위해 더 많이 더 강하게 행동하게 된다. 배고픈 학생은 음식을 얻기 위해 화장실 청소도 할 수 있지만, 배부른(포만감을 느낀) 학생은 음식을 얻기 위해 교실 청소도 하지 않으려 한다. 어떤 학생은 소비 강화물을 더 선호하고, 어떤 남학생은 활동 강화물을 더 선호하며, 어떤 여학생은 소유 강화물을 더 좋아할 수 있다. 따라서 학생이 진정으로 원하는 강화물을 파악하는 것이 강화계획의 성패를 좌우할 수 있다.

⑦ 학습된 무기력

학습된 무기력(learned helplessness)은 조작적 조건화 과정에서 벌을 줄 때 도피나 회피를 할 수 없도록 만들어 놓은 환경에서 발생하는 현상이다. 셀리그만(Seligman, 1975)은 실험실에서 개를 상자 속에 가두어 놓았다. 먼저, 고통스러운 전기충격을 주면, 개는 도망치려고 한다. 점프하여 건너가면 전기충격이 사라진다. 이것이 도피 조건화다. 이렇게 되면, 개는 전기충격이 오는 즉각 점프하여 도망친다. 만약 전기충격이 오기 전에 빨간 불이 켜진다면, 개는 이제 빨간 불이 켜지면 즉각 점프하여 전기충격을 미연에 방지한다. 이것을 회피 조건화라 부른다.

학습된 무기력은 도피나 회피를 할 수 없다는 것을 알게 될 때 나타난다. 즉, 개가 아무리 노력하여도 전기충격이 있는 상자에서 밖으로 나갈 수 없다면, 이제는 체념하고 전기충격을 무방비 상태로 당한다. 즉, 전기충격에서 벗어날 수 있는 방법이 없기 때문에 그냥 당하는 것이 더 낫다고 믿는 것 같다.

그런데 이제 점프를 하면(조금만 노력하면) 전기충격에서 벗어날 수 있게 상황이 바뀌어도 개는 더 이상 노력하지 않고 그냥 전기충격에 당하고 있다. 이것을 학습된 무기력이라 한다. 학습된 무기력은 사람에게서도 나타난다. 히로토(Hiroto, 1974)는 버튼을 누르면 소음이 사라지는 실험에서 대학생을 세 개 집단으로 나누었다. 첫째 집단은 통제 불가능 집단으로 참여 대학생이 아무리 버튼을 눌러도 소음이 사라지지 않는 조건에 있다. 둘째 집단은 버튼을 누르면 소음이 멈추는 조건 속에 있다. 마지막 통제 집단은 소음이 없는 상황에 있다. 이런 경우 첫째 집단은 학습된 무기력에 빠지게 되었다. 자신의 노력으로 소음을 없앨 수 없다고 믿기 때문에 나중에 조건이 바뀌어도 아무런 노력을 하지 않았다. 즉, 사람들은 자기가 통제할 수 없다고 여길 때 무기력에 빠지게 된다. 초, 중, 고등학교 학생들도 학습된 무기력에 빠진다. 따라서 교사들은 학습된 무기력의 증상에 대해 알고 있어야 하며, 무기력에 빠진 학생을 도울 수 있는 방법도 알고 있어야 할 것이다.

〈표 9-1〉 학습된 무기력 과정

실패인정	자신이 실패하였음을 스스로 인정한다.
능력귀인	자신의 노력은 아무 소용없기 때문에 능력이 없다고 귀인한다.
시도포기	새로운 시도는 실패만 낳기 때문에 더 이상 시도하지 않으려 한다.
해결포기	새로운 해결방법을 찾으려 하지 않고 문제해결을 포기한다.
상황인식불능	이제 상황이 바뀌어서 조금만 노력하여도 성공할 수 있음에도 불구하고, 학생은 상황이 바뀐 것을 눈치 채지 못하고 시도하지 않는다.

〈표 9-2〉 학습된 무기력의 유형

보편적 학습된 무기력	자신은 무능하기 때문에 무엇을 하든 실패할 것이라 강하게 믿는 경향을 의미한다. 이런 무기력을 학습한 사람은 어떠한 것을 해도 실패할 것이라 믿기 때문에 아무런 시도를 하지 않고 은둔하려고 한다.
특수적 학습된 무기력	자신은 특수한 영역에서 잘 못한다고 믿는 경향을 의미한다. 예) 야구는 잘할 수 있는데, 축구는 정말 못한다고 믿음

3) 조작적 조건화에 관한 대안적 설명

스키너의 조작적 조건화 이론은 무엇이 강화물이 될 수 있는가에 대해 제한적인 설명만 할 수 있다. 특히 어떤 행동이 다른 행동의 강화물이 될 수 있다는 생각은 스키너의 기본 가정과 다르다. 스키너는 강화물과 행동은 서로 구분되는 것이며, 행동한 대가로 주어지는 보상(자극)과 같은 것이라고 보았다.

프리맥(Premack, 1959)에 따르면, 사람은 자신이 더 선호하는 강화물이 있고, 여러 강화물 속에는 위계가 있으며, 자신이 더 선호하는 행동은 덜 선호하는 행동을 강화하는 힘을 가진다. 따라서 더 좋아하는 행동 또는 더 자주하는 행동은 덜 좋아하는 행동을 강화하는 강화물이 될 수 있다. 즉, 행동 그 자체가 강화물이 될 수 있다는 것으로 스키너의 생각과 근본적으로 다르다. 예를 들어, 음악 듣기를 좋아하는 학생에게는 수학공부에 대한 강화물로 음악 듣기를 이용할 수 있다. 이와 달리 피아노 연습을 싫어하고 책 읽기를 좋아하는 학생에게는 피아노 치기를 먼저 하고 그 보상으로 책 읽기를 허락하면, 두 가지 모두 잘하고 열심히 한다. 그러나 만약 그 순서를 거꾸로 하면, 학생은 책 읽기만 오랫동안 하고 피아노 치기는 거의 하지 않게 된다.

프리맥 원리는 학생들에게 시간관리를 가르칠 때 아주 중요하다. 다양한 활동을 효과적으로 할 수 있도록 계획을 세울 때 학생은 자신이 좋아하는 활동을 덜 좋아하는 활동에 대한 보상처럼 이용하면 여러 과제를 즐겁게 할 수 있다. 그러나 좋아하는 것을 먼저 하고 해야 할 일을 뒤에 하도록 시간을 정하면, 좋아하는 것을 할 때는 시간 가는 줄 모르고 즐기다가 막상 해야 할 일을 할 때는 피곤해지고, 싫어지고, 짜증이 나기 쉽다. 특히 초등학교 학생들에게 좋은 생활 습관을 길들일 때 프리맥 원리가 도움이 된다. 따라서 가능한 한 해야 할 일이나 자주 하지 않는 일을 먼저 하고, 그 보상으로 하고 싶은 일, 좋아하는 일, 또는 자주 하는 일을 나중에 해야 한다.

프리맥 원리는 행동도 강화물이 될 수 있다는 새로운 이해를 넓혔으나, 때로는 작동하지 않는다는 한계점을 지닌다. 예를 들어, 프리맥 원리에 따르면, 평상시 똑같은 정도로 좋아하거나 자주 하는 행동들 중 하나를 강화물이 되도록 만들 수 없다. 두 가지 행동 중 어느 하나를 더 자주 하거나 선호해야 그것이 강화물이 될 수 있는데 두 행동은 동등한 출현율을 가지기 때문이다. 또한 어떤 경우에는 출현율이 낮은 행동이 높은 행동의 강화물이 되는 경우도 있는데, 이것은 프리맥 원리가 예측하는 것과 정반대다. 따라서 프리맥 원리를 교실에서 적용할 때는 이런 단점이 있음을 알고 신중히 관찰하면서 그 효과를 검증해 봐야 할 것이다.

교실 적용 방법

조작적 조건화는 새로운 행동을 학습할 때 유용하다. 실제로 조작적 조건화 이론은 학급경영이론, 수업이론, 교수-학습이론, 장학론 등에 영향을 주었다. 학교에서 교사들이 사용하는 많은 수업 방법은 행동주의 이론에 입각하고 있다고 볼 수 있다. 최근에 정보처리 이론 및 구성주의 이론이 등장하면서 그 위치가 다소 낮아지고 있지만, 조작적 조건화의 원리 없이 교실 활동을 기술하기는 어렵다. 특히 특수교육에서는 여전히 조작적 조건화의 원리를 널리 사용하고 있다.

교사는 교실에서 학생에게 자주 칭찬해야 한다는 것도 조작적 조건화로 가장 잘 설명된다. 하지만 최근 연구에 따르면, 교사가 학생에게 주는 칭찬은 다양한 부작용을 야기하기 때문에 칭찬을 할 때도 신중해야 한다. 칭찬이 초래하는 부작용과 그 이유를 간략히 제시하면 다음과 같다.

- 칭찬은 내재적 동기를 외재적 동기로 바꾼다. 칭찬을 받은 학생은 자율성을 상실하고 칭찬이라는 보상을 받기 위해 애쓰게 된다. 칭찬을 자주 받는 아동은 칭찬해 주는 사람을 기쁘게 해 줄 것이라고 여기는 것만 골라서 배우려고 하고 그렇지 않은 것은 피하려고 한다. 이렇게 되면, 학생은 창의적이고 자기 주도적인 사람이 될 가능성이 낮고 어떤 새로운 것을 실험하기보다는 칭찬을 받게 되는 것만 하려고 하여 순응적인 사람이 되기 때문에 바람직하지 않다.
- 칭찬은 평가의 산물이다. 칭찬은 그 자체로 평가 행위다. 교사는 자기의 입장에서 볼 때 만족할 만한 기준을 학생이 충족시켰을 때만 칭찬하기 때문이다. 만약 어떤 학생에게 "착하구나!"라고 칭찬하였다면, 그 사람은 이미 그 아이를 관찰하여 칭찬해 줄 만한 착한 품성을 가지고 있음을 평가하였다. 그런데 학생은 교사로부터 평가를 받으면 대개 긴장한다. 따라서 교사의 칭찬은 교사의 의도와 달리 학생을 긴장시키기 쉽다.
- 칭찬 속에는 상대적 지위가 숨어 있다. 칭찬은 주로 지위가 높은 사람이 낮은 사람에게 해 주는 것이다. 간혹 지위가 낮은 사람이 높은 사람에게 칭찬을 할 수도 있지만, 칭찬이 평가의 산물이라는 이유 때문에 낮은 지위의 사람이 지위가 높은 사람에게 칭찬을 하면, 윗사람이 모욕을 당하는 것으로 느낄 수 있고 아랫사람이 건방지다고 여길 수 있다.
- 칭찬은 구체적일수록 효과적이다. 구체적 칭찬은 상세한 정보를 담고 있는 것으로 학생이 무엇을 칭찬받고 있는지 쉽게 알 수 있는 칭찬이다. 따라서 학생은 칭찬을 듣는 순간 자신의 어떤 측면이 칭찬을 받고 있는지 알 수 있고, 다른 학생도 어떻게 하면 칭찬을 받을 수 있는지 알게 된다.

• 청소년은 공개적 칭찬을 싫어한다. 어린 아동은 공개적으로 칭찬을 받는 것을 꺼리지 않는다. 그러나 청소년은 공개적으로 칭찬을 받으면, 집단 따돌림을 당하기 쉽다. 교사로부터 편애를 받는 학생은 다른 학생들로부터 버림을 받기 쉽다는 사실을 교사는 알고 있어야 한다. 따라서 교사는 중학생 또는 고등학생들에게 칭찬을 할 때 개별적으로 해 주어야 한다.

3. 사회인지 학습이론

1) 기본 가정

사회인지 학습이론은 인간이나 동물은 다른 사람이나 동물의 행동을 보고 따라할 수 있는 능력을 가지고 있다고 가정한다. 즉, 자신이 직접 강화를 받지 않고 관찰만 하여도 학습할 수 있다는 것이다. 반두라(Bandura)는 인지적 능력을 전혀 고려하지 않는 고전적 조건화와 조작적 조건화의 한계를 벗어나고 모방에 관한 기존 이론을 통합하기 위해 사회인지 학습이론을 제기하였다.

사회인지 학습이론의 또 다른 가정은 인간의 행동, 환경, 개인은 서로 유기적으로 상호작용한다는 것이다. 어떤 사람의 행동을 이해하려면, 그 사람의 개인적 특성과 환경적 상황을 동시에 고려해야 한다. 반두라가 제안한 사회인지 학습이론의 핵심 3요소 사이의 상호작용을 자기효능감 변화와 관련지어 설명할 수 있다. 높은 자기효능감을 가진 한 학생이 등장하면, 학급의 분위기는 급격히 변화한다. 또래들 사이의 역학관계가 바뀌고 이 학생이 참여한 팀의 과제수행 수준도 달라지며 수업 전체 분위기도 바뀐다. 그렇지만 엄격한 교사가 수업하는 교실에서는 효능감이 높은 학생도 위축될 수 있다. 또한 아무리 자기효능감이 높은 학생이라도 실수하면 심하게 꾸짖는 교사의 지도를 받은 학생은 연습하는 동안에 효능감을 상실할 수 있다. 만약 자기효능감이 높은 학생의 팀이 수행을 잘했다면, 엄격한 교사라도 학생들에게 칭찬을 하게 되며 학생들의 자기효능감은 더 높아진다. 이처럼 개인, 환경, 행동(수행)은 서로 영향을 주고받으면서 학생이 학습하도록 돕는다.

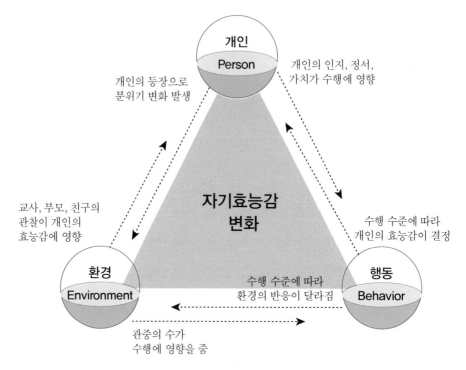

[그림 9-5] 사회인지 학습이론 모형

2) 주요 개념 및 원리

　사회인지 학습이론(social cognitive learning)은 직접 행동하여 강화를 받지 않고 다른 사람의 행동과 결과를 관찰하고 기억하는 것만으로도 학습이 이루어진다고 보는 이론이다(Bandura, 2000, 2007). 명칭에 사회라는 개념이 포함된 이유는 관찰 학습이 일어나기 위해서는 반드시 다른 사람이 옆에 있고 그 사람의 행동과 그 결과를 관찰해야 하기 때문이다. 예를 들어, 친구가 장난감을 조작하는 것을 한 번이라도 본 아동은 그렇지 않은 아동에 비해 같은 종류의 장난감을 더 잘 조작한다. 친구가 장난감을 가지고 노는 것을 보고 배웠기 때문이다. 교사가 학생을 때리는 장면을 목격한 학생들은 그렇지 않은 학생들에게 비해 학교에서 폭력을 행사할 가능성이 더 높다. 사회인지학습은 다른 사람의 행동을 관찰함으로써 일어나는 학습이며, 관찰학습이라고 불리기도 한다.

　사회인지 학습이론은 반두라(1965, 1969)에 의해 제안되었다. 반두라는 동물이나 인간 모두 모방하는 능력이 있음을 알고 있었으며, 이를 통해 학습이 가능하다는 것을 실험하였다. 그는 실험에 참여한 아동을 세 집단으로 나누어 비디오를 보여 주었다. 세 집단 모두 성인이 인형을 때리고 발로 차고 던지는 등 매우 공격적인 행동을 하는 장면을 보았다. 여기까지는 세 집단 모두 동일한 내용을 보았는데, 이 장면 다음부터는 서로 다른 내용이 담겨 있다. 첫 번째 집단은 성인이 공격적인 행동을 하고 난 후 보상을 받는 장면이 담긴 비디오를 보았다. 두 번째 집단은 성인이 공격적인 행동을 한 후 벌을 받는 장면이 담긴 비디오를 보았으며, 세 번째 집단은 성인이 공격적 행동을 한 뒤 보상이나 벌을 받는 것이 아니라 다른 활동을 하는 장면이 담긴 비디오를 보았다. 반두라는 세 집단의 아동들이 비디오를 본 뒤에 비디오에서 성인이 때렸던 인형을 가지고 놀 수 있다고 허락해 주었다. 아동들은 어떻게 놀았을까?

놀랍게도 아동들은 성인의 행동을 모방하였다. 인형을 때리고 상을 받는 장면을 본 아동들은 인형을 때리면서 놀았고, 벌 받는 장면을 본 아동들은 가장 적게 때리며 놀았다. 이런 결과는 아동이 관찰하는 것만으로도 학습할 수 있다는 좋은 증거였다.

3) 사회인지학습의 과정

반두라는 관찰학습의 과정을 주의집중, 파지, 운동재생산, 동기화의 4단계로 나누어 설명하고 있다.

- 주의집중: 관찰하기 위해서는 무언가에 주의(attention)를 기울여야 한다. 관찰은 감각 기관을 통해 들어오는 정보에 주의를 기울일 때 일어난다. 사람은 매 순간 오감을 이용하여 수많은 정보를 받아들이고 있고, 그중 일부의 정보에만 주의를 기울인다. 따라서 주의집중은 능동적으로 정보에 주의를 기울이는 것이며, 관찰을 하기 위해 꼭 필요한 것이다. 주의를 기울이지 않는다면, 관찰학습이 일어나지 않을 것이기 때문이다. 주의집중은 행동주의이론보다는 정보처리이론에서 더 중요시 여기는 개념으로 인지적 과정이다. 반두라도 주의집중을 관찰학습의 첫 단계로 여김으로써 인지적 과정을 강조하였다. 따라서 반

두라의 사회인지 학습이론에 인지라는 용어가 포함되었다.

교사가 수업시간에 관찰학습이 일어나도록 만들기 위해서는 자신이 어떤 시범을 보여 주기 전에 먼저 학생들이 자신에게 주의를 기울이도록 만드는 것이 필요하다. 초등학교 교사들 중 학생들의 주의를 효과적으로 이끌어 내는 교사들은 자신이 말하기 전이나 시범을 보여 주기 전에 먼저 학생들로 하여금 박수를 치게 하든지, '다 같이 주목!'이라는 구호를 외치도록 시킨다. 테니스를 가르치는 교사는 스매싱하는 동작을 보여 주기 전에 학생들이 주목하도록 큰 소리로 말한다.

• 파지: 주의를 기울이면 기억도 잘되는 편이다. 그러나 주의를 기울이는 것 자체가 기억을 보장하지는 않는다. 따라서 관찰학습이 일어나려면 다른 사람의 행동과 그 결과를 기억하고 있어야 한다. 기억하지 못하는 것을 그대로 따라 한다는 것은 불가능하기 때문이다. 파지(retention)는 기억의 한 형태로 관찰한 것을 인지구조 속에 그대로 보관한다는 뜻이다. 파지도 주의집중처럼 외현적 행동이 아니라 관찰하는 사람의 마음에서 일어나는 인지적 과정이므로 파지를 강조하는 반두라의 학습이론은 인지적 과정을 중요시 여긴다. 학생은 교사의 스매싱 시범을 기억해야 한다.

• 운동재생산: 주의를 기울여 행동과 결과를 관찰하고, 그것을 기억 속에 저장한다고 관찰학습이 일어나는 것은 아니다. 기억한 것을 마음속에서 또는 행동으로 재생산해 보는 것이 필요하다. 예를 들어, 테니스를 배우는 학생은 교사가 보여 준 스매싱 동작을 마음속으로 되새겨 보고, 실제 행동으로도 따라 해 본다.

• 동기화: 주의를 기울여 관찰하고 기억하고 재생산해 본 행동을 실제로 할 것인지는 동기화(motivation) 과정에 달려 있다. 자신이 관찰한 것을 그대로 따라 할 수 있다고 느낄 때, 즉 효능감이 생길 때 그 행동을 실천하고 싶어진다. 그래서 반두라는 자기효능감이 실제 능력보다 수행에 더 큰 영향을 준다고 믿었다.

동기화가 일어나지 않으면, 관찰학습한 것이 실제 수행으로 나타나지 않는다. 이런 경우 반두라는 잠재적으로 학습이 일어났다고 본다. 실제 행동으로 나타나지 않았기 때문에 교사는 학습이 일어났는지 알 수가 없다. 따라서 교사는 이를 확인하기 위해 가능한 한 자주 수행평가를 실시하는 것이 필요하다.

4) 관찰학습에 영향을 주는 모델의 특성

누구나 좋은 모델이 되는 것은 아니다. 학생의 특성(연령, 지능, 동기 수준, 효능감)에 따라 적절한 모델이 다를 수 있다. 학생이 모델의 모든 행동을 그대로 모방할 수는 없기 때문이다. 예를 들어, 세계 최상급 테니스 선수의 스매싱하는 모습을 본다고 초등학생들이 그대로 따라 할 수 있는 것은 아니다.

첫째, 유사성이 높은 모델이 효과적이다. 모델이 자신과 너무 차이 나면 모방하기 어렵고 유사성이 높은 비슷한 연령대의 아동이 하는 모습을 보는 것이 더 효과적이다. 둘째, 모델이 유능한 사람일 때 더 효과적이다. 유능하지 않은 사람을 모델로 삼는다면, 학생들은 모방하고 싶어 하지 않을 것이다. 셋째, 호감도가 높은 사람이 효과적인 모델이다. 사람은 널리 알려진 유명한 사람을 따라 하고 싶어 한다. 특히 초등학생이나 중학생들은 자신이 좋아하는 연예인을 모방하려는 경향이 강하다.

5) 관찰학습에 대한 대안적 설명

관찰학습에 대한 가장 확실한 증거는 거울 뉴런이다. 이탈리아 지아코모 리촐라티 교수팀은 원숭이 뇌에 전극을 이식하고 땅콩을 집어 입으로 가져갈 때의 뇌의 어느 부분이 활성화되는지를 관찰하다가 거울 뉴런을 처음 발견하였다. 원숭이가 스스로 이 행동을 할 때나 다른 원숭이가 이 행동을 하는 것을 보기만 할 때 모두 동일한 부위의 뇌세포가 활성화되는 것을 관찰하였다. 즉, 자신이 직접 행동하는 것과 남이 하는 동일한 행동을 보는 것 모두 동일한 뉴런에서 반응을 하였기 때문에 거울 뉴런이 있다고 결론 내린 것이다.

미국 캘리포니아 대학교 교수인 마르코 야코보니도 사람은 거울 뉴런을 통해 타인의 감정도 공유할 수 있음을 증명하였다. 웃는 얼굴의 사진을 볼 때 활성화되는 뇌의 부분과 실제로 웃을 때 활성화되는 부분이 동일하다면, 이것은 거울 뉴런이 있고 얼굴표정을 보고 자신도 동일한 감정을 경험할 수 있다는 뜻이다.

따라서 학생들이 TV나 영화에서 폭력적인 장면을 보면 공격적인 행동을 할 가능성이 높아진다는 반두라의 관찰학습이론은 거울 뉴런을 통해 지지받고 있다.

[그림 9-6] 관찰학습의 예

교실 적용 방법

사회인지학습은 교실을 포함하여 모든 생활공간에서 일어난다. 교사는 사회인지학습의 과정과 원리를 이해하고 적용함으로써 학생의 학습을 촉진할 수 있다. 사회인지학습을 적용할 수 있는 상황은 다음과 같다.

• 시범이 필요할 때: 이미 익숙한 행동은 시범이 필요 없지만, 처음 배우는 행동은 시범이 필요한 경우가 많다. 학생이 배워야 할 새로운 행동이 너무 어렵거나 위험할 때는 반드시 시범을 먼저 보여 주어야 한다. 예를 들어, 폭발할 수 있는 화학물질을 가지고 실험을 할 때는 교사가 반드시 먼저 시범을 보여 주어야 한다. 대부분의 경우 교사가 시범을 보여 주는 모델이 될 수 있지만, 만약 교사가 시범을 보여 주기 어렵다면 다른 전문가를 교실로 초빙하여 시범을 보여 주게 할 수 있다.

• 잠재적으로 학습한 행동을 실행하는 것이 필요할 때: 많은 경우 학생들은 관찰학습을 하여 새로운 행동과 그 결과에 대해 알고 있다. 휴지를 줍는 것이 좋은 행동이라는 것을 알고 있는 학생은 많이 있다. 그러나 안타깝게도 대부분의 학생은 알고 있는 대로 실행하지 않고 있다. 이런 경우 친구를 모델로 삼아서 역할극을 하고, 친구가 휴지 줍고 난

뒤 칭찬받는 것을 보고 나면 아는 것을 실행할 수 있다. 이렇게 친구를 보고 착한 행동을 할 때 교사는 즉각 칭찬을 해 주어야 한다.

- **자기효능감을 높이는 것이 필요할 때:** 알고 있는 것을 실행하지 못하는 이유 중 한 가지는 효능감이 낮기 때문이다. 또래 친구는 잘하는데 자신은 그것을 해낼 수 있다는 신념이 낮으면, 알고 있어도 실행하고 싶은 동기가 일어나지 않고, 그 결과 실제로 실천하지 않는다. 이런 경우 7장에서 읽은 자기효능감 향상 방법을 적용하는 것이 효과적이다.
- **좋은 분위기 유지가 필요할 때:** 관찰학습과 거울 뉴런은 정서도 전염될 수 있다는 것을 보여 준다. 학급에서 한 명이 우울하면, 많은 학생이 우울해진다. 반대로 한 명이라도 밝게 웃으면, 많은 학생이 따라 웃는다. 따라서 유능한 교사는 기분 좋은 학생을 적절히 칭찬하여 학급 전체의 분위기가 밝아지게 만든다.

6) 자기효능감

반두라에 따르면, 사람은 실제로 가진 자신의 능력뿐만 아니라 얼마나 잘할 수 있다고 믿느냐에 따라 성취 수준이 달라진다. 학생의 능력이 높으면, 그가 이룬 성취 수준도 높은 편이다. 그러나 반두라는 동일한 능력을 가진 학생들 사이에서도 성취 수준이 다를 수 있으며, 각 학생이 가진 자신에 대한 신념이 성취 수준에 영향을 준다는 것을 발견하였다. 즉, 실제 능력과 수행 사이에서 자기 자신에 대한 신념(자기효능감)이 매개 역할을 한다는 것을 증명하였다.

자기효능감(self-efficacy)은 자신의 능력에 대해 스스로 평가한 다음 가지는 신념이다. 실제로 능력이 높음에도 불구하고 학생 자신이 스스로 능력이 부족하다고 평가하고 그렇게 믿을 경우 그 학생의 자기효능감은 낮으며, 성취 수준도 능력에 비해 낮게 나타난다(Bandura, 1997b). 반대로 자신의 능력이 뛰어나다고 스스로 믿고 있는 학생은 자신이 가진 실제 능력보다 더 높은 수준의 성취를 얻는다.

- **자기효능감을 높이는 방법**

필자는 1996년 9월에 미국 인디애나 대학교에서 유학하는 동안에 반두라의 특강을 들은 경험을 가지고 있다. 자기효능감에 관한 연구 결과를 강의하면서 자신의 저서도 함께 소개했다. 『Self efficacy: The exercise of control』이라는 책이었다. 강의를 다 듣는 도중에 나는 '어떻게 자기효능감을 획득하게 하지?'라는 의문이 생겼다. 그래서 강의가 끝난 뒤에 반두라에게 직접 질문하였다. 그는 자기효능감을 획득하는 방법 네 가지를 아주 명쾌하게 설명하였고, 지금도 기억에 남는다.

자기효능감을 높이는 가장 강력한 방법은 완성 경험(mastery experience)이다. 사람은 어떤 일을 혼자서 처음부터 끝까지 완성하였을 때 그 일에 대한 효능감이 높아진다. 자전거 타기를 처음 배우는 사람은 혼자서 20미터 정도 혼자서 달려 본 뒤에서야 혼자서도 탈 수 있다고 여기고 또 도전한다. 교사는 학생들의 자기효능감을 높여 주기 위해 어떤 과제를 스스로 끝까지 완성해 보도록 기회를 자주 주어야 한다. 물론 효능감은 영역 특수적이기도 하므로 특정한 과목에서 완성 경험을 하도록 돕는 것도 중요하다.

두 번째 방법은 간접 경험(vicarious experience)이다. 자신과 비슷하게 보이는 사람이 어떤 과제를 잘 수행하고 저 사람이 잘한다면 자신도 잘할 수 있을 것이라 믿을 때 자기효능감이 높아진다. 간접 경험은 또래나 주변 사람을 관찰하는 것과 좋아하는 사람에 관한 책을 읽는 것을 통해 얻는다. 따라서 수업시간에 학생들 사이에 또래협력을 자주 시키는 것은 간접 경험의 기회를 제공하는 방법이다.

세 번째 방법은 사회적 설득(social persuasion)이다. 이때 설득하는 사람에 대한 신뢰가 중요하게 작용한다. 자신이 존경하는 사람, 권위 있는 사람, 유명한 사람, 친한 사람, 신뢰가 있는 사람이 설득할 때 효능감도 높아진다. 존경하는 어른으로부터 "자네라면 그 정도는 할 수 있을 것이네."라는 말을 듣고 열심히 노력하여 성공한 사람도 많다. 따라서 교사는 스스로 신뢰와 존경을 받을 수 있도록 행동해야 한다.

마지막으로 생리적 반응(physiological reaction) 또는 정서적 상태다. 어떤 과제를 직면하였을 때 우리의 몸은 벌써 잘할 수 있을 것인지 아닌지 반응한다. 잘할 수 없을 것이라는 반응이 생기면 긴장되고 정서적으로 공황에 빠지게 된다. 테니스와 같은 운동을 할 때 상대방이 자신보다 더 세다고 느끼는 순간 근육은 경직되고 온몸은 실수를 연발한다.

교실 적용 방법

최근에는 일반적 자기효능감보다 특정한 영역에서의 자기효능감을 더 중요시한다. 예를 들어, 언어 자기효능감, 수학 자기효능감, 과학 자기효능감 등과 같이 특정한 영역에서의 자기효능감이 주는 효과를 이해하고, 그것을 높이는 방법을 개발하려는 노력이 진행 중이다. 따라서 학생들의 자기효능감을 높이는 방법은 다양하다. 전문가들에 의해 개발된 프로그램도 많이 있다. 따라서 교사와 학습컨설턴트들은 관심이 있는 영역의 자기효능감에 관한 논문과 프로그램을 찾아서 적용하는 것이 필요하다.

📖 탐구 문제

1. 벌이 주는 부작용을 찾아서 논의하고, 효과적으로 벌을 줄 수 있는 방법을 찾아보시오.

2. 낚시를 즐기는 사람들 중에는 중독 증상을 보이는 사람도 많다. 낚시에는 변동비율 강화계획과 변동간격 강화계획이 모두 적용되기 때문에 반복적으로 낚시를 하게 되기 때문이다. 왜 그런지 설명해 보시오.

3. 큰 뱀을 목에 두르고 좋아하는 사람을 종종 볼 수 있다. 그런데 뱀을 무서워하고 접근하지 않던 사람들도 뱀을 목에 두르게 되는 장면을 볼 수 있다. 이들이 뱀을 무서워하지 않게 되는 과정을 관찰학습을 이용하여 설명해 보시오.

4. TV나 영화에서 폭력적인 장면을 본 학생들은 폭력을 행사하기 쉽다는 것이 사회인지학습 이론가들의 주장이다. 동일한 폭력적인 장면을 동시에 본 두 학생 모두 폭력을 행사하게 될까? 만약 그렇지 않다면, 그 이유는 무엇일지 생각해 보시오.

제10장
정보처리 및 사회적 구성주의 학습이론

인간이 정보를 처리하는 과정과 컴퓨터가 정보를 처리하는 과정에 유사성이 발견된 이후로 많은 교육심리학자는 정보처리 학습이론에 관심을 가지게 되었다. 정보처리 학습이론은 정보를 입력하고, 처리하고, 결과를 산출하는 과정과 인간이 뇌나 마음에서 정보를 처리하는 과정이 유사하다고 가정한다.

이 장은 정보처리 학습이론에서 중요하게 다루는 정보처리 시스템, 감각등록기(주의와 지각 포함), 작업기억(시연, 부호화, 조직화 포함), 장기기억(인출, 기억 모형, 저장된 지식의 유형 등), 초인지, 망각으로 나누어 논의한다.

이 장의 마지막 부분에서 구성주의 학습이론도 간략하게 다룬다. 구성주의 학습이론은 구성주의 발달이론과 뿌리가 같고, 2장에서 구성주의 인지발달이론을 다루었기 때문에 여기서는 최근 주목을 받고 있는 활동이론, 상황학습 이론, 분산된 학습이론을 간단히 언급한다.

1. 정보처리 학습이론의 원리

정보처리 학습이론은 세계를 이해하기 위해 사람들이 사용하는 인지적 과정과 구조의 변화에 초점을 두면서 학습을 설명한다. 정보처리 학습이론은 전화번호를 기억하는 것과 같은 단순한 과제부터 비구조화된 문제를 해결하는 복잡한 과제까지 설명하는 것이 가능하다. 정보처리 이론은 다음과 같은 세 가지 학습원리에 기초한다.

첫째, 학습자는 적극적이다. 정보처리 학습이론은 학습자가 세상이 어떻게 돌아가고 있는지를 이해하기 위해 적극적으로 노력한다는 원리에 기초하고 있다. 학습자는 단순히 강화와 벌에 반응하는 것보다 훨씬 더 많은 활동을 한다. 즉, 학습자들은 질문에 답할 수 있도록 정보를 찾고, 새로운 지식에 따라 그들의 이해를 수정하고, 그리고 증가된 이해에 맞추어 자신들의 행동과 인지구조를 변화시킨다. 정보처리 학습이론가들은 인간을 "정보를 적극적으로 찾아가는 목표-지향적인 존재"라고 했다(Bransford, Brown, & Cocking, 2000: 10).

둘째, 학습자의 이해는 자신이 이미 가지고 있는 지식에 의존한다. 새로운 이해를 획득하는 과정에서 학습자는 자신이 기존에 알고 있는 지식이나 믿음에 근거해 새 정보를 해석한다. 예를 들면, 선생님이 지구가 둥글다고 설명해 주었는데도 불구하고 지구는 편평하다고 이해하는 아이들이 많다. 지구가 어떻게 둥근지를 표현할 때 어떤 아동은 팬케이크와 같은 편평한 표면을 지구의 내부나 위에 그린다(Vosniadou & Brewer, 1989). 아동들은 사람들이 공 위에서 걸을 수 없다는 이유를 제시하면서 편평한 표면만이 지구 위에서 걷고 설 수 있게 한다고 해석한다. 이러한 예는 학습자가 처음에 가진 지식과 이해가 새로운 지식과 이해를 획득하는 데 얼마나 큰 영향을 주는지를 잘 보여 준다.

셋째, 학습자는 이해를 구성한다. 이 원리는 기존의 지식이나 이해가 새로운 지식이나 이해 획득에 영향을 준다는 두 번째 원리와 연관되어 있다. 학습자는 선생님이 말해 준 것이나 그들이 읽은 모든 것을 있는 그대로 기억에 기록하는 테이프 기록장치처럼 학습하지 않는다. 대신에 학생들은 듣거나 읽은 내용에 대한 이해를 구성하기 위해 이미 알고 있는 내용을 사용한다. 오늘날 대부분의 연구자는 학습자가 자신의 이해를 스스로 구성한다는 생각을 받아들인다(Greeno, Collins, & Resnick, 1996; Mayer, 1998).

2. 정보처리 시스템

사람은 외부 환경으로부터 들어오는 정보를 일시적으로 저장하고, 기존의 인지구조에 있던 정보와 비교하면서 처리하고, 저장한다. 이런 정보처리 과정은 크게세 가지 기억저장소와 메타인지라는 기억통제 장치를 이용하면서 진행된다. 기억저장소에는 감각등록기, 작업기억, 장기기억이 있다. 외부의 정보가 감각등록기를통해 들어오는 동안 또는 뒤에 주의를 받은 정보는 지각되지만, 그렇지 않은 정보는 사라진다. 주의 과정에서 의식적 선택을 받지 못한 정보 중 일부는 지각의 영역으로 들어오기도 하지만, 지각되지 못하는 정보는 결국 소멸된다. 선택받고 지각된 정보만 작업기억에서 부호화와 시연이라는 처리를 통해 장기기억으로 저장된다. 작업기억은 새로 들어온 정보를 처리할 때 장기기억에 저장되어 있는 관련 정보를 인출해서 비교하거나 대조하면서 동화시키거나 조절시킬 수 있다. 이런 일련의 과정을 그림으로 표현한 것이 [그림 10-1]이며, 간결하게 표로 제시한 것이 〈표 10-1〉이다.

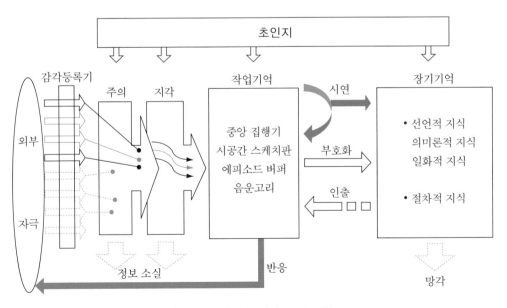

[그림 10-1] 정보처리 과정 모형

〈표 10-1〉 기억저장소

구분	명칭	하위 요소	저장 정보의 양	기억 지속 시간	예
기억 저장소	감각 등록기	시각 청각 촉각 후각 미각	약 9개 항목	1초	불꽃으로 이름을 쓰고 난 직후에 머릿속에 남겨진 이미지 또는 수업 중에 교사가 OHP를 통해 수업하고 난 후 그 OHP를 껐을 때 머릿속에 남겨진 이미지
	작업 기억	중앙집행기 시공간스케치판 음운고리	5~9개 항목 정보를 군집화(chunking)함으로써 저장을 더 많이 할 수 있음	시연 없이 최대 1분	전화번호, 단어 목록
	장기 기억	부호화된 지식	용량 제한 없음	평생	144의 제곱근이 12 가장 좋아하는 아이스크림 이름 잠긴 자전거를 푸는 방법을 아는 것

3. 기억저장소

[그림 10-1]에서 볼 수 있듯이 기억저장소는 감각등록기(sensory register), 작업기억(working memory), 장기기억(long-term memory)으로 나누어진다. 각 기억저장소는 서로 다른 특성을 가지고 있으며, 정보를 저장하는 시간과 용량에서도 차이가 있다. 또한 각 기억저장소는 정보를 표상하는 방식도 다르며, 소실하는 정보의 양과 방식도 다르다.

1) 감각등록기

감각등록기는 외부 세계에서 들어오는 많은 정보를 처음으로 저장하는 곳이며, 아직 이해되지 못한 정보 또는 분류되지 않은 정보를 저장한다. 우리가 매일 받아들이는 정보의 약 76%는 시각적 정보이지만, 다른 감각기관도 정보를 끊임없이 받아들이고 있다. 이렇게 많은 정보를 모두 처리한다면, 아마도 우리의 뇌는 빨리 지치고 결국 늙어 버릴 것이다. 촉각, 후각, 미각을 통해 들어오는 정보도 시각이나 청각과 비슷한 과정을 거치지만, 정보처리이론에서는 주로 시각과 청각에 초점을 두고 있으므로 이 장에서도 시각과 청각만 다룬다.

감각등록기는 감각기관을 통해 들어온 정보들 중 주의를 받은 것을 지각하고 그 것을 일시적으로 저장한다(Crowder & Surprenant, 2000). 시각적 정보를 기억하는 시간은 0.5초에서 1초 사이이다. 시각적 정보를 감각등록기가 기억하는 시간이 얼마나 짧은지를 보여 주는 것이 파이(Psi)현상이다. 파이현상은 네온사인처럼 일련의 불빛들이 일정한 속도로 켜지고 꺼지기를 하면, 각각의 불빛이 따로 켜졌다 꺼진 것으로 보이기보다는 하나의 불빛이 달리고 있는 것처럼 보이는 현상이다. 파이현상은 아날로그 영화에서도 찾을 수 있다. 아날로그 영화는 많은 스틸 사진이 빠르게 넘어가면서 움직이는 것처럼 보이게 만든 것이다. 각각의 스틸 사진을 한 장씩 나타났다 0.5초 이내에 빨리 사라지도록 만들어 놓으면, 우리 시각은 대상이 움직이고 있는 것으로 받아들인다.

청각적 기억은 시각적 기억보다 들어온 정보를 약간 더 긴 시간 동안(약 2~3초) 저장할 수 있지만, 여전히 짧은 시간이다. 청각에서도 파이현상과 비슷한 것이 일어나는데, 사람들이 평상시 하는 말을 녹음한 뒤에 재생할 때 음원을 3배속으로 빨리 돌리면, 우리는 무슨 말인지 거의 듣지 못한다. 이전에 들어온 정보가 청각 신경망 속에 저장되어 있는 동안에 새로운 청각정보가 들어오면, 이것을 분리해서 처리하지 못하기 때문이다.

2) 작업기억

작업기억과 단기기억을 분리하는 학자들도 있지만, 최근에는 단기기억과 작업기억을 동일한 것으로 보는 경향이 높다(문선모, 2007). 따라서 이 장에서도 단기기억과 작업기억을 동의어로 간주하며, 작업기억으로 통일해서 사용한다.

작업기억은 감각등록기보다 정보를 더 오랜 시간인 약 1~2분 정도 저장할 수 있다. 밀러(Miller, 1956)가 처음 발견한 마법의 수 7±2는 작업기억의 용량이 상당히 제한되어 있음을 보여 주는 대표적인 수치이다. '한 귀로 듣고 한 귀로 흘린다'는 속담도 인간의 작업기억의 제한적 용량과 관련 있다. 우리가 한 번 듣거나 본 정보를 장시간 동안 저장할 수 있다면, 이런 속담이 생길 이유가 없다. 따라서 수업 시간에 교사가 설명하는 중요한 내용을 귀담아 듣고 오래 기억하기 위해서는 다른 장치가 필요하다. 노트필기가 작업기억의 한계를 극복하는 좋은 방법이다. 수업 중에 중요한 내용을 빨리 정확하게 필기한 학생은 그렇지 못한 학생보다 나중에 시험을 준비할 때 훨씬 더 유리하다.

작업기억은 감각등록기를 통해 새로 들어온 정보를 장기기억에 저장되어 있던 지식과 통합하는 것을 강조한다. 예를 들어, 회전하는 물체의 속도에 대한 학생들의 오개념을 과학적 개념으로 바꾸려고 하는 교사는 수업을 시작할 때 학생들에게 직선 운동하는 물체와 회전하는 물체의 속도에 대해 이미 알고 있는 것(장기기억 속의 지식)을 말하도록 시킬 수 있다. 학생들이 모두 자신의 아이디어를 말한 다음에 교사는 회전하고 있는 물체에 손을 대 보거나(물론 안전해야 함) 긴 막대기를 운동장에 놓은 상태에서 회전시키면서 안쪽 끝과 바깥쪽 끝에서 막대기를 따라가도록 시킨다(감각운동). 이번에는 막대기를 가로로 잡고 밀면서 앞으로 나가게 시킨다. 이 둘을 비교하면(기존 정보와 새로운 정보를 인지적으로 처리), 직선 운동하는 물체는 어느 부분이나 속도가 동일하지만, 회전 운동하는 물체는 안쪽과 바깥쪽의 속도가 다르다는 것을 알게 된다(새로운 지식 구성). 그 결과 학생들은 움직이는 물체의 속도에 대한 장기기억 속의 기존 개념을 바꾸고, 회전하는 물체의 속도에 대한 새로운 정보를 작업기억 속에서 받아들이고 이를 다시 장기기억 속으로 저장해야 한다(인지 구조의 변화).

그런데 작업기억은 짧은 시간 동안 기억하는 것이기 때문에 추가적인 처리를 하지 않는다면, 장기기억으로 옮겨지지 않고 사라지기 쉽다. 예를 들어, 선생님이 불러 주는 전화번호를 그냥 듣기만 한다면, 얼마 지나지 않아서 기억에서 사라진다. 그러나 들은 전화번호를 반복적으로 되새기면, 그것은 더 오랫동안 기억된다. 이것을 시연(rehearsal)이라 부른다. 시연은 감각등록기를 통해 들어온 정보를 장기기억으로 이동시킬 때 마음속에서 여러 번 반복해 보는 것이다. 시연에 대한 자세한 내용은 뒤에서 다룬다.

작업기억에 대한 연구는 지속되고 있으며, 최근에는 작업기억을 더욱 정교하게 분석하여 새로운 작업기억 모형을 개발하고 있다(문선모, 2007; Baddeley, 2003). [그림 10-2]는 새로운 작업기억 모형을 보여 준다.

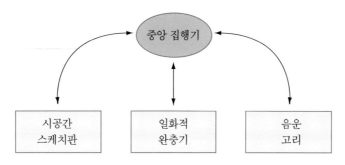

[그림 10-2] 작업기억 모형

(1) 음운 고리

음운 고리는 청각적 정보를 사라지기 전에 짧은 시간 동안이라도 임시 보관하는 음운 저장소와 실제 소리는 없이 마음속으로만 말하는 조음 시연 두 가지로 구성된다(문선모, 2007). 음운 저장소의 기억은 용량의 제한이 많기 때문에 여러 개의 청각적 정보가 들어오면 시연하고 있던 음운은 점점 사라지고 새로운 음운으로 대체한다.

이런 음운 고리는 언어 학습에 중요한 역할을 한다(문선모, 2007). 바꾸어 말하면, 음운 고리에 문제가 있는 사람은 대부분 언어적 장애를 가진다. 단어를 소리가 아닌 글로 보여 주면, 음운 고리에 장애를 가진 사람들은 그 글자에 해당하는 발음을 파악해 내거나 새로운 어휘를 획득하는 데 어려움을 겪는다.

(2) 시공간 스케치판

시공간 스케치판은 이름에서 알 수 있듯이 시각 정보와 공간 정보를 작업기억에서 처리하는 인지적 장치다(문선모, 2007). 언어적 정보 중 시각적으로 부호화된 것도 시공간 스케치판에 저장되고 처리된다. 예를 들어, 다른 사람이 건물에 대해 말할 때 듣는 사람은 그것을 시각적 정보로 바꿀 수 있다.

음운 고리처럼 시각적 작업기억인 시공간 스케치판도 용량에 제한이 많아서 한 번에 처리할 수 있는 시각적 정보는 3~4개 정도다. 시각적 정보는 청각적 정보와 달리 잠시 있다가 사라지는 것이 아니라 오랫동안 지속되며, 색, 위치, 모양에 기초하여 처리된다. 이때 모양과 색은 서로 상충되지 않으므로 동시에 저장될 수 있지만, 두 개의 모양을 처리할 때는 동시에 저장되지 않을 수 있다.

시공간 스케치판의 용량은 지능지수로 나타난다. 시공간 스케치판에서의 기억 능력이 높은 사람은 언어를 사용하지 않는 지능검사(예, Raven의 매트릭스)에서 높은 점수를 받으며 건축과 공학 분야에서 성공할 가능성이 높다.

(3) 중앙 집행기

중앙 집행기(central executive)는 작업기억의 구성요소 중에서 가장 중요한 것이며 동시에 밝혀진 것이 거의 없는 것이다. 최근에 중앙 집행기는 주의를 통제하는 기능을 하는 것으로 밝혀지고 있다. 중앙 집행기는 감각등록기를 거쳐 들어오는 정보의 흐름을 조절하고, 정보를 직접 처리하고, 장기기억으로부터 필요한 정보를 인출하는 기능을 한다(문선모, 2007).

중앙 집행기는 자동적 습관적 통제와 주의를 기울인 의식적 통제에 모두 관여한다. 먼저, 중앙 집행기는 일상적인 습관에 의존하여 행동을 통제하는 기능을 한다. 예를 들어, 집과 직장을 오가며 매일 운전하는 사람은 자동차를 운전할 때 거의 의식하지 않고 자동적으로 길을 택한다. 중앙 집행기가 환경적 자극에 따라 습관화된 행동이 자동적으로 일어나도록 만들므로 이런 일이 가능하다.

그러나 습관적 행동이 통하지 않는 상황에서도 우리는 중앙 집행기를 이용한다. 토요일에 가족과 함께 공원으로 가기 위해 운전을 할 때는 직장으로 가는 길과 일부는 중첩될 수 있어도, 다른 길이라면 중앙 집행기가 정확한 길을 찾도록 돕는다. 그런데 중앙 집행기가 토요일에 공원으로 가는 상황임을 명확히 하지 않을 때는 습관적 행동이 일어나 직장으로 가는 길을 택하여 엉뚱한 길로 가기도 한다.

(4) 일화적 완충기

앞에서 작업기억의 음운 고리와 시공간 스케치판을 살펴보았다. 이 둘은 서로 독립되어 작동하지만(예, 음운 고리에 들어온 정보는 스케치판에 들어온 정보를 방해하지 않음), 이 두 가지 정보를 묶어서 처리해야 하는 경우도 많이 있을 것이다. 그런데 음운 고리에 들어온 정보와 시공간 스케치판에 들어온 정보를 통합하여 처리하는 장치가 없다. 이런 문제를 해결하기 위해 고안한 개념이 일화적 완충기다. 즉, 일화적 완충기는 감각등록기를 통해 들어오는 여러 정보를 하나의 일화로 엮어 주는 역할을 한다. 일화적 완충기(episodic buffer)는 학자에 따라 작업기억의 네 번째 구성요소로 여겨지기도 하고, 중앙 집행기의 한 부분으로 여겨지기도 한다(문선모, 2007). 감각등록기를 통해 들어온 다양한 정보는 작업기억 단계에서 시공간 스케치판이나 음운 고리 둘 중 하나로부터 처리된다. 이렇게 서로 다른 통로를 통해 들어온 정보를 통합하여 하나의 의미 있는 일화처럼 만드는 역할을 하는 것이 일화적 완충기다(Baddeley, 2003).

3) 장기기억

일반인들이 말하는 기억은 주로 장기기억을 의미한다. 특별한 이유가 없는 한 기억이 사라지지 않고 장기간 보관되기 때문에 장기기억이라 불린다. 이런 장기기억의 용량은 무한대다. 우리가 오래전에 있었던 일도 기억할 수 있는 것은 장기간 기억이 보관되며, 용량도 무한대로 많기 때문이다. 만약 장기기억의 용량이 한정되어 있다면, 우리는 너무 많은 것을 기억하려고 노력해서는 안 될 것이다. 다행스럽게도 우리의 장기기억 용량은 무한대이기 때문에 학습을 많이 할수록 더 많은 기억을 가질 수 있고 이를 이용하여 더 많은 일을 할 수 있다.

교실 적용 방법

• **작업기억의 한계 극복하기**: 교사나 학습컨설턴트는 작업기억의 용량이 제한되어 있음을 알고 그런 한계를 조절할 수 있는 능력을 갖추는 것이 필요하다(Sternberg & Williams, 2010). 학생의 작업기억의 한계를 극복시키기 위해 교사나 학습컨설턴트가 사용할 수 있는 방법은 청킹, 자동화, 이중처리다. 청킹은 기억력을 높이고 필요한 정보를 빨리 기억하도록 돕는 데 매우 효과적이다. 특히 나이가 어린 학생 또는 학습 부진 학생들은 청킹 기술이 낮은 경향이 있기 때문에 청킹하는 방법을 가르치는 것이 도움이 된다.

• **청킹**: 별개의 정보를 의미 있는 덩어리로 만드는 정신적 과정으로 작업기억의 한계를 극복하는 데 있어서 효과적인 방법이다(Miller, 1956). 1 9 4 5 1 9 5 0 2 0 0 2라는 12개의 숫자가 있는데, 이것을 한 번 읽고 모두 기억하기는 매우 어렵다. 그러나 이것을 1945/1950/2002로 의미 있는 덩이로 만들면서 한국에서 있었던 중요한 역사적 사건이 있었던 연도로 보는 순간 12개의 숫자는 3개의 의미덩이로 바뀐다. 처음 한글을 배

우는 외국인은 '청킹은 별개의 정보를 의미 있는 덩어리로 만드는 정신적 과정'이라는 문장을 25개의 의미 덩이로 여길 수 있다. 그러나 여러분은 '청킹은 / 별개의 / 정보를 / 의미 있는 / 덩어리로 / 만드는 / 정신적 과정'으로 구분 지을 수 있기 때문에 7개의 의미 덩이만 가진다. 그리고 청킹이 무엇인지 정확히 이해한 학생은 단 하나의 의미 덩이로 파악하게 된다. 그 결과 청킹을 할 수 있는 능력이 높아지면, 작업기억의 한계를 극복할 수 있다.

- 자동화: 동일한 정보를 반복 처리하였기 때문에 그 과정에 매우 익숙해진 상태를 의미한다. 바꾸어 말하면, 특정한 정보에 익숙해져서 자각이나 의식적인 노력 없이 수행할 수 있는 것을 자동화라 부른다(Healy et al., 1993; Schneider & Shiffrin, 1977). 예를 들어, 자동차 운전 경험이 3년 이상 된 사람은 자동차를 운전하는 것에 매우 익숙해져 있어서 의식적인 노력 없이도 자기의 자동차를 운전할 수 있다. 그러나 다른 종류의 익숙하지 않은 차를 운전할 때는 자동화가 일어나지 않기 때문에 운전하는 동안에 피로를 많이 느낀다. 자동화가 일어난 과제는 정신적 에너지를 많이 요구하지 않기 때문에 우리는 두 가지 일을 동시에 할 수 있다. 예를 들어, 자동차 운전에 익숙해져서 자동화가 일어나면, 우리는 운전하는 동안에 전화를 하거나 옆 사람과 대화를 나눌 수 있다. 이때 동시에 하는 과제가 지나치게 어렵거나 주의를 집중해야 하는 일이라면, 자동화된 일을 수행하는 것이 방해받을 수 있다. 예를 들어, 자동차 운전이 능숙하여 자동화가 일어난 사람도 운전 중에 영화나 TV를 시청하면, 주의를 너무 빼앗겨 운전에 방해를 받을 수 있다. 그 결과 사고를 일으킬 수 있기 때문에 운전 중에 주의를 빼앗기거나 지나치게 어려운 일을 동시에 하는 것은 해롭다.
- 이중 처리: 작업기억에서 시공간 스케치판과 음운 고리를 동시에 이용하여 일하는 방법이다(Baddeley, 1992). 앞에서 언급한 일화적 완충기를 적절히 이용하는 것이다. 시공간 스케치판과 음운 고리 각각은 용량이 적지만, 이 둘을 함께 이용하면 용량이 대폭 증가한다. 이 두 부분은 독립적이고 부가적으로 작업하기 때문이다(Mayer, 1997). 즉, 시공간 스케치판은 음운 고리를 보완하고 역으로 음운 고리는 시공간 스케치판을 보완한다. 이것은 시청각 자료를 이용하여 수업하면, 학생들이 더 많이 배우게 된다는 뜻이다(Mayer & Moreno, 1998).

장기기억에 저장되어 있는 지식은 선언적 지식(declarative knowledge), 절차적 지식(procedual knowledge), 조건적 지식(conditional knowledge)으로 나누어진다 (Sternberg & Williams, 2010). 장기기억에 저장되는 세 가지 종류의 지식은 [그림 10-3]과 같이 표현될 수 있다.

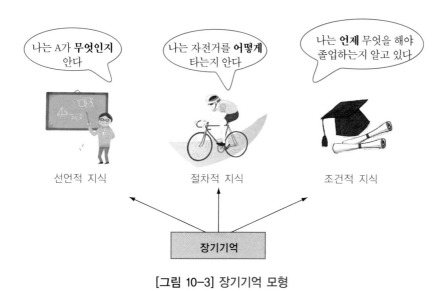

[그림 10-3] 장기기억 모형

(1) 선언적 지식

선언적 지식은 사실에 관한 지식이며, 명제의 형태로 저장되는 지식이다. 선언적 지식은 학자에 따라 서술적 지식(descriptive knowledge) 또는 명제적 지식 (propositional knowledge)이라고도 불린다. 선언적 지식에는 사실, 신념, 견해, 이론, 가설, 개인 또는 타인, 세상사에 관해 지식이 포함되며, '나는 ……라는 것을 안다(I know that ……)'라는 말로 표현되는 지식이다(Anderson, 2000). 학생이 '하루에는 24시간이 있다는 것'을 알 때 그 학생은 선언적 지식을 가지고 있는 것이다. 과거에 어떤 사건이나 일이 있었던 것을 기억하는 것도 선언적 지식에 해당한다. 예를 들어, 한국이 2002년도 월드컵에서 4강이라는 성과를 이루었다는 것을 아는 것도 선언적 지식에 해당한다.

선언적 지식은 의미론적 지식(semantic knowledge)과 일화적 지식(episodic knowledge)으로 분류된다(Squire, 2004). 의미론적 지식은 우리가 살아가면서 획득한 세상에 관해 알게 된 사실, 의미, 개념에 관한 지식이다. 의미론적 지식 중 대부분은 추상적이고 합리적이며, 언어와 밀접하게 연관되어 있다. 따라서 의미론적 지식은 'A는 …… B다'와 같은 형식의 명제로 표현된다. 예를 들어, 호랑이가 가장 사나운 고양이과 동물이며 노랑색과 검은색의 줄무늬를 가진다는 명제는 의미론적 지식에 해당된다. 사자는 고양이과에 속한다는 지식도 의미론적 지식이다. 사람들은 대부분 서로 비슷한 의미론적 지식을 가지고 있다. 즉, '지구는 둥글다'는 사실을 배운 사람들은 모두 그 의미를 알고 있다. 물론 이런 지식을 배우지 않은 사람에게는 적용되지 않는다.

일화적 지식은 의미론적 지식과 달리 개인적으로 경험한 사건이나 일화에 관한 지식이다(Tulving, 2002). 사람들은 각자 고유한 개인적 경험을 가지고 있으며, 이것을 장기기억 속에 저장하고 있는데 이것을 일화적 지식이라 부른다. 어떤 사건이 일어났을 때 그 사건이 언제 그리고 어디서 일어났고, 그로 인해 느껴지는 정서가 해마에서 기억되는데 이렇게 기억된 지식을 일화적 지식이라 부른다. 예를 들어, 한국이 2002년도 월드컵에서 4강이라는 성과를 이룰 때 자신이 길거리 응원을 하면서 다니던 길을 생생하게 기억하는 것이 일화적 지식이다.

일화적 지식에 해당하는 것 중 한 가지 독특한 것은 섬광기억(flashbulb memory)이다(Brown & Kulik, 1977). 너무 감동받은 사건이나 충격적인 사건을 경험한 사람들은 그 사건에 관한 생생한 일화적 기억을 가지고 있다. 예를 들어, 세월호 사건이 발생하는 동안 TV 중계를 지켜보았던 많은 사람은 그때의 생생한 경험을 오랫동안 기억한다. 특히 세월호 사건으로 희생당한 학생들의 유가족은 그때의 일은 아마 영원히 잊지 못할 것이며, 그때 무슨 일이 어떻게 진행되었는지 모두 잘 기억하고 있다. 이런 섬광기억은 잘 사라지지 않으며 강한 정서적 반응과 함께 기억된다.

의미론적 지식과 일화적 지식은 서로 영향을 주고받는다.

첫째, 처음에는 일화적 지식이었으나, 새로운 사실이나 개념을 학습해 나감에 따라 의미론적 지식으로 바뀌기도 한다. 따라서 일화적 지식은 의미론적 지식의 원천이자 동시에 방해하는 요인이 된다.

둘째, 의미론적 지식과 일화적 지식은 비슷한 부호화 과정을 거친다. 의미론적 또는 일화적 지식은 다 같이 이미지와 같은 유추적 형식이나 명제와 같은 상징적 형식으로 표현될 수 있다. 그러나 의미론적 지식은 뇌의 전두엽와 측두엽을 활성화시키지만, 일화적 지식은 해마에 집중되어 있다는 점에서 장기기억에 저장되어 있는 두 지식에 차이가 있다. 일화적 지식과 의미론적 지식이 비슷하게 부호화되거나 연합되어 있고 일화적 지식을 기억한다면, 사람은 의미론적 지식을 더 잘 회상할 수 있다(Martin, 1993). 예를 들어, 화학교사가 화학물질의 대사 과정을 증명하기 위한 폭발실험을 했을 때 학생들은 교과서를 통해 배울 때보다 화학물질의 대사과정을 더 잘 기억할 것이다.

교사와 학습컨설턴트는 학생들이 선언적 지식을 학습하도록 돕는 것을 잘해야 한다. 선언적 지식은 기계적 암기를 통해서도 장기기억 속에 저장되지만, 이렇게 저장된 지식은 인출되지 않거나 망각되기 쉽다. 따라서 선언적 지식을 가르칠 때는 이미 알고 있는 기존의 선언적 지식과 연계시키는 정교화 전략이나 선언적 지식을 시각적 이미지로 전환하는 심상화 전략을 이용하는 것이 효과적이다.

(2) 절차적 지식

절차적 지식은 뭔가를 행하는 방법을 아는 것이며, 암묵적 지식이다(Anderson, 1983). 선언적 지식은 사실에 관한 것이라면, 절차적 지식은 어떤 것을 행하는 방법을 아는 것이다. 예를 들어, 자전거는 이동 수단이며 두 개의 바퀴로 만들어진 것임을 아는 것은 선언적 지식이지만, 자전거 타는 방법을 아는 것은 절차적 지식에 해당한다. 선언적 지식과 절차적 지식 모두 장기기억에 포함되지만, 저장되는 곳은 다르다. 자전거 타는 방법을 언어로 설명하는 것이 매우 어려운 것처럼 절차적 지식은 명시적이기보다는 암묵적 지식으로 구성되기 때문이다.

대뇌 피질에 저장된 선언적 지식은 사용되지 않거나 저장소에 손상을 입으면 인출되기 어렵거나 심지어 망각되어 인출이 불가능하게 되지만, 몸에 익힌 절차적 지식은 오랫동안 사용하지 않아도 사라지지 않고 쉽게 되살아날 수 있다. 예를 들어, 어릴 때 자전거를 잘 탔던 사람이 교통사고로 뇌의 브로카 영역에 손상을 입어 실어증에 걸려서 '자전거'를 말로 설명할 수 없다고 해도 자전거를 여전히 잘 탈 수 있다.

절차적 지식은 일련의 행위들이 순서화되어 저장된다(Anderson, 1983). 예를 들어, 자동차 운전을 하는 방법도 절차적 지식에 해당된다. 자동차 운전 면허증을 가진 사람은 아무리 급하더라도 시동걸기보다 기어변속을 먼저 하지 않는다. 운전자는 먼저 자동차에 시동을 걸고, 반드시 자동차의 시동이 걸린 뒤에 기어를 변속한다.

절차적 지식은 쉽게 학습될 수 있는 것도 있지만, 자전거 타기나 자동차 운전하기처럼 특별한 훈련을 받아야만 학습되는 것도 있다. 교사의 교수법도 장시간 노력해야 습득되는 절차적 지식에 포함된다. 유능한 교사는 다년간의 노력을 통해 수업방법과 절차를 몸에 익힌 사람들이다. 따라서 유능한 교사가 되고 싶은 대학생은 수업 시간에 발표하고, 교생실습하는 동안에 수업 방법과 절차를 배우고, 초보교사가 되어서도 꾸준히 수업 방법과 절차를 배우고 익혀야 한다.

③ 조건적 지식

선언적 지식과 절차적 지식은 모두 중요한 지식이다. 그러나 이 두 가지 지식을 언제 어디서 어떻게 사용해야 하는지를 아는 것은 또 다른 문제다. 이처럼 다양한 지식을 적절하게 사용하는 시기와 상황에 대한 지식을 조건적 지식(conditional knowledge)이라 부른다. 따라서 학습자는 언제, 어디서, 어떻게 특정한 지식을 습득하고 사용할 것인지를 파악하는 데 필요한 전문성을 개발해야 한다(Eggen & Kauchak, 2011). 예를 들어, 학습자는 객관식 시험을 칠 때와 논술식 시험을 칠 때 서로 다른 학습전략을 사용할 줄 알아야 한다.

조건적 지식은 학습해야 하는 정보에 알맞은 학습전략을 사용하는 것을 포함하며, 이런 지식을 잘 활용하는 것이 효과적으로 학습하는 지름길이다. 바꾸어 말하면, 학생들의 선언적 지식의 양이나 절차적 지식이 부족해서가 아니라, 이런 지식들을 적절하게 사용하는 조건적 지식이 부족하면 학습에 어려움을 겪게 된다는 뜻이다. 따라서 교사나 학습컨설턴트는 학생들이 조건적 지식을 충분히 가지고 있는지 확인하고, 만약 부족하다면 그것을 먼저 가르쳐야 할 것이다. 이것이 교육심리학자가 학교 현장에 영향을 주는 데 꼭 필요한 것이다.

4. 정보처리 과정

1) 주의

주의는 학습에서 아주 중요한 필수 요인이다. 주의 결핍은 학습 문제로 연결된다. 주의를 받지 못한 정보는 학습되지 않고 소실되기 때문이다. 사람마다 주의력에 약간의 차이가 있지만, 각 개인은 외부로부터 들어오는 정보 중 일부에만 주의를 기울일 수 있다. 훈련을 받지 않았다면, 사람들이 주의를 기울일 수 있는 정보의 수는 극히 제한되어 있다.

주의는 감각기관을 통해 들어오는 정보들 중 어느 것을 선택할 것인지를 결정하는 과정이다(Sternberg & Williams, 2010). 언제 특정한 정보에 주의를 기울일 것인지 결정하는 것에 관한 다양한 이론이 있지만, 외부로부터 들어오는 모든 정보에 주의를 기울이지 않고 특정한 정보에만 주의를 기울인다는 선택적 주의는 인간의 생존을 위해 꼭 필요한 것이다. 동물이 선택적 주의를 하지 못할 때 자신의 생명을 잃는 위험에 빠질 가능성이 높기 때문이다. 예를 들어, 초원에서 풀을 뜯는 사슴은 사자나 표범이 다가오는 소리에 대해 민감하게 반응해야 빨리 도망쳐서 살아남을 수 있는데, 여러 가지 정보 중에서도 포식자가 다가오는 소리나 냄새에 대해서는 항상 주의를 기울여야 한다.

선택적 주의를 이해하는 데 도움을 주는 것이 칵테일파티 효과다. 이 효과는 아주 시끄러운 상황 속에서 자신에게 의미 있는 소리를 들을 때 우리는 주의를 기울이고 들을 수 있게 된다는 것이다. 예를 들어, 회식자리에 많은 사람이 모여서 시끄러운 가운데, 저 멀리에 앉은 사람이 옆 사람과 누군가에 대해 말한다고 가정하자. 언급되고 있는 사람이 나와 무관하거나 나에게 중요한 사람이 아닌 경우 나는 그들이 누구에 대해 말하고 있는지 전혀 듣지 못한다. 그런데 만약 그들이 똑같은 크기의 목소리로 말하지만 내 이름을 말할 때 나는 들을 수 있게 된다. 칵테일파티 효과는 자신에게 의미 없는 정보는 듣고도 흘려 버리지만, 자신에게 의미 있는 정보는 주의를 기울이게 된다는 것을 보여 준다. 따라서 이것은 수업시간에 교사가 학생의 이름을 자주 불러 줄 때 학생은 더 많이 주의를 기울이게 되고, 수업내용을 학생들이 좋아하는 것과 연관시킬 때 학생이 더 주의를 기울이게 된다는 것을 시사한다.

특정한 자극에 주의를 기울이는 것을 주의집중이라고 한다. 주의집중은 주의를 기울인 자극을 더욱 효과적으로 처리할 수 있도록 하는 정신적 에너지를 몰아서 증폭시키는 역할을 한다. 예를 들어, 앞에서 다룬 칵테일파티 효과는 자신의 이름이나 자신에 대한 정보에 주의를 더 증폭시킨 결과다. 또한 주의집중은 정보처리의 후기 과정에 영향을 주어 특정한 정보에 주의를 기울이도록 만듦으로써 지각된 정보와 연합된 다른 정보를 장기기억에서 인출하도록 유도할 수 있다(문선모, 2007: 226).

선택적 주의만큼 중요한 것은 선택한 정보에 얼마나 오랫동안 주의를 유지할 수 있느냐다. 선택적 주의는 잘하지만 선택한 정보에 오랫동안 주의를 유지할 수 없다면, 끊임없이 새로운 정보에 주의를 기울이게 된다. 선택한 정보에 주의를 오래 유지하기 위해서는 인지적 억제(cognitive inhibition)도 필요하다(Sternberg & Willian 2010). 선택한 정보 이외의 다른 매력적인 자극을 적절하게 통제해야만 오랫동안 주의를 유지할 수 있기 때문이다. 새로운 정보에 주의를 기울이지 않도록 인지적으로 억제하는 능력이 없고 매력적인 정보에 충동적으로 주의를 쉽게 빼앗기게 된다면, 주의결핍이라는 장애를 앓게 되기 쉽다.

특히 학습을 할 때는 선택한 정보에 주의를 장시간 유지할 수 있는 능력이 중요하다. 주위결핍 과잉행동장애 아동은 주위를 유지하는 능력의 부족에서 야기되며, 주의결핍은 과잉행동과 연합되기 쉽다. 따라서 주의결핍 과잉행동장애(ADHD)라는 용어가 등장하였고, 이런 장애를 가진 아동은 대부분 학습부진을 경험한다. 수업시간에 지나치게 많이 움직이고 수업에 집중하기보다는 다른 자극에 민감하게 반응함으로써 수업내용을 이해할 수 있는 기회를 놓치기 때문이다. 7장에서 다룬 인지양식 중 하나인 충동성이 높은 아동들도 대부분 주의력이 부족한 편이다. 그렇다고 주의를 한 가지 정보에 지나치게 오랫동안 유지하는 것 또한 바람직하지 않다. 자폐증을 가진 아동은 특정한 자극에 너무 집착한 나머지 다른 중요한 정보에 관심을 기울이지 않아서 문제가 된다.

적절한 수준의 주의력은 물리적 경험을 통해 증가시킬 수 있다. 오랜 시간 동안 시각적 식별 훈련을 받은 사람은 보통 사람이 놓칠 수 있는 정보의 흐름을 파악할 수 있다. 예를 들어, 에스키모인들은 눈의 형태를 정교하게 구분할 수 있고 눈의 모양을 보고 눈이 오는 양을 예측할 수 있다고 한다. 또한 남태평양 섬에 사는 원주민들은 망망대해에서도 바닷물에 손을 넣어서 물의 흐름을 통해 집으로 가는 방향을 정확히 파악할 수 있다고 한다.

주의력은 사회문화적 경험을 통해서도 향상된다. 각 문화마다 소중하게 여기는 가치나 습관이 다르다. 예를 들어, 한국인들은 위계질서를 중요시 여기고, 언어 속에서도 계급의 차이를 반영한다. 따라서 존칭어를 사용하는 한국에서는 반말과 높임말 사용에 대해 아주 민감하다. 누가 자신에게 반말을 하는지 높임말을 하는지에 대해 주의를 기울이고 민감하게 반응한다.

교사나 학습컨설턴트가 소홀히 해서는 안 되는 것은 습관화다. 어떤 정보가 처음 들어올 때 사람들은 주의를 기울인다. 그런데 동일한 정보에 반복적으로 노출되면, 사람은 그 정보에 익숙해지고 결국 주의를 잃게 된다. 이런 상태를 습관화(habituation)라 부른다. 반복적으로 제시되는 정보는 습관화되고, 더 이상 주의를 끌지 못한다. 따라서 교사가 일정한 크기의 목소리와 일정한 속도로 말을 하면, 학생들은 그 목소리에 습관화되어 더 이상 주의를 기울이지 않게 된다. 이런 상태에서 학생들은 다른 새로운 정보가 들어오면, 그 정보에 주의를 기울이게 된다. 예를 들어, 옆 친구가 내는 새로운 작은 소리에 학생들은 주의를 기울이고 그곳으로 관심을 돌리게 된다. 그러므로 교사는 학생들이 습관화되지 않도록 만들기 위해 가끔은 이동을 해야 하고, 목소리의 톤도 다르게 해야 하며, 다양한 시청각 자료를 이용하는 것이 효과적이다.

주의를 조절하는 능력은 연령, 과잉행동, 지능, 학습장애와 관련이 있다(Grabe, 1986). 나이가 어릴수록 주의를 조절하는 능력이 낮고 나이가 들어 감에 따라 점진적으로 주의를 조절하는 능력이 발달한다(Sternberg & Williams, 2010).

2) 지각

지각(perception)은 생리적 과정인 감각(sensation)과 다른 심리적 과정이다(Sternberg & Williams, 2010). 감각기관을 통해 들어온 정보가 주의를 받을 때 지각된다. 지각은 정보를 있는 그대로 받아들이는 것이 아니라 심리적 과정을 통해 이해하고 인식하는 것이다. 즉, 지각은 들어오는 정보에 의미를 부여하는 과정이다. 따라서 지각은 대상을 인식하는 데 있어서 중요한 역할을 한다.

　외부에서 들어오는 정보는 동일하더라도 우리가 어떻게 지각하느냐에 따라 다르게 인식될 수 있다. 예를 들어, [그림 10-4]의 왼쪽 그림은 흰색과 검정색 중 어느 것을 그림으로 보느냐에 따라 남자로 보이기도 하고 여자로 보이기도 한다. 왼쪽의 검은색을 보면 남자이고 오른쪽의 흰색을 보면 여자다. 오른쪽 그림은 왼쪽의 기다란 부분을 부리로 보느냐 아니면 귀로 보느냐에 따라 오리로 지각되기도 하고 토끼로 지각되기도 한다. 이런 현상은 행동주의로 설명할 수 없다. 주어진 자극은 동일한데, 반응(지각)이 다르기 때문이다.

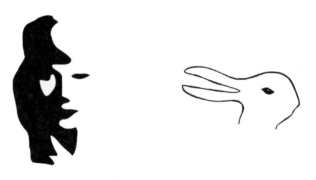

[그림 10-4] 지각의 예

　문화나 주변 맥락도 우리가 어떻게 지각하느냐에 영향을 준다. 예를 들어, 식사 중에 국물을 먹을 때 후루룩 소리를 내는 것은 한국과 일본에서는 문제행동으로 여겨지지 않지만, 미국에서는 결례행동으로 지각된다. 이것은 각 문화에 따라 서로 다른 지식을 가지고 있고, 그 지식이 지각에 영향을 준다는 증거다. 맥락도 지각에 영향을 준다는 것이 밝혀졌다. 예를 들어, '13'을 영어 B로 지각하느냐 숫자 13으로 지각하느냐는 주변 상황에 의해 영향을 받는다. 만약 '13'이 A 13 C처럼 A와 C 사이에 놓여 있다면, 알파벳 B로 지각되기 쉽다. 그런데 12 13 14처럼 숫자 12와 14 사이에 놓여 있다면, 13으로 지각되기 쉽다.

　정보처리 학습이론은 배경 지식의 역할도 강조한다. 장기기억 속에 저장된 배경 지식은 작업기억에도 영향을 줄 뿐만 아니라 그 이전 단계인 지각에도 영향을 준다. 예를 들어, 영어 알파벳을 전혀 모르지만 아라비아 숫자는 배워서 알고 있는 사람에게 A l3 C를 제시하면, A와 C는 모르는 것이지만, l3은 숫자 13으로 지각된다. 따라서 정확한 지각은 기존의 학습한 것으로부터 영향을 받는 것과 함께 새로 학습하는 것에도 영향을 준다. 학생이 지각할 때는 기존의 지식에 의해 영향받는다. 그러나 지각된 것이 작업기억 속에서 처리되어 장기기억에 저장될 때는 무엇이 학습되느냐를 결정한다. 지각이 정확하지 않다면, 장기기억에 저장되는 지식도 정확하지 않다.

3) 시연

사람들은 모르는 새로운 정보가 들어오면 마음속에서 스스로 되뇌어 보는 시연(rehearsal)을 한다. 예를 들어, 0 1 0 8 2 8 3 2 6 3 3이라는 숫자를 들려주면, 사람들은 자연스럽게 그것을 되뇌어 본다.

시연은 작업기억에서 이루어지는 인지적 과정이다. [그림 10-1]에서 시연은 순환하는 화살표와 작업기억에서 장기기억으로 이동하는 화살표로 표시된다. 즉, 시연에는 유지 시연(maintenance rehearsal)과 정교화 시연(elaborative rehearsal)의 두 가지 종류가 있다. 유지 시연은 감각등록기로부터 들어온 여러 정보를 마음속에서 반복해 보는 것이다. 즉, 여러 개의 숫자를 듣고 그 숫자들을 작업기억 속에 유지하기 위해 되뇌어 보는 것이다. 예를 들어, 새 학기가 시작되어 강의실로 들어간 교사가 학생들의 이름을 듣고 기억하기 위해 마음속으로 되뇌어 보는 것이 시연이다. 유지 시연은 짧은 시간 동안 작업기억 속에 정보를 유지하는 데 도움이 될 수 있지만, 장기기억 속에 정보를 저장하는 것에는 큰 영향을 주지 않는다.

두 번째 종류의 시연은 정교화 시연이라 부른다. 정교화 시연은 정보를 학생이 알고 있는 지식과 함께 연합하려고 하거나 학습된 정보를 다양한 항목과 연합시키려고 노력하는 것이다(Sternberg & Williams, 2010). 정교화 시연은 정보를 장기기억 속에 저장하고 싶을 때 유용하다.

그러나 아무리 여러 번 시연을 하여도 무의미한 것이라면, 하루나 이틀 동안은 저장되어 있지만, 이 또한 잊어버리기 쉽다. 만약 시연을 하는 동안에 학습자가 이미지나 이야기로 바꾸어서 반복한다면, 기억용량은 급격히 증가한다.

4) 부호화

부호화(encoding)는 감각등록기를 통해 들어온 정보를 장기기억에 저장하기 쉽게 변형하는 인지적 과정이다(Sternberg & Williams, 2010). 부호화는 새로운 정보를 의미 있는 형태로 바꾸고 장기기억 속의 정보와 통합할 수 있게 만드는 과정이다. 정보를 부호화할 때 적용할 수 있는 전략에는 조직화와 정교화가 있다.

(1) 조직화

조직화는 감각등록기를 통해 들어는 막대한 양의 정보를 일정한 기준에 따라 분류하여 그룹으로 만들거나 청크로 만드는 과정이다(Sternberg & Williams, 2010). 앞에서 작업기억의 한계를 넘기 위한 방법 중 하나로 청킹을 제시하였는데, 청킹도 일종의 조직화다. 다양한 정보를 의미 있는 덩어리로 묶었기 때문에 조직화의 한 형태다.

개요, 그래프, 표, 순서도, 지도, 그림 등도 조직화에 해당한다(Merkley & Jefferies, 2001). 이것들은 모두 많은 정보를 정해진 기준에 따라 분류하여 구조를 부여하기 때문이다. 이렇게 조직화된 정보는 그렇지 않은 정보에 비해 더 쉽게 처리되고 장기기억에 더 오랫동안 저장된다.

유능한 교사나 학습컨설턴트는 학생에게 단순히 지식을 가르치는 것이 아니라 조직화된 지식을 제시한다. 학원강사들은 교과내용을 조직화하는 데 능숙하고 이렇게 잘 조직화된 지식을 가르친다. 그러나 교사와 학습컨설턴트는 모든 학습내용을 잘 조직화해서 제공하면 학생들이 더 효과적으로 배울 것이라고 가정하지 않아야 한다. 학습자가 스스로 정보를 조직화하는 능력을 갖추게 될 때만 수동적이 아니라 자기주도적으로 학습하게 된다. 유능한 교사나 학습컨설턴트는 학생들이 학습내용을 스스로 조직화하도록 시범 보여 주고, 안내하며, 도와줄 뿐이다.

(2) 정교화

정교화는 새로운 정보를 장기기억에 존재하는 지식과 적극적으로 연계시켜 확대해 나가는 인지과정이다. 즉, 정교화는 새로운 정보를 적극적으로 처리하기 위해 이미 저장되어 있는 지식을 활성화시켜 두 정보를 의미 있게 연결시키는 것이다

(Eggen & Kauchak, 2011). 정교화가 중요한 이유는 새로운 정보가 장기기억 속에 있는 정보와 정교하게 통합될 때 장기기억 속에 잘 정착할 수 있기 때문이다. 정교하게 부호화할수록 기억이 더 오래 보관된다. 부호화 과정에서의 정교화는 시연에서의 정교화 시연과 거의 비슷하며, 실제로 시연과 부호화는 서로 연관되어 있다.

정교화는 새로운 사례를 찾거나 만들고, 그 사례를 분석하는 것도 포함한다 (Cassady, 1999). 새로운 정보를 학습할 때 관련 사례를 많이 사용하는 것은 그 정보를 정교하게 처리할 수 있도록 돕는다.

학습컨설턴트들이 학습자에게 가르치는 기억전략은 대부분 정보를 부호화하는 방법과 관련이 있다. 기억해야 하는 정보를 심상으로 만드는 기억전략은 부호화의 한 가지 예다. 예를 들어, 부산에서 생산하는 주요 공산품은 자동차, 신발, 선박, 수산 가공물, 섬유인데, 이것을 기억하고 싶다고 가정하자. 단순한 시연은 이 다섯 가지를 반복해서 암송하는 것이다. 이렇게 하면 어느 정도 기억이 되겠지만 시일이 지나면 잊어버리기 쉽다. 그러나 이 다섯 가지를 이미지로 바꾼다면 기억은 오랫동안 사라지지 않는다. [그림 10-5]처럼 이미지를 만들면 절대 잊지 않을 것이다. 즉, 주어진 정보를 시공간 스케치판에서 처리하는 시각적 심상과 음운 고리에서 처리하는 언어적 정보를 동시에 이용하고 있다.

[그림 10-5] 정교화의 예

5) 인출

작업기억은 정보를 처리하여 장기기억 속에 넣어 주는 역할만 하는 것이 아니다. 작업기억은 새로 들어온 정보를 부호화하기 위해 장기기억 속에 저장되어 있는 관련 정보를 인출하기도 한다(Sternberg & Williams, 2010). 인출은 장기기억 속에 저장된 정보를 적절한 시기에 끄집어내어 의식 속으로 불러오는 것이다. 오랜만에 만난 친구의 이름을 기억해 내는 것은 인출이다. 그런데 만난 지 10년이 지난 친구의 이름들 중에는 인출이 쉽지 않은 것도 있다. 얼굴을 보면 친구가 맞는데, 그 사람의 이름은 생각나지 않고 혀끝에서 맴돌 때가 있다. 친구의 이름 중에서 성은 생각나는데, 이름이 생각나지 않을 때가 종종 있다. 이런 경우 우리는 당황하게 된다. 이를 설단현상이라 부른다. 즉, 기억된 어떤 정보가 생각날 듯하면서도 실제 생각나지 않는 것이다. 끝내 친구의 이름을 생각해 내지 못하고 어색하게 헤어졌는데 옛날 같이 찍었던 사진을 보는 순간 친구의 이름이 생각난다. 사진처럼 저장된 정보를 인출하는 데 도움을 주는 것을 인출단서라 부른다. 어떤 내용을 기억할 때는 인출단서와 함께 저장을 해 놓으면, 나중에 그 정보를 인출할 때 인출단서만 생각해 내도 필요한 정보를 인출할 수 있다. 다양한 기억술은 모두 인출단서를 가지고 있으며, 어떤 인출단서를 사용하느냐에 따라 기억술의 이름이 탄생하였다. 예를 들어, 장소법은 장소를 인출단서로 사용하는 것이며, 심상법은 이미지를 인출단서로 사용하는 것이다.

장기기억에 저장된 정보를 인출할 때 재인(recognition)과 회상(recall)이라는 두 가지 방법을 적용한다. 재인은 회상에 비해 정보를 더 쉽게 인출할 수 있다.

(1) 재인

재인은 감각등록기를 통해 들어온 정보가 이미 장기기억에 있는 지식과 일치하는지를 확인하는 과정이다(Sternberg & Williams, 2010). 이 장을 읽은 학생은 남자와 여자 중 누가 일화적 기억을 더 잘 수행하는지 알고 있다. 어떤 학생이 OX 퀴즈 문제에서 '남자가 여자보다 일화적 기억을 더 잘 수행한다.'는 문항을 읽고 X를 선택했다면, 그 학생은 정확하게 재인을 한 것이다. 앞에서 '여성들이 남성들보다 일화적 기억을 더 잘 수행하는 경향이 있다.'는 문장을 읽었기 때문에 이 퀴즈는 잘못된 진술이다. 객관식 시험은 학습한 지식을 재인하도록 요구하는 문항으로 구성된다.

(2) 회상

회상은 장기기억 속에 저장된 정보를 인출하는 것이다. 예를 들어, 우리는 친구를 만나면 그 사람의 이름을 회상하여 그의 이름을 부를 수 있다. 그러나 오랜만에 만난 친구의 이름은 회상이 잘 안 되며, 그 결과 친구의 이름을 부를 수 없을 때가 종종 있다. 시험에서 빈칸 채우기는 수험자에게 회상을 요구하는 문항이다. 한 가지 항목만 회상하는 과제가 아니라 여러 개의 항목을 회상해야 할 때 순서도 반드시 지켜야 하느냐에 따라 자유회상과 순차적 회상으로 나뉜다. 회상해야 하는 항목이 서로 쌍을 이루고 있을 때는 쌍연합 회상이라 부른다.

먼저, 친구의 이름을 기억해 내는 것처럼 아무런 제약 없이 학습한 지식을 자유롭게 인출하는 것을 자유회상이라 부른다. 여러분은 앞에서 '부산에서 생산하는 주요 공산품 다섯 가지'에 대해 이미 읽었다. 만약 여러분이 지금 그 다섯 가지를 회상하도록 요구받았는데 순서를 지키지 않아도 될 때 여러분은 자유회상을 수행한다. 자유회상은 기억한 정보들을 여러 개 인출할 때 그 정보들의 순서보다 양이 더 중요하다. 즉, 몇 개의 정보를 인출해 내느냐가 중요하다.

반면, 순차적 회상(serial recall)은 인출해 내는 정보의 순서가 중요하다. 기억 속에서 정보를 인출해 내야 할 때 정보의 양보다 순서를 강조하는 것이 순차적 회상이다. 예를 들어, '조선시대의 네 번째와 다섯 번째 왕은 누구인가'라는 질문을 받았을 때 세종대왕과 문종이라고 답하는 것은 순차적 회상을 수행한 것이다. 질문에서 '네 번째와 다섯 번째'는 순서가 중요하다는 메시지를 제시하며, 실제 조선의 왕은 태조, 정종, 태종, 세종, 문종의 순서로 이어지므로, 네 번째와 다섯 번째 왕이 누구인가라는 질문에 답하기 위해서는 순서대로 회상해야 하기 때문이다. 학교에서 학생들은 순차적으로 회상할 수 있도록 정보를 장기기억 속에 저장해야 하는 경우가 많다. 간단하게 시를 암송하는 것에서부터 왕조의 이름을 순서대로 암기하는 것, 그리고 많은 양의 연극대사를 외우는 것에 이르기까지 다양하다.

쌍연합 회상(paired-associated recall)은 서로 의미 있게 연관되어 있는 두 가지 항목을 동시에 인출하는 것이다. 예를 들어, 각 나라의 이름과 그 나라의 수도 이름을 배운 뒤에 한국-서울, 일본-(도쿄), 중국-(   ), 에티오피아-(   )의 형식으로 제시된 문제에서 빈칸에 베이징과 아디스아바바라고 써 넣기 위해서는 쌍연합 회상을 수행해야 한다.

교사는 학생들에게 교과내용만 가르치면 된다는 생각에서 벗어나야 한다. 학생들이 배운 내용을 잘 인출하도록 돕기 위한 다양한 방법을 교사가 알고 그 방법을 학생들에게 가르쳐 줄 때 더 효과적이다. 학습컨설턴트들은 교사나 학생에게 인출을 촉진시키는 방법을 가르쳐 줄 수 있다.

(3) 인출 실패와 망각

장기기억 속에 저장되어 있는 정보를 인출하려고 하여도 실패하는 경우가 자주 있다. 정보가 인출되지 않는 현상은 인출 실패와 망각으로 나누어 설명해야 한다. 인출 실패는 장기기억 속에 저장되어 있으나 일시적으로 인출이 되지 않는 것을 의미한다. 망각은 정보를 처리하는 동안에 또는 장기기억에 저장된 뒤에 어떠한 이유에 의해서이든 정보가 장기기억에서 사라진 것을 의미한다. 망각된 정보는 영구적으로 인출되지 않는다.

- 인출 실패: 인출 실패는 사람이 장기기억 속에 저장된 정보를 인출하지 못하는 것을 의미한다. 사람은 살아가는 동안에 필요한 때 필요한 정보를 인출해야 하는 경험을 자주 한다. 예를 들어, 파티에서 초등학교 동창생을 만났을 때 그의 이름을 기억해 내야 한다. 오랜만에 만난 친구의 이름을 인출해 내는 것은 상당히 어렵다. 그래서 인출단서를 이용하는 전략에 대해 앞에서 배웠다.

- 인출 촉진: 장기기억 속에 저장된 지식을 인출하는 것은 결코 쉬운 일이 아니다. 그런데 어떤 지식은 인출이 잘되는 경향이 있다. 예를 들어, 우연히 길에서 만난 유치원 시절 친구의 이름이 생각나지 않아서 안타까웠는데, 집에 와 유치원 졸업식 때 찍었던 사진을 보는 순간 그 친구의 이름이 생각난다. 사진이 친구의 이름을 생각나도록 만든 인출단서가 된 것이다.

① 인출단서

장기기억 속에 저장된 정보를 쉽게 인출하도록 돕는 단서를 인출단서(retrieval cue)라 부른다. 앞에서 재인이 회상보다 더 쉽다고 하였는데, 재인은 과제 속에 인출단서가 이미 존재하기 때문이다. 예를 들어, 교사가 부산에서 생산되는 주요 공산품에 대해 이미 가르친 다음 다음의 문제를 시험에서 출제하였다고 가정해 보자.

[문제1] 다음 중 부산에서 생산하는 주요 공산품이 아닌 것은? (　　)
　　　　① 자동차　　② 신발　　③ 컴퓨터　　④ 선박

여기서 정답은 ③번이다. 독자 여러분도 심상화에 대한 설명 부분에서 이 문제에 관해 이미 배웠다. 보기 중에서 자동차, 신발, 선박은 그 자체가 이미 인출단서 역할을 할 수 있다.

학습자가 학습한 상황이나 맥락이 인출단서로 기능한다. 회상은 정보가 부호화되었던 환경에 의해 영향을 받는다. 따라서 기억 속의 정보를 회상하는 장소가 그 정보를 학습하였던 환경과 동일하거나 유사할수록 우리는 회상을 더 잘한다. 예를 들어, 항상 자기 학교에서 공부하던 여고생이 집 주변에 있는 남자고등학교에서 수학능력 시험을 치는 경우에 시험을 망치는 경우가 있다. 학습했던 환경과 그것을 인출해야 하는 환경이 너무 달라서 수행이 낮아질 수 있기 때문이다.

또한 학습했을 때의 감정이 나중에 회상을 잘하기 위한 인출단서로 기능할 수 있다. 정보를 학습할 때의 느꼈던 감정과 똑같은 감정상태일 때 우리는 회상을 더 잘한다. 따라서 학생이 즐거운 상태에서 교육심리학을 학습한다면, 슬플 때보다 즐거울 때 교육심리학 내용을 더 잘 인출한다.

② 기억 전략

한국에 있는 대부분의 대학교는 교수–학습 센터 또는 교육개발센터를 가지고 있다. 이런 센터에서는 대학생들에게 다양한 학습전략을 가르쳐 주며, 특히 다양한 기억 전략(mnemonic devices)을 가르쳐 준다. 주요 기억 전략 다섯 가지를 간략히 소개한다.

- 청킹 및 조직화: 학생들은 암기해야 하는 상황을 자주 만난다. 그럴 때 주어진 정보들을 아무런 조작도 하지 않고 그냥 순서대로 외우려는 학생이 많이 있다. 이런 학생들에게는 청킹하는 것과 조직화하는 것을 가르쳐 주고 이를 연습시켜야 한다. 20개의 명사를 제시하되 그 속에는 과일 이름 5개, 학용품 종류 5개, 나라 이름 5개, 채소 이름 5개가 섞여 있다. 비록 짧은 시간이 주어지지만, 먼저 분류한 다음 20개 항목을 외우는 것이 주어진 순서대로 외우는 것보다 더 효과적임을 깨닫도록 여러 번 시도한다.

- 심상화: 부호화 과정에서 이미 심상화에 대해 다루었다. 여러 개의 항목을 서로 연결시킬 수 있도록 한두 개의 이미지를 만드는 것이 기억한 정보를 인출할 때 쉬워진다.

- 단어걸이 기법: 단어걸이(Pegword)는 새로 학습할 각 단어를 견고하게 만들어진 기존의 단어목록과 연합하고, 두 단어를 이용하여 심상을 만드는 기억 전략이다. 단어걸이는 옷걸이처럼 여러 개의 견고한 걸이가 존재할 때 사용할 수 있다. 예를 들어, 어린 아동들이 즐겨 부르는 '잘잘잘'이라는 동요가 있다. 이 동요의 가사는 "하나 하면, 할머니가 지팡이 짚고서 잘잘잘, 둘 하면 두부장수가 두부를 판다고 잘잘잘, 셋 하면 새색시가 거울을 본다고 잘잘잘, 넷 하면 냇가에서 빨래를 한다고 잘잘잘, 다섯 하면 다람쥐가 알밤을 깐다고 잘잘잘……."로 이루어져 있다. 이 동요를 잘 부르는 아이에게 할머니, 두부장수, 새색시, 냇가, 다람쥐는 단어걸이다. 그리고 외워야 하는 단어들은 지팡이, 두부, 거울, 빨래, 알밤이다. 따라서 아동들은 지팡이, 두부, 거울, 빨래, 알밤을 순서대로 외울 수 있게 된다. 단어걸이 기법을 적용하면, 순차적 회상도 쉽게 할 수 있다.

- 장소법: 장소법(Method of loci)은 전통이 긴 기억 전략이다. 집 안에는 친숙한 공간이 많이 있다. 현관, 거실, 부엌, 침대, 화장실 등이 있다. 이런 장소는 매우 익숙하기 때문에 기억에서 떠올리기 쉽다. 따라서 이런 장소를 인출단서로 사용하면 기억한 내용을 쉽게 인출할 수 있다. 예를 들어, 부산에서 생산하는

공산품 다섯 가지를 장소법과 연관지어 기억할 수 있다. 현관-신발, 거실-자동차, 부엌-수산 가공물, 침대-섬유, 화장실-선박으로 연합하면 의미상 연결이 쉽다. 어떤 경우에는 이렇게 의미가 잘 연결될 때 오히려 인출하기 어려울 때도 있다. 그런 것을 방지하기 위해 현관-자동차, 거실-신발, 부엌-섬유, 침대-선박, 화장실-수산 가공물로 연합하여 심상으로 만들 수 있다.

• 두문자어: 두문자어(Acronyms)는 학습해야 할 단어들의 첫 글자를 이용하여 새로운 단어나 문장을 만들어서 기억하는 전략이다. 예를 들어, 신발, 자동차, 수산 가공물, 섬유, 선박을 외울 때 '자신 수선섬'이라는 용어를 만들고 '자신감을 수선해 주는 섬'이라고 해석을 달면, 두문자어 기법이 된다. 조선 왕조의 이름을 '태정태세문단세…….'로 외우는 것은 대표적인 두문자어의 예다.

두문자어 기법은 한 문장 속에 들어가는 단어들의 첫 글자와 외워야 하는 단어들의 첫 글자를 일치시켜서 기억하는 글자 수수께끼(Acrostics)와는 다르다. 글자 수수께끼는 한 문장 속에 들어가는 여러 단어의 첫 글자와 암기해야 하는 단어들의 첫 글자를 같게 만드는 방법이다. 예를 들어, '섬에 있는 자전거 수리점이 신고되어 선물을 보냈다.'라는 식으로 문장을 만들어서 섬유, 자동차, 수산 가공물, 신발, 선박을 외우는 것이 글자 수수께끼다.

③ 망각

사람은 경험한 것을 모두 기억할 수 있는 것이 아니다. 경험한 것 중 많은 것은 기억하기 위해 처리되기도 전에, 처리되는 도중에, 그리고 처리되고 난 뒤에도 사라진다. 에빙하우스(Ebbinghaus, 1885)는 학습한 것이 얼마나 빨리 사라지는지를 과학적으로 증명하였다. 망각하는 이유에 대한 이론은 쇠퇴이론과 간섭이론이 있지만, 쇠퇴이론보다 간섭이론이 더 많은 것을 설명하기에 이 장에서는 간섭이론만 다룬다.

간섭이론(interference theory)에 따르면, 사람이 많은 경험을 하는 동안에 여러 개의 정보가 서로 기억되기 위해 경쟁하는 과정에서 패배한 정보는 접근할 수 없기 때문에 그 정보는 망각된다(Sternberg & Williams, 2010). 정보들이 서로 경쟁하는 동안에 두 가지 간섭, 즉 순행간섭(proactive interference)과 역행간섭(retroactive interference)이 발생한다. 순행간섭은 이전에 경험한 정보가 뒤에 경험할 정보를 방해할 때 발생하는 간섭이다(Sternberg, 1999). 바꾸어 말하면, 이전에 학습한 것이 새로운 학습을 방해한다.

반면, 역행간섭은 어떤 정보가 학습되었지만 그것이 장기기억에 충분히 저장되기 전에 다른 학습경험으로 인해 작업기억 속에서 밀려나기 때문에 일어난 간섭을 가리킨다(Sternberg, 1999). 바꾸어 말하면, 새로운 학습하는 것이 이전의 학습한 것이 사라지도록 만드는 것이다.

순행간섭과 역행간섭이 동시에 일어날 수 있기 때문에 많은 정보를 학습할 때 중간에 있는 정보는 순행간섭과 역행간섭을 모두 받을 수 있다. 따라서 중간에 위치한 정보는 기억되는 정도가 가장 낮아진다. 반면, 학습 시간의 초반부에 학습한 정보는 역행간섭만 받고, 마지막에 학습한 정보는 순행간섭만 받게 된다. 그 결과 회상을 할 때 우리는 초반부에서 학습한 정보를 더 많이 기억하고(초두효과: primacy effect), 끝부분에서 학습한 정보를 더 잘 기억한다(최신효과: recency effect).

교사와 학습컨설턴트는 순행간섭과 역행간섭이 초래하는 망각에 대해 잘 알기 때문에 학습시간을 여러 부분으로 분할한다. 한 번에 너무 많은 양을 가르치기보다는 적절한 휴식 시간을 두어 초두효과와 최신효과가 여러 번 일어나도록 하여 효과적으로 학습하도록 돕는다. 그리고 중요한 정보는 시작 부분과 끝나는 부분에 두어 더 오랫동안 기억되도록 수업을 조절할 수 있어야 한다.

④ 초인지

초인지는 자신의 인지처리 과정에 대한 자각과 통제이며, 자신이 무엇을 알고 있는지와 어떻게 학습하는지를 아는 것이다. 초인지는 [그림 10-1]의 맨 윗부분에 표시되어 있는 것처럼 주의, 지각, 작업기억, 장기기억 모두와 관련되어 있으면서 이들 인지과정을 자각하고 통제하는 기능을 맡고 있다. 작업기억에서 정보를 처리할 때 관련 정보를 장기기억에서 인출해 내도록 이끄는 역할도 담당한다.

초인지에 관한 모형을 처음 제안한 사람은 프라벨(Flavell, 1979)이다. 그는 초인지가 읽기, 말하기 기술, 쓰기, 언어 획득, 기억, 주의, 사회적 상호작용, 성격발달 등에 영향을 준다는 것을 발견하였다. 초인지과정은 의식적으로도 일어날 수 있고 무의식적으로도 일어나지만, 필요할 때 초인지가 활성화되지 않을 수도 있다. 따라서 초인지를 적절하게 활용하는 것은 인지적 과정을 효과적으로 사용하는 것이며, 수행의 결과도 높아질 수 있다.

자신의 주의력에 대해 파악하고 있고 그 주의력을 적절하게 조절할 수 있는 힘도 초인지에서 나온다. 대학생이 교육심리 수업시간에 졸릴 수 있다는 것을 알고 수업시간에 앞서서 일찍 강의실에 가서 5~10분 정도 엎드려 잠을 자는 것이나 커피를 준비하는 것은 초인지 전략을 사용하는 것이다.

초인지 전략은 인지적 과정을 감독 및 통제하는 것으로 자신의 인지 활동을 통제하여 목표를 달성하도록 이끌기 위한 과정이다. 좋은 초인지 전략을 가진 사람은 자신의 학습과정을 관찰하고, 진행 중인 인지 활동을 계획하고 감독하고, 인지적 과정을 통해 얻은 결과와 정해진 기준과 비교하는 역할을 담당한다. 따라서 초인지를 잘 이용하는 교사는 수업시간에 내용만 잘 가르치는 것이 아니라 학생들이 잘 이해하고 있는지, 학생들이 이해하지 못한 표정을 짓고 있을 때는 어떻게 할 것인지 수업을 하는 중에 계획을 세우고 실천하고 또 관찰할 수 있다.

5. 사회적 구성주의 학습이론

정보처리 학습이론은 컴퓨터와 비교되면서 개인의 인지적 과정을 잘 설명하고 있지만, 컴퓨터를 이용한 새로운 네트워크 기술(인터넷)이 발달함에 따라 새로운 변화를 맞게 된다. 학습이 한 개인의 내부에서만 일어나는 것이 아니라는 사회적 구성주의 이론과 정보처리 이론이 접목되면서 새로운 형태의 사회적 구성주의 학습이론이 다양하게 개발되고 있다. 예를 들어, 문제중심학습(problem based learning), 프로젝트중심학습(Project based learning), 상황학습(Situated learning), 거꾸로 학습(Flipped learning), 팀학습(Team learning), 활동이론(Activity theory of learning), 변혁적 학습(Transformative learning) 등이 새롭게 등장한 사회적 구성주의 학습이론이다.

이런 사회적 구성주의 학습이론은 다음과 같은 공통의 학습원리를 가지고 있다. 첫째, 학습은 사회적으로 구성되므로 집단 또는 팀 활동을 강조한다. 이 원리는 학습을 한 사람의 개인적 활동이라기보다는 여러 사람이 상호작용하면서 지식을 구성하는 과정으로 보는 비코츠키의 사회적 구성주의 이론에 기초한다. 특히 문제중심학습, 프로젝트중심학습, 팀학습, 활동이론에서 팀 또는 집단으로 이루어지는 학습활동을 더 강조한다.

둘째, 사회적 구성주의 학습이론은 학습자 중심의 수업을 강조한다. 구성주의 학습이론에서 강조하는 신념은 학습자가 수업의 중심이어야 한다는 것이다. 사회적 구성주의 학습이론도 가르치는 교사나 교과내용이 아니라 배우는 학습자가 중심이 되어 학습활동을 할 때 진정한 학습이 이루어진다고 가정한다. 이처럼 학습자가 수업의 중심이 되어야 한다는 생각은 행동주의 학습이론이나 정보처리 학습이론에서는 찾아볼 수 없다. 이들 두 가지 학습이론은 학생을 학습의 주체라기보다는 대상으로 보기 때문이다. 즉, 학습자는 교사가 정해 주는 행동에서 변화를 일으키거나 교사가 제공하는 정보를 처리하여 기억하기만 하면 되는 존재였다.

여기서는 새로운 형태의 구성주의 학습이론을 모두 상세히 다루기보다 문제중심학습, 팀학습, 변혁적 학습만 간략히 소개한다.

1) 문제중심학습

문제중심학습은 1960년대 후반에 캐나다 McMaster 대학교의 의학교육자들에 의해 처음 고안된 학습법이다(Barrows & Tamblyn, 1980). 기존의 의학교육이 교과서에 있는 내용을 암기하여 시험에서 우수한 성적을 받아 의사자격증을 취득하도록 돕는 것이었다면, 문제중심학습은 의사로서 갖추어야 할 역량은 의학지식이 아니라 환자의 문제를 진단하고 치료하는 기술임을 분명히 한다. 물론 문제중심학습은 의사에게 의학지식이 필요 없다는 것이 아니라 풍부한 지식이 의사로서 역할을 수행하는 데 결정적이지는 않다고 본다.

문제중심학습은 학습이 객관화된 교과 지식을 습득하는 것이 아니라 문제 자체에 대한 이해와 해결안을 도출하기 위한 활동의 과정에서 일어나는 학습이다(조연순, 우재경, 2003; Barrows & Tamblyn, 1980). 문제중심학습을 수업시간에 적용하는 목적은 학생의 지식 습득은 물론이고, 사고력(비판적 사고 및 창의적 사고), 문제해결 역량, 학습에 대한 흥미, 자기주도적 학습 역량, 협력 등을 향상시키는 것이다. 이런 목적을 달성하기 위해 학생은 실생활 문제로 시작한다. 의과대학생들에게 실생활 문제는 병원에서 만나는 환자의 질병이며, 중학생에게 실생활 문제는 교과내용과 연결시킬 수 있는 사회문제, 환경문제, 기술문제 등이다.

문제중심학습에서 중요하게 여기는 문제는 현실세계에서 발견할 수 있는 현상이나 사건(event)을 가리킨다(조연순, 우재경, 2003). 여기서 중요한 점은 문제가 비구조화되어 있어야 한다는 것이다. 기존의 교과중심수업에서는 교사가 구조화가 잘된 문제를 학생에게 제시해야 하는데, 문제중심학습에서는 교사가 비구조화된 된 문제를 학생에게 제시하거나 학생이 스스로 비구조화된 문제를 찾아야 한다. 문제중심학습은 프로젝트중심학습이나 사례중심학습과도 매우 유사하다. 수업시간에 다루는 문제가 프로젝트일 수도 있고 사례일 수도 있기 때문이다.

2) 팀학습

팀학습은 피아제의 인지적 구성주의 이론에서 강조하는 비슷한 능력을 가진 동질집단으로 구성된 학생들 사이의 협동학습과 비고츠키의 사회적 구성주의 이론에서 강조하는 이질집단으로 구성된 학생들 사이에서 이루어지는 협력학습을 포함하는 포괄적 개념으로 사용된다.

팀학습도 학습자 중심의 학습을 강조하며, 학습자 스스로가 학습과정을 잘 관리하고 조절할 수 있을 때 높은 학습 성과를 얻을 수 있다고 가정한다(강주리, 2019). 팀학습에 참여하는 구성원이 모두 학습 성과를 달성하려면, 팀원들은 팀메타인지(노혜란, 최미나, 2016; McCarthy & Garavan, 2008), 사회적으로 공유된 조절(Hadwin & Oshige, 2011), 긍정적 상호의존성(Johnson & Johnson, 1992)을 가지고 있어야 한다(강주리, 2019).

팀메타인지란 팀학습을 진행하는 과정에서 팀원들이 인식하는 팀인지에 대한 인지(노혜란, 최미나, 2016)이며, 팀원들이 과제에 대해 어느 정도 알고 있고 팀학습이 어떻게 진행되고 있고, 팀원들 사이에 상호작용이 잘 이루어지고 있는지를 아는 것과 그러한 지식들을 이용하여 팀학습 과정을 조절할 수 있는 팀의 인지능력을 의미한다.

팀메타인지는 사회적으로 공유된 조절(Socially shared regulation)과 밀접하게 연관되어 있다. 사회적으로 공유된 조절은 개인의 자기조절과 달리 집단의 맥락 속에 적용한 개념이며, 팀원 각각의 자기조절 능력이 팀원과의 상호작용 과정에서 조화를 이루고 서로에게 상승효과를 낳을 수 있도록 정교화되는 것이다(Hadwin & Oshige, 2011). 공동조절은 팀학습에 참여하는 구성원들이 각자의 개인적 사정보다 팀의 성과에 초점을 맞추어 효과적으로 상호작용하도록 촉진하는 데 도움이 되므로 중요하다(노혜란, 최미나, 2016).

팀학습은 팀원들이 협력하면서 문제를 해결하는 것을 강조하므로 팀원들 사이의 갈등보다는 긍정적 상호의존성을 필요로 한다(강주리, 2019; Johnson & Johnson, 1992). 사회적 구성주의 학습이론이 이질집단 구성을 권장하므로 팀 구성원들 사이에 갈등이 일어날 가능성이 매우 높다. 팀학습에서 추구하는 효과는 학생들의 학업성취 제고, 사회적 관계의 질 향상, 심리적 건강 향상인데 학생들 사이의 긍정적 상호의존성이 높을 때 이러한 효과가 달성될 수 있다(Johnson & Johnson, 2002). 팀활동을 경쟁으로 인식하고 다른 구성원의 성공이 자신의 실패로 돌아온다고 지각할 때 팀원 모두 자신이 가장 높은 점수를 받으려고 경쟁하고 갈등하게 된다. 팀학습에서 갈등을 줄이고 팀 전체의 성과를 높이는 길은 긍정적 상호의존성을 높이는 것이다. 도이치(Deutsch, 2011)에 따르면, 긍정적인 상호의존성이 높을 때 팀원 각자는 다른 구성원의 목표와 조화를 이루기 위해 자신의 목표를 기꺼이 수정하려고 한다. 또한 팀원은 다른 구성원들에 의해 제시되는 정보와 제안을 왜곡하지 않고 잘 수용하려고 노력하므로 팀의 성과도 좋아진다.

3) 변혁적 학습

변혁적 학습(Transformative learning)은 전환학습으로 번역되기도 한다. 이 개념은 평생학습 또는 성인학습 영역에서 자주 사용되는 것으로 성인이 어떻게 학습하느냐에 관한 설명적 틀이다. 메지로(Mezirow, 2009)는 변혁적 학습을 참조 틀(frame of reference)을 보다 포괄적이고, 개방적이고, 성찰적으로 바꾸는 과정이라고 정의한다. 참조 틀은 사고습관과 시각으로 구성되며, 이러한 참조 틀(그릇으로 비유)을 바꾸는 것이 변혁적 학습의 가장 큰 특징이다. 그릇, 즉 참조 틀은 인지구조의 의미를 넘어서 인생관과 세계관 등 인식론적 변화를 포함한다(Kegan, 2000). 변혁적 학습은 누적적 학습 또는 정보학습과 대비될 때 잘 이해된다. 누적적 학습은 학습자가 하나의 그릇 속에 지식을 계속 담기만 하는 학습을 가리키는 반면, 변혁적 학습은 그릇의 변화라는 전인적 변화를 일으키는 학습을 가리킨다.

메지로의 변혁적 학습은 프레이리(Freire)의 의식화(conscientization)와 하버마스(Habermas)의 의사소통적 학습(communicative learning)을 발전시킨 새로운 개념이다. 메지로는 프레이리처럼 지식은 타인과의 관계서 개인에 의해 구성되는 것이라고 본다. 메지로는 개인이 사회적, 정치적, 경제적 모순을 지각하고 그런 억압적 요소에 대항하기 위해 행위를 취하도록 하는 데 필요한 의식화를 변혁적 학습에 포함시켰다. 그 결과 메지로는 지식이나 정보의 습득을 가리키는 학습과 자신의 삶과 주변 환경을 변경시킬 수 있는 힘의 획득을 가리키는 학습으로 분류하였다. 메지로는 두 번째 형태의 학습을 변혁적 학습이라고 여긴다.

여기서 메지로는 변혁적 학습을 모순을 해결하기 위해 다른 사람들과 다투는 것이 아니라 의사소통적 담론을 하는 동안에 공감대를 형성하고 공동의 목적을 달성하여 잠정적인 결론을 도출하는 과정으로 보았다. 즉, 변혁적 학습은 갈등과 모순을 해결하기 위해 다른 사람과 공감하고, 협력하고, 공동의 목적을 달성하는 과정이다. 지식을 구성하면서 학습할 때 중요한 과정이 비판적 성찰(critical reflection)과 대화(dialogue)이다(Mezirow, 2009).

비판적 성찰은 학습자가 가지고 있던 기존의 사고습관의 원천과 특성과 그것이 초래할 결과에 대해 비판적으로 평가하는 것을 의미한다. 변혁적 학습이 일어나기 위해서는 각 학습자는 학습을 위해 타인과 대화할 때 온전히 자유롭게 참여해야 한다. 전환학습이 비판적 성찰과 대화를 통해 원활히 일어나려면, 학습자는 자신의 감정에 충실하고, 직관을 믿으며, 상상력을 최대한 발휘해야 한다(Mezirow, 2009). 학습자가 비판적 성찰을 경험하도록 안내하려면, 학습자가 혼란스러운 딜레마(disorienting dilemma)를 경험하도록 안내해야 한다(박경호, 2005). 이러한 딜레마 상황에서 학습자는 자신의 세계관, 인생관, 인식록적 신념에 의문을 가지고 이를 해결하기 위해 부단히 노력하는 과정에서 변혁적 학습이 일어난다(Mezirow, 2009).

📖 탐구 문제

1. 정보처리 과정에서 주의가 중요한 역할을 한다는 것을 배웠다. 주의력을 높이기 위한 방법에는 어떤 것이 있는지 찾아보시오.

2. 지각에 따라 동일한 현상이 다르게 해석될 수 있다는 것을 알게 되었다. 인터넷에는 착시 현상에 관한 자료도 많이 있다. 착시 현상도 지각의 한 현상이지만, 이 장에서 다룬 지각과 차이가 있다. 공통점은 무엇이고 다른 점은 무엇인가?

3. 최근 인터넷 기술의 발달에 힘입어 사회적 구성주의 학습이론이 관심을 받고 있다. SNS 기술의 발달과 이용의 증가가 사회적 구성주의 학습이론에 힘을 실어 주는 이유는 무엇일까?

4. 평생학습 이론가들에 의해 학습이론으로 정착된 변혁적 학습은 교육심리학에서도 관심을 받고 있다. 변혁적 학습이 전통적인 정보처리 학습이론이나 행동주의 학습이론과 가장 다른 특징은 무엇인가?

제3부
효과적 수업과 학생지도

제11장
수업이론

학교 교실에서 전개되는 모든 수업은 가르치고 배우는 활동을 통해 사전에 설정된 학습목표(혹은 수업목표)를 달성하는 것을 목적으로 한다. 이 수업을 계획하고 실천하는 일차적인 책임이 교사에게 있기 때문에, 좋은 교사는 어떤 교사이며 좋은 수업이란 어떤 수업인가 하는 것은 항상 관심의 대상이 된다. 좋은 교사가 좋은 수업을 실천할 수 있다고 한다면 최상의 상황이지만, 특성이 다양하고 개인차가 많은 학생들 모두가 수업시간의 목표를 달성할 수 있도록 하는 일은 쉬운 일이 아니다. 이 장에서는 학교 교실에서 전개되는 수업과 관련된 용어들의 개념과 관계, 좋은 교사와 좋은 수업에 관한 연구, 그리고 기본적인 수업이론을 살펴본다.

1. 수업의 이해

1) 교수, 학습, 수업의 개념

교육이 의도적이고 계획적인 과정이기 때문에, 교실에서 이루어지는 수업 또한 의도적이며 계획적인 활동이라고 할 수 있다. 이 계획적 활동에는 학생과 교사의 행위가 포함되어 있으며, 이들의 행위를 명확하게 규정하려는 용어들이 있다. 수업과 관련되는 교사의 행위와 관련하여 'instruction'과 'teaching'이라는 용어를 혼란스럽게 번역하는 경우가 있다. 즉, 'instruction'을 수업으로, 'teaching'을 '교수'로 번역하는 경우가 있는가 하면 반대로 번역하는 경우도 있다(이성진, 2002). 그러나 교수와 수업은 구분하지 않고 사용되기도 하지만 그 의미에는 분명한 차이가 있다. 즉, 수업(instruction)이란 교수에 비해 포괄적인 개념으로 교수-학습활동을 설계하고 개발하며 적용하고 관리하며 평가 및 후속 처치 등을 포함하며 교수와 관련된 교사의 행위 일체를 의미한다. 반면, 교수(teaching)란 교사의 적용과 실천에 중점을 두는 것으로 교사가 교실에서 수업시간에 가르치는 것을 의미하며, 수업의 일부분이 된다. 한편, 학습(learning)이란 학생의 표면적 학습인가 잠재적 학습인가 하는 논쟁은 있을 수 있지만, 수업시간 내에 교실에서 이루어지는 학생의 행위를 지칭한다는 데는 이의가 없다. 교수와 수업의 개념을 이처럼 구분하면 교수는 그 범위가 수업보다 훨씬 제한되며, 교수나 수업이 독립변인이라면 학습은 종속변인의 성격을 지닌다. 그러나 교사가 학생의 반응을 통해 자신의 수업 행위에 있어서 수정하거나 개선할 부분을 깨우친다면 독립변인과 종속변인의 관계가 바뀔 수도 있다.

이 책에서는 한 시간의 수업을 위해 교사가 준비하고 실천하고 후속 조처를 취하는 모든 행위를 수업(instruction)이라고 한다면, 단위 수업의 학습목표를 달성하기 위해 교사가 의도적으로 가르치는 행위가 교수(teaching)가 되며, 학습자들이 단위 수업시간에 배운 결과를 학습(learning)이라고 규정한다. 이런 규정을 수용한다면, 한 시간의 수업을 통해 이루어진 교수-학습의 성과는 다음의 [그림 11-1]과 같이 다섯 가지로 분류할 수 있다(이영만, 2002). 이 그림을 보면 교사가 가르치는 일이 얼마나 어려운 것인가를 충분히 이해할 수 있을 것이다.

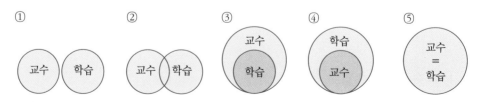

[그림 11-1] 교수-학습활동의 결과

우선 한 시간의 수업이 이루어지기 전 교사가 최선의 수업 계획을 했다고 가정하자. 그렇다면 앞의 다섯 가지 결과 중 학교의 수업에서 추구하는 가장 이상적인 결과는 마지막의 ⑤번에 해당한다. 즉, 교사가 의도적으로 가르친 내용을 학습자가 모두 학습한 경우로 가장 이상적인 수업이 이루어졌다고 할 수 있다. 그러나 나머지 네 가지 경우는 어떠한 이유에서든 성공하지 못한 수업이다. 예를 들어, ①의 결과는 교사의 교수 행위와 학습자의 학습 행위가 완전히 따로 이루어져 학습자가 수업내용에는 전혀 관심을 갖지 못했다. 또 ②의 경우는 일반적으로 가장 빈번하게 관찰할 수 있는 수업의 결과로, 교수와 학습이 겹치는 부분만이 학습목표 중 성취된 부분이라고 할 수 있다. 이에 반해 ③의 경우는 학습자의 능력이 과대평가되어 교사가 지나치게 많은 분량을 학습을 요구하거나 지나치게 높은 수준의 목표를 설정한 경우가 된다. 그리고 ④의 경우 '청출어람(靑出於藍)형'이기는 하지만 이 역시 학습자의 능력을 과소평가하여 지나치게 낮은 수준의 목표를 설정한 결과라고 할 수 있다. ①의 결과가 주로 학습자의 동기 유발에 문제가 있다고 한다면 ③과 ④의 결과는 학습자 개개인의 능력이나 적성을 제대로 파악하지 못한 것에서 주된 이유를 찾을 수 있다. 그리고 ②의 경우는 학습자의 동기 유발과 학습자 개개인의 능력과 적성을 파악하지 못한 것을 주된 이유로 생각해 볼 수 있다.

교수-학습의 결과를 이렇게 정리하면 결국 수업의 효율성이라는 개념에 부딪친다. 수업의 효율성(instruction effectiveness)이란 "학습자의 학업성취 수준을 최대한 높여 주기 위하여 수업에 투입되는 활동이나 동원되는 자원이 수업의 목표에 가장 적합하고, 최소한의 투입으로 최대한의 성과를 거둘 수 있는 방법"(변영계, 2005)을 의미한다. 수업의 효율성을 최대한으로 끌어올리는 것이 성공적인 교수-학습활동을 의미한다면, 앞의 다섯 가지 그림에서 ⑤의 결과가 수업의 효율성이 가장 높다고 할 수 있다. 따라서 교사가 효율적인 수업을 계획하고 진행했다면 그 교사의 수업은 ⑤와 같은 결과가 나타나야 한다. 그러나 실제 교실에서의 수업 장면은, 다양한 개인차와 선수학습 수준을 지닌 학생들이 모여서 역동적이고 복합적인 활동을 하는 상황이어서 교사가 의도한 대로 수업 과정이 전개되는 것은 아니다. 그러므로 ⑤와 같이 가장 이상적인 교수-학습의 결과는 모든 조건이 제대로 갖추어졌을 때 가능한 것으로, 교사가 추구하고 동경하는 이상적인 상황이지 현실적인 상황은 아니다. 물론 이상적이라고 해서 팔짱만 끼고 있을 수는 없는 것이 교사의 입장이며,

이런 점에서 교사가 하는 일은 결코 쉬운 일이 아니다.

2) 효과적인 수업

(1) 수업의 변인

수업은 교사와 많은 학생 사이에 일어나는 다양한 상호작용이 이루어지는 역동적인 과정으로 수업의 목적을 달성하려면 수업의 과정과 성과에 영향을 주는 여러 가지 조건, 즉 수업의 변인들이 잘 갖추어져야 한다. 이 수업의 변인들에 대해서도 다양한 의견이 있다. 대표적으로 던칸과 비들(Duncan & Biddle, 1974)은 수업은 교사와 학생 간의 역동적 상호작용에 의해 이루어지므로 수업 현상을 충분히 파악하고 좋은 수업을 실천하려면 [그림 11-2]와 같이 전조(presage) 변인, 과정(process) 변인, 맥락(context) 변인, 산출(product) 변인의 네 가지 요소의 역동적 관계를 고려해야 한다고 하였다.

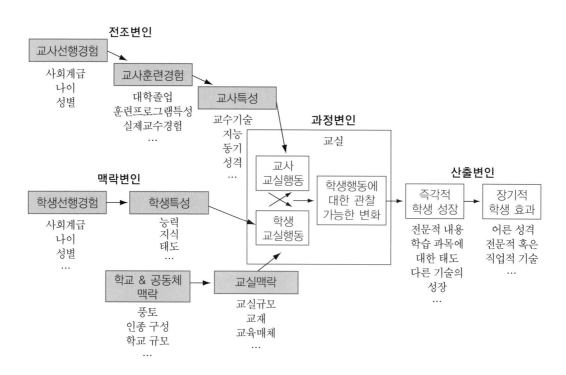

[그림 11-2] 던칸과 비들의 수업연구 모형

- 전조변인: 교사의 선행경험, 훈련 경험, 교사의 특성 등 교사의 교수행위에 간접적으로 영향을 미치는 요인
- 맥락변인: 학생, 학교, 지역사회, 학급의 속성 등 교수-학습의 환경 요인
- 과정변인: 교실에서 관찰할 수 있는 교사와 학생의 행동 요인
- 산출변인: 교수의 결과로 나타나는 학생의 지적, 사회적, 정서적 성장에 대한 즉각적이거나 장기적인 효과

또한 라이겔루스와 메릴(Reigeluth & Merrill, 1979)은 수업의 변인을 조건(conditions), 방법(methods), 결과(outcomes)의 세 가지 변인으로 구분한다. 수업의 조건변인이란 수업방법과 상호작용을 하지만 교사에 의해 통제될 수 없는, 제약되어 있는 환경적 여건을 의미한다. 방법변인이란 서로 다른 조건하에서 다른 결과를 성취하기 위한 다양한 길을 뜻하며, 조건변인과는 달리 방법변인은 교사에 의해 통제될 수 있다. 즉, 조건이 조정될 수 있으면 방법이 되고, 교사가 방법을 조정하지 못하고 고정되어 있을 때는 조건이 된다. 결과변인은 서로 다른 수업 조건하에서 사용된 여러 가지 수업방법이 어떤 면에서 어느 정도의 효과가 있는가를 나타내는 수업활동의 최종 산물이다(임규혁, 2007).

한편, 이성진(2002)은 기존의 주장들을 정리하여 학습과제 변인, 학습자 변인, 수업자 변인, 수업활동 변인, 수업조직 변인 등으로 구분하면서, 수업의 변인들에 대한 관심은 결국 짧은 시간, 적은 노력으로 많은 학습내용을 학습하게 하는 좋은 수업(a good teaching)을 하기 위한 것이라고 하였다.

(2) 수업연구 패러다임

좋은 수업은 앞서 소개한 여러 가지 수업의 변인들을 충분히 고려했을 때 가능하지만 현실적으로 이 변인들을 모두 고려한 수업을 진행하기는 어렵다. 그래서 수업의 효과에 대한 연구에서는 수업의 변인 가운데 특정 변인에 초점을 맞추어 효율적인 수업의 특성을 규명하는 데 초점을 맞춘다. 이런 연구들을 분류하는 기준의 하나가 수업연구 패러다임에 의한 구분이다. 토머스 쿤(Kuhn, 1970)에 따르면, 과학의 발전은 패러다임의 변화에 의해서 이루어지며 이 패러다임은 동일한 관점을 지닌 학문 공동체에 속한 학자들의 탐구 문제와 탐구 방향을 안내하는 역할을 한다. 따

라서 수업연구에서의 패러다임이란 수업 현상을 바라볼 수 있는 관점이나 사고의 틀을 말하며, 이 관점이나 사고의 틀이 다양하다는 것은 결국 '좋은 수업' 혹은 '효율적인 수업'을 실천하는 데 중요한 수업 변인으로 초점을 맞추는 것이 다르다는 것을 의미한다. 수업연구의 패러다임은 다음의 다섯 가지로 구분된다(황윤한, 2003; Shulman, 1986).

- 과정-산출(process-product) 패러다임: 수업의 효과성을 결정하는 데 가장 중요한 변인을 교사 요인으로 간주하고, 수업이 이루어지는 과정 측면인 교사의 행동과 결과 측면인 학생의 학업성취 사이의 관계에 초점을 둔다. 그러나 이 관점은 학생의 반응 변인보다 교사의 자극 변인에 초점을 맞출 뿐만 아니라 학생의 행동이 교사에게 미치는 영향을 간과하고 교사 변인만을 중시한다는 비판을 받는다.

- 중재과정(mediating process) 패러다임: 학생 변인을 강조하는 입장으로, 교사의 자극 변인과 학업성취 사이에 학생이 사용하는 중재활동이 중요한 영향을 끼친다고 간주한다. 따라서 학습과정에서 학생이 정보처리를 활성화하는 정도에 따라 학습 결과가 달라진다고 주장하기 때문에, 학생의 주의집중과 과제지속력, 학습시간 사용 등에 관한 연구가 이루어진다.

- 교실 생태(classroom ecology) 패러다임: 다양한 학문에 기반을 둔 생태학적 접근으로 교실의 환경을 사회·문화적으로 조직된 것으로 간주하며, 수업의 변인들 사이의 양적 관계보다는 교사와 학생 행위의 질적 의미에 초점을 맞춘다. 수업과정에서 교사와 학생, 학생과 학생 사이의 다양한 상호작용, 의미 부여, 지각 등 잠재적 과정이 중요하며, 교사는 학생의 반응을 자극함으로써 학습에 영향을 주는 간접적 존재로 이해하며 학습이 일어나도록 하는 것은 학생 자신이라고 본다.

- 인지과학(cognitive science) 패러다임: 학습을 개개인이 실천한 인지 과정의 결과로 보며, 실제 교수-학습 상황이 아니라 모의실험이나 실험실 상황에서 교사

와 학생이 교수-학습을 위해 사용하는 일반적인 인지 과정이나 인지구조를 확인하려고 한다. 소리 내어 말하기(think aloud), 자극 회상, 회상 면접 등의 기법을 통해 인지 과정에 대한 자료를 수집하는 과정 추적(process tracing) 기법과 통계적 절차를 이용하는 회귀분석모형(regression modeling)을 통해 학생의 학습 과정을 인지과학적 시각에서 파악하려고 한다.

- 구성주의(constructivist) 패러다임: 지식은 학생의 적극적인 정신활동에 의해 스스로 구성하는 것이며, 효율적인 학습은 학습자 스스로 의미와 지식을 구성하는 구성자의 역할을 할 때 가능하다. 그러나 이 의미나 지식은 학습자로부터 분리될 수 없기 때문에 효율적인 수업 역시 수업을 실천하는 교사, 즉 연구자의 지적 배경이나 경험에 의해 얼마든지 달리 해석될 수 있다.

교실에서 이루어지는 수업상황은 여러 가지 수업 변인이 복합적으로 상호작용하기 때문에 특정 수업 변인에 초점을 맞추거나 특정 패러다임을 선택한다고 해서 효율적이고 좋은 수업이 될 수는 없다. 그러므로 수업의 효과에 영향을 주는 모든 수업 관련 변인이나 수업연구 패러다임에 대해 관심을 가져야 할 것이다.

3) 효과적인 교사

수업이 이상적인 결과를 도출하거나 효율적인 수업이 되기 위해 교사가 해야 할 일은 무엇인가? 즉, 수업의 효율성을 최대화시키기 위해 고려해야 할 최소한의 요소는 무엇일까? 수업의 효율성을 최대화하려면 주어진 학교 환경 속에서 학습목표의 진술(학습과제)과 학습자의 특성(개인차)이라는 두 가지 요소를 토대로 최적의 수업방법을 선별하고 실천해야 한다. 주어진 학습목표에 따라 최적의 교수-학습활동이 이루어진다는 것은, 그리고 수업의 효율성을 최대화한다는 것은 설정된 학습목표가 학생 개개인에 의해 모두 달성된다는 것을 의미한다. 그러나 현실적으로 우리의 학급 실정을 감안할 경우 이런 성과를 얻을 수 있다는 것은 비현실적이다. 이런 이유 때문에 현실적으로 수업의 효율성을 최대화할 수 있으면서, 개별화 학습을 통해 학교 교육의 수월성(秀越性)과 평등성(平等性)을 동시에 달성할 수 있는 수업

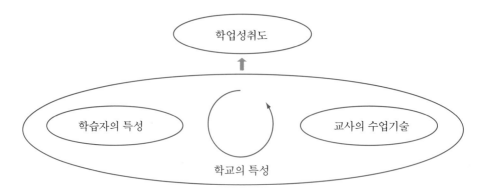

[그림 11-3] McREL의 효율적 수업 모형

을 설계하는 방법은 그리 많지 않다.

그러나 학습자의 지적·정의적 특성에 따른 학습과제 혹은 학습목표의 차별화를 시도할 수 있고, 학습자의 정보처리방식이나 학습양식(이영만, 1996)에 따라 적합한 교수-학습방식을 제공할 수도 있으며, 학교가 교사의 이런 활동을 지원하는 체제를 충분히 제공할 수 있다면 가능한 시나리오가 될 수 있다. 그러나 [그림 11-3]에 의하면, 학생 개개인의 능력 수준을 고려하지 않는다면 수업의 효율성을 논의할 가치가 줄어든다. 따라서 수업의 효율성 문제는 개인차를 고려한 개별화 학습의 실현 여부가 결정적인 요소다.

개인차를 고려한 개별화 학습이론은 초기의 **선별적 교육방법**(selective educational model)에서 **접합적 교육방법**(adaptive educational model)으로, 그리고 다시 **상호작용적 수업방법**(adaptive curriculum and instruction)으로 발전해 왔다(변영계, 2005). 초기의 개별화 학습이론은 학습능력이 비슷한 학습자들만으로 학급을 구성하여 그들에게 가장 적합한 수업방법을 정하여 가르치면 된다고 하여 학습집단의 동질성을 중요하게 생각했다. 그러나 크론바흐와 스노(Cronbach & Snow)의 적성-처치 상호작용(Aptitude×Treatment Interaction: ATI) 이론에서는 단순히 가르치는 방법의 다양성(Treatment: 처치)만이 아니라 학습자 개개인이 성취해야 하는 수업목표나 학습내용의 수준과 양도 학습자의 수준(Aptitude: 적성)에 따라 달리 설정해야 한다고 주장한다. 이 이론에 가네의 목표별 수업이론이 추가되어 체계화된 것이 학습과제×학습자의 특성×수업방법 상호작용(Task×Trait×Treatment Interaction: TTTI) 모형이다.

이들 모형에 따르면, 성공적인 수업 혹은 효율적인 수업은 학습과제의 성격, 학습자의 지적 수준, 그리고 이 두 가지 요인을 고려한 수업방법이 실천될 때만 기대할 수 있다. 그러므로 성공적인 수업을 설계하려는 교사는, 첫째, 학습과제의 유형, 즉 어떤 성격의 학습목표를 달성하려고 하는지를 먼저 규정해야 한다(Task: 학습과제). 즉, 가네(Gagné, 1985)의 목표별 수업이론에 따르면, 학교에서 성취하고자 하는 학습과제는 교과의 종류에 구애받지 않고 다섯 가지 유형으로 구분된다고 한다. 단순 언어 정보, 지적 지능(사고력의 활용), 인지 전략(창의성의 발휘), 운동기능(기술의 연마), 태도(신념, 가치관) 등으로 구분할 수 있다. 가네의 목표별 수업이론이란 명칭은 가네가 분류하고 있는 학습과제가 곧 학습목표로 진술될 수 있음을 뜻하며, 다섯 가지 학습과제 역시 목표가 달성되었을 때 나타나는 학습의 성과를 의미한다. 이처럼 학교에서 가르치는 모든 교과의 내용들이 그 교과의 종류와는 관계없이 다섯 가지 학습과제 유형으로 구분할 수 있다면, 각 학습과제 유형에 따른 학습목표와 그 학습목표 달성에 필요한 조건들도 달리 준비하는 것이 수업의 효율성 향상을 위한 수업체제 설계의 첫 번째 단계가 될 것이다.

둘째, 효율적인 수업설계를 위한 다음 작업은 학습자의 특성, 즉 학습자의 적성, 준비도, 학습양식 등을 파악하는 일이다. 개별화 학습에서는 학습자의 개인차를 고려하여 교수-학습과정이 준비되고 진행되어야 한다. 이처럼 학습자 개개인의 능력 수준이나 적성에 따라 수업이 설계된다는 것은 학습자 개개인의 잠재적인 학업성취 가능성을 보다 효율적으로 구현함으로써 학교 교육에서 갈등을 겪고 있는 수월성(秀越性)과 평등성(平等性)을 동시에 달성하려는 의도를 담고 있는 것으로 볼 수 있다. 특히 수준별 교육과정은 학생의 능력 수준에 적합한 개별화 수업을 실천하려는 시도로서, 교육과정의 차별화 내지는 교육과정의 개별화를 전제로 한다. 이는 고정된 하나의 교육과정만이 존재하던 기존의 교육과정에서 벗어나는 것을 의미하며, 교사의 수업설계 과정에서 학습자 개개인의 능력 수준과 적성을 파악한 후에 각 단원이나 수업의 학습목표의 차별화, 교수-학습방법이나 학습집단의 편성에 있어서의 차별화를 고려해야 한다는 것을 의미한다.

셋째, 효율적인 수업의 성패는 결국 교사의 수업 진행 능력, 즉 수업기술에 의해 결정된다고 해도 틀린 말이 아니다. 앞의 두 가지 요인에 대한 철저한 분석이 이루어졌다 하더라도, 그 분석 결과에 맞는 적절한 수업방법을 실천할 수 없다면 효율적인 수업을 기대할 수 없는 것이다. 바로 이런 점에서 교육에 있어서 교사의 역할이 중요한 것이다. 훌륭한 교사가 효율적인 수업을 이끌 수 있다는 점 때문에 훌륭한 교사가 갖추어야 할 조건들에 대한 연구 역시 많이 이루어진 바 있다.

많은 학자가 '효과적인 교사(effective teachers)'가 갖추고 있는 특성을 다양하게 제시하고 있지만, 대표적으로 스트롱(Stronge, 2002)은 이 분야에서의 연구 결과들을 정리하여 다음과 같은 요인이 효과적인 교사가 지녀야 할 특성이라고 제안한다.

• 효율적 수업의 필수조건들: 언어적 능력, 교사 양성 프로그램, 교사 자격증, 교과 내용 관련 지식, 교직 경험 등
• 인간으로서의 교사: 학생에 대한 관심(경청, 이해심, 학생에 대한 지식), 공정성과 존경심, 학생들과의 사회적 상호작용, 학습에 대한 열정과 동기 유발 촉진, 교직에 대한 태도, 자신에 대한 반성적(reflective) 접근 등
• 교실 관리와 조직: 교실 관리 기술의 적용, 핵심적 조직 기술의 적용, 학생에 대한 훈육 기술 등
• 수업의 조직: 수업에 초점 맞추기, 수업시간의 극대화, 성취에 대한 기대, 수업 계획과 준비 등
• 수업의 실행: 수업전략의 사용, 높은 기대의 전달, 수업의 복합성 이해, 질문 전략의 사용, 학습에의 몰입 자원 등
• 학생의 진보와 가능성의 점검: 숙제의 중요성, 학습과정의 점검과 피드백 제공, 학급 학생의 다양한 요구와 능력 수준에 대응 등

또 교사의 수업 중 행동에 국한했을 때 효과적인 교사가 보여 주는 핵심적인 행동에 대해서도 많은 연구가 이루어져 왔다(Rosenshine, 1971; Dunkan & Biddle, 1974; Gage, 1978; Good & Brophy, 1986, 2003). 이 연구 결과들을 분석하여 정리한 보리히(Borich, 2004)는 교사의 수업 중 행동에 국한했을 때 효과적인 교사가 보여 주는 핵심적인 행동을 다음과 같이 제시하였다.

• **수업의 명료성**: 교사가 수업에서 얼마나 명확하게 수업내용을 설명하고 전달하는가?

- 수업방법의 다양성: 수업에서 수업내용을 전달하는 방법의 다양성과 융통성
- 순수한 수업활동에의 전념: 교사가 수업시간 중에 순수하게 교과내용을 가르치는 시간에 집중하고 몰두하는 정도
- 학생의 적극적인 참여: 교사가 학생으로 하여금 교과를 학습하는 데 몰두하게 하는 시간을 유도하는 정도
- 학생의 학습 성공률: 학생이 얼마나 수업내용을 잘 이해하고 연습을 성공적으로 완수했는가?

특히 [그림 11-4]에서 보듯이, 주어진 수업시간 내에서 교사와 학생이 수업활동과 학습에 적극적으로 참여하는 시간의 비율은 학생의 학습 성공률과 밀접한 관계가 있다고 한다. 즉, 많은 시간을 가르치고 배우는 데 집중하고 몰두한다면 그만큼 학습목표를 달성할 가능성도 높아진다. 그러나 이외에도 효과적인 교사가 갖추어야 하는 역량은 너무 많기 때문에, 교사가 하는 일은 아무나 할 수 있는 일은 아니며, 교사로서의 역할을 충실하게 수행하고 있다는 것은 바로 전문가로서의 역할을 수행하고 있는 것이어야 한다.

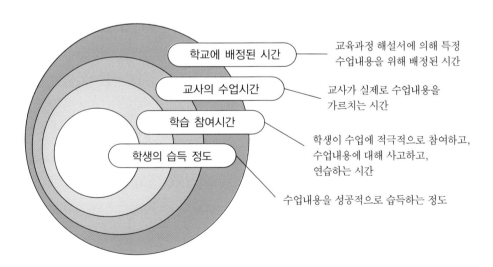

[그림 11-4] 수업 · 학습시간과 학습 성공률(Borich, 2004)

2. 수업이론

학교 교육의 핵심이 가르치고 배우는 활동을 통한 수업목표의 달성이기 때문에 효율적인 수업을 실천하는 원리에 관심을 갖는 것은 당연하다. '원리(principle)'란 어떤 현상에서 관찰 또는 실험을 통해 경험적으로 입증된 변인들 간의 관계를 진술해 놓은 것이다. 여기에 비해 '법칙(law)'은 원리와 유사한 의미를 지니지만 원리에 비해 규칙성이 높으며 법칙이 성립하기 위한 전제나 가정이 원리에 비해 더 자명하다. 기능적으로 또는 유사성과 관련성이 높은 둘 이상의 법칙이나 원리가 체제적으로 통합되어 진술된 것이 '이론(theory)'이다(변영계, 2005).

이상의 정의에 기초하면 '수업이론'이란 수업이라는 현상 속에서 관찰되는 둘 이상의 법칙이나 원리들을 체제적으로 결합하여 진술해 놓은 것이다. 즉, 수업 현상에 관련되는 여러 요인, 이 요인들 사이에 나타나는 법칙과 원리들을 유기적이고 체제적으로 결합하여 수업목표 달성에 도움을 주려는 것이 수업이론이다.

교수-학습과정에 대한 초기의 연구는 수업보다는 '학습'에 초점을 맞추어 '학습이론'을 확립하려고 했다. 그러나 교수-학습의 결과가 학생보다는 교사의 책임이라는 시각이 강조된 1950년대 후반부터 학습보다는 수업에 더 중점을 두는 수업심리학과 수업이론의 개발이 시작된다. 이후 1960년대부터 글레이저(Glaser, 1962), 브루너(Bruner, 1964), 가네(Gagné, 1967) 등이 수업이론을 확립하는 데 큰 공헌을 하게 된다.

이후 수업이론의 발전에 공헌을 한 여러 학자의 견해를 종합하면 수업이론은 다음과 같은 성격을 지닌다(변영계, 2005). 첫째, 수업이론은 처방적(prescriptive)이다. 수업이론은 지식이나 기술을 배우고 가르치는 데 가장 효과적인 방법을 찾아내서 실천하는 규칙이나 법칙을 제시한다. 둘째, 수업이론은 규범적(normative)이다. 수업이론은 다양한 유형의 수업을 평가하는 데 필요한 기준을 갖추고 있어야 하며, 학습해야 할 지식이나 기술의 수준을 가늠하는 준거, 학습자가 정해진 수준까지 도달하는 데 필요한 조건도 제시해야 한다. 셋째, 수업이론은 일반성(generality)을 지녀야 한다. 수업이론은 교과별이나 학년별로 규정될 것이 아니고 전체 교과나 각급학교, 모든 학년에 공통적으로 적용될 수 있어야 한다. 넷째, 수업은 학습자로 하여금 일정한 수준까지 지식이나 기술을 익히거나 바람직한 태도를 가질 수 있도록 그들의 내·외적인 환경을 의도적·체계적으로 조작해 가는 것이므로, 수업이론은 학습 환경을 조작(operation)하는 방법을 제시해야 한다. 다섯째, 수업이론은 기술적·방법적·수단적인 것으로, 수업목표의 효율적 달성을 가능하게 하는 방법이나 기법을 선정하는 기준이 되어야 한다.

따라서 지금까지 개발되어 제안된 수업이론은 수업목표를 달성하는 데 필요한 관련 요인들을 탐색하고, 최상의 교수-학습 결과를 확보하기 위해 처방적·규범적·일반적·조작적·기술적·방법적·수단적 성격을 지니고 있다고 할 수 있다. 여기에서는 수업이론의 기초로 초기에 제시된 주요 이론들을 간략하게 소개하고자 한다.

1) 글레이저의 수업모형

글레이저(Glaser, 1962)의 수업모형에서는 한 시간의 단위 수업시간에 이루어지는 수업을 기준으로, 수업의 각 단계가 후속하는 단계의 활동을 결정하며, 수업의 모든 단계가 피드백(feedback, 환류)에 의해 유기적으로 관련되어 있다고 이해한다. 따라서 그에게 있어서 수업이란 계속적인 결정과 수정이 이루어지는 과정이다. 일반적으로 글레이저의 수업모형은 수업과정에 관련된 개념과 법칙, 기본 과정을 이해하고 체계화하는 근거를 제공해 주며 다른 복잡한 수업과정이나 수업이론을 이해하는 데도 도움이 된다.

글레이저의 수업모형은 수업목표를 정확하게 설정하고 학습자가 수업목표를 달성할 준비가 되어 있는지를 확인한 다음 수업활동을 전개하며 수업이 종료되는 시점에서 수업목표의 달성 여부를 평가하는 단순하면서도 체계적인 과정이다. 이 수업의 과정은 수업목표의 설정, 출발점 행동의 진단, 수업절차, 평가의 네 가지 요소로 구성되며 이를 도식화하면 [그림 11-5]와 같다.

글레이저 수업모형의 1단계에서는 수업목표(instructional objectives)의 설정과 세분화 작업이 이루어진다. 수업목표는 특정한 수업절차가 종료된 후 학생들에게 기대되는 성취행동을 진술한 것으로, 도착점 행동(terminal behavior)이라고도 한다. 또 수업목표는 수업활동의 방향을 결정하고 수업내용과 절차를 선정하고 조직하는

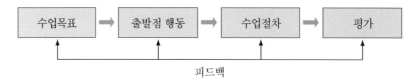

[그림 11-5] 글레이저의 수업모형

데 도움이 되어야 하며, 수업의 성과를 평가하는 기준이 된다. 따라서 수업목표는 관찰, 측정, 기술이 가능한 것으로 세분화하여 구체적이고 명세적으로 진술되어야 한다. 물론 수업목표는 학습자들에게 도움을 줄 수 있는 의미 있는 것이어야 하며 현재 학생들의 준비도를 고려하여 성취 가능한 것이어야 한다.

2단계에서는 출발점 행동(entry behavior) 또는 투입 행동의 진단이 이루어진다. 출발점 행동이란 수업이 시작하는 시점에서 학생이 지니고 있어야 하는 지식, 기능, 태도 등을 의미하는 것으로 수업목표인 도착점 행동과는 대비되는 행동이다. 따라서 출발점 행동의 진단이란 수업목표를 의미하는 도착점 행동을 습득하기 위해 필요한 준비가 되어 있는지를 확인하는 진단평가를 실시하는 것을 의미한다. 즉, 수업목표를 달성하기 위해 필요한 지적·정의적·신체적 준비 등 출발점(투입) 행동의 진단을 통해 학습결손이나 학습 누락을 발견하고 이를 보완하거나 교정하려는 목적을 지닌다. 이 단계에서는 선수학습이나 선행학습·적성·지능 등의 지적 요인은 물론 흥미·태도·자아개념과 같은 정의적 영역에 대한 진단 역시 중요하게 고려되어야 한다.

3단계는 수업절차(instructional delivery)로, 본격적인 교수-학습활동이 펼쳐지는 단계이며 실제로 교사가 학생을 가르치며 수업목표를 달성하기 위해 계획된 수업을 실천한다. 여기에서 중요한 과제는 학생들의 학습이 가장 잘 발생될 수 있는 수업 조건이나 상황을 파악할 뿐만 아니라, 전개된 교수-학습활동이 사전 계획과 수업목표 달성이라는 기준에 비추어 잘 전개되고 있는가를 파악하는 형성평가를 위한 활동이 끊임없이 이루어져야 한다는 것이다.

4단계는 교수-학습활동의 성과를 평가하는 단계다. 즉, 수업목표에 비추어 교수-학습활동의 성과를 확인함으로써 학생들에게는 학습활동의 최종 결과를 알려 주고 교사는 자신의 수업이 성공적이었는가를 확인한다. 다른 말로 표현하면 수업목표에 해당하는 도착점 행동의 성취 여부를 파악하는 단계다. 이 단계에서는 목적에 따라 진단평가, 형성평가, 총괄평가를 모두 실시할 수 있다. 단위 수업만의 성과를 확인한다면 총괄평가를 실시할 수 있고, 연속적으로 이어지는 수업 중의 한 차시라면 다음 차시의 출발점 행동에 대한 진단을 위한 평가나, 한 단원의 최종 수업목표 달성 과정의 일부로 판단되면 형성평가에 해당하는 평가 활동이 이루어질 수도 있다.

끝으로 글레이저의 수업모형에서 각 단계를 이어 주는 피드백(환류) 활동이 활발하게 이루어진다. 우선, 네 번째 단계인 평가 단계에서 총괄평가 결과에 의해 수업의 각 단계에서 이루어진 활동에 대한 수정·보완 작업이 이루어질 수 있다. 뿐만 아니라 수업절차 단계에서의 형성평가에 근거해 수업목표의 수정이 이루어질 수도 있고, 진술된 수업목표에 근거해 평가의 내용이나 방법이 결정될 수도 있다. 이와 같은 피드백의 활용은 수업과정의 각 단계에서의 수행 결과를 평가하고 수정하는 데 필요한 정보를 송환하는 기능을 발휘한다.

글레이저의 수업모형은 수업과정을 계속적인 의사결정과 수정의 과정으로 보고 있으며, 특정 교과나 단원에 관계없이 일반화될 수 있도록 수업과정을 제시하여 수업활동의 개념화와 다른 교수모형의 발전에 기초가 되는 기본적인 수업모형을 제시했다는 점에서 공헌한 바가 크다.

2) 브루너의 수업이론

1957년 소련 인공위성 스푸트니크 발사로 충격을 받은 미국의 교육계는 경험중심 교육과정이 지식을 소홀히 다루고 체계적 사고능력을 길러 주지 못한다는 문제점을 지적하면서, 소련과의 경쟁에서 우위를 점하려면 전이 가능성이 높은 지식을 가르쳐야 하며 학생들의 학력을 향상시켜야 한다고 주장했다. 이에 브루너(Bruner, 1960)는 1959년 9월 미국 메사추세츠주의 우즈호울 회의를 통해 발견학습(discovery learning)의 중요성을 제창하면서 학문중심 교육과정의 대표자로 자리 잡게 된다. 이후 브루너는 수업에 관한 인지론적 접근의 대표자로서 여러 나라의 교육개혁운동에 강력한 영향을 끼치게 된다.

브루너는 발견학습을 위한 수업이론은 처방적·규범적 특성을 지니며 다음의 [그림 11-6]에서 보는 것처럼 네 가지 요소를 갖추어야 한다고 주장한다.

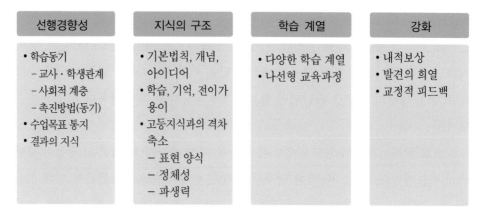

[그림 11-6] 브루너의 수업이론의 요소

(1) 학습 선행경향성

수업이론은 출발점 행동으로 학습자에게 학습을 위한 선행경향성(predisposition toward learning)을 갖추게 하는 구체적인 경험들을 제시해야 한다. 학습 선행경향성이란 학습하고자 하는 의욕이나 경향으로 학습 준비도, 출발점 행동과 유사한 개념이며, 학습동기를 뜻하기도 한다. 이 학습 선행경향성을 자극하기 위해서는 학습자로 하여금 학습목표와 학습과제를 분명하게 인식하게 함으로써 학습자의 탐구심과 호기심을 자극하고, 학습자의 학습방법과 학습자료의 관계 및 교사와 학습자 사이의 대인관계가 구축되어야 한다. 또한 학습내용은 적절한 수준의 불확실성을 지녀야 하고, 실패에 대한 불안감을 제거해 주어야 하며, 학습자들은 자신의 학습 결과를 분명하게 인식하고 학습에 대한 적극적 태도를 지니도록 해야 한다.

(2) 지식의 구조

브루너는 모든 지식이 구조를 가지고 있다고 전제하고 학교에서는 사실적 지식이 아니라 지식의 구조(structure of knowledge)를 발견식으로 가르쳐야 한다고 주장한다. 지식의 구조란 사물을 얽어매고 있는 요소 내지 그 요소가 얽혀 있는 모양으로, 학습 영역에서는 각 학문이나 교과의 기저를 이루고 있는 일반적인 아이디어, 기본 개념, 일반적 원리다. 이 지식의 구조는 표현 양식, 경제성, 생성력이라는 세 가지 특정을 지니고 있으며, 올바른 방식으로 표현되고 경제성과 생성력이 있도록 조직된 지식을 의미한다.

- **표현 양식**: 동일한 지식의 구조라도 다양한 방식으로 표현될 수 있다. 학교학습에서는 학습자의 인지발달 수준에 따라 행동이나 활동을 통해 표현하는 작동적(enactive) 표현 방식, 그림이나 심상 등으로 표현되는 영상적(iconic) 표현 방식, 추상적인 언어나 기호로 표현되는 상징적(symbolic) 표현 방식이 있다. 따라서 어떤 지식의 구조를 가르치더라도 학생의 인지발달단계에 맞게 표현 방식을 달리하면 어떤 연령의 아동에게도 지식의 지적 성격에 충실하며 효과적으로 가르칠 수 있다.

- **경제성**: 수많은 단편적인 지식을 기억하는 것이 아니라 그 단편적 지식들을 꿰뚫고 있는 지식의 구조를 학습함으로써 머릿속에 기억해야 할 정보의 양도 줄어들며, 어떤 문제를 해결하기 위해 학습해야 할 정보의 양도 줄어든다. 따라서 작동적 표현 방식에 비해 상징적 표현 방식으로 학습하는 것이 경제성(economy of representation)이 더 뛰어나다.

- **생성력**: 생성력(power of representation)은 학생이 학습한 명제들이 얼마만큼의 지적 산출력, 즉 응용력이나 전이력을 가졌는가를 의미한다. 지식의 구조를 학습하는 것이 다른 영역의 학습에 전이하거나 적용할 수 있는 가능성도 더 커진다는 것을 의미한다. '변화'라는 지식의 구조를 학습해 두면 여러 교과의 학습에서 '변화'라는 개념을 적용할 수 있다. 또한 특정 교과의 구조를 이해하면 그 교과를 이해하기 쉽고, 기억하기 쉬우며, 전이의 효과를 기대할 수 있고, 고등 지식과 초보 지식의 간격을 좁힐 수 있다는 장점이 있다.

(3) 학습 계열

학습 계열(sequence of learning)이란 학생들이 학습과제를 학습하는 순서를 의미하며, 수업이론은 학습해야 할 자료를 학습자들이 이해, 변형, 전이하는 데 도움이 되도록 순서대로 조직하여 제시되어야 한다. 브루너는 학습자의 개인차를 피아제의 인지발달이론에 근거해서 설명하면서 일반적으로 학습 계열은 작동적, 영상적, 상징적 표현 방식의 순서에 따라 제시되어야 하지만, 학습자의 발달단계에 따라 최적의 학습 계열은 달라진다고 한다. 따라서 학습자의 인지발달단계에 따라 최적의 학습 계열은 달라지며, 최적의 학습 계열을 정할 때는 선행학습, 인지발달단계, 학습과제의 성질, 학습자의 개인차 등을 고려해야 한다.

(4) 강화

강화(reinforcement)란 학습의 결과에 대한 보상으로, 수업 장면에서 강화는 학습자에게 교정적 정보를 주는 데 의미가 있다. 브루너는 강화의 방식으로 보상과 벌을 중요하게 다루고 있으며, 학습자가 자기 학습의 결과를 확인하고 거기서 만족을 얻는 내적 강화, 즉 발견의 희열을 경험할 때 학습에 가장 효과적이라고 한다. 반면, 외적 보상이 불필요한 것은 아니지만 외적 보상이 강하면 성취 자체로부터 받는 보상이 줄어들고, 성공한 수준의 행동만 되풀이할 가능성이 높아진다고 한다. 따라서 교사의 중요한 임무 중의 하나는 내적 보상과 외적 보상의 균형을 맞추는 것이다. 그러므로 교사는 학습과 수업의 과정에서 적용될 보상과 벌의 종류와 성격, 적용 방법, 적용의 빈도 및 간격 등을 분명하게 해 두어야 한다.

이상과 같은 수업이론의 핵심 요소들을 가장 이상적으로 구현할 수 있는 것이 바로 '발견학습'이다. 브루너에 따르면, 학생을 가르친다는 것은 그가 어떤 결과를 획득하게 만든다는 것이 아니라, 어떤 지식을 습득하는 과정에 참여시키는 것이다. 따라서 하나의 지식을 가르친다는 것은 그 지식을 학습자의 머릿속에 집어넣는 결과를 위한 것이 아니라 학습자가 그 지식을 어떻게 이해하여 받아들일 것인가를 스스로 생각하게 하는 과정 속으로 이끄는 것이다. 발견학습에서는 지식 습득의 결과가 아니라 과정을 중시하며, 교사는 많은 사전 준비를 해야 하고 수업과정에서도 학습자의 요구에 대처할 능력을 갖추고 지식의 전달자가 아닌 안내자의 역할을 수행할 수 있어야 한다.

브루너의 수업이론은 학생의 적극적 참여에 의한 지식의 구조를 발견하는 학습을 강조하고, 외적 보상보다는 내적 만족감을 중시한다는 점에서 최근의 자기주도적 학습과 맥락을 같이한다는 장점을 지니고 있다. 그러나 지식의 구조를 모든 교과에서 찾을 수 없으며, 내재적 동기만으로 학습이 가능하지 않을 수도 있고, 교사의 교수 과정보다 학생의 학습과정을 더 강조한 것 등에 대해서는 비판의 대상이 되기도 한다.

3) 오수벨의 수업이론

오수벨(Ausubel, 1967)은 발견학습을 주장한 브루너와는 달리 설명식 수업이론 혹은 수용학습(reception learning)을 지지한다. 그는 학교에서 배우는 학습자료, 즉 교과서에는 방대한 문화유산이 언어의 형식으로 담겨 있으며, 이런 교과서 내용을 효율적으로 학습하는 방법이 바로 설명식 수업이라고 한다. 또 대부분의 학습 내용 은 인쇄된 언어 혹은 교사의 언어적 설명을 통해 전달되며 학생은 이를 의미 있게 이해할 수 있어야 한다고 주장한 점에서 유의미 언어학습이론이라고도 한다. 따라 서 오수벨의 이론은 수업의 주된 수단인 교사의 설명 방법을 체계화하여 교실학습 을 의미 있게 하려는 데 목적을 두고 있다. 반면, 학습과제가 기존의 인지구조와 연 결되지 못하고 단순한 암기식 학습에 불과한 기계적 학습을 배척한다.

특히 브루너의 발견학습이나 탐구학습은 지식의 체계적 학습이나 충분한 이해에 도달하게 하는 데 무리가 있고, 학습시간이 많이 걸리며, 중등교육이나 고등교육 단계에서는 비효율적이라고 비판한다. 또 브루너의 발견학습이 구체적인 학습 정 보에서 일반적인 원리로 학습해 가는 귀납적인 학습과정을 제안하는 데 반해 오수

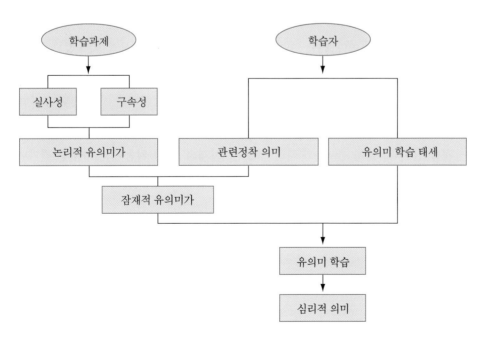

[그림 11-7] 오수벨의 유의미 언어학습의 요소

벨의 설명식 수업이론에서는 일반적인 원리나 규칙을 학습한 후 세부적인 정보를 학습해 가는 연역적 학습과정을 제안하였다.

오수벨이 주장한 유의미 학습이 일어나기 위한 핵심적인 요소는, 학습과제의 내용이 학습자의 인지구조에 포섭되어 기존의 인지구조에서 새로운 의미가 구성되어야 한다는 점이다. 즉, 유의미 학습은 학습자의 인지구조에 새로운 정보를 정착시킬 수 있는 관련 내용이 있어야 하며, 그렇지 못할 경우 선행조직자라는 보조학습자료를 통해 유의미 학습에 필요한 조건을 갖추어 주어야 한다. [그림 11-7]에서 보듯이 유의미 학습은 학습자와 학습과제의 두 요소가 잘 갖추어져야 하며, 학습자 요소는 다시 관련정착 의미와 유의미 학습 태세로 나뉜다.

(1) 학습과제 변인

유의미 학습이 이루어지려면 먼저 학습할 새로운 과제가 유의미한 것이어야 한다. 학습과제가 유의미하다는 것은 학습과제에 담겨 있는 내용이나 아이디어가 학습자의 인지구조와 의미 있게 관련지어질 수 있는 논리적 유의미가를 지니고 있음을 뜻한다. 이 학습과제의 논리적 유의미성은 다시 실사성과 구속성을 지녀야만 확보된다. 실사성(substantiveness)이란 주어진 학습과제를 어떻게 표현하더라도 그 의미가 변하지 않는 본질적, 절대적 속성을 말한다. 예를 들어, '정삼각형은 세 변의 길이가 같은 삼각형이다.'라는 명제는 '세 변의 길이가 같은 삼각형은 정삼각형이다.'라고 바꾸어 표현해도 그 의미가 변하지 않는다. 구속성(nonarbitrariness)이란 개념이나 용어와 그 의미의 관계는 임의적으로 맺어진 관계이지만 시간이 지남에 따라 하나의 관습으로 굳어짐으로써 그 개념이나 용어의 의미가 임의로 변화되지 않는 것을 말한다. 예를 들어, '개'라는 부호는 '실제의 개'와 처음에는 아무런 관계가 없는 임의적인 관계다. 그러나 '개'라는 부호가 '실제의 개'를 가리키는 것임을 학습한 후에는 이들 사이에 변하지 않는 의미 있는 관계가 형성된다.

(2) 학습자 변인

유의미 학습이 이루어지려면 학습과제뿐만 아니라 학습자 측면에서도 필요한 조건을 갖추어야 한다. 학습자 측면에서 갖추어야 할 조건에는 관련정착 의미와 유의미 학습 태세의 두 가지가 있다.

- 관련정착 의미: 학습자가 주어진 과제를 의미 있게 학습하기 위해서는 학습과제가 실사성과 구속성을 지녀야 하는 것 이외에도, 학습과제의 학습에 필요한 관련정착 의미(relevant anchoring ideas)를 지니고 있어야 한다. 이렇게 되면 학습과제는 잠재적 유의미가를 지니게 된다. 여기에서 관련정착 의미란 한 학습자의 인지구조에 이미 형성되어 있는 것으로서, 유의미 학습과정에서 새로운 개념이 인지 구조와 관계를 맺을 수 있는 근거를 제공해 주며 파지과정에서는 그 개념의 의미가 저장될 수 있도록 해 주는 역할을 한다. 즉, 오수벨 이론에서는 학습을 포섭(subsumption)으로 규정하는데, 먼저 학습된 선행지식들은 다음에 학습될 지식의 포섭자(subsumer) 역할을 하게 된다. 여기에서 말하는 포섭이란 학습자의 인지구조에 이미 존재하고 있는 개념이 새로운 개념이나 아이디어를 흡수하여 인지구조에 정착시키는 작용을 말한다.

그러나 학습자의 인지구조에 새 학습과제를 연결 지을 수 있는 관련정착 의미가 획득되어 있지 않은 경우가 많다. 이런 경우에는 새 학습과제의 학습 이전에 관련정착 의미를 획득시켜 주어야 하는데, 여기에 활용되는 보조자료가 선행조직자(advanced organizer)이다. 즉, 선행조직자란 새 학습과제가 학습자에게 아주 새로운 것일 경우, 새 학습과제가 쉽게 포섭되고 정착될 수 있도록 하기 위해서 학습과제의 제시에 앞서 제공되는 것으로 본 학습과제보다 더 일반적이고 추상적이며 포괄적인 수준의 보조학습자료를 의미한다. 선행조직자는 새 학습과제와 학습자의 인지구조에 확보되어 있는 지식의 관련성 정도에 따라 설명조직자와 비교조직자로 구분하여 사용된다.

- 유의미 학습 태세: 유의미 학습의 마지막 조건으로, 학습자는 학습과제를 유의미하게 학습하려는 태세를 갖추어야 한다. 즉, 학습자가 학습활동을 통해서 새로운 학습과제를 자신의 인지구조에 연결시키려는 학습자의 성향 또는 의도를 지니고 있어야 한다는 것으로, 결국 유의미 학습 태세(meaningful learning set)는 학습동기를 의미한다고 볼 수 있다. [그림 11-7]을 요약하면 실사성과 구속성을 갖춘 새로운 학습과제는 논리적 유의미가를 지니며, 학습자의 인지구조에 관련정착 의미가 확보되면 잠재적 유의미가가 확보된다. 그러나 최종적으

로 학습자가 그 과제를 유의미하게 학습하고자 하는 학습 태세를 가지고 있을 때 학습자의 학습활동은 유의미한 학습이 가능한 심리적 유의미가를 갖는다.

(3) 오수벨의 설명식 수업모형

오수벨의 선행조직자를 활용한 수업모형은 [그림 11-8]처럼 세 단계로 이루어진다. 제1단계에서는 수업목표를 명료하게 제시함으로써 수업활동의 방향을 제시하고 학습동기 유발과 주의집중을 유도하며, 선행조직자를 먼저 학습함으로써 본시 학습과제의 주요 아이디어들을 포섭할 수 있는 관련정착 의미의 형성을 시도한다. 제2단계에서는 본시 학습과제나 학습자료를 제시하는데, 이때 학습내용 간의 논리적 위계 관계를 고려하여 점진적 분화와 통합적 조정이 이루어지도록 하는 데 유의해야 한다. 제3단계에서는 새로운 학습내용을 학습자의 인지구조에 통합하고 정착시킴으로써 학습자의 인지구조를 강화하는 활동이 이루어져야 한다. 이를 위해 기존 지식과 새로운 지식 간의 통합적 조정, 적극적인 수용학습의 촉진, 학습내용에 대한 비판적 접근, 학습내용의 명료화 등에 유의해야 한다.

오수벨이 제안한 설명식 수업모형은 새로운 강의식 수업모형은 아니지만, 학습자의 선행학습이 체계적으로 조직되어 있는 인지구조가 새로운 학습내용과 논리적으로 연결됨으로써 유의미한 설명식 수업이 이루어질 수 있으며, 이를 위해 학습자의 인지구조에 적합한 선행조직자를 학습보조자료로 활용할 수 있다는 아이디어를

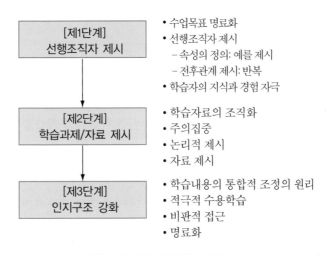

[그림 11-8] 오수벨의 설명식 수업의 단계(Joyce & Weil, 1980)

제공했다. 이는 학습자가 새로운 정보를 맹목적으로 암기하려 할 뿐 기존의 인지구조, 즉 선행학습 내용과 관련시키지 못하는 기계적 학습에 대한 대안적 교수-학습 방법이라는 점에서 의의가 있다.

4) 가네의 수업이론

가네(Gagné, 1985)는 학습이 이루어지기 위한 조건과 그 조건을 반영한 수업의 과정을 결합시킨 학자(변영계, 2005)다. 우선 가네에게 있어서 학습의 과정은 단순한 성장 과정이 아니라 인간의 성향 또는 능력의 변화 과정으로 이 과정을 통해 형성된 학습의 결과, 즉 학습력(learning capability)을 그 성격에 따라 다섯 가지로 구분한다. 이 다섯 가지 학습력은 곧 학교 교육을 통해 학습자에게 길러 주어야 할 학습목표가 되며, 달성하려는 학습목표의 유형이 다르면 학습자의 내부에서 진행되는 학습의 과정인 학습자의 내적 조건과 수업의 절차를 의미하는 수업의 외적 조건도 달라져야 한다. 이런 의미에서 그의 이론을 목표별 수업이론으로 부르기도 한다.

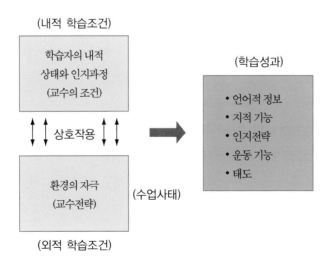

[그림 11-9] 가네의 수업이론의 구조

(1) 학습목표의 유형

가네(Gagné, 1985)에 따르면, 학습력은 곧 교수–학습과정을 통해 개발하고 성취해야 할 중요한 학습목표이며, 어느 교과든 관계없이 성취해야 하는 중요한 학습목표에는 언어정보, 지적 기능, 인지전략 운동 기능, 태도의 다섯 가지가 있다고 한다. 이 학습목표 혹은 학습력이 학습자들에 의해 수행되는 모습이 다를 뿐만 아니라 학습의 조건도 달라진다. 이 다섯 가지 학습력 혹은 학습목표를 간략하게 설명하면 다음과 같다.

- 언어적 정보: 언어적 정보는 자신의 생각을 언어로 표현할 수 있는 능력으로서, 학습자의 행위의 목적 중 하나는 정보에 대해 올바르게 진술하고 표현하는 것이다. 이 언어적 정보는 학교에서 배우는 교과 내용의 많은 부분을 차지할 뿐만 아니라 계속적인 학습을 위해서도 꼭 필요하기 때문에 학습에서 매우 중요한 목표다.

- 지적 기능: 지적 기능은 방법적 지식 혹은 절차적 지식으로, 문자나 숫자와 같은 상징적 부호를 이용하여 환경과 상호작용할 수 있게 되는 개인 내부의 지적 과정을 의미한다. 또 단순한 지식의 학습을 초월하여 습득한 지식을 활용하는 능력을 의미하기 때문에 이 역시 학교 학습에서 매우 강조해야 하는 목표라고 할 수 있다.

- 인지전략: 인지전략은 개념이나 원리를 이용하는 지적 기능의 특수한 영역으로 개인의 학습, 기억, 사고와 행동을 지배하는 전략적인 지적 기능이다. 즉, 인지전략은 학습자의 내적 정보처리 과정을 조정하고 통제하는 메타인지적 기능을 포함하여 새로이 직면하는 문제를 해결하는 데 필수적인 능력이다.

- 운동 기능: 운동 기능은 동그라미 그리기, 줄넘기 등 비교적 단순한 운동반응에서 피아노 연주하기와 같이 보다 복잡한 운동반응을 포함하는 신체적 기능을 의미한다.

- 태도: 태도는 여러 종류의 활동이나 사건에 대한 학습자의 반응에 영향을 미치는 내적 상태를 의미하며, 생활 속에서 직면하는 수많은 대안 가운데에서 어느 것을 선택한다는 것은 학습자 개인의 가치, 선호, 태도에 의해 결정된다.

〈표 11-1〉 **지적 기능 영역의 학습위계**

⑧ 문제해결학습 (problem-solving learning)	여러 개의 원리를 조합하여 새로운 문제사태의 해결에 가장 적합한 원리들을 적용하는 학습
↑	
⑦ 원리학습 (rule learning)	개념과 개념 간의 관계, 즉 규칙과 원리를 파악하는 능력을 획득하는 학습
↑	
⑥ 개념학습 (concept learning)	사물이나 현상의 공통된 속성을 이해하고 그것을 기준으로 하여 사물을 분류하는 학습
↑	
⑤ 중다변별학습 (multiple discrimination learning)	여러 대상의 차이점을 비교하여 각기 다르게 반응하는 변별 능력과 이 변별이 둘 이상 포함되는 중다변별 능력을 획득하는 학습
↑	
④ 언어학습 (verbal association learning)	연쇄학습의 한 종류로서 자극-반응의 연결이 언어로 이루어진 경우에 발생하는 학습
↑	
③ 연쇄학습 (chain learning)	이전에 학습한 개별적인 자극-반응의 결합이 연속적으로 이루어지는 학습
↑	
② 자극-반응학습 (stimulus-response learning)	스키너의 조작적 조건형성의 원리에 따라 특정 자극에 대한 능동적 반응을 하는 학습
↑	
① 신호학습 (signal learning)	파블로프의 고전적 조건형성에 의한 자극이나 신호에 대해 정서적 반응을 하는 학습

가네는 인간의 능력과 학습내용은 아주 단순한 것에서 복잡한 것으로, 그리고 저
차원에서 고차원으로 발전하는 위계를 이루고 있으며, 한 단계의 학습은 다음 단계
의 학습에 필수적인 선행 요건이 된다는 학습위계(learning hierarchy) 개념을 제시
한다. 특히 다섯 가지 학습목표 가운데 지적 기능의 경우 이 학습위계가 뚜렷하게
나타나며, 여기에는 〈표 11-1〉과 같은 여덟 가지 하위 학습목표 혹은 학습위계가
존재하고, 학습자에게 제공되는 지적 영역의 학습과제는 이 학습위계에 맞게 순서
대로 구성되어야 한다고 주장한다.

(2) 학습의 조건과 수업사태

가네는 성취하고자 하는 학습목표(학습력)의 종류에 따라 학습의 조건(condition
of learning)도 달라져야 한다고 말한다. 즉, 다섯 가지 학습목표인 언어적 정보, 지
적 기능, 인지전략, 운동 기능 그리고 태도 중 어떤 것을 학습목표로 하느냐에 따라
학습이 이루어지기 위한 조건은 달라지며, 또 이 학습의 조건은 내적 조건과 외적
조건으로 구분된다([그림 11-9] 참고).

기본적으로 학습의 과정을 통해 학습목표를 성취하려면 학습자 자신이 갖는 내
적 조건이 갖추어져야 하며, 다음으로 교사가 제공하는 외적 조건이 적절해야 한
다. 따라서 학습의 내적 조건이란 학습자가 학습목표 달성에 필요한 선행학습능력
을 이미 소유하고 있어야 함을 의미하며, 학습의 외적 조건은 학습자의 행동과는
독립적으로 교사에 의해 외부에서 가해지는 교수 및 환경조건을 의미한다. 효율적
인 교사는 효과적인 수업을 진행하기 위해 학습자의 내적 조건과 외적 조건이 적절
하게 결합되도록 해야 한다. 학습목표의 유형에 따른 학습의 조건은 〈표 11-2〉와
같다(Reigeluth, 1983).

〈표 11-2〉 **학습목표별 학습의 조건**

학습목표 유형	내적 조건	외적 조건
언어적 정보	• 광범위하게 의미 있는 맥락 회상하기	• 광범위한 맥락에서 새로운 정보 제시하기
지적 기능	• 새로운 기능의 하위요소가 되는 이전에 학습한 기능 • 이전에 학습한 기능을 회상하거나 새로운 형태로 조직하기	• 하위 기능의 회상을 촉진하기 • 수행목표를 제시하기 • 질문, 힌트 등으로 학습을 안내하기 • 학습한 기능을 새로운 사례에 적용하도록 하기
인지 전략	• 관련 원리와 개념을 회상하기	• 해결방안이 모호한 새로운 문제 상황을 연속적으로 제시하기 • 학생 스스로 문제해결 과정을 시범해 보이기
운동 기능	• 운동의 연쇄를 구성하는 요소들을 회상하기	• 수행의 하위단계를 설정하거나 회상하기 • 운동 기능을 연습하기
태도	• 목표로 하는 행동과 관련된 정보 및 기능을 회상하기	• 타인에 대한 존중을 설정하거나 회상하기 • 직접 경험 혹은 존경하는 사람의 관찰을 통한 대리적 경험에 따른 개인적 행동의 보상

　학습자의 내적 조건과 수업의 외적 조건이 잘 갖추어진 수업이 효과적인 수업이라는 말은, 결국 학습목표의 유형을 파악하고 학습자가 그 학습목표를 달성하는 필요한 선행학습 능력, 즉 내적 조건을 갖추고 있는지를 확인한 후 이를 토대로 외적인 단서나 조건을 갖추어 제공하는 것이 교사의 중요한 임무라는 것이다. 나아가 가네(Gagné, 1985)는 학습의 과정에서 학습자 내부에서 전개되는 인지 처리 과정을 분석하여 단위수업 시간에 적용할 수 있는 수업사태(instructiona, events)를 아홉 가지 단계로 구분하였다. 이 수업사태란 학습자의 내적 학습과정이 잘 진행되도록 외적인 도움을 주는 방법으로, 〈표 11-3〉에 정리해 두었다.

〈표 11-3〉 가네의 수업사태

	수업사태(단계)	기능
학습 준비	1. 주의집중 2. 기대 3. 자동기억으로 재생	• 학습자로 하여금 자극에 경계하도록 한다. • 학습자로 하여금 학습목표의 방향을 설정하도록 한다. • 선행학습 능력의 재생을 자극한다.
획득과 수행	4. 선택적 지각 5. 의미론적 부호화 6. 재생과 반응 7. 강화	• 중요한 자극 특징을 작업기억에 일시적으로 저장하도록 한다. • 자극 특징과 관련 정보를 장기기억으로 전이시킨다. • 저장한 정보를 재현해서 반응 행동을 하도록 한다. • 학습목표에 대해 학습자가 가졌던 기대를 확인시켜 준다.
학습의 전이	8. 재생을 위한 암시 9. 일반화	• 이후 학습력 재생을 위해 부가적 암시를 제공한다. • 새로운 상황으로의 학습 전이력을 높인다.

아홉 가지 수업사태는 다시 학습 준비, 획득과 수행, 학습 전이의 세 가지 범주로 구분되는데 일반적으로 단위수업을 도입 → 전개 → 정리의 세 단계로 구분하는 것과도 유사하다. 첫째, '학습 준비'는 수업의 '도입' 단계로 학습이 전개될 상황을 조성하며 학습자로 하여금 학습과제에 참여하게 한다. 여기에는 주의집중, 기대, 관련 정보의 재생이 포함된다. 둘째, '획득과 수행'은 수업의 '전개' 단계에 해당하며, 새로운 능력이 학습되는 단계다. 선택적 지각, 의미론적 부호화, 재생과 반응, 강화의 네 단계가 포함된다. 셋째, '학습의 전이'는 수업의 '정리' 단계에 해당하며, 새로운 학습력이 획득된 이후 다양한 장면에서 적용하고 일반화시킬 수 있도록 하는 것을 지향한다. 여기에는 재생을 위한 암시와 일반화의 두 단계가 포함된다.

이 외에도 가네의 수업이론은 새 학습과제 내용의 필수적인 구성요소가 되는 선수학습 능력을 확인하기 위하여 학습과제를 분석해야 한다는 학습과제의 분석(task analysis), 구체적이고 명세적인 수업목표 진술 방식, 나아가 가네 등(Gagné, Briggs, & Wager, 1979)과 함께 수업설계 이론을 발전시켜 수업을 과학화하는 데 크게 공헌한 바 있다. 그러나 그의 수업이론을 수업 현장에 적용하려고 할 경우 고도의 지식과 전문적인 소양, 훈련을 필요로 하며, 학습위계이론 역시 분명하고 명료하게 위계가 나타나는 교과가 없는 경우도 많고, 그가 제안하는 수업이론이 상당히 포괄적이고 추상적이라는 점 등에서 한계가 지적되고 있다.

5) 캐롤의 학교학습 모형

1950년대에는 우주 경쟁을 배경으로 개인의 능력을 최대한으로 이끌어 내는 교수-학습방법에 대해 활발한 연구가 이어졌다. 학교에서 이루어지는 다양한 영역의 학습 가운데 특히 인지적 · 기능적 영역의 학습에 작용하는 중요 변인들을 추출하여 이 변인들 사이의 상호관계를 시간의 함수로 조직화함으로써 블룸(B. S. Bloom)이 제안한 완전학습(mastery learning)의 가능성을 뒷받침하는 강력한 이론적 근거를 제공한 학자가 캐롤(Carroll, 1963)이다. 그는 박사학위 논문인 「학교학습 모형(A model of school learning」(1963)에서 학습자에게 어떤 과제가 주어졌을 경우 학습의 정도는 학습자가 그 과제의 학습을 위해 필요로 하는 시간에 대해서 실제로 어느 정도의 시간을 그 학습을 위해 사용하는가 하는 비율에 의해 결정된다는 기본 명제를 주장했다.

$$\text{학습의 정도} = f \left(\frac{\text{학습에 투입한 시간(학습기회, 지구력)}}{\text{학습에 필요한 시간(적성, 교수 이해력, 교수의 질)}} \right)$$

이 공식에서 보면 학습목표의 성취 여부는 목표 달성에 필요한 시간과 실제 사용한 시간의 함수 관계에 의해 결정되며, 시간이라는 숫자 사이의 비율로 학업성취를 분석하고 있다는 점에서 그의 이론을 '학교학습의 계량 경제학'이라고도 부른다. 그의 함수를 보다 명확히 이해하기 위해서 함수에 동원되는 용어를 간략하게 설명하면 다음과 같다.

먼저, 이 함수에서 '학습의 정도'란 수업목표에 진술된 도달 기준에 비추어 실제로 도달한 학습 정도를 뜻한다. 따라서 수업의 성패는 학습자가 목표치 또는 기준선에 어느 정도 접근했는가에 따라 평가될 수 있다. 또 '학습에 필요한 시간'은 주어진 학습과제를 완전히 학습하여 수업목표로 진술된 수준까지 도달하는 데 필요한 시간을 의미하며, '학습에 투입한 시간'은 그저 단순히 학습을 하는 과정에서 보낸 시간을 뜻하는 것이 아니라 학습자가 적극적으로 학습과제에 주의를 집중해 학습에 열중하는 시간을 의미한다.

이 방정식은 함수로 표현되어 있기 때문에 '학습의 정도'는 함수의 분모와 분자의 비율과 관련이 있음을 알 수 있다. 즉, 한 학습자가 주어진 학습과제를 학습하는 데 필요한 시간과 실제로 학습에 사용한 시간이 같을 때 학습의 정도는 1이 되어 완전학습이 될 것이며, 실제로 학습을 위해 사용하는 시간이 학습에 필요한 시간에 비해 적으면 적을수록 학습의 정도는 그만큼 낮아지게 된다.

캐롤은 함수의 분모에 해당하는 '학습에 필요한 시간'을 결정하는 변인으로 적성, 학습자의 교수 이해력, 교수의 질이라는 세 가지 변인으로 구분하였고, '학습에 투입한 시간'을 결정하는 변인으로 지구력과 학습기회의 두 가지 변인을 설정했다. 또 이 다섯 가지 변인은 학습자에 해당하는 개인차 변인과 교사가 주로 관련되는 수업 변인으로 분류하고, '개인차 변인'에는 적성, 교수 이해력, 지구력을, '수업 변인'으로는 교수의 질과 학습기회를 구분하여 제시하고 있다. 각 변인의 의미를 다음에 간략하게 설명한다.

- 적성: 적성은 최적의 학습 조건 아래서 특정 학습과제를 완전히 학습하는 데 소요되는 시간을 의미한다. 그러므로 적성이 높으면 학습에 소요되는 시간이 짧지만 적성이 낮으면 그 시간도 길어진다. 그러나 적성은 학습과제의 종류와 성질에 따라서도 다를 수 있어서 적성은 개인간 차이도 있지만 개인내 차이도 있다. 예를 들어, 수학에서는 높은 적성을 보이지만 국어에서는 적성이 낮을 수도 있다. 따라서 특정 교과에 대한 적성을 높여 준다면 학습에 소요되는 시간을 단축시킬 수 있다.

- 교수 이해력: 교수 이해력은 적성과는 별도로 수업의 내용이나 교사의 설명을 이해하는 데 요구되는 일반적인 능력이다. 학교학습은 대부분 구두나 인쇄된 언어적 매체를 통해서 이루어지기 때문에 일반 지능과 언어 능력이 복합된 것이라고 할 수 있다. 그러나 '교수의 질'을 개선한다면 '교수 이해력'을 개선시킬 수 있고, 따라서 학습에 필요한 시간을 줄일 수 있다.

- 지구력: 지구력은 학습자가 특정한 과제를 학습하는 데 몰두하는 시간을 말하며, 학습동기 또는 인내심 등과 유사한 의미다. 지구력의 절대량을 줄이는 방안으로는 학습자료나 내용을 학습자들의 개인차에 알맞게 조절하고, 학습과정

에 따라 적절한 피드백을 제공하고 개별지도를 하며, 설명과 예시를 많이 포함한 수업을 함으로써 학습자들의 흥미 수준을 높게 유지하는 방안이 있다.

- 교수의 질: 교수의 질은 학습과제를 제시하는 방법의 적절성을 의미하는 것으로 결국 학습자들이 쉽게 이해하고 습득할 수 있도록 수업을 조직해야 함을 뜻한다. 따라서 교수의 질을 높이기 위해서는 다음 몇 가지 사항을 고려해야 한다. 먼저, 학습목표나 내용은 학습자들의 발달 정도에 맞게, 즉, 보다 잘 이해할 수 있는 언어나 기타 수단으로 전달되어야 한다. 또 학습의 각 단계가 분명한 계열이 되어서 앞 단계의 학습이 다음 단계의 학습을 위한 출발점이 될 수 있게 학습과제를 구성해야 한다. 그리고 학습자들의 다양한 참여를 유도할 수 있도록 수업의 전 과정이 각 학습자의 흥미나 욕구를 충족시킬 수 있도록 계획되고 실행되어야 하며, 학습의 결과에 대한 적절한 피드백을 제공해야 한다.

- 학습기회: 학습기회는 특정의 과제를 학습할 수 있도록 학습자에게 허용되는 시간이다. 학습자의 의사와 관계없이 외부로부터 학습자에게 주어진 학습시간으로, 능력이 다양한 학생들로 구성된 보통의 학급에서는 적성, 교수 이해력, 지구력 등 학습자의 개인차 변인을 무시하고 획일적인 학습기회를 제공하는 잘못을 범하고 있다. 따라서 모든 학습자에게 동일한 학습기회가 주어지더라도 학습의 정도는 달라질 수밖에 없다.

　캐롤의 학교학습 모형은 학습을 촉진하고 개선하는 데 필요한 구체적인 전략을 제안할 수 있다는 점에서 매우 중요한 이론이다. 또한 그의 이론은 학습에 관련된 변인을 시간 개념으로 이해하고 있기 때문에 모든 학생에게 학습에 필요한 시간을 충분히 제공한다면 완전학습, 즉 학습목표를 완전히 달성하는 결과를 얻을 수 있음을 시사한다. 뿐만 아니라 우수아와 열등아라는 종래의 학습자관 역시 학습시간과 관련해 이해할 수 있기 때문에 '빠른 학습자'와 '느린 학습자'로 개념을 바꾸는 데 기여했다. 뿐만 아니라 목표에 도달할 수 있는 사람은 소수 몇 명에 지나지 않는다는 선발적 교육관에서 벗어나 능력, 시간 차이는 있지만 충분한 시간만 주면 누구나 목표에 도달할 수 있다는 발달적 교육관이 등장하는 배경이 되기도 했다. 그러나 캐롤의 학교학습 모형에서 제시한 다섯 가지 변인이 개념상으로는 상호 독립적인 것으로 보이지만 실제로는 이들 변인은 구분하기 어렵다는 비판을 받고 있다. 즉, 적성과 교수 이해력을 구분하면서 한 학습자에게 있어서 여러 가지 과제에 대한 적성은 서로 다를 수 있다 하더라도 교수 이해력은 원칙적으로 여러 종류의 수업장면에 걸쳐서 불변한다고 생각한다. 그러나 실제 학습장면에 있어서는 이 두 변인이 명확하게 구분되는 것은 아니며 경우에 따라서는 동일한 요인이 될 수도 있다.

📖 **탐구 문제**

1. 효과적인 수업을 위해 교사가 고려해야 하는 변인에는 어떤 것들이 있는지 제시하고 설명해 보시오.

2. 효과적인 교사가 보여 주는 핵심적인 교수행위 다섯 가지가 여러분의 일상적인 대화 과정에서는 어떻게 나타나는지 설명해 보시오.

3. 수업이론과 관련된 다음의 용어를 여러분의 표현으로 정의해 보시오.
    ① 출발점 행동과 도착점 행동　　　② 지식의 구조　　　③ 유의미 학습
    ④ 학습의 내적 조건과 외적 조건　　⑤ 목표별 수업이론

4. 캐롤의 학교학습모형의 시각에서 학습부진아와 학업우수아의 차이점을 설명해 보시오.

제12장
교육평가

교육이 인간 행동의 계획적 변화라는 목표를 달성하는 활동이기 때문에 학교 교육을 통해 이 목표가 어느 정도 달성되었는지 확인하는 일은 당연한 일이다. 따라서 교육이라는 이름으로 활동이 이루어지고 있는 장면에서는 반드시 평가 활동이 수반되며 이를 교육평가라고 칭한다면 교육평가 활동을 하지 않는 학교는 존재의 이유가 없다. 그러나 학교에서의 교육평가 활동과 관련해서 지적되는 문제의 상당 부분은 교육평가에 대한 올바른 이해가 부족한 것에서 이유를 찾을 수 있다. 따라서 교사는 교육평가에 전문적 지식과 기능을 갖추는 것이 중요하다. 이 장에서는 교육평가의 올바른 이해를 위해 교육평가의 성격, 종류, 시험문항의 종류 및 양호도 등에 대해 살펴볼 것이다.

1. 교육평가의 이해

1) 교육평가의 개념

교육평가가 학교 교육에서 차지하는 역할이 중요한 만큼 교육평가 분야도 오래

전부터 많은 학자가 관심을 보인 영역이었다. 타일러(Tyler, 1949)가 교육과정의 목표모형을 제시하면서 교육평가를 교육목표의 달성 여부를 판단하는 행위로 규정한 이후 교육평가의 개념 역시 확대되어 왔다. 즉, 교육평가는 학생의 목표 달성 정도를 판단할 뿐만 아니라 교사 혹은 학교의 효과성을 진단하며, 정책 결정에 필요한 의사결정의 근거 자료를 제공하는 등 교육평가의 의미는 다양하게 규정된다. 그러나 여러 학자의 정의를 종합하면 교육평가란 의사결정에 도움을 주기 위해 "교육과 관련된 모든 것의 양, 정도, 질, 가치, 장점 등을 체계적으로 측정하여 판단하는 행위"(성태제, 2009)라고 규정할 수 있다.

앞의 정의를 분석해 보면 의사결정에 필요한 자료 수집, 즉 측정(measurement) 행위가 먼저 이루어진다. 즉, 측정이란 학생, 교사, 교육 프로그램 등 모든 교육평가의 대상에 대해 정보나 자료를 수집하여 수치화하는 과정이다. 이렇게 측정을 통해 수집된 정보나 자료에 근거해 가치를 판단하고 의사결정을 내리는 과정이 평가(evaluation)다. 예를 들어, 학생의 선행학습 및 발달수준을 파악하여 수준별 학습집단을 구성하려고 할 경우, 진단검사를 통해 학생들의 능력을 파악하여 수치화하는 과정이 측정이고, 측정 결과에 근거하여 수준별 학습집단에 분류하는 과정을 평가라고 할 수 있다.

그러나 측정과 평가는 진행되는 과정의 순서상 구분할 수 있고, 측정 행위가 교육평가에 포함되는 개념으로 이해하기도 하지만 실제 교육 장면에서 이 두 개념을 구분하는 것은 어려운 일이다. 그러나 교육 장면에서는 인간의 다양한 심리적 속성이 관여하며 측정은 이 심리적 속성을 대상으로 하는 경우가 대부분이기 때문에 정확한 측정을 한다는 것은 불가능하다. 따라서 측정이 잘못되는 경우는 가치 판단의 과정인 평가도 잘못될 가능성이 높아지며, 이를 방지하기 위해서는 가능한 한 다양한 자료와 정보를 다양한 방법으로 수집하고 분석해야 한다. 이처럼 학생의 특성을 측정하여 선발하거나 분류하는 평가 활동이 다양한 방법으로 다양한 자료와 정보를 종합적으로 수집하고 분석할 것을 강조하는 평가의 대안적 개념이 총평(assessment)이다.

2) 교육평가의 목적

앞서 교육평가는 '교육과 관련된 모든 것'을 평가의 대상으로 한다고 규정한 바 있다. 따라서 교육평가는 교육과 관련된 모든 대상, 현상, 제도, 정책 등에 대한 자료 수집과 가치 판단을 통해 교육에 긍정적인 도움을 주는 것을 목적으로 한다. 교육평가 활동이 수행하는 역할이나 기능은 기본적으로 교육평가의 목적에서 파생되기 때문에 여기에서는 교육평가의 목적을 중심으로 간략하게 살펴보자.

첫째, 학습자와 관련하여 교육평가는 학업성취도를 확인하는 역할을 한다. 즉, 교수-학습활동의 결과로 학생들이 무엇을 얼마나 성취했는가를 평가한다. 이때 학습의 결과를 판단하여 성적이나 등급을 매겨 학업성취 수준을 판정하는 것이 교육평가의 중요한 목적이기는 하지만, 이 과정에서 놓치기 쉬운 것이 학생의 학습과정에 대한 정보의 확인이다. 이런 정보를 확인하려면 학습의 과정이 학습목표를 달성해 가는 과정을 제대로 밟아 가고 있는지를 확인하는 형성적(formative) 평가와 최종 성취 수준을 판정하는 총합적(summarive) 평가가 모두 이루어져야 한다. 또한 이런 평가의 결과를 분석하여 각 학생의 강점과 약점, 혹은 성취하지 못한 부분 등을 파악하여 보충학습이나 심화학습, 또는 다음의 학습과정 선정을 위한 피드백 자료를 확보하여 활용하는 것이 중요하다. 또한 교육평가 결과는 학습자의 학습동기를 유발시키고 학습을 더욱 활성화시켜서 궁극적으로 학습을 극대화하는 수단으로 활용될 수 있다.

둘째, 교사는 교육평가를 통해 얻어진 자료를 분석하여 자신의 교수-학습과정을 설계하고 개선해 나가는 피드백 정보를 축적한다. 즉, 학습자가 주어진 학습목표를 달성하는 데 필요한 선행학습과 준비도를 갖추고 있는지를 확인하는 진단적(diagnostic) 평가, 교수-학습과정에 대한 형성적 평가, 최종 목표 달성도에 대한 총합적 평가 등 모든 정보를 취합하여 수업단원을 설계하는 자료로 활용할 뿐만 아니라 수업내용이나 학습자의 특성에 알맞은 교수-학습방법을 선정하고 준비하며, 나아가 교사의 수업 전문성을 개선하는 자료로 활용할 수 있어야 한다.

셋째, 이 외에도 교육평가는 다양한 목적을 달성하기 위해 활용된다. 예를 들면, 학부모에게는 자녀들의 학습 상황을 이해할 수 있는 정보를 제공하고, 학교 수준에서는 학교 단위의 평가를 통해 학교 교육의 효과성을 판단할 수 있으며, 필요한 경우 학생의 선발, 분류, 배치 등의 목적으로 교육평가를 실시하기도 한다. 또한 국가의 교육과정, 교육제도, 교육정책 등의 유지나 개선에 관한 의사결정을 해야 할 경우 기초 자료로서 중요한 역할을 한다.

3) 교육평가의 절차

교육평가의 절차나 방법은 획일적으로 정해져 있는 것이 아니라 평가의 목적이나 대상에 따라 다양하게 진행될 수 있다. 그러나 일반적으로 학교 교육의 성과를 평가의 대상으로 할 경우 교육목표의 확인 → 평가 장면의 선정 → 평가 도구의 선정 및 제작 → 평가의 실시 및 결과 처리 → 평가 결과의 활용이라는 다섯 단계의 절차를 거치는 것이 보통이다(김석우, 2009).

① 교육목표의 확인: 평가의 첫 단계는 교수–학습활동이 종료된 후 무엇(what)을 평가할 것인지 확정하는 일이다. 학교 교육에서는 보통 학습자들이 성취하리라고 기대하는 교육목표를 구체화하는 것이 된다. 학교 현장에서는 교육목표 이외에 수업목표, 학습목표, 수행목표, 행동목표 등 다양한 표현이 사용되고 있다. 그러나 평가가 이루어지기 전에 측정이라는 행위가 선행되어야 하므로, 교육목표는 측정이 용이하고 명확하게 이루어질 수 있도록 분명하게 진술되어야만 정확한 교육평가가 이루어질 수 있다. 이를 위해 보통 단원의 내용과 성취 행동이라는 이원분류표를 활용하는 것이 보통이다.

② 평가 장면의 선정: 평가 장면의 선정이란 확인된 교육목표의 달성 정도를 어떻게(how) 평가할 것인가를 결정하는 일을 말한다. 즉, 어떤 상황에서 어떤 방법으로 기대한 행동의 증거를 수집할 것인가를 정해야 한다. 따라서 교육목표에서 진술하고 있는 성취 행동의 증거가 가장 잘 드러나는 평가 장면을 선정하는 일은 타당하고 신뢰할 수 있는 결과를 얻기 위해서는 매우 중요한 작업이다. 흔히 학교에서 사용되는 평가의 방법에는 크게 양적 평가와 질적 평가로 구분되며, 구체적으로는 필답검사, 질문지법, 관찰법, 면접법, 수행평가 등 다양한 방법이 활용된다.

③ 평가 도구의 선정 및 제작: 평가 장면이 선정되고 나면 실제로 평가에 사용할 도구를 기존에 제작되어 있는 도구 중에서 선정하거나 필요할 경우 평가 도구를 교사가 직접 제작해야 한다. 학기말 시험을 위해 교사용 지도서의 이원분류표에 근거한 필답고사를 교사가 직접 제작할 수도 있으며, 표준화된 학력검사를 활용할 수도 있다. 상황에 따라 평가 도구를 선정하거나 제작하는 일은 모두 가능하지만, 평가 도구의 타당도, 신뢰도, 객관도, 실용도 등 좋은 평가 도구의 기준을 감안하여 선정하거나 제작하는 일이 무엇보다 중요하다.

④ 평가의 실시 및 결과 처리: 앞의 ①~③단계는 평가를 실시하기 위한 준비단계라고 할 수 있다. 이러한 준비가 완료되면 목표 달성 정도의 증거를 수집하는 활동, 즉 시험이나 각종 검사를 실시한다. 보통 학교에서 이루어지는 대부분의 평가나 검사 실시 과정에서 학생들의 심리적·육체적 조건이 검사 결과에 영향을 줄 수도 있기 때문에 최적의 검사 조건을 갖추어 주는 것이 중요하다. 평가 활동, 즉 자료 수집 활동이 종료되면 학생들의 반응 결과를 정리해야 하는데, 이는 곧 평가 결과를 채점하고 채점한 점수를 기록하여 본격적인 가치판단을 위한 기초자료를 기록하고 보관하는 등의 작업을 해야 한다. 특히 교사는 채점을 통해 얻어진 원점수(raw score)가 지니는 숫자로서의 약점을 충분히 이해하고 있어야 하며, 등위점수나 백분위점수 등의 전환척도나 Z점수, T점수 등의 표준화 점수 등에 관한 전문적 지식을 포함하여 통계적 처리에 필요한 소양을 갖추어 두는 것이 중요하다.

⑤ 평가 결과의 활용: 대부분의 경우 ①~④단계까지의 활동을 교육평가 행위의 전부라고 생각하는 경향이 많지만, 궁극적으로 교육적 의사결정을 위한 정보 마련 활동이다. 교육평가는 교육활동의 개선과 학생 개개인의 발달에 도움이 될 수 있도록 활용되어야만 존재의 가치가 있다. 따라서 교육평가의 결과는 넓게는 국가 교육정책의 개발, 학교 교육과정 개선과 운영, 교수-학습과정과 생활지도에의 활용, 학생의 이해·분류·선발 및 단위 학교 운영의 개선 자료 등 다양하게 활용될 수 있어야 한다.

2. 교육평가의 유형

교육평가의 유형은 평가의 목적, 기준 등에 따라 다양하게 분류되지만, 여기에서는 학교 교육과 깊은 관계가 있는 교육평가의 유형을 선별하여 설명하고자 한다.

1) 교육과 평가의 두 가지 관점: 규준참조평가와 준거참조평가

학생의 성취 결과와 관련해서 학교에서 교육평가를 실시하는 이유를 제시하는 이론적 논의의 배경에는 선발적 교육관과 발달적 교육관이라는 두 가지 관점이 대립하고 있다. 즉, '왜(Why) 교육평가를 실시해야 하는가?'라는 질문에 대해 두 가지 답변이 가능하다는 것이다.

선발적 교육관이란 전통적인 관점으로, 학생들 사이에는 선천적인 개인차가 존재하며, 이 개인차는 교육의 과정을 통해 역전될 수 없기 때문에 원래 의도한 교육목적이나 수준에 도달할 수 있는 학생은 일부 혹은 소수에 불과하다고 가정한다. 따라서 객관적인 교육평가를 통해 학생들의 능력 수준을 서열화하고 이에 근거해 우수한 능력을 지닌 학생을 선발하기 위해 평가가 필요하다고 한다. 전통사회에서 실시하던 과거 제도나 대학입학시험 등은 선발적 교육관에 기초해 우수한 학생을 선별하는 선발적 교육관에 기초한 평가의 유형이라고 할 수 있다. 한편, 발달적 교육관에서도 학생들의 선천적인 개인차가 존재한다는 사실을 인정한다. 그러나 후천적인 교육의 과정에서 개개 학습자에게 적합한 교수-학습방법만 제시된다면 누구나 주어진 교육목표를 달성할 수 있다고 가정한다(변영계, 2005). 따라서 발달적 교육관에 근거한 평가는 학교의 모든 자원은 우수한 학생의 선발이 아닌 개인의 잠재된 가능성을 얼마나 개발시켜 주고 있는가를 확인하는 데 초점을 둔다. 이 발달적 교육관은 블룸 등(Bloom, Hasting, & Madaus, 1971)이 제안한 완전학습모형의 이론적 배경이 되기도 했는데 이들의 관점에 따르면, 교육평가가 학교학습에서 실패한 학생과 성공한 학생의 구분에 관심을 가져서는 안 되며, 수업과 학습의 개선에 공헌함으로써 학생들의 잠재 능력을 개발하여 개개인의 발달을 촉진시키는 데 공헌해야 한다.

　이상의 두 가지 교육관, 즉 선발적 교육관과 발달적 교육관의 구분에 따라 분류될 수 있는 교육평가의 유형이 규준참조평가와 준거참조평가로, 이 두 가지 교육평가 유형은 평가의 목적이나 평가 결과를 해석하는 기준에 따라 구분되기도 한다.

(1) 규준참조평가

　규준참조평가(norm-referenced evaluation)란 선발적 교육관에 근거하고 있는 평가의 유형으로 학생 개인이 얻은 점수나 측정치를 비교집단의 규준(norm)에 비추어 상대적인 서열에 따라 판단하는 평가를 말한다. 즉, 학생이 소속된 학급 속에서 각 학생이 다른 학생들보다 얼마나 더 성취하였느냐 하는 상대적인 서열을 강조하는 평가방법으로 상대평가라고도 한다.

　여기에서 규준이란 원점수의 상대적 위치를 설명하기 위해 사용하는 잣대로, 학생이 속해 있는 모집단을 대표하는 표본에서 얻은 점수를 기초로 하여 만들어진다. 규준참조평가의 결과는 흔히 5단계 평가(수, 우, 미, 양, 가), 백분위점수, 등급, 표준점수, 학년규준점수, 연령규준점수 등으로 표시되는데, 다음 [그림 12-1]에서 보는 것처럼, 한 학생의 원점수를 알면 정규분포곡선을 이용하여 그 원점수에 해당하는 백분위나 표준점수(Z, T 등)로 환산하여 학생의 상대적 위치를 파악할 수 있다. 이렇게 만들어진 규준은 비교집단의 성질에 따라 달라지는 상대적인 성질을 지니고 있으며, 규준참조평가에서는 평가 결과에 대한 해석의 기준점을 비교집단의 평균으로 삼아 학생 개개인의 변별이 이루어진다.

　이러한 규준참조평가의 장점으로는, 첫째, 개인차의 변별이 가능하며, 둘째, 객관적이고 엄밀한 통계적 이론에 근거하기 때문에 교사의 편견을 배제할 수 있고, 셋째, 상대적인 평가를 통해 학생들의 경쟁을 유발함으로써 학습동기를 유발할 수 있다는 점 등이다. 반면, 규준참조평가의 단점으로는, 첫째, 인간의 발달에 대한 교육적 신념에 맞지 않으며, 둘째, 상대적 비교를 통한 경쟁이 과다할 경우 인성교육에 장애가 될 수도 있으며, 셋째, 상대적 평가로 인해 우수한 집단에 속할 경우 학습목표를 성취했음에도 불구하고 평가 결과가 낮아지거나 반대의 경우도 나타날 수 있으며, 넷째, 교수-학습 개선이라는 교육평가의 목적을 달성하는 데에도 어려움이 있다.

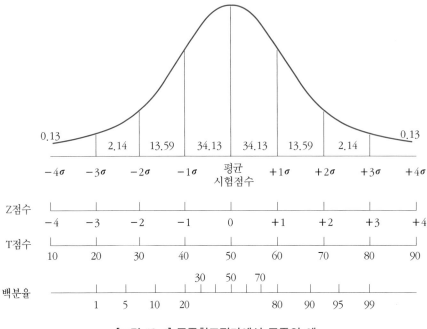

[그림 12-1] 규준참조평가에서 규준의 예

(2) 준거참조평가

준거참조평가(norm-referenced evaluation)란 규준참조평가와는 달리 개인의 성취 수준에 대한 의미를 다른 사람들의 성취 정도와 상대적으로 비교하지 않는다. 여기에서는 학생이 사전에 결정된 특정한 준거 또는 교육목표를 얼마나 성취하였는지 절대적 기준인 준거(criterion)에 근거해 판단한다. 여기에서 준거란 검사가 측정하고자 하는 구체적인 행동 영역을 의미하며, 학교에서는 보통 교육목표 혹은 수업목표가 준거가 되며, 이 경우 수업목표를 달성한 정도를 평가하기 때문에 목표지향평가라고도 한다.

준거지향평가에서는 학습자의 개인차를 인정하고 있지만, 적절한 교수-학습방법을 제공하고 적절한 학습의 과정을 밟아 감으로써 가능한 한 모든 학습자가 의도한 수업목표를 달성할 수 있다는 발달적 교육관에 근거하고 있다. 따라서 준거참조평가에서는 평가 활동이 목표 달성에 도움이 되어야 할 것을 중시하며, 이를 위해 평가의 진단적 기능과 형성적 기능이 특히 중시된다. 또 수업활동이 완료된 후 학생들 사이에 목표 달성도의 개인차를 비교하기보다는 각 학생의 목표 달성 정도를 파악하여 후속 교육적 조처를 취하는 것을 중시한다.

준거참조평가의 장점으로는, 첫째, 각 학생이 성취한 것과 성취하지 못한 것이 무엇인지 구체적인 정보를 제공해 줌으로써 교육적인 평가가 될 수 있고, 둘째, 평가 결과를 분석하여 교수-학습과정이나 학습자료를 개선하는 정보를 제공해 주며, 셋째, 상대적 비교를 하지 않기 때문에 학생들 사이의 협동심을 조성할 수 있다는 점 등이 있다. 반면, 준거참조평가의 단점으로는, 첫째, 상대적 비교를 하지 않기 때문에 개인차의 변별이 쉽지 않으며, 둘째, 평가의 기준이 되는 준거의 설정이 문제가 될 수 있고, 셋째, 규준참조평가에 비해 검사 점수의 통계적 활용이 다양하지 않다는 점 등이 있다.

(3) 규준참조평가와 준거참조평가의 비교

예를 들어, 어떤 학생의 구구단 실력이 학급에서 상위 5%에 속한다고 평가한다면 규준참조평가를 한 것이고, 그 학생은 3분 안에 구구단을 한 번도 안 틀리고 다 외울 수 있다고 평가할 경우에는 준거참조평가를 실시한 것이다. 그러나 이 두 가지 평가방법은 평가의 목적이나 평가 결과의 활용 방법에 따라 좋은 방법일 수도 있고 좋지 못한 방법일 수도 있다. 즉, 두 평가방법의 근본적인 차이는 평가 결과의 점수에 의미를 부여하는 해석상의 문제이며, 이들은 각각 장점과 단점을 동시에 지니고 있다. 따라서 교사는 평가를 실시하는 목적과 평가 결과를 어떻게 활용할 것인지에 따라 적합한 평가 유형을 선별해서 사용할 수 있는 안목을 갖추어야 한다. 규준참조평가와 준거참조평가의 차이를 기본가정, 평가목적, 평가방법, 용도, 측정내용과 측정도구의 특성에 따라 정리해 보면 〈표 12-1〉과 같다(권대훈, 2011).

〈표 12-1〉 규준참조평가와 준거참조평가의 비교

규준참조평가	구분	준거참조평가
선발적 교육관(개인차 극복 불가능)	기본가정	발달적 교육관(개인차 극복 가능)
상대적 위치 변별	평가목적	수업목표 달성도 확인
서열이나 순위 결정	평가방법	수업목표 달성도 판단
선발, 분류, 배치: 입학시험, 심리검사	용도	확인, 교정, 개선: 자격시험
일반적이고 포괄적인 수준의 행동	측정내용	매우 구체화된 행동
신뢰도, 문항곤란도 중시	측정도구	타당도 중시

2) 수업의 진행과정과 평가의 목적에 따른 교육평가의 유형

일반적으로 학교 수업이 진행되는 과정을 도입 → 전개 → 정리의 세 단계로 구분할 경우 각 단계에서 이루어지는 평가의 성격은 달라지며, 이때 평가의 성격이란 곧 평가를 하는 목적이 다르다는 것을 의미한다. 수업의 진행 과정 혹은 평가의 목적에 따른 교육평가의 유형은 진단평가, 형성평가, 총합평가의 세 가지로 구분된다. 앞 장에서 소개한 글레이저(R. Glaser)의 학교학습모형을 적용하면 다음의 [그림 12-2]와 같이 묘사할 수 있으며, 이 도식에서 보면 수업이란 평가 활동이 연속적으로 이루어지는 과정이라고도 할 수 있다.

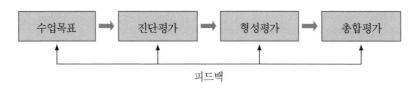

[그림 12-2] 수업의 과정과 교육평가

(1) 진단평가

학기 혹은 매 수업이 시작되기 전 교사는 학생들이 학습을 위한 준비를 갖추고 있는지 또는 그 시간의 수업목표를 성취할 준비가 되어 있는지를 확인해야 한다. 즉, 교사는 교수-학습활동을 위한 초기 단계에서 수업전략 수립을 위한 기초자료와 적절한 교수-학습방법의 선정을 위해 학습자의 기초 능력이나 선수학습 정도를 진단하는 평가 활동을 수행한다. 특히 학생들이 지니고 있는 선수학습의 정도와 이전의 학습경험에 관한 정보는 학생 개개인의 학업성취를 극대화하는 데 필수적이다. 이처럼 학년이나 학기 혹은 단원이 시작되는 시기에 학생들의 수준을 파악하기 위하여 실시하는 평가를 진단평가(diagnostic evaluation)라 한다. 따라서 진단평가는 학습 결과를 예진하는 기능과 더불어 학습 실패의 다양한 원인을 사전에 파악하는 기능을 발휘함으로써 효과적인 수업이 가능하도록 하는 중요한 평가 활동이다. 이 진단평가는 보통 교수-학습활동의 초기에 학생들의 기초 수준을 알기 위한 목적으로 실시되지만 학습과정에서 학습자가 계속적인 결함을 보일 때는 교수-학습활동의 도중에 실시할 수도 있다.

(2) 형성평가

형성평가(formative evaluation)란 수업이 진행되고 있는 유동적인 상태에서 도중에 교사가 계획한 교수-학습활동이 계획대로 진행되고 있는지를 확인하는 평가다. 즉, 형성평가는 교수-학습활동이 진행되고 있는 도중에 학생들의 학습 진전 상황에 관한 정보를 수집·분석하여 학습내용은 물론 교수-학습활동을 개선하기 위해 실시하는 평가다(Scriven, 1967). 이 형성평가의 방법에는 여러 가지가 있을 수 있지만, 대부분의 교사는 수업 장면에서 학생들의 눈빛이나 표정을 통해 판단하거나 질문으로 확인하는 방법을 많이 사용한다. 형성평가는, 첫째, 교사와 학생에게 학습 진도에 관한 피드백을 제공하고, 둘째, 단원의 내용과 구조 속에서 오류가 발생한 부분을 규명하며, 셋째, 학생들의 부적절한 학습 습관을 교정하고, 넷째, 교사의 지도방법과 교육과정을 개선하며, 다섯째, 학습 진행 속도를 조절하는 등의 기능을 발휘한다.

(3) 총합평가

총합평가(summative evaluation) 혹은 총괄평가는 단원 목표, 학기목표, 학년목표 등 일정 기간 동안의 교수-학습활동이 종료된 시점에서 학생들의 학업성취도를 총합적으로 평가하여 수업활동의 효율성에 대해 판단하는 평가다. 따라서 총합평가는 단원, 학기, 학년의 종료 시에 이루어져 학점이나 성적을 확정하고, 미래의 학업성적을 예측하며, 집단 간의 성적 비교를 위한 기본 자료를 제공하고, 필요한 경우 학습자의 자격을 인정하는 판단의 기능을 한다. 또 총합평가의 결과는 학생들의 등수나 등급의 확정, 합격 또는 불합격의 판정, 상·벌을 수여하는 근거로도 이용된다. 총합평가는 기대한 목표의 달성 정도를 파악하는 데 관심이 있기 때문에 학생들이 그동안 배운 학습내용을 대표하는 문제를 적절히 표집하여 시험을 구성하는 일이 무엇보다 중요하다.

(4) 진단·형성·총합평가의 비교

교실에서 이루어지는 평가의 유형을 이상과 같이 수업의 진행과정에 따라 분류할 때 수업의 과정에서는 평가 활동이 연속적으로 전개된다고 할 수 있다. 그러나 진단평가, 형성평가, 총합평가는 실시하는 시기, 평가의 목적, 평가의 방법, 평가의 기준 그리고 주로 사용되는 시험 문항의 성격 등에 있어서 다양한 차이가 있다. 이 차이를 정리해 보면 다음의 〈표 12-2〉와 같다.

〈표 12-2〉 진단 · 형성 · 총합평가의 비교

비교	진단평가	형성평가	총합평가
시기	• 단원, 학기, 학년 초	• 교수-학습 진행 중	• 교수-학습 완료 후
목적	• 출발점 행동의 확인 • 적절한 교수 투입	• 교수-학습의 적절성 • 교수방법 개선	• 학습목표 달성 • 교육 프로그램 결정 • 책무성
방법	• 비형식적, 형식적 평가	• 수시 평가 • 비형식적, 형식적 평가	• 형식적 평가
기준	• 준거참조	• 준거참조	• 규준참조, 준거참조
문항	• 준거 부합 문항	• 준거 부합 문항	• 준거참조: 준거 부합 문항 • 규준참조: 다양한 난이도의 문항

3) 평가방법에 따른 구분: 양적 평가와 질적 평가

이상에서 소개한 것과 같이 교육평가는 평가 결과의 해석 기준에 따라 규준참조 평가(상대평가)와 준거참조평가(절대평가)로 구분하고, 수업의 진행 과정에 따라 진단평가, 형성평가, 총합평가로 구분되기도 한다. 그러나 앞에서 언급한 유형 이외에도 교육평가에는 다양한 유형이 있다. 그 가운데에서도 사용되는 평가의 방법이 평가 대상을 측정한 결과를 수량화시켜 활용하는 양적 평가(quantitative evaluation)와 평가 대상에 대한 질적 자료를 수집하여 기술하고 해석함으로써 가치를 판단하는 질적 평가(qualitative evaluation)의 구분은 매우 중요하다. 학교 교육에서 양적 평가방법을 통해 학생들의 발달이나 학업성취도를 수치화하여 파악하고 이해하는 양적 평가방법이 비교육적일 뿐만 아니라 교육의 진정한 의미에 부합하지 않는다는 비판으로 인해 최근 수행평가나 포트폴리오 등 질적 평가방법이 더 교육적인 평가방법이라는 견해가 확산되고 있기 때문이다.

양적 평가란 경험적 · 실증적 탐구의 전통에 따라 평가 대상을 어떤 형태로든지 수량화하고, 이렇게 수량화된 자료를 가지고 통계적 기법을 이용하여 기술하고 분석하는 평가방법이다. 따라서 양적 평가에서 수집된 자료들은 모두 수 혹은 양으로 표현되어야 하며, 그러기 위해서는 평가 대상이 객관적 객체로 존재해야 한다. 만약 수량화할 수 없는 대상은 아예 평가의 대상에서 제외시키거나 그 대상을 검증할 수 있도록 조작하여 측정함으로써 평가의 정확성을 확보할 수 있다는 장점을 지니고 있다. 또 양적 평가를 통해 여러 가지 형태의 객관적인 문항이 개발되었고, 학생들의 성취 수준을 객관적으로 파악할 수 있게 하는 등의 공헌을 하기도 했다.

이에 반해 질적 평가란 현상적ㆍ해석적 탐구의 전통을 따르는 입장으로, 평가에 관련이 있는 당사자들의 상호주관적 이해에 바탕을 두고 교육현장이나 평가자의 경험을 통해 평가의 대상을 사실적으로 기술하고 해석하는 것을 중시한다. 따라서 질적 평가에서는 교육 현상의 실체나 과정에 대한 이해를 높이는 데 목적을 두고 있다. 따라서 질적 평가는 교육 현상을 전체적이고 종합적으로 이해하는 데 공헌함으로써 교육평가 활동을 교육적인 활동이 될 수 있도록 변화시켰다는 점에서 큰 의의가 있다. 이 질적 평가의 중요성으로 인해 최근 학교 현장에서 많이 활용되고 있는 평가방법이 수행평가다. 수행평가(performance evaluation)란 제시된 선택지 가운데에서 올바른 하나의 정답을 찾도록 하는 사지선다형 검사의 약점을 보완하기 위해 학생이 해답을 찾거나 무엇을 만들어 냄으로써 능력이나 지식을 나타내 보일 것을 요구하는 여러 종류의 검사 방법을 말한다. 좁은 의미로는 비언어적 검사 방법만을 의미하는 경우도 있지만, 보통은 논문형 문항의 답안을 작성하는 것에서부터 구어적 담화, 실험을 하거나 시범을 보이는 것, 장기간에 걸친 학생의 노력과 발전 정도를 보여 주는 포트폴리오(portfolio)에 이르기까지 다양한 형태의 평가방법을 모두 포괄하는 평가방법이다. 특히 수행평가방법은 전통적인 지필검사가 지나치게 단편적인 지식에 의존한다는 한계를 극복할 수 있다(남명호, 2003)는 점에서 앞으로 활용의 범위가 더 넓어질 것으로 예상된다.

물론 양적 평가와 질적 평가의 두 평가방법의 이론적 배경이 평가 대상의 객체화와 주관적 이해의 중시라는 중요한 차이점이 존재한다. 그러나 그렇다고 해서 질적 평가방법이 좋은 것이고 양적 평가방법은 나쁜 것이라고 이분법적으로 구분하는 것은 옳지 못한 태도다. 평가의 목적, 평가의 대상과 범위, 평가방법의 활용 가능성 등에 따라 양적 평가방법과 질적 평가방법이 선택적으로 사용되어야 한다. 〈표

12-3〉은 양적 평가와 질적 평가의 특징을 비교한 것이다.

〈표 12-3〉 **양적 평가와 질적 평가의 비교**

구분	양적 평가	질적 평가
이론적 배경	경험적 · 실증적 전통	현상적 · 해석학적 전통
목적	• 일반적 현상 이해 • 구성 요소 분석	• 특수성, 개별성 이해 • 통합된 전체 이해
초점	교육의 결과 중심	교육의 과정 중심
자료 수집 방법	실험이나 질문지, 시험 등 검사 도구	심층면담, 관찰법, 수행평가 등
자료 수집 도구	신뢰도 중시	타당도 중시
분석방법	통계적 분석	내용분석

3. 검사와 문항

학교 현장에서는 교사들이 하는 주요 역할 중의 하나가 중간시험, 기말시험 등 검사(a test)를 만드는 일이며, 검사는 일련의 문항들(a set of item)로 구성된다. 따라서 양적 평가방법에 의한 교육평가가 정확하게 이루어지려면 좋은 검사를 사용할 수 있어야 하며, 좋은 문항들이 준비되어 있을 때 좋은 검사를 사용할 수 있다. 여기에서는 학교에서 일상적으로 사용하는 시험, 즉 검사와 문항의 성격을 살펴보고, 검사를 구성하는 문항의 유형을 선택형과 서답형으로 구분하여 설명한다.

1) 검사와 문항의 성격

학교에서 실시하는 검사(a test)란 학업능력, 지능, 성격 등 직접 측정이 불가능한 인간의 잠재적 속성을 간접적으로 측정하기 위해 사용하는 도구(성태제, 2009)를 말한다. 이 검사에는 지능검사, 학업적성검사, 학업성취도검사 등 인간의 인지적 행동특성을 측정하는 검사는 물론 성격검사, 흥미검사, 불안검사, 직업적성검사 등 정의적 행동특성을 측정하는 검사, 무용실기와 같은 심동적 행동특성의 숙련도를 측정하는 검사 등 다양한 검사가 있다. 학교에서 실시하는 일상적인 시험 역시 검사의 한 종류이며, 이 경우 시험은 학생의 준비도, 학습과정, 학습결과 등 학업능력 전반에 걸친 정보를 제공할 뿐만 아니라 교사의 수업 개선에 필요한 결정적인 정보를 제공하는 역할을 한다. 흔히 검사를 심리적 특성을 측정하기 위한 도구 혹은 체계적 절차로 정의하며, 검사는 문항의 표본(a set of items)으로 구성되며, 문항(a item)은 검사나 시험을 구성하는 기초 단위로 측정 혹은 채점의 단위다.

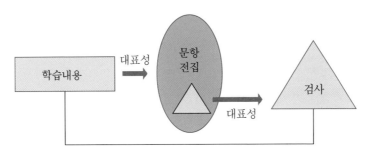

[그림 12-3] 검사와 문항의 관계

　보통 이 검사는 다수의 문항, 즉 문항 전집에서 선택된 문항 표본으로 구성되기 때문에 유익한 정보를 확보하려면 좋은 문항을 제작하거나 선정하여 적절하게 배열함으로써 좋은 시험, 즉 좋은 검사를 만드는 것이 무엇보다 중요하다. 따라서 [그림 12-3]에서 보는 것처럼 시험에 포함될 문항에는 학생들이 학습한 내용이 그 중요도에 따라 골고루 반영되어야 하는데, 이를 문항의 대표성이라고 한다. 즉, 일정한 시험 범위 내의 학습내용에 대한 성취 결과를 측정할 수 있는 수많은 문항의 집합을 문항 전집이라고 하면, 그 문항 전집에 포함되어 있는 모든 문항을 시험에 포함시킬 수 없기 때문에 선별의 과정을 거쳐야 한다. 이 선별의 과정이 바로 문항 표집의 과정이며, 이 표집을 통해 최종적으로 시험에 포함될 문항들은 학습내용을 타당하게 반영할 수 있어야 한다.

　따라서 교사가 수업목표의 달성 여부를 정확하고 타당하게 확인할 수 있으려면 타당하고 신뢰로운 검사를 사용해야 하며, 이를 위한 기본 조건이 좋은 문항을 확보하는 일이다. 일반적으로 좋은 문항이란, 첫째, 측정하고자 하는 내용을 정확하게 측정하는 타당한 문항, 둘째, 단순한 기억에 의존하여 사실의 회상을 요구하기

보다는 분석, 종합, 평가 등의 고등정신능력을 측정하는 문항, 셋째, 지식의 열거가
아니라 사실들을 요약하고 조직하여 일반화 및 추상화할 것을 요구하는 문항, 넷
째, 문제해결 과정에서 학습자에게 새로운 경험을 제공하는 참신한 문항, 다섯째,
문두의 질문이 모호하지 않고 구체적이며 구조화가 잘된 문항, 여섯째, 학습자의
능력에 비추어 난이도가 적절한 문항, 일곱째, 학습자의 문제해결 경험을 통해 학
습동기 및 자아개념에 긍정적인 영향을 줄 수 있는 문항, 여덟째, 문항 유형에 따른
제작의 원리와 편집 요령에 충실한 문항 등이다(김석우, 2009).

이와 같은 조건을 갖춘 문항이 좋은 문항에 해당하지만 좋은 문항을 만들기란 쉽
지 않다. 검사에 포함된 문항 하나하나 모두 좋은 문항이라 하더라도 검사가 전체
학습범위를 골고루 잘 반영한 검사인지, 문항의 편집이나 제시 순서 등 다양한 요
인에 따라 측정 결과가 달라지지 않는지 등 고려해야 할 문제들이 많이 있다.

2) 문항의 유형

학교에서 사용하는 검사는 교사가 직접 출제하거나 외부에서 만든 검사, 혹은 표
준화 검사를 사용하는 경우가 대부분이다. 특히 교사가 직접 문항을 제작하고 검사
를 편집하는 경우에는 문항이론과 검사이론에 대한 적절한 배경적 지식을 지니고
있어야 한다. 일반적으로 문항의 기본 구조는 [그림 12-4]와 같다.

지시문이란 문제해결을 위한 방향을 안내하는 문장으로, 각 문항에만 적용되는
개별 지시문, 둘 이상의 몇 개 문항에만 선별적으로 적용되는 공통 지시문, 검사에
포함된 문항 전체에 적용되는 전체 지시문 등이 있다. 보기란 학습자가 각 문항에
반응을 하거나 문제를 해결하는 데 필요한 보조 자료를 지칭한다. 문두에서는 개별
문항에 대한 학습자의 반응을 유발하기 위해 질문이나 상황 제시 등의 방법으로 자
극을 제시한다. 선택지는 선택형 문항에만 사용되어 정답을 고르게 하는 역할을 하
며, 선택지에는 정답지와 오답지가 동시에 제시되며, 오답지는 교란지라고도 한다.

문항의 기본 구조는 [그림 12-4]와 같지만 교육평가를 실시하는 목적, 사용하는
방법이나 시기, 활용 방안 등에 따라 다양한 형식의 문항을 사용할 수 있다. 따라서
문항 제작에 관한 소양뿐만 아니라 문항의 유형에 따른 장단점을 분명하게 파악해
두는 것이 중요하다. 문항의 유형은 [그림 12-5]에서 보는 것처럼 두 가지 기준에

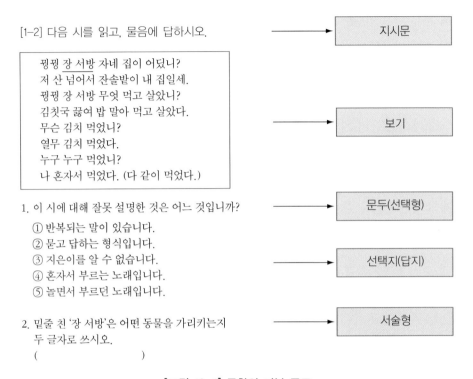

[그림 12-4] 문항의 기본 구조

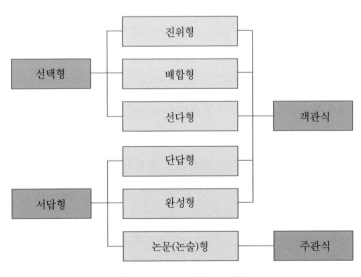

[그림 12-5] 문항의 유형

의해 분류된다(권대훈, 2008). 첫째, 학생의 반응 형식을 기준으로 분류할 경우에는 기억 속에 저장되어 있는 정보와 선택지에 제시되어 있는 정보를 비교하여 선택하는 재인(recognition) 과정을 요구하는 선택형 문항과 기억 속에 저장되어 있는 정보를 인출하는 재생(recall) 과정을 요구하는 서답형 문항으로 구분한다. 둘째, 채점할 때 채점자의 주관이 개입될 가능성 여부에 따라 채점자의 주관이 개입될 소지가 전혀 없는 객관식 문항과 채점자의 주관적 판단에 의해 채점이 이루어지는 주관식 문항으로 구분된다. 여기에서는 학교 시험에서 주로 사용되는 문항의 유형들을 간략하게 소개한다.

(1) 선택형 문항

선택형(selection type) 문항이란 피험자가 답안을 선택할 수 있도록 제시되는 문항으로, 문두와 두 개 이상의 답지로 구성되며, 문두는 대개 의문문이나 불완전 문장으로 진술된다. 학습자는 선택지 가운데 정답이라고 생각되는 것을 골라 응답하며, 선택형 문항의 유형으로는 진위형, 배합형, 선다형이 있다.

• 진위형: 학습자가 제시된 진술문이나 도표나 그림 등의 자료의 진위(眞僞), 즉 옳고 그름을 판단하여 응답하는 문항 유형을 말한다. 진위형(true-false type) 문항은 능력 수준이 낮은 대상, 예를 들어 초등학교 저학년을 대상으로 평가를 하거나 퀴즈대회 등에서 많은 대상을 간단하게 분류해야 할 경우에 주로 이용된다. 진위형 문항은 기본적인 학습내용의 학습 여부를 정확하게 측정할 수 있고, 문항 제작이 용이하여 단시간 내에 많은 양의 문항을 출제할 수 있으며, 따라서 문항의 대표성과 채점의 객관성이 높다는 장점이 있다. 반면, 중요하지 않은 목표나 단순한 기계적 암기력을 평가할 가능성이 높으며, 진위가 명백한 진술문을 제작하는 것이 어렵고, 학습자의 언어 능력이 많은 영향을 주어 검사의 변별도와 신뢰도에 문제가 있으며, 진단적 정보를 확보하기 어렵고 학습자의 학습동기를 감퇴시킬 우려가 있다는 단점도 있다. 진위형의 변형으로는 오류지적형, 오류수정형, 군집형, 자료제시형, 삼자택일형, 확률적 반응형, 자신감 표현형, 삽입형, 계열형, 초점제시형 등이 있다.

[예시] 다음 진술문을 읽고, 맞으면 ○표, 틀리면 ×표 하시오.
　　　1. 압력이 일정할 때 기체의 부피는 온도에 정비례한다. (　　)
　　　2. 온도가 일정할 때 기체의 부피는 압력에 반비례한다. (　　)

- 배합형: 배합형(matching type)은 결합형 또는 연결형이라고도 하며, 일련의 전제(용어, 명칭 등)와 일련의 답지를 배열하여 전제에 대한 질문의 정답을 답지에서 찾아 연결하도록 하는 문항 형식이다. 지식, 용어, 날짜, 사건 등의 상호관계에 관한 지식을 평가하거나, 출제범위가 좁고 동질적일 때 혹은 선다형 대신 출제 시간이나 시험지의 지면에 여유가 없을 때 주로 사용된다. 배합형 문항은 문항 제작이 간편하며, 채점 시간이 짧고, 시험의 객관도를 확보하는 데 유리하며, 많은 문항을 출제할 수 있어서 문항의 대표성을 확보하기 용이하다는 등의 장점이 있다. 반면, 좋은 문항을 만들려면 많은 노력과 시간이 소요되고, 전제와 답지 사이의 연결이 진행될수록 점차 추측 요인에 의해 정답을 맞힐 가능성이 높아지며, 학습자의 학습동기를 위축시킬 수 있다는 점 등이 단점으로 지적된다. 배합형의 변형으로는 복합결합형, 관계분석형, 분류결합형, 양단분류형, 공변관계형, 수량비교형, 충분조건형, 제외항목형, 재사용답지형 등이 있다.

[예시] 다음에 있는 동물들을, 제시한 A, B, C, D의 유목에 따라 분류하시오.
　　　A. 조류　　　　　　　　　(　　) 독수리
　　　B. 포유류　　　　　　　　(　　) 도롱뇽
　　　C. 파충류　　　　　　　　(　　) 악어
　　　D. 양서류　　　　　　　　(　　) 고래

- 선다형: 선다형(selection type) 문항은 일반적으로 가장 많이 쓰이는 문항 유형으로 문두와 두 개 이상의 답지를 주고 그중 맞는 답지나 혹은 가장 알맞은 답지를 선택하게 하는 형식이다. 입학시험이나 선발고사 등 객관성과 공정성이 중시되는 주요 시험에 사용되며, 모든 교과에서 지적 영역의 학습 정도를 평가

하는 데 이용되고, 문항의 제작 방법에 따라 고차적인 지적 능력도 평가할 수 있다. 선다형 문항에서는 문항에 다양한 학습내용을 포괄적으로 포함할 수 있기 때문에 문항의 대표성과 타당도 및 신뢰도를 확보하기가 용이하고, 추측 요인의 통제, 곤란도 조절, 자동 채점 등이 가능하며, 오답 분석을 통한 오개념 학습의 분석 및 교정이 가능하다는 등의 장점이 있다. 반면, 주어진 답지에서 하나를 선택하기 때문에 창의성, 분석력, 문제해결 능력 등 고등정신능력을 측정하는 데 한계가 있으며, 좋은 문항을 제작하는 데 많은 시간이 소요될 뿐만 아니라 매력적인 오답을 제작하기가 쉽지 않고 추측으로 정답을 맞힐 가능성이 있다는 점 등이 단점이다. 선다형의 변형으로는 정답형, 최선답형, 다답형, 불완전 문장형, 합답형, 부정형, 대입형, 유추형, 군집형, 공통문두형, 비언어적 문두형, 비언어적 답지형, 불완전 답지형 등이 있으며, 가장 널리 사용되고 있다는 점에서 교사는 선다형 문항의 제작 원리나 지침 등에 익숙해질 필요가 있다.

[예시] 다음 중 임진왜란 전투가 아닌 것은?
① 옥포해전　　　　　② 진주대첩　　　　　③ 행주대첩
④ 살수대첩　　　　　⑤ 한산도대첩

이상과 같은 선택형 문항은 학습한 내용을 골고루 출제할 수 있어 문항의 대표성이 높고, 채점이 간편하고 채점 결과의 신뢰성과 객관성이 높으며, 통계적으로 의미 있는 해석 및 처리가 가능하고, 답지의 내용을 수정하면 문항의 난이도를 변화시킬 수 있다는 장점이 있다. 뿐만 아니라 답지의 개수를 늘리면 추측으로 정답을 하게 될 가능성을 줄일 수도 있다. 반면, 단순한 기억력만을 측정하기 쉽고, 이를 피하기 위해 양질의 문항을 만들려면 많은 시간과 노력이 소요되며, 학습자의 입장에서도 여러 개의 답지를 검토하여 정답을 찾아야 하므로 많은 시간을 소비하게 되며, 비용이 많이 든다는 등의 단점이 있다.

(2) 서답형 문항

서답형(supply type) 문항은 정답을 주어진 선택지 가운데에서 고르게 하는 선택형 문항과는 달리 문두에서 요구하는 대로 숫자, 기호, 단어, 문장, 논술 등으로 답안을 써넣도록 하는 문항 형식이다. 선택형 문항이 주로 채점의 객관성에 초점이 있다면, 서답형 문항은 일반적으로 고등정신능력을 측정하고자 할 경우에 이용된다. 서답형 문항의 대표적인 유형에는 단답형, 완성형, 논술형이 있다.

• 단답형: 단답형(short-answer type) 문항은 피험자가 간단한 단어, 구, 단문, 그림, 수나 기호 등으로 답안을 작성하도록 하는 문항 유형으로 단순 재생형이라고도 한다. 중요한 학습내용에 대한 재생(recall) 수준의 평가를 할 경우, 문장으로 설명하기 어려운 자료의 명칭, 기능, 구조 등을 평가할 경우 그리고 오답지를 작성하기 어려울 때 많이 이용되며, 지식, 이해는 물론 고등정신능력도 평가할 수 있다. 단답형 문항은 선택형 문항보다 더 문항 제작이 용이하며, 넓은 영역의 학습내용을 평가할 수 있고, 추측 요인에 의하여 정답을 맞힐 확률을 감소시킬 수 있으며, 신속하게 채점할 수 있다는 장점이 있다. 반면, 짧은 답을 요구하는 문항의 특성상 단순 지식, 개념, 사실만을 평가할 가능성이 높으므로 단순기억에 의존하는 학습을 조장할 가능성이 있으며, 선택형 문항에 비해 채점이 객관성을 확보하기가 어려우며, 정답이 하나가 되도록 문항을 제작하는 일이 쉽지 않다는 등의 단점이 있다. 단답형 문항의 변형으로는 연합형, 확인형, 대입형 등이 있다.

[예시] 검사 도구의 양호도 검사가 측정하고자 하는 것을 제대로 측정하고 있는가를 알아보는 것은? (   )

• 완성형: 완성형(completion type) 문항은 진술문의 일부분을 비워 두고 거기에 들어갈 가장 적합한 기호나 단어, 어구, 수식 등을 써넣게 한다. 선다형 문항의 오답지 작성이 곤란하거나 문장 전후의 내용이 정답의 단서로 작용해도 무방할 때, 단답형 출제자의 의도가 불분명할 때, 생생하고 자연스러운 표현이 유

리할 경우에 주로 사용된다. 단답형 문항의 장점은 같은 단서가 없으므로 추측 요인을 배제할 수 있고, 선택형의 선다형 문항에 비하여 문항제작이 비교적 수월하며, 채점이 비교적 용이하고 채점의 객관성을 어느 정도 유지할 수 있다는 점이다. 반면, 단답형에 비해 문장 전후에 정답의 단서가 포함될 가능성이 있고, 단순한 지식, 개념, 사실 등을 측정할 가능성이 높다는 점이 단점으로 지적된다. 완성형의 변형으로는 답란제시형, 단서제시형, 단어완성형, 기호완성형, 그림완성형, 계산완성형, 유추형, 불완전도표형, 제한완성형 등 다양한 하위유형이 있다.

[예시] 1. 1935년에 발표된 심훈의 대표적인 단편 소설은 (　　　)이다.

　　　2. 다음 빈칸을 채우시오.

국가	일본	프랑스	미국	영국
화폐 단위	엔(¥)	(　　　)	달러($)	(　　　)

- 논술형: 논술형(essay type) 문항은 학생들이 지시한 질문에 대해 자유롭게 반응할 수 있도록 요구하는 문항 형식으로, 반응의 형식에 제한이 없으며 이론적으로는 피험자의 반응을 거의 무한하게 허용한다. 그러므로 학습자의 분석력, 비판력, 종합력, 창의성 등과 같은 고등정신능력을 측정하는 데는 유리하다. 따라서 고차적인 학습성과를 평가하거나 유의미한 학습태도를 길러 주려고 할 때, 응시자의 수가 적고 문항을 재사용하지 않을 때, 출제시간은 제한되어 있지만 채점시간이나 채점자 등이 충분할 경우에 주로 사용된다. 따라서 논술형 문항의 장점으로는, 학습자의 분석력, 조직력, 문제해결력, 작문능력 등 다양한 고등정신능력을 측정하는 데 적절하며, 상대적으로 문항 제작과 출제자의 의도 전달이 용이하고, 단순 암기가 아니라 유의미한 학습태도를 배양할 수 있다는 점 등이 있다. 반면, 검사에 출제할 수 있는 문항 수가 제한되기 때문에 학습범위의 대표성이 낮으며, 학습자의 문장력이 채점에 영향을 줄 수 있고, 채점하는 데 많은 노력과 시간이 소요될 뿐만 아니라 채점의 객관성, 신뢰도에 문제가 있다는 점 등이 단점으로 언급된다. 이 논술형의 하위유형으로는 단독

과제형, 자료제시형, 밑줄표시형, 선택·평가적 재생형, 조건제시 비교형, 조건제외비교형, 판단·결정적 재생형, 원인·결과 제시형, 설명형, 요약형, 분석형, 관계설명형, 예시형, 분류형 등 많은 종류가 있다.

문제

수업은 교사와 학생 간에 이루어지는 의사소통의 과정으로 볼 수 있다. 그런데 수업에서 이루어지는 의사소통의 양상은 교수·학습의 패러다임에 따라 다르게 나타난다. 다음 제시한 자료를 참고하여, 1) 각각의 패러다임에서 이루어지는 수업 의사소통의 특성을 ① 수업 참여자의 역할, ② 수업 참여자 간 상호 작용 양상, ③ 수업 분위기 조성의 세 측면에서 비교·분석하고, 2) 이를 바탕으로 바람직한 수업 의사소통은 어떠해야 하는지 논하시오. (총 20점)

다음

A 패러다임	B 패러다임
• 지식은 객관적으로 존재한다. • 언어는 지식을 저장하는 창고다. • 교수는 학습자에게 지식을 전달하는 행위다. • 학습은 교수자가 전달한 지식을 획득하는 과정이다.	• 지식은 언어·사회적으로 구성된다. • 언어는 지식을 구성하는 매개체다. • 교수는 학습의 과정을 안내하는 행위다. • 학습은 상호작용을 통하여 의미를 구성하는 과정이다.

답안 작성 시 유의사항	배점
• 어법과 원고지 작성법에 맞게 서술하시오. • 주어진 원고지(1,200자)에 맞게 서술하시오. (1,100자 이하 또는 1,200자 초과 시 감점) • 글의 체계를 논리적으로 짜임새 있게 구성하시오. • 글의 명료성, 타당성, 일관성을 고려하여 서술하시오.	• 논술의 체계(총 10점) 　- 분량(3점) 　- 맞춤법 및 원고지 작성법(3점) 　- 글의 논리적 체계성(4점) • 논술의 내용(총 10점) 　- 수업 의사소통의 특성 비교·분석(6점) 　- 바람직한 수업 의사소통(4점)

[그림 12-6] 논술형 문항의 사례

4. 평가 도구의 양호도

교육 현장에서는 다양한 상황에서 여러 가지 유형의 시험과 검사를 사용하여 평가 활동을 한다. 이 평가 도구를 직접 제작하거나 혹은 이미 개발되어 있는 것을 사용해야 할 때 간과하기 쉬운 것이 '이 검사는 과연 괜찮은 검사 도구인가?'라는 질문에 대한 답이다. 이 질문은 곧 평가 도구의 양호도에 관한 것으로, 좋은 평가 도구가 아니라면 측정하고 평가한 결과도 의미가 없을 뿐만 아니라 평가 결과가 학생의 장래에 지대한 영향력을 행사할 경우에는 심각한 문제가 야기될 수도 있다. 따라서 평가 도구, 즉 검사의 양호도를 판단하기 위해 타당도, 신뢰도, 객관도, 실용도의 네 가지를 중요한 기준으로 삼는다.

1) 타당도

타당도(validity)란 검사 도구가 측정하고자 하는 것을 충실히 측정하고 있는가의 문제와 관련이 있는 개념이다. 즉, '검사가 무엇을 재고 있느냐?'라는 질문에 대한 대답이며, 특히 '무엇'에 해당하는 준거를 의미한다. 예를 들어, 수학 시험의 문장제 문항에서 질문 자체를 해석하는 것이 어려워서, 즉 국어과에서 측정하는 독해력이나 어휘력의 문제 때문에 학생들이 수학의 문장제 문제를 제대로 해결하지 못한다면 그 시험은 타당도에 문제가 있다. [그림 12-7]에서 보듯이 타당도는 내용타당도, 준거관련타당도(예언, 공인), 구인타당도로 구분할 수 있다.

[그림 12-7] 타당도의 종류

(1) 내용타당도

내용타당도(content validity)란 교수-학습활동을 통해 성취하려는 교육목표를 평가 도구가 얼마나 충실하게 측정하고 있느냐, 혹은 검사 대상이 되는 학습내용의 일정 범위나 전체를 얼마나 잘 대표하느냐 하는 것을 전문가의 주관적 판단에 의해 논리적으로 결정한다. 특히 검사나 시험의 표면적 특징을 점검함으로써 내용타당도를 논리적으로 판단하기 때문에 논리적 타당도(logical validity) 혹은 안면타당도(face validity), 검사가 교육과정에 있는 내용을 얼마나 잘 포함하고 있는가를 검토할 경우에는 교과타당도(subject validity), 교수-학습과정에서 가르치고 배운 내용이 균형 있게 포함되어 있는가를 확인하는 데 초점이 있을 경우에는 교수타당도(instructional validity)라고도 부른다. 내용타당도는 사전에 규정된 내용 및 목표에 대한 내용분석을 한 후 논리적 판단에 의해 검사의 타당도를 판정하기 때문에 내용타당도의 정도를 수량화하여 표시하지는 않는다.

(2) 준거타당도

준거타당도(criterion-related validity)는 어떤 검사의 측정하려고 하는 목적을 얼마나 충실하게 측정하고 있는가 하는 것을 외부의 다른 검사 점수(준거)와 비교하여 판단하는 방법을 말한다. 즉, 타당도를 확인하려는 검사와 외부의 다른 검사를 모두 실시하여 두 검사 점수 사이의 상관계수를 산출하여 타당도를 판단하는 방법을 적용하기 때문에 경험적 타당도(empirical validity)라고 부르기도 한다. 여기에는 예언타당도와 공인타당도의 두 가지가 있다.

- 예언타당도: 타당도를 확인하려는 검사에서 얻은 점수가 미래의 행동이나 특성과 어떤 관계가 있는가, 즉 미래의 행동이나 특성을 얼마나 잘 예측하는가 하는 정도에 의해 타당도를 추정할 때 예언타당도(predictive validity)라고 한다. 이 경우 타당도의 준거는 미래에 나타날 행동이나 특성이 된다. 예를 들어, 대학수학능력시험은 고등학교까지의 학업성취도를 측정하고자 하는 것이 아니라 대학에 입학하여 수월하게 공부할 수 있는 능력을 갖춘 학생을 선별하려는 목적을 지니고 있고, 기업의 신입사원선발시험은 입사 후 회사에 많은 이익을 가져다줄 인재를 선발하려는 목적을 가지고 있다. 따라서 대학수학능력시험

이나 신입사원선발시험을 실시한 후 미래의 특정 시점에서 대학생들의 학점이나 신입사원의 이익 창출 공헌도를 다시 측정하여 두 점수 사이에 상관계수를 산출함으로써 예언타당도를 확인한다. 그러나 이 예언타당도를 산출하려면 미래의 학점이나 이익 창출 정도를 추적하여 측정하는 일은 쉽지 않기 때문에 예언타당도를 정확하게 검증하는 일 역시 쉽지 않다.

• 공인타당도: 타당도를 확인하려는 검사의 점수가 이미 타당도를 인정받은 검사의 점수와 얼마나 일치하는가 하는 정도를 통해 타당도를 판단할 경우 공인타당도(concurrent validity)가 필요하다. 공인타당도의 경우 타당도를 확인하는 준거가 되는 검사는 이미 공인되어 있는 검사가 된다. 예를 들어, 간편지능검사를 새로 개발할 경우 이 새 검사가 지능을 측정하는지 타당도를 확인하기 위하여 이미 지능을 측정하는 검사라고 타당도를 인정받은 기존의 지능검사를 같이 실시하여 두 검사 점수 사이의 상관계수를 산출하여 새로 개발한 간편지능검사의 타당도를 판단한다. 따라서 공인타당도는 두 검사가 동일한 특성을 측정하고 있는지 공통 부분을 확인하는 것이다. 그러나 타당도가 확인된 기존의 검사가 없을 경우에는 공인타당도를 확인할 수 없으며, 다음의 구인타당도를 확인하는 방법을 사용한다.

• 구인타당도: 구인(構因)이란 지능, 성격, 흥미 등 직접 관찰하거나 측정할 수 없는 인간의 행동이나 특성에 대한 심리학의 이론적 혹은 가설적 개념을 말한다. 따라서 구인타당도(construct validity)란 한 검사가 측정하고자 하는 심리적 구성 요인을 이론적으로 타당화하여 검사의 결과를 정당화하려는 것이다. 여기에서는 한 검사가 측정하고자 하는 특성이나 행동을 정의하고 상호 관련이 있는 다른 구인들과의 관계를 밝힘으로써 구인의 존재를 정당화하며, 이를 바탕으로 그 검사가 실질적으로 구인을 측정하는 정도를 판단하여 구인타당도라고 한다. 구인타당도는 측정하고자 하는 새로운 구인을 정의하고 가설을 세워 정립해 나가는 과정인 이론의 형성 과정과 동일하다. 구인타당도를 확인하는 통계적 방법으로는 요인분석, 상관계수법, 집단 간 차이 검증, 실험설계법 등 다양한 방법이 적용된다.

2) 신뢰도

평가 도구가 측정하고자 하는 것을 제대로 측정하고 있는가에 대한 관심이 타당도라면, 신뢰도(reliability)는 측정하려는 것을 안정적으로 일관성 있게, 그리고 오차 없이 측정하는 정도를 말한다. 따라서 한 검사가 인간의 어떤 행동 특성을 반복적으로 측정할 경우 그때마다 같은 점수를 얻는다면 그 검사는 신뢰할 만한 검사라고 한다. 예를 들어, 하나의 지능검사를 가지고 학생들의 지능을 여러 번 측정했을 때 측정 시기마다 학생들의 지능지수가 들쭉날쭉하게 차이가 심하게 나타나면 그 지능검사는 신뢰도가 낮다고 한다. 그러나 인간의 심리적 특성을 측정하는 경우 여러 요인에 의해 체계적 혹은 무선적 오차가 개입하기 때문에 반복 측정할 때마다 동일한 측정 결과를 얻을 수는 없고 어느 정도 차이가 있을 수밖에 없다. 그러므로 신뢰도는 측정 결과의 일관성이나 안정성의 정도를 의미하는 것으로 이해해야 한다. 검사 도구의 신뢰도를 판단하는 방법은 [그림 12-8]과 같이 분류될 수 있다(권대훈, 2008; 성태제, 2009).

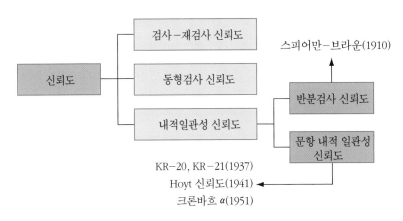

[그림 12-8] 신뢰도의 종류

(1) 검사-재검사 신뢰도

검사-재검사 신뢰도(test-retest reliability)는 동일한 검사를 동일한 피험자를 대상으로 시간 간격을 두고 두 번 실시하여 그 전후의 결과에서 얻은 검사 점수 사이의 상관계수를 산출하는 신뢰도를 추정하는 방법이다. 두 검사 점수 사이에 상관계수가 높으면 신뢰도가 높다고 해석한다. 이 방법은 처음의 검사 결과와 나중의 검사 결과 사이에 어느 정도 점수의 변화가 적은지 하는 점수의 안정성을 확인하는 데 초점이 있기 때문에 안정성 계수(coefficient of stability)라고도 한다. 그러나 동일한 검사를 두 번 실시하기 때문에 기억이나 연습의 효과 혹은 검사 실시 시기에 따른 검사 조건의 변화가 신뢰도에 영향을 줄 수 있다. 이런 이유로 검사-재검사 신뢰도 는 실제 신뢰도보다 과대 추정될 가능성이 높다.

(2) 동형검사 신뢰도

동형검사 신뢰도(parallel-form reliability)는 측정하려는 내용과 난이도는 같지만 형태가 다른 두 개의 동형검사를 제작한 뒤 동일 피험자 집단에게 검사를 실시하 여 두 검사점수의 상관계수로 신뢰도를 추정하는 방법이다. 예를 들어, 어휘력 검 사를 제작할 때 어휘력을 측정하는 두 개의 동형검사를 만들어 동시에 혹은 적당한 간격을 두어 동일한 집단에게 실시한 검사 점수 사이의 상관계수를 산출하여 신뢰 도를 판단한다. 여기에서는 동일한 특성을 측정하는 것으로 판단한 두 검사가 실제 로 얼마나 동일한 특성을 측정하느냐에 관심이 있으므로 동형성 계수(coefficient of equivalence)라고도 한다. 이 방법은 기억과 연습의 효과를 예방한다는 장점이 있으 나, 실제로 문항의 내용과 형식, 난이도, 검사 점수의 평균과 표준편차 등 여러 측 면에서 동형검사를 만드는 것이 어렵다는 것이 가장 큰 단점이다.

(3) 반분검사 신뢰도

반분검사 신뢰도(split-half reliability)는 하나의 검사 도구를 한 번 실시하여 그 검 사를 두 부분으로 나누어 독립된 두 개의 검사로 간주한다. 이렇게 구분된 두 점수 사이에 스피어만-브라운(Spearman-Brown) 공식에 의한 상관계수를 계산하여 신 뢰도를 추정하는 것이 반분검사 신뢰도. 이 방법을 적용할 때 하나의 검사를 두 부분으로 나눌 때 각 부분에 동등한 문항이 분배되도록 하는 것이 중요하지만, 일 반적으로 전후반분법, 기우반분법, 단순무작위법, 문항 특성에 의한 분류법 등을 사용한다. 이 방법은 하나의 검사를 한 번만 실시하기 때문에 검사-재검사 신뢰도 나 동형검사 신뢰도를 산출할 때의 단점을 극복할 수 있지만, 하나의 검사를 두 부 분으로 나누는 방법에 따라 추정된 신뢰도가 달라질 수 있다는 단점이 있다.

(4) 문항 내적 일관성 계수

문항 내적 일관성 계수(coefficient of internal consistency)는 검사에 포함되어 있는 문항 각각을 독립된 검사로 간주하여 모든 문항에 대한 반응의 일관성 혹은 합치도를 종합하여 신뢰도를 판단하는 방법이다. 따라서 모든 문항 간의 상관도를 알아보는 것으로 이 계수가 높으려면 검사가 한 가지 특성 혹은 능력만을 측정하는 동질적인 문항으로 구성된 검사라야 한다는 점에서 동질성 계수(coefficient of homogeneity)라고도 부른다. 그러나 이 방법은 일반적으로 검사의 신뢰도를 과소 추정하는 경향이 있다는 단점이 있다. 이 문항 내적 일관성 계수를 산출하는 방법에는 쿠드와 리처드슨(Kuder & Richardson)이 제안한 방법으로 KR-20(이분문항), KR-21(다분문항)의 공식이 있지만, 최근에는 이분문항이나 다분문항 모두에 적용되는 크론바흐(Cronbach) α계수가 널리 사용되고 있다.

이상에서 살펴본 검사 도구의 타당도와 신뢰도 가운데 어느 것이 더 중요할까? 상식적 차원에서 생각하더라도 검사 도구가 측정하려는 것을 정확하게 측정하는 것이 더 중요하다고 할 수 있다. 그렇다고 하더라도 타당도와 신뢰도는 정확하게 구분되는 개념이 아니라 상호 깊은 관련을 지니고 있다. [그림 12-9]에는 신뢰도와 타당도의 관계를 묘사해 두었다. 일반적으로 신뢰도와 타당도의 관계에서 신뢰도는 타당도를 위한 필요조건이지 충분조건은 아니다. 즉, 신뢰도가 높은 검사라고 해서 반드시 타당도가 높은 것은 아니다.

| 높은 신뢰도 타당도 없음 | 낮은 신뢰도 낮은 타당도 | 신뢰도와 타당도 없음 | 신뢰도와 타당도 높음 |

[그림 12-9] 신뢰도와 타당도의 관계

예를 들어, 줄자를 이용해 눈썹을 기준으로 한 머리둘레를 측정하여 지능지수로 삼고자 한다고 가정해 보자. 이 경우 동일한 줄자로 동일한 학생의 머리둘레를 반복 측정할 때마다 측정 결과는 매우 유사하게 나올 것이다. 따라서 줄자는 지능을 측정하는 신뢰로운 검사 도구라고 할 수 있지만, 과연 머리둘레, 즉 머리 크기가 지능지수를 의미한다면 지구는 코끼리가 지배하는 동물의 세계가 되어 있을 것이다. 따라서 검사 도구의 양호도를 판단하는 기준으로 한 가지만을 선택해야 한다면 신뢰도보다는 타당도가 더 중요하다. 그러나 적절한 정도의 난이도와 높은 변별력이 있는 좋은 문항으로 구성된 검사는 신뢰도가 높을 가능성이 많으며 이 신뢰도가 높은 검사가 타당도 역시 높을 수 있는 필요조건이라는 점에서 신뢰도와 타당도는 깊은 관련이 있다.

3) 객관도

앞에서 신뢰도는 평가 도구 혹은 검사 결과의 일관성의 정도를 수량화한 것으로 설명했다. 이에 반해 검사 도구의 객관도(objectivity)란 검사 자체가 아니라 검사에 대한 반응을 채점하는 평정자 혹은 채점자가 일관성 있게 채점할 수 있는 정도를 말한다. 예를 들어, 논술형 문항을 채점할 경우 선다형처럼 기계적이고 객관적으로 편견 없이 채점하는 것은 매우 어렵다. 이런 경우 채점의 객관도를 높이려면 평가자 혹은 채점자가 평가의 목표나 평가방법에 대한 충분한 지식과 전문성을 지니고 있어야 한다. 이 객관도는 채점의 일관성을 의미한다는 점에서 역시 상관계수를 활용하는 신뢰도와 같은 의미이며, 그 종류에는 첫째, 하나의 문항에 대한 여러 사람의 채점 및 평가 결과가 얼마나 유사한지 판단하는 평가자 간 객관도(interrater reliability), 둘째, 한 채점자가 동일 문항에 대한 여러 학습자의 반응을 일관성 있게 평가하는가를 판단하는 평가자 내 객관도(intrarater reliability)의 두 가지가 있다.

4) 실용도

검사 도구의 양호도를 판단하는 마지막 기준으로 실용도(usability)가 있다. 타당하고 신뢰로우며 객관적인 검사 도구라 하더라도 검사의 실시, 채점, 해석, 활용 과정이 복잡하고 어려우면 좋은 검사 도구라고 할 수 없다. 즉, 실용도란 검사를 사용할 때의 경제성, 간편성, 편의성에 관한 것으로 검사 사용에 투입되는 시간, 노력, 비용 등의 측면에서 유리한 검사라야 좋은 검사로 활용도가 높다는 것을 의미한다. 실용도가 높은 검사가 되기 위해서 갖추어야 할 조건(권대훈, 2011)에는, 첫째, 검사를 쉽게 실시할 수 있어야 하며, 둘째, 채점이 용이해야 하고, 셋째, 검사 결과를 쉽게 해석할 수 있어야 하며, 넷째, 검사를 실시, 채점, 해석하는 데 비용이나 시간이 적게 소요되어야 한다는 것 등이 있다.

📖 탐구 문제

1. 평가에 대한 선발적 관점과 발달적 관점 가운데 여러분 자신의 교육관에 비추어 적절한 것을 선정하여 제시하고 그 근거를 설명하시오.

2. 학교에서 규준참조평가와 준거참조평가를 구분해서 적용해야 하는 사례를 제시하고 그 이유를 설명하시오.

3. 학교에서 실시하는 학생 평가의 타당성을 진단평가, 형성평가, 총합평가로 구분하여 논의하시오.

4. 문항과 검사의 개념과 관계를 논해 보시오.

5. 좋은 문항과 좋은 검사가 되기 위한 조건을 제시하고 설명하시오.

6. 원점수 대신 표준점수를 활용할 경우의 이점은 무엇인지 설명하시오.

제13장
학교폭력의 심리적 이해 및 지도

최근 학교폭력의 문제는 초등학교, 중학교 및 고등학교 전반에 걸쳐 확산되고 있으며, 이것은 교육학, 사회학 및 상담학의 영역 등에서도 중요하게 다루어지고 있다. 학교폭력이 일어나는 주요 장소인 학교를 중심으로 살펴볼 때, 학교폭력의 문제는 학교라는 조직이 학생들에게 영향을 미치는 심리적 측면에서 조명되어야 할 필요가 있다.

따라서 이 장에서는 예비교사들이 학생들의 학교폭력에 영향을 미치는 학교 환경의 심리적 요인들을 이해하고, 그에 따른 교사의 역할이 무엇일지에 대해 탐구해 보고자 한다.

1. 학교폭력의 정의

폭력이란 사전적 의미로는 '육체적 손상을 가져오고 정신적, 심리적 압박을 주는 물리적 강제력'이라고 정의된다. 폭력은 그 유형과 심각성의 정도 그리고 의도성에 따라 다양한 정의가 내려질 수 있다.

폭력의 유형에는 신체적 폭력 등과 같은 가시적 폭력뿐만 아니라 심리적인 폭력 등의 비가시적 폭력도 포함되며, 폭력의 심각성 정도는 주관적으로 다르게 해석될 수 있다. 폭력의 심각성 정도에 따라 폭력과 공격은 구분될 수도 있다. 즉, 공격은 '타인에게 의도적으로 상처를 입히는 것'이고 폭력은 '타인에게 의도적으로 극심한 상해를 입히는 것'으로 폭력은 의도적으로 상대에게 상처를 입히지만 그 정도가 매우 심한 것으로 볼 수 있다. 그리고 폭력의 의도성에 따라 도구적 폭력과 증오적 폭력으로 나눌 수도 있다. 즉, 자신에게 이익이 되는 무언가를 얻기 위해 타인에게 해를 가하는 도구적 공격성에 따른 도구적 폭력과 타인에게 고통이나 해를 가하는 것 자체가 목적인 적의적 공격성에 따른 증오적 폭력이 그것이다.

학교폭력에는 이러한 도구적, 증오적 폭력 및 가시적, 비가시적 폭력의 내용들이 모두 포함되며, 일반적인 폭력과 마찬가지로 폭력의 심각성의 정도에 있어서도 매우 주관적인 측면이 개입될 수 있다. 그러나 학교폭력의 경우는 일반 폭력 현상보다 학교폭력의 대상, 장소, 정도 및 그 범위를 어떻게 보느냐에 따라 그 정의가 매우 다양할 수 있다.

첫째, 학교폭력의 대상을 본다면 일반적으로는 폭력 가해학생과 폭력 피해학생으로 생각해 볼 수 있지만 보다 광범위하게는 학교 안에 근무하는 모든 사람도 그 대상이 될 수 있다. 예를 들어, 학생에 대한 교사 폭력, 교사에 대한 학생 폭력, 학생에 대한 학교 행정가의 폭력, 학교 중퇴생들 및 재학생들 간의 폭력 등이 이에 해당될 수 있다.

둘째, 학교폭력의 장소에 있어서 학생들이 학교에서 경험하는 폭력도 있지만 가정이나 학교 밖에서 학생들이 경험하는 폭력도 학교폭력으로 볼 수 있다.

셋째, 학교폭력의 정도에 대한 견해이다. 학교폭력이라는 말을 사용할 수 있으려면 그 폭력의 정도를 어느 정도의 기준에서 볼 때 그것을 폭력이라고 볼 수 있느냐의 문제이다. 물론 사법적 판단에 따른 규정은 있지만 학교에서 교사들이 보았을 때 학생들의 공격적 행동을 폭력이라고 판단할 수 있는 기준은 매우 애매할 수 있다. 따라서 학교폭력의 정도에 관한 기준은 가장 정의하기 어려운 부분으로서 일반적으로는 신체적·심리적 상해나 재산상의 피해를 가져오는 의도적이고 부주의한 행동(Astor & Meyer, 2001), 고의적이며 단기간 또는 장기간에 걸쳐 가하는 물리적·심리적 공격(김종미, 1997)으로 보아 그 정도의 구체성은 없지만 의도적, 고의적, 단기간 또는 장기간의 폭력을 모두 학교폭력으로 정의하고 있다.

넷째, 학교폭력의 범위를 어떻게 보느냐에 따라 학교폭력의 정의는 달라질 수 있다.

학교폭력의 범위를 광범위하게 보았을 때 학교폭력에는 신체적 폭력·정신적 폭력·성적 폭력과 같은 모든 유형·무형의 폭력 행위가 포함될 수 있으며, 우리나라의 학교폭력에 대한 법률적 정의에서는 학교폭력을 "학교 내외에서 학생을 대상으로 발생한 상해, 폭행, 감금, 협박, 약취·유인, 명예훼손·모욕, 공갈 강요·강제적인 심부름, 성폭력, 따돌림, 사이버 따돌림, 정보통신망을 이용한 음란·폭력 정보 등에 의하여 신체·정신 또는 재산상의 피해를 수반하는 행위(「학교폭력예방 및 대책에 관한 법률」, 2012. 1. 26. 개정)'로 보아, 신체적 공격뿐만 아니라 사이버 폭력을 포함한 모든 심리적 공격까지 종합된 일체의 행위를 학교폭력의 범주에 포함시켜 광범위하게 정의하고 있다.

이상의 학교폭력에 대한 대상, 장소, 정도 및 범주에 관한 다양성을 고려하여 학교폭력을 보다 광범위한 개념으로 보았을 때, 학교폭력이란 '학교 내·외에서 대항할 힘이 없는 약한 대상에게 의도적이고 지속적으로 단기간 또는 장기간 행해지는 신체적·물리적·정신적인 측면의 모든 공격 행동'이라고 볼 수 있다.

2. 학교폭력에 영향을 미치는 가정 요인 및 학교 요인

1) 가정 요인

(1) 부모-학생 상호작용

어머니의 교육 수준이 낮거나 편모인 경우 그리고 그에 따른 경제적 빈곤 등이 부모-학생 간의 상호작용에 부정적 영향을 미칠 수 있으며, 그것은 또한 학교에 대한 부모 참여를 감소시킨다. 또한 부모-학생 간의 상호작용이 부정적일수록 부모들은 학생의 친구관계에 대해서 잘 인지하지 못하게 되며, 이것은 학생의 폭력 행동에 간접적인 영향을 미친다.

그리고 부모가 반사회적인 폭력 행동을 자주 나타내는 것도 학생의 폭력 행위에 영향을 미친다. 특히 부모의 우울 수준과 양육행동의 질이 학생의 학교 적응에 따른 문제행동을 초래하기도 하며, 이것은 특히 저소득 가정의 학생들의 경우에 보다 간접적으로 영향을 미친다.

(2) 부모의 양육 태도

학생의 발달에 부정적인 영향을 미치는 행동을 하는 부모, 학생의 생활에 대해 거의 관여하지 않는 부모, 학생을 지지하거나 수용하지 않는 부모들의 자녀는 가해 학생이 될 경향성이 많다. 이것은 성별 차이를 나타내는데, 예를 들면 어머니가 남자 학생의 자율성을 발달시키지 못하고 여자 학생의 경우 심리적 애착을 발달시키지 못하면 학교폭력 피해자가 될 경향성을 가지게 된다.

또한 과잉보호적인 부모-자녀 관계에서의 학생은 학교폭력 피해자가 될 수 있는 경향이 높다.

(3) 부부 갈등

부부 갈등 요인에 관한 연구들은 상대적으로 적으나, 부부간의 갈등을 자주 목격하는 학생들의 경우, 학교폭력 가해 및 피해 행동을 나타낼 수 있다. 즉, 부부간에 폭력이 자주 일어나는 것은 공격성과 따돌림 등의 학생들의 학교폭력 가해 및 피해 행동과 관련성이 있다.

(4) 부모와의 애착

학생이 부모와 정서적으로 애착 관계를 강하게 가질 때 학생은 무슨 일이 있으면 부모들이 자신을 보호할 것이라고 기대한다. 따라서 타인을 신뢰하는 것을 배우고, 불쾌한 사건이 일어나도 위협을 덜 느끼게 된다.

부모와 안정적 애착 관계를 형성한 학생들은 불안, 분노, 신념, 심리적 반응 모두에서 부모와 불안정한 애착 관계를 형성한 학생들보다 낮게 나타났으며, 또한 부모와 안정적 애착 관계를 형성한 학생들은 또래관계에서도 더 잘 수용된다.

(5) 부모의 학생 학대 및 폭력

가정에서의 사회화 과정에서 폭행이나 학대를 경험한 학생들은 부모의 폭행을 학습하게 되고, 다른 학생들에 비해 공감 능력이 부족하며, 충동적으로 행동하는 경향이 있다. 학령기의 정서적 학대 경험은 대인관계 문제해결력과 자기효능감에 부정적 영향을 미치며, 이것은 학교폭력 가해의 원인이 될 수 있다.

특히 학생에 대한 신체적 학대, 정서적 학대, 방임 등은 모두 공격성의 증가를 매개 효과로 하여 직·간접적으로 또래집단과의 소외와 연결되어 학교폭력에 영향을 미치는 주요 요인이 될 수 있다.

아동의 스트레스에 영향을 미치는 요인들은 공부에 대한 압력, 부정적인 자존감, 부모의 폭력인데, 부모 폭력의 영향은 누적되어 학생의 성격 형성이나 신체적, 심리적 발달상의 문제를 일으킨다. 즉, 부모의 폭력은 자녀들이 타인들과 신뢰감을 가지고 친밀한 관계를 형성하지 못하게 하며, 자기존중감의 손상을 일으켜 학생들로 하여금 스스로 학대받을 만하다고 인지하게 하거나 폭력 행동에 대해 둔감해지게 한다.

2) 학교 요인

학교 요인에는 학교의 물리적 환경뿐 아니라 심리적 환경까지 포함된다. 건강한 학교는 학교구성원들이 함께 의사결정과 계획을 하고, 지역사회 활동에 잘 참여하며, 학생들을 위한 신체적, 사회적 환경이 잘 구성되어 있고, 학교와 지역사회 간의 연계가 잘되어 있다. 즉, 바람직한 학교환경에서는 학생들이 교사나 동료들과의 사회적 관계망에 대해 보다 긍정적으로 지각하고, 서로에 대해 심리적인 애착을 가지며, 행동을 보다 자율적으로 한다. 이러한 학교 환경의 특성에 따라 학교폭력은 증가할 수도 감소할 수도 있다.

(1) 학교 애착

학교 애착은 주로 학교에 대한 소속감으로 나타난다. 학교에 대한 소속감은 학교폭력 가해 행동과 관계가 있다. 즉, 학교에 대한 소속감이 높을수록 또래에 대한 공격성, 폭력 노출 등의 부정적인 요인들을 감소시킨다. 학생들이 소속 학교에 대해 애착을 덜 가질수록 학교폭력 가해 및 피해 경험이 증가된다. 학교에 대한 소속감이 증대되기 위해서는 학생들이 학교에서 학업적 성공 경험을 자주 하고 또래와의 바람직한 상호작용 경험에서도 학생이 학교에 대한 애착을 가지는 것이 학교폭력 가해 행동을 간접적으로 억제해 주는 효과가 있을 수 있다.

(2) 학교 환경과 학교 규칙

학교 환경에 대해 학생들이 긍정적으로 인식할수록 학교폭력 가해 경향성이 적어질 수 있다. 이것은 학교 내의 사회적 · 물리적 환경이 학생들의 학교 안전에 대한 인식에 영향을 주기 때문이다. 물론 학교 환경에 대한 긍정적 인식은 또한 학생 개인의 특성에 따라 영향을 받을 수 있다.

학교나 교실 환경이 무질서할 경우, 학생들은 학교폭력의 피해자가 될 것이라는 두려움을 더 많이 느끼게 된다. 반면, 학교에서의 행동 규칙이 명확하고 그것이 엄격하게 시행되는 학교에서는 학생들이 학교폭력의 위험 요인을 덜 가지게 된다. 즉, 학생들이 학교에서의 행동 규칙을 잘 준수할수록 공격성이 낮아지고 이것은 학교폭력에도 중요한 영향을 미친다.

(3) 수업

교사들이 학생 중심의 수업을 할 때 학생들은 학교폭력 피해자가 될 것이라는 두려움을 보다 덜 느낄 수 있다. 이것은 교사가 학생들을 지지하고 수용하는 학생 중심의 수업 분위기에서 학생들이 자신의 학교가 보다 안전하다고 지각하기 때문이다. 교사들의 수업에 대한 열정 또한 건강한 학교 생태계를 구성하는 데 중요한 역할을 하며, 수업의 내용에 있어서 정서, 감성교육의 중시 여부도 폭력 행동 감소의 주요한 요인이 될 수 있다.

(4) 교사의 폭력에 대한 관여

교사들의 학교폭력에 대한 태도와 개입 정도는 학교폭력의 양과 빈도에 매우 중요한 영향을 미친다. 그러나 실제 교사들이 학생들의 학교폭력 행동에 개입하고 중재하는 비율은 매우 낮다. 그러므로 학교폭력에 대한 교사들의 보다 적극적인 개입이 필요하다.

(5) 교사와 학생 간의 관계

학교폭력은 학생들이 교사들과 긍정적인 관계를 가질 때 감소될 여지가 높다. 학교폭력의 주요 무대가 학교임을 감안할 때, 특히 교사와 학생 간의 긍정적인 관계는 학교폭력을 예방할 뿐만 아니라 피해 결과를 최소화하는 데 매우 중요한 요소가 된다. 학생들 간에 그리고 교사와 학생 간에 원활한 소통이 이루어지는 학교는 건강한 학교라고 볼 수 있다.

실제로 교사들이 학생들의 친구관계에 관심을 가지고 학생들의 개인적 문제를 기꺼이 도우려고 하는 학교는 학교폭력이 감소한다. 학생들이 교사와 학교에 대해 애착을 가지는 것이 폭력 가해행동을 직접적으로 억제하며, 교사와 학교에 대해 애착을 가지는 것이 학생들의 분노 조절 능력을 높이고, 비행 친구와의 접촉을 감소시켜서 학교폭력 가해 행동을 간접적으로 억제하는 효과가 있다.

그리고 교사와 학생과의 관계에 있어서 교사가 학생들에게 차별적 상호작용을 하는 것이 학생들의 집단따돌림 현상에 주요한 영향을 미친다.

(6) 또래관계

① 또래에 의한 수용

사회적 환경으로서의 또래관계는 매우 중요하다. 즉, 학생들이 또래와의 관계에서 소속감을 느끼고 친밀한 관계를 형성하여 학급 내 또래관계가 안정적이어서 동료들 사이에서 배척되거나 고립되는 학생들이 거의 없을 때 학교폭력은 감소될 수 있다. 또래들 간의 수용과 인기, 우정 등은 많은 학생의 안정적 학교 생활에서의 필수 요소로서, 또래 수용과 사회적 지지 경험 수준이 낮을수록 그것은 학교폭력, 특히 따돌림을 당할 수 있는 위험요인이 될 확률이 높다. 실제로 학생들의 가장 큰 스트레스는 '친구로부터 괴로움을 당할 때' '친구가 자기를 무시할 때' '자신이 친구로부터 따돌림을 당할 때' 등 또래관계에서 비롯된다고 한다.

또래들에게 수용되는 학생들은 친절하고, 사교적이며, 협동적인 특성을 가진다. 또래수용도가 높을수록 학생들은 공격성을 덜 나타낸다. 친밀한 친구가 없고, 친구관계 형성에 어려움을 느끼거나 친구 집단에 수용되지 못하는 것이 정서적 불안, 부정적 성격 및 낮은 자아존중감을 형성하여 폭력 가해 행동에 간접적인 영향을 미칠 수 있다.

② 비행 친구와의 접촉

학교 내·외에서의 비행 친구와의 접촉은 폭력을 미화시키고, 폭력에 대한 보상을 제공해 주는 환경을 제공한다.

초등학교, 중학교 및 고등학교 교사들, 그리고 학생들과 학교관리자들을 대상으로 한 연구(이상수 외, 2013)에서는, 학교 환경 중 학교폭력이 없는 건강한 학교 생태계를 구성하기 위한 중요한 학교 요인이 '교사들의 수업에 대한 열정' '학급 내 학생들 간의 소통' 및 '학교 구성원들 간의 신뢰'로 나타나 학교 요인들 중 학교 환경, 교사의 수업, 학생들의 또래관계가 학교폭력 감소를 위하여 고려하여야 할 매우 중요한 요인임을 알 수 있다.

3) 학교 풍토

학교 풍토는 학교 구성원과 학생 간의 상호작용의 질과 빈도를 말한다. 건강한 학교 풍토는 학교체계가 활기를 가지고, 학교 조직이 공정하고 효율적으로 구성되어 있으며, 학교 구성원의 자아탄력성 수준이 높다고 한다(Costanza, 2012). 학교 풍토에서 학교 구성원이 스트레스를 잘 이겨 내고 변화에 잘 대처하는 자아탄력성을 기르기 위해서는 교사와 관리자의 리더십, 신속한 의사결정, 구성원 간의 신뢰와 문제를 해결하고자 하는 전향적 자세가 필요하다.

(1) 학교 훈육의 공정함에 대한 학생들의 인식과 교사와의 관계

학교 훈육의 공정함에 대한 학생들의 인식과 이에 따른 학생과 교사와의 관계의 질은 학생들의 학교 적응이나 학교 학습에 중요한 영향을 미치며, 학생들 간의 괴롭힘에는 이러한 학교의 풍토가 중요한 역할을 한다.

학교 풍토는 학교에서의 괴롭힘 행동과 특히 관련되어 있으며, 부정적인 학교 풍토 속에서 학교폭력 가해 학생들은 처벌에 대한 두려움없이 공격적으로 행동하며, 방관 학생들은 수동적으로 이 행동을 더욱 부추키게 된다.

(2) 긍정적이거나 부정적인 학교 분위기와 교사 관계

학교 분위기에 있어서도 서로 존경하고 인간관계에 중요한 가치를 두는 긍정적인 학교 분위기보다는 교사들이 부정적 언어를 자주 사용하고, 학생들에게 부정적인 피드백이 많은 학교 환경에서 학생들은 보다 더 학교폭력을 행사하게 된다.

(3) 교사나 학교행정가의 학교폭력에 대한 태도 및 개입

교사나 학교행정가의 학교폭력에 대한 묵인과 방조는 학교폭력 관련 요인으로 매우 중요한 작용을 한다. 학교에서 학교폭력을 잠재적으로 허용하고 학교폭력 문제를 경시하거나 무시할 때 학교폭력이 보다 빈번해지며, 학교에서의 폭력에 대한 묵인이 집단따돌림, 신체폭력 등의 학교폭력의 전반적인 발생과 밀접한 관련이 있다. 즉, 교사나 학교행정가의 학교폭력에 대한 태도와 관여는 학생들의 친구관계 형성과 학교 환경에 대한 지각에 영향을 미치며, 이것은 학생들의 학교폭력 행동과 관련된다. 교사나 학교행정가가 학교폭력을 묵인하거나 방조하는 태도는 학교 풍토에 있어서 괴롭힘을 당하는 피해자들이 피해를 당했다고 신고하거나 혹은 도움을 기대할 수 없는 환경을 조성하게 된다. 그리고 이러한 괴롭힘이 피해자에게 영향을 미칠 뿐만 아니라 학교 전체에 공포와 협박 분위기가 조성됨으로써 학교 전체 환경에도 좋지 않은 영향을 미친다.

(4) 학교에서의 교사 간의 관계

긍정적인 학교 풍토를 가진 학교들은 교사들의 관계도 서로 우호적이다. 따라서 학생들의 학교폭력의 빈도가 낮으며, 학생들 사이에서도 학교폭력에 대한 두려움이 적고 행동 문제도 덜 일어난다. 교사들 간의 관계가 우호적인 학교에서는 학생과 교사들 간에 정규적인 대화를 하는 만남의 시간을 정하여 실행하고, 학생들과 교사들 간에 행동의 규준이 명확하며, 서로에 대한 기대를 공유하는 학교에서는 학생들의 문제 행동의 빈도가 낮다.

(5) 학교 구성원 간의 상호 신뢰 관계

건강한 학교 생태계를 구성하기 위해 가장 중요한 요인은 교사, 학생 및 학교관리자들 간에 의사소통이 원활하고 서로 간에 신뢰의 분위기가 형성되는 것이다. 초등학교에서는 특히 교사들 간의 사회적 관계가 건강한 학교의 구성에 가장 중요한 요인이 되며, 이러한 교사들 간의 사회적 분위기는 학생들의 폭력 행동 유발에 간접적으로 영향을 미친다.

교사에게 자신의 문제를 털어놓을 만큼 상호 신뢰가 형성되어 있는 학교는 학교
폭력이 보다 적으며, 이런 학생들은 또한 폭력 행동에 대해서도 부정적인 태도를
가질 가능성이 높다.

3. 학교폭력 예방과 지도를 위한 교사의 역할

교사는 학교에서 학생들이 생활하는 데 관여되는 대부분의 내용을 계획하고 실
행한다. 예를 들어, 교육과정의 제반 영역들, 하루하루의 수업계획과 운영 및 평가
그리고 교과지도 시간 이외의 학생 지도에 관계되는 훈육의 내용들과 다양한 생활
지도의 방안이 그것이다. 교사가 행하는 이 모든 교육 행위가 학생들에게 교육적으
로 다가가기 위해서는 교사는 무엇보다도 교사로서의 자신의 존재성을 지각하고,
학급을 구성하는 개개 학생들에 대한 심리교육적 차원에서 학급을 운영하는 시각
을 갖출 필요가 있다.

학급은 교사와 학생 사이에, 그리고 학생들 사이에 다양한 상호작용이 오가는 곳
이다. 특히 학생들은 동료들을 통하여 다양한 정보를 교환하고, 자신들의 정서와
사회적 요구들을 서로 지지해 주면서 인지적, 정서적, 사회적으로 성장해 나간다.
그러나 교사와 학생 사이에 그리고 학급 학생들 간에 이러한 상호작용들이 이루어
지지 않고 서로의 요구들이 겉돌게 되면 교사와 학생 간에, 그리고 학생들 상호 간
에 소통이 단절되고 이러한 정서적, 사회적 소통이 단절된 학급에서는 다양한 부적
응 행동이 일어나기 마련이다.

그러므로 학교폭력을 예방하고 지도하는 방안도 근원적으로는 이러한 교사와 학
생 간, 학생들 간의 소통의 문제에서 찾아야 할 필요가 있다.

1) 교사와 학생 간의 진정한 관계 형성하기

(1) 학습자에 대한 교사의 진정성
진정성이란 진실성이라고도 하며, 인간관계에서 자기 자신을 부인하지 않으면서

배우는 사람들을 개인적으로 대면하며, 각각을 인간 대 인간으로 만난다는 뜻이다.

교사와 학생 간에 인간 대 인간으로서의 진정한 만남, 즉 사람과 사람이 만나 서로가 서로를 인격적으로 성장시킬 수 있는 이러한 참만남이 이루어지기 위해서는 교사가 학생을 인격을 가진 전체로 보고 접촉하려는 전체성, 학생만을 생각하는 배타성과 포괄성, 학생을 있는 그대로 보아 줄 수 있는 순수성, 학생에게 관심을 기울여 자신이 되고 싶어 하는 바를 온전하게 드러내도록 돕는 구현성, 학생에 대한 간절한 기다림, 학생과 함께 모든 것을 전폭적으로 얼싸안음 등이 필요하다(박성희, 2011).

이와 관련하여 로저스(C. R. Rogers)는 인간관계에서 서로를 돕는 이러한 관계를 만들기 위해서 상담자가 고찰해 보아야 할 문제를 다음과 같이 보았으며, 이때의 상담자의 역할을 교사 역할로 보아 그 내용을 정리해 보면 다음과 같다(주은선 역, 2010).

① 교사가 학생이 의지할 만큼 진실성을 가지고 있는가?

② 교사 스스로가 자신의 모든 감정을 수용할 수 있도록 민감하게 깨어 있는가?

③ 교사가 학생에 대해 긍정적 태도(따뜻함, 보살핌, 좋아함, 관심, 존중하는 태도)를 경험할 수 있는가?

④ 자기 스스로에 대한 두려움 없이 더욱더 깊게 학생을 이해하고 수용할 수 있는가?

⑤ 학생에게 교사를 의지하게 하고 충고하는 것보다 학생이 있는 그대로 존재할 수 있도록 할 수 있는가?

⑥ 교사가 학생에게 완전히 공감하여 학생이 보는 것처럼 세계를 볼 수 있는가?

⑦ 학생을 판단하지 않고 있는 그대로 받아들이고 이런 태도로 학생과 의사소통할 수 있는가?

⑧ 교사가 과거의 자신과 학생에 속박되지 않고 현재 성장 과정 중에 있는 아동을 받아들일 수 있는가?

교사가 이러한 문제들에 대하여 고민하고 스스로를 변화시켜 나가게 되면 학생과의 관계에서의 진정성이 이루어지며, 이러한 진정성을 토대로 하여 학생과의 참만남, 즉 진정한 인간관계가 형성될 수 있을 것이다.

학생에 대한 교사의 진정성은 학생 개인의 성장뿐만 아니라 긍정적인 학습 분위기 형성에도 중요한 영향을 미친다. 교사가 학생들에 대하여 갖는 기대수준은 학생들의 바람직한 교과 성취에도 중요한 역할을 하며, 학생들의 능력에 대한 교사의 지각은 교사의 자기효능감에도 중요한 영향을 미친다. 즉, 학생들의 능력에 대하여 낮은 기대를 가질수록 교사들을 무력감을 가지며, 그 결과 학생들을 가르치는 데 있어서도 노력을 기울이지 않게 된다. 그러므로 학생들에 대한 교사의 지각과 태도는 학생들의 성취뿐만 아니라 교사 자신에게도 영향을 미치는 것이다.

(2) 교사와 학습자 간의 진정한 관계 맺기

교사로서의 자신의 삶을 소중히 여기는 교사들은 다음과 같은 특성을 지닌다.

첫째, 학생들의 삶을 존중하고 사랑을 실천한다.

둘째, 머리와 가슴으로 학생의 삶을 보듬을 수 있다.

셋째, 교과를 가르치되 교과의 구조를 가르친다.

넷째, 학생들에게 지속력을 지닌 가치체계를 형성해 줄 수 있다(강승규, 2007).

이러한 특성을 가진 교사들은 학생들과의 관계 맺기에서도 항상 학생의 삶을 소중히 여기고, 모든 학생의 행동에는 원인이 있다고 보며, 그 문제를 함께 풀어나가려고 노력한다. 학교폭력 해결의 가장 중요한 주체는 교사들이다. 학교 현장에서 교사들이 자신의 전문성을 개발하고 그것을 토대로 동료 교사들과 점차 학교폭력 등의 문제에 체계적으로 개입해 나갈 때 학교폭력의 문제는 그 해결 가능성을 가질 수 있다.

따라서 교사가 진정성을 가지고 학생들과의 참만남을 이루기 위해서는 다음의 사항들에 대하여 유념할 필요가 있다.

첫째, 학생 개인이 가진 최대한의 잠재력을 인정한다. 대부분의 학생은 성인들이 일반적으로 기대하는 것 이상의 잠재력을 가지고 있다. 교사는 항상 이러한 가능성을 생각하면서 학생 스스로가 자율적으로 자신의 일을 해낼 수 있다는 신념을 가질 필요가 있다.

둘째, 모든 학생이 최선을 다할 수 있도록 기대하고 격려한다. 교사는 항상 학생들을 존중하고 신뢰하는 태도를 보인다. 학생들을 격려한다는 것은 상과 벌을 활용하는 것이 아니다. 학생들이 상에 의존하지 않는 성숙한 인간으로서 자기가 하는 일에 대해서 일의 즐거움을 느끼고, 자기에게 주어진 과제에 대해서 내적인 흥미를 찾아낼 수 있도록 격려한다.

셋째, 각 학생의 다양성을 인정하고 이해하고자 노력한다. 학생들의 다양성을 인정하고 그에 따라 긍정적인 학급문화를 조성하는 것은 학급에서 학생들이 심리적으로 자유로울 수 있는 공간을 마련해 주는 것으로부터 시작될 수 있다. 허용적인 의사소통과 학생들의 개인차에 대한 존중은 좋은 학급 문화 형성의 관건이 된다.

넷째, 학생들에게 말하기보다 학생들의 말을 먼저 들어 본다. 대부분의 교사는 학급에서 학생들의 말을 듣는 시간보다는 학생들에게 말하는 시간을 더 많이 갖는다. 말하기의 대부분의 시간은 주로 어떤 것을 설명하거나, 학생들의 행동을 꾸짖는 데 사용된다. 그러나 교사가 학생의 말을 유심히 들어 주는 시간이 늘수록 꾸짖는 시간이 줄어들 수 있게 된다는 것을 인식할 필요가 있다.

다섯째, 학생 행동의 결과보다는 그 행동의 동기를 이해하도록 노력한다. 교사는 학생이 그 행동을 통해서 무엇을 이루려고 하며, 그를 통해서 어떤 만족을 얻으려고 하는지에 대하여 알 필요가 있다. 또한 학생 스스로도 이러한 것을 인식해 보는 기회가 필요하다. 대부분의 교사는 학생 행동의 결과에만 집착한 나머지 이러한 학생 행동의 동기를 인식하지 못하게 되고, 그에 따라 학생에 대한 교사의 지도가 비효과적이 되는 경우가 많다. 그러므로 교사는 학생이 자신의 행동에 대해서 무엇을 느끼고 바라는지를 신중히 생각하고 기다려 주는 태도를 갖출 필요가 있다.

2) 학교폭력 예방을 위한 교사의 민감성 키우기

학교폭력은 사후 개입보다는 예측된 학교폭력의 위험 요인을 조절하고 이에 적절하게 대응하여 사전에 예방하는 것이 중요하다. 학교폭력이 처음부터 심각할 정도로 발생하는 확률은 낮은 편이다. 그러나 초기에 그 증후를 감지하지 못하고 적절하게 대응하지 못하면 그것은 점점 더 심각한 행동으로 발전되는 경우를 많이 볼 수 있다. 그러므로 학교폭력은 학생들의 일상적인 학교생활 속에서의 지도를 통하여 지속적으로 이루어져야 한다. 이러한 지도는 학생들과의 밀착된 관계 속에서 학생들에 대해 구체적으로 관심을 갖고 관찰하여 초기의 학교폭력의 증후를 민감하게 감지해 내어 조치하는 작업이 필요하다.

교사의 민감성이란 학생의 감정과 생각을 이해하는 공감능력과 그것을 있는 대로 받아들이는 수용과 관계가 있으며 여기서 한 단계 넘어선 '적절하게 반응하기'라는 행동 요소가 강조된 개념이다. 즉, 민감성이란 상대방의 감정, 생각, 행동을 신속하게 알아차리고, 이것을 정확하게 해석하며, 이에 대해 적절한 행동을 나타내는 것을 포함한다. 이러한 교사의 민감성을 바탕으로 한 학생들과의 소통의 단계는 다음과 같이 설명될 수 있다(손현동, 2013).

(1) 신호 알아차리기

학생의 마음을 표현하는 다양한 신호들을 신속하게 알아차리는 단계이다. 학생들마다 문제 사안에 따른 신호, 즉 행동들은 다르게 나타날 수 있지만 학생들이 보내는 신호를 신속하고 정확하게 알아차리기 위한 전략은 다음과 같다.

첫째, 학생의 행동만 보지 말고 학생의 마음을 알기 위한 주의깊은 관찰이 필요하다. 관찰을 잘하기 위해서는 학생들에게 관심을 집중시켜야 한다. 학생의 표정, 몸짓, 눈짓, 말투 등 모든 행동에 관심을 가지고 살펴야 한다.

둘째, 평상시의 학생의 모습을 기억한다. 교사는 평상시에 학생이 어떤 상황에서 어떤 행동을 한다는 것을 알고 있어야 지금 학생의 변화된 행동을 알아차릴 수 있다.

셋째, 평상시와 다른 학생의 행동에 주목한다. 학생의 평소와 다른 변화된 행동은 학생이 교사의 반응을 원한다는 신호일 수 있다.

넷째, 신호는 그 순간에 신속하게 알아차린다. 학생이 신호를 보내는 그 순간에 그것을 알아차리지 못하면 지도의 기회를 놓치게 된다.

(2) 정확하게 해석하기

학생이 보내는 다양한 신호의 의미를 정확하게 해석한다. 즉, 학생이 보이는 언어적, 비언어적 신호 안에 숨겨져 있는 욕구, 감정, 사고를 비롯하여 그 행동의 동기와 목적을 파악하는 것이다. 여기서 중요한 것은 학생이 보내는 겉 메시지와 속

메시지를 구분할 수 있어야 한다는 것이다. 겉 메시지는 현재 학생의 행동이며, 속 메시지는 행동에 숨겨진 학생의 마음이다.

예를 들어, 똑같이 학교에서 폭력 행동을 나타낸 학생들이라도 교사의 주의를 끌고 싶은 학생, 물건에 대한 소유욕으로 그런 행동을 하는 학생, 지나친 과시욕 때문에 폭력적인 친구의 행동을 모방하는 학생 등 다양하다. 여기서 교사가 학생의 숨겨진 마음을 잘 알아내기 위해서는 그 행동이 일어나기 위한 선행조건들로서의 유발 자극, 즉 그 학생을 둘러싼 환경 자극, 감정이나 욕구 등의 개인 내적 자극 등을 잘 알아내는 것이 중요하다.

(3) 적절하게 반응하기

적절하게 반응하기란 학생의 마음을 이해하고 수용해 주며 학생이 원하는 것을 찾아갈 수 있도록 안내해 주는 것이다. 이것은 교사와 학생 간의 소통이며, 그러기 위해서는 앞 단계들에서 학생의 마음을 정확히 읽어 낼 줄 알아야 한다. 교사의 민감한 반응은 학생의 마음을 먼저 인정하고 공감해 주고, 학생이 스스로 문제해결에 나아가도록 그 길을 안내해 주고 기다려 주는 것이다. 교사가 이렇게 민감한 반응을 나타내 주면 학생은 자신이 선택한 해결책이 자신이 원하는 것을 충족시켜 줄 수 없더라도 그 과정에서 자신의 문제를 해결하는 방법을 습득할 수 있다.

교사가 진심으로 학생 자신을 이해해 주고 있다는 경험을 지속적으로 하게 되면 학생의 마음의 틀은 변화하게 된다. 즉, 교사가 학생의 행동에 대해 격려하는 한 마디의 말, 작은 미소, 이해 깊은 마음을 자주 보내면 학생의 행동은 변화될 수 있다. 그리고 학생은 그 과정에서 좌절할지라도 그로 인해 야기되는 감정들을 충분히 느끼고 감정을 스스로 처리하는 방법들을 배우게 되며, 자신이 원하는 것을 사회에서 인정되는 방식으로 표현하도록 스스로 감정과 행동을 조절할 수 있게 된다.

3) 학교폭력 행동에 대한 학급 규칙과 절차를 확립하기

학급마다 현실적인 상황과 필요성에 따라 학교폭력에 대한 다양한 규칙이 만들어질 수 있겠지만, 학생들이 그러한 규칙들을 스스로 잘 실행할 수 있도록 하기 위해서는 이를 제정하는 방법에 있어서 학생들의 자율적인 규칙 제정의 과정이 필요하다. 이렇게 함으로써 학생 개개인은 행동에 있어서의 책임감을 강하게 가질 수 있다.

또한 이러한 규칙의 내용은 학생의 개성을 존중하는 범위 내에서 만들어져야 하며, 특히 그 내용들은 학생의 정규 교과시간의 학습 내용들과 일관성이 있어야 한다. 이렇게 함으로써 학생들은 규칙에 대한 인지와 행동의 연계가 자연스럽게 이루어질 수 있는 것이다.

학생의 학교폭력 행동을 감소시키기 위해서는 교사가 학생의 잠재적 능력에 대하여 긍정적으로 기대하고, 학생 행동에 대한 사후지도보다는 학생들의 학급 내 행동들에 대한 구체적이고 명백한 사전 지침이 제시될 필요가 있다. 또한 이를 위한 기본적인 바탕으로서는 교사와 학생 간의 상호존중의 태도가 우선 형성되어야 하며, 학생의 행동에 내재된 정서적 욕구들을 민감하게 인식하여야 한다.

학생이 학급생활에서 지켜야 할 행동에 대한 지침을 사전에 철저히 이해시키는 것은 학생의 학교폭력 행동을 예방하기 위해 반드시 지도되어야 할 사항이다. 즉, 학급에서 학생들이 지켜야 사항들에 대하여 사전에 구체적으로 인지할 수 있을 때, 대부분의 부적응 행동은 예방될 수 있다.

절차란 학급에서 학생이 자신에게 주어진 일을 질서 있고 순조롭게 이루어 내기 위한 체계적인 행동의 단계들을 말한다. 예를 들어, 학급에서 폭력이 일어났을 때, 그 폭력을 일으킨 학생과 폭력을 당한 학생에 대한 사후 행동 절차를 명확하게 인지시켜야 한다. 학생들에게 행동의 절차를 인지시킬 때, 교사는 그에 맞는 시범을 단계적으로 학생들에게 보이고, 왜 그러한 절차들이 필요한가에 대하여 학생들 스스로가 반성적으로 사고할 수 있도록 하는 과정을 거쳐야 한다. 그렇게 함으로써 학생들은 자신의 행동에 대해서 사고하고 수용할 수 있다.

학급 규칙과 절차들이 계획되었을 때, 다음으로 필요한 것은 교사의 그에 대한 교수 과정이다. 학급에서 만든 규칙과 절차가 잘 실행되기 위해서는 다음과 같은 과정이 필요하다.

첫째, 규칙에 따라 학교에서 하지 말아야 할 폭력 행동에 대해서 학생들이 명확히 알 수 있도록 설명하여야 한다. 이때 교사는 가능한 한 구체적으로 예를 들어 설명할 필요가 있다.

둘째, 학생들에게는 반복적인 연습이 필요하다. 즉, 교사가 설명한 바람직한 행동들을 실제 학생들이 반복하여 연습할 수 있는 기회를 제공하여야 한다. 이것은 학생으로 하여금 바람직한 행동을 학습하게 하는 기회를 제공할 뿐만 아니라 교사로 하여금 학생들이 교사가 설명한 내용을 이해하고 정확하게 그 절차를 따를 수 있는지를 확인할 수 있는 기회가 된다.

셋째, 학생의 폭력 행동과 그에 상반되는 바람직한 행동에 대하여 일관성 있게 지속적으로 피드백을 제공한다. 즉, 학생의 행동에 대하여 그것이 적절한 행동인지 이야기해 주고, 그 행동에 대해 구체적으로 피드백을 준다. 이때 교사는 학생을 주의 깊게 관찰할 필요가 있으며, 학생들에게 규칙과 절차를 상기시켜 주고, 그에 적절한 피드백을 줄 수 있어야 한다.

4) 학생 간의 건강한 소통을 위한 또래지지 체제를 구성하고 실행하기

학교폭력을 예방하기 위해서 필요한 다양한 요인 중에서 학생들 간의 또래관계 형성은 무엇보다도 중요하며, 특히 학교폭력 피해 경향성이 있거나 피해를 당한 학생 그리고 학교폭력 방관학생들을 위해 더욱 필요한 것이 학급에서의 또래지지 체계의 형성이다.

최근 이러한 또래지지 체제의 중요성을 인식하여 각급 학교 현장에서 또래 상담을 실시하도록 하는 교육정책도 시행되고 있다. 또래지지 체제는 특히 교사와 학생 간의 관계를 통한 것이 아니라 학생과 학생 간의 관계를 통한 문제해결을 목적으로 하기 때문에 학생 간의 문제해결뿐만 아니라 바람직한 상호작용을 통하여 학급의 응집력을 높일 수 있다는 장점이 있다.

(1) 단짝 친구 체제

학급 친구에게 우정과 지지를 제공하는 또래 중 친한 친구가 단짝 친구이다. 학급 내 단짝 친구 체제를 만드는 것은 학급에서 소수 학생들이 자주 경험하는 고립감이나 소외감을 극복하도록 돕는 데 그 목적이 있다. 학교폭력을 당할 가능성이 있거나 학교폭력을 당하고 심한 고립감에 빠져 있는 학생들은 학급에서 대화를 나눌 또래가 없다. 또한 자신의 문제가 공개되는 것을 매우 두려워하므로 이런 학생들에게는 교사가 또래 상담자보다는 단짝 친구 체제를 형성해 주는 것이 필요하다.

단짝 친구 체제는 고립된 학생의 학교 적응을 도움으로써 학교폭력 문제를 감소시킬 수 있다. 교사는 폭력 관련 해당 학생과의 개인적 관계, 성숙의 정도 및 사교성 등을 기준으로 단짝 친구를 선정하고 단짝 친구에게 기본적인 공감적 이해와 의사소통법 등을 연습할 기회를 제공해 준다.

(2) 또래 지지 체제

또래들 간에 또는 학교의 상급생들이 자신들보다 더 어린 학생들을 위하여 집단지도자로서 훈련을 받아 보살피는 것을 말한다. 또래 지지자는 대상 학생에 대하여지지적인 친구로서의 역할을 하며, 문제를 해결하거나 조언하기보다는 대상 학생이 자신의 생각과 가치 기준을 분별할 수 있고 자기의 생활을 위한 건강한 결정을내릴 수 있도록 돕는다. 또래지지자들은 상담교사를 통하여 의사소통, 자기인식,자신감 구축하기, 리더십 등의 구체적인 훈련과 슈퍼비전을 받는다.

미국의 경우에는 또래 지지 체제가 학교 또는 지역사회 내에 집단적으로 구성되어 학생들이 자율적으로 학교 문제들에 대하여 촉진적인 역할을 하는 경우가 많다.우리의 경우에도 이러한 또래지지 체제 자체가 학생들의 자율적인 학교폭력 지킴이의 역할을 해낼 수 있다면 학교폭력의 근절에 큰 도움이 될 수 있을 것이다.

(3) 또래 튜터링

또래 튜터링(Peer Tutoring)은 학생들이 서로에게 가르치는 활동을 번갈아 함으로써 서로 배우고 도와주는 교수방법으로서, 학생이 최소한의 훈련을 받고 상담교사의 지도하에 한 명 혹은 여러 학생에게 같은 학령 수준의 기술 혹은 개념을 가르쳐도움을 주는 과정이다.

또래 튜터링이 가지고 있는 교육적 효과는 도움을 받는 학생뿐 아니라 도움을 주는 학생에게도 학업 성취가 증대되며, 그 과정에서 학생들의 또래관계에서의 위축감이나 고립감을 감소시킬 수 있다는 점이다. 그러므로 또래 튜터링은 학생들 간에상호 이익을 주며, 특히 튜터인 학생은 가르치는 역할을 하는 동안 자신의 자기존중감 향상에도 도움이 된다.

(4) 또래 상담

또래 상담은 상담교사가 직접 학생 내담자를 상담하거나 지도하는 대신에 학생을 훈련시켜, 그들로 하여금 다른 학생들을 직접 상담하거나 지도하도록 하는 활동을 의미한다. 또래 상담자를 활용하는 것은 학생 내담자와 상담자 간의 친밀감을 형성하며, 내담자의 자기존중감 향상, 자신감 배양 그리고 대인관계의 형성과 발달을 증진하는 데 효과적이다. 학급 내 고립 학생들에 대한 또래 상담을 한 결과, 학생들의 사회적, 정서적 고립, 외로움, 불안이 낮아지고 자아개념이 높아진 긍정적인 결과도 나타났다.

뿐만 아니라 또래 상담은 또래 상담자의 개인적인 성장에도 도움을 줄 수 있고, 또래 상담자는 다른 또래들에게 바람직한 행동의 모델이 될 수 있으며, 일상생활 속에서 다른 또래들에게 영향을 줄 수 있는 기회를 많이 갖게 된다는 장점이 있다. 그리고 또래 상담자는 상담 중에 다른 학생들이 쉽게 이해할 수 있는 언어를 사용하기 때문에 그 효과를 더 높일 수 있다.

이렇게 볼 때 또래 상담은 또래들의 상호작용 속에서 학생들이 생각이나 느낌, 욕구, 좌절 등의 문제점을 공유하고 그들만의 특별한 관심사를 스스로 해결해 나가거나 문제에 대처할 수 있도록 하는 효과가 있으며, 또한 학생들 간의 원만한 인간관계의 형성을 통하여 바람직한 사회적 행동을 유도할 수 있다.

(5) 또래 옹호

학교에서 특정한 또래집단의 구성원이나 개인 학생들에게 사건이 일어났을 때 그 집단이나 학생의 권리를 학생들이 솔선해서 옹호하기 위한 것으로 각 학년별로 이러한 또래 옹호 집단이 만들어져 운영될 수 있다.

이것은 주로 중등학교에서 많이 활용될 수 있지만 초등학교의 경우도 이러한 조직을 초등학교의 특성에 맞게 운용할 수 있다. 또래 옹호는 특정한 사안에 따라 학생이 자발적으로 찾아올 경우에 가동된다는 점에서 앞서 언급한 또래 활동들과는 차이가 있다. 학교에서 학생들의 자율성과 권리의식 등이 잘 교육된다면 이러한 체제의 운영이 학교폭력의 근절에도 도움이 될 수 있을 것이다.

(6) 또래 조정

학급에서 학생들이 자치적으로 또래 조정 위원회를 구성하고, 또래 조정 규칙을 만들며, 학급에서 일어나는 갈등 상황들을 또래 조정 위원회를 통하여 원만히 해결하고자 하는 방안이다. 학교폭력 문제도 가해 및 피해학생이 서로의 갈등을 이해하고 해소할 수 있도록 또래 조정을 통해 공개적으로 평화적인 해결 방법을 모색해 보도록 한다. 이것은 학생들이 자율적으로 운영함으로써 학교폭력에 대한 인식을 높이고 학생 간에 해결 방안을 모색해 본다는 데 의미가 있다.

📖 탐구 문제

1. 학교폭력에 영향을 미치는 가정 요인들을 교사가 어떻게 파악할 수 있을 것인지, 가능한 실행 방안을 논의해 보시오.

2. 학교폭력에 영향을 미치는 학교 요인들 중 중요하다고 생각되는 요인을 선택하여, 교사로서 학교폭력을 예방하고 지도할 수 있는 환경을 어떻게 조성할 수 있을 것인지 설명해 보시오.

3. 학교폭력 예방을 위하여 교사가 민감성을 키울 수 있는 방법을 설명해 보시오.

4. 또래지지 체제 유형 중에서 자신이 교사로서 학교에서 해 볼 수 있겠다고 생각되는 체제를 선택하여 구체적인 실행 과정을 구상해 보시오.

✳ 참고문헌

강승규(2007). 학생의 삶을 존중하는 교사. 서울: 동문사.

강승규 역(1996). 나를 존중하는 삶. 서울: 학지사.

강이철(2009). 교육방법 및 공학의 이론과 적용. 서울: 학지사.

강주리(2019). 대학생용 팀학습 전략 척도 개발 및 타당화. 부산대학교 대학원 박사학위
　　논문.

고재천(2001). 초등교육의 전문성 탐색. 초등교육연구, 14(2), 159-157.

권대훈(2003). 교육심리학. 서울: 원미사.

권대훈(2008). 교육평가. 서울: 학지사.

권대훈(2011). 교육심리학의 이론과 실제. 서울: 학지사.

김경식 역(2000). 학급의 사회심리학. 서울: 원미사.

김경자, 김아영, 조석희(1997). 창의적 문제해결능력 신장을 위한 교육과정 개발의 기초.
　　교육과정연구, 15(2), 129-153.

김기정 편역(1995). 자아의 발달. 서울: 문음사.

김남성 역(1983). 인지적 행동수정. 서울: 교육과학사

김대현, 허승희, 황희숙, 김광휘, 이영만(1998). 열린 수업의 이론과 실제. 서울: 학지사.

김동현, 이규미(2010). 초등학생의 또래지위와 공격성과의 관계: 선호도, 인기도를 중심
　　으로. 초등교육연구, 23(2), 175-194.

김병선, 이윤옥(1998). 아동 연구 방법. 서울: 양서원.

김석우(2009). 교육평가의 이해. 서울: 학지사.

김선혜(2004). 아동들의 낙서에 나타난 공부 스트레스의 양태. 초등교육연구, 17(2), 145-
　　162.

김아영(2010). 자기결정성이론과 현장 적용 연구. 교육심리연구, 24(3), 583-609.

김영채(1999). 창의적 문제해결: 창의력의 이론, 개발과 수업. 서울: 교육과학사.

김영채(2007). 창의력의 이론과 개발. 서울: 교육과학사.

김은주(2002). 비교성을 유발하는 교실수업 구조에 대한 지각 정도와 학생능력 지각의 상관성 탐구. 춘천교대논문집, 19, 29-44.

김종미(1997). 초등학교 학교폭력 실태 분석. 초등교육연구, 11, 71-89.

김태련, 조혜자, 이선자, 방희정, 조숙자, 조성원, 김현정, 홍주연, 이계원, 설인자, 손원숙, 홍순정, 박영신, 손영숙, 김명소, 성은헌(2011). 발달심리학. 서울: 학지사.

김혜원, 이해경(2001). 학생들의 집단괴롭힘 관련 경험에 대한 예언변인들의 탐색: 초·중·고등학생 간 비교를 중심으로. 교육심리연구, 15(1), 183-210.

남명호(2003). 수행평가: 기술적 측면. 서울: 교육과학사.

노안영, 강영신(2013). 성격심리학. 서울: 학지사.

노혜란, 최미나(2016). 팀학습에서 팀메타인지가 팀상호작용에 미치는 영향에 관한 연구. 교육방법연구, 28(1), 151-170.

문선모(2007). 학습이론: 교육적 적용. 경기: 양서원.

박경호(2005). 비평적 인적자원개발: 전환학습이론의 프레임을 통한 활성화. 평생교육·HRD연구, 1(1), 81-94.

박병량(2001). 훈육. 서울: 학지사.

박병량(2003). 학급경영. 서울: 학지사.

박성희(2011). 진정성. 서울: 이너북스.

박희숙(2002). 사회 도덕적 규칙 체계와 아동의 사태-정서지식에 관한 연구. 교육학연구, 40(4), 31-46.

변영계(2005). 교수-학습이론의 이해. 서울: 학지사.

변영계, 김광휘(1999). 협동학습의 이론과 실제. 서울: 학지사.

서미경(2007). 중학생 학교폭력 예방 프로그램의 효과 연구. 성산효대학원대학교 석사학위논문.

서봉연 역(1985). 발달의 이론. 서울: 중앙적성출판사.

서울대학교 교육연구소(1995). 교육학용어사전. 서울: 하우동설.

성병창(2001). 초등학교에서 훈육문제 행동과 원인 분석. 지방교육경영, 제5권, 24-53.

성일재 외(1989). 사고교육의 이론과 실제. 서울: 배영사.

성태제(2009). 교육평가의 이해. 서울: 학지사.

손현동(2013). 학교폭력의 예방을 위한 훈육과 상담. 관계 중심 상담: 소통의 키워드 민감성. 한국학교상담학회 연차학술대회 자료집.

송명자(1995). 발달심리학. 서울: 학지사.

송명자(2006). 인간발달연구. 서울: 학지사.

송명자(2008). 발달심리학. 서울: 학지사.

송인섭(1990). 인간심리와 자아개념. 서울: 양서원.

송인섭(1998). 인간의 자아개념 탐구. 서울: 학지사.

신명희, 강소연, 김은경, 김정민, 노원경, 박성은, 서은희, 원영실, 황은영(2012). 교육심리학. 서울: 학지사.

신명희, 서은희, 송수지, 김은경, 원영실, 노원경, 김정민, 강소연, 임호용(2017). 발달심리학(2판). 서울: 학지사.

심미옥(2002). 교과성취와 성역할 사회화. 춘천교대 논문집, 교육연구, 19, 45-59.

심성보(2014). 민주 시민을 위한 도덕교육. 서울: 살림터.

심연미(2000). 학교 붕괴 현상에 대한 사회학적 분석: 사회적, 문화적 맥락을 중심으로. 한국교육사회학회, 교육사회학연구회 발표집.

안도희(2009). 초등학교 고학년 학생들의 학교태도에 영향을 미치는 가정의 심리적 환경 및 학교 환경 특성. 초등교육연구, 22(2), 205-232.

여광웅, 정용석 역(1995). 인지적 행동수정의 통합적 접근. 서울: 양서원.

오인수(2010). 괴롭힘을 목격한 주변인의 영향을 미치는 심리적 요인: 공감과 공격성을 중심으로. 초등교육연구, 23(1), 45-63.

오제은 역(2011). 칼 로저스의 사람-중심 상담. 서울: 학지사.

유영수(2002). 초등학생의 집단 따돌림과 부모 양육태도 및 가정환경과의 관계. 한동대학교 대학원 석사학위논문.

유현근(2007). 초등학생 개인·가정·학교변인이 학교폭력에 미치는 영향. 단국대학교 교육대학원 석사학위논문.

윤채영, 김정섭(2010). 예방적 학습컨설팅이 전환기 중학생의 학업동기에 미치는 효과. 중등교육연구, 58(3), 381-408.

이경우 편역(1990). 당신도 유능한 부모가 될 수 있다. 서울: 창지사.

이경화, 김명숙, 김정희, 김혜진, 박숙희, 성은현, 윤초희, 이명숙, 최병연, 태진미 공역(2014). 교실에서의 창의성 교육. 서울: 학지사.

이대식, 여태철, 공윤정, 김혜숙, 송재홍, 임진영, 황매향(2010). 아동발달과 교육심리의 이해. 서울: 학지사.

이상수, 김대현, 허승희, 이동훈, 이유나(2013). 건강한 학교 생태계 설계 요인에 대한 학교, 교사, 관리자의 인식 조사. 교육공학연구, 29(3), 459-481.

이성진(2002). 교육심리학서설. 서울: 교육과학사.

이수원(1992). 집단고정관념의 변화. 한국심리학회 편. 심리학에서 본 지역감정(pp. 67-89). 서울: 성원사.

이시용, 정환금, 허승희, 홍종관(2003). 초등학교 생활지도와 상담. 서울: 교육과학사.

이신동, 최병연, 고영남(2005). 최신교육심리학. 서울: 학지사.

이연수(2012). 초등학생용 배려 증진 프로그램이 초등학생의 도덕 지능과 공격성에 미치는 효과. 초등교육연구, 25(2), 91-116.

이영 역(1992). 인간발달 생태학. Bronfenbrenner, U. 저. 서울: 교육과학사.

이영만(1996). Gardner의 다중지능이론과 교육적 시사점. 진주교육대학교 논문집, 40, 147-174.

이영만(2002). 우리나라 수업개선을 위한 McREL 연구소 국제워크숍의 의미와 내용. 한국교사를 위한 수업개선 국제 워크숍 자료집(pp. 9-17). 진주교육대학교, 경상남도교육청.

이영만(2010). 교과교육에서의 창의성 교육. 김성준, 김판수, 문대영, 박수자, 소금현, 손준구, 양종모, 이미식, 이영만, 이용섭, 정정순, 정호범 공저. 교과교육에서 창의성의 이론과 실제(pp. 13-48). 서울: 학지사.

이정선, 최영순(2001). 초등학교 고학년 학급에서 나타나는 집단따돌림 현상에 관한 문화기술적 연구. 초등교육연구, 14(2), 181-211.

이정혜(2004). 아동의 인성교육을 위한 대화학습 방안 타맥. 한국교원대학교 대학원 석사학위논문.

이종숙, 이옥, 신은주, 이명옥 역(2008). 아동 발달. 서울: 시그마프레스.

이종인 역(1997). 성공지능. 서울: 영림카디널.

이해경, 김혜원(2001). 초등학생의 집단괴롭힘 행동과 피해행동에 대한 사회적, 심리적 예측 변인들: 학년과 성별을 중심으로. 한국심리학회지: 사회 및 성격, 15(1), 117-138.

이혜성 역(2012). 성장심리학. 서울: 이화여자대학교출판부.

임규혁(2007). 학교학습 효과를 위한 교육심리학. 서울: 학지사.

임규혁, 임웅(2008). 학교학습 효과를 위한 교육심리학(2판). 서울: 학지사.

임선아, 김종남 공역(2012). 행동수정. 서울: 학지사.

임선하(1989). 교육내용으로서의 창의적 사고. 교육개발, 11(6), 4-9.

임선하(1993). 창의성에의 초대. 서울: 교보문고.

임엽(2002). 초등학교에서 교사의 리더쉽과 학습자의 고차원 사고와의 관계. 교육심리연구, 8, 33-52.

장휘숙(1998). 아동연구방법. 서울: 창지사.

전영길, 이영만 역(1995). 수평적 사고와 창의성. 서울: 서원.

전윤식 역(2003). 교육심리학. 서울: 아카데미프레스.

정범모(1976). 교육과 교육학. 서울: 배영사.

정옥분(2002). 아동발달의 이해. 서울: 학지사.

정용부, 고영인, 신경일(1998). 아동 생활지도와 상담. 서울: 학지사.

정원식(1982). 교육환경론. 서울: 교육출판사.

정진성(2009). 학교폭력의 원인에 대한 연구: 지역사회의 영향을 중심으로. 한국공안행정학회, 35, 365-390.

조성연, 신혜영, 최미숙, 최혜영(2009). 한국 초등학교 아동의 행복감 실태조사. 아동학회지, 30(2), 129-144.

조연순, 우재경(2003). 문제중심학습(PBL)의 이론적 기초: 지식관과 교육적 가치. 교육학연구, 41(3), 571-600.

조현준, 조현재, 문지혜 역(2002). 성격심리학. 서울: 시그마프레스.

주은선 역(2010). 진정한 사람되기. 서울: 학지사.

하대현(1998). H. Gardner의 다지능이론의 교육적 적용: 그 가능성과 한계. 교육심리연구, 12(1), 73-100.

허경철 외(1990). 사고력 신장을 위한 프로그램 개발 연구(5). 서울: 한국교육개발원.

허승희(2004). 효과적 학급 운영. 김정섭 외. 교사를 위한 교육심리학(pp. 311-342). 서울: 서현사.

허승희(2014). 초등학교 학교폭력. 서울: 학지사.

허승희, 이희영, 최태진, 박성미 역(2007). 21세기를 위한 학교상담. 서울: 교육과학사.

홍관식, 히로소리 시미다, 주호수(1998). 한국과 일본 초등학생의 학교스트레스 비교분석. 초등교육연구, 12(1), 231-246.

홍숙기(2002). 성격심리학. 서울: 박영사.

홍숙기 역(1999). 성격심리학. 서울: 박영사.

황윤한(2003). 교수-학습의 패러다임적 전환. 서울: 교육과학사.

황정규(2010). 인간의 지능. 서울: 학지사.

황혜경, 김순자(2001). 초등학생의 행동 특성과 스트레스에 관한 연구. 초등교육연구, 14(2), 303-317.

Akiba, M. (2008). Predictors of student fear of school violence: A comparative study of eighth graders in 33 countries. *School Effectiveness and School Improvement, 19*, 51-72.

Alderman, M. K. (2007). *Motivation for achievement: Possibilities for teaching and learning* (3rd ed.). New York: Routledge.

Alexander, P. A. (1996). The past, present, and future of knowledge research: A reexamination of the role of knowledge in learning and instruction. *Educational Psychologist, 31*, 89-92.

Amabile, T. M. (1983). *The social psychology of creativity.* New York: Springer

Verlag.

Amabile, T. M. (1989). *Growing up creative*. New York: Crown.

Amabile, T. M. (1993). Motivational synergy: Toward new conceptualizations of intrinsic and extrinsic motivation in the workplace. *Human Resource Management Review, 3*(3), 185-201.

Amabile, T. M. (1996). *Creativity in context*. Boulder, CO: Westview Press.

Amabile, T. M., & Gryskiewicz, N. D. (1989). The creative environment scale: Work environment inventory. *Creativity Research Journal, 2,* 231-253.

Anderman, E. M., & Midgley, C. (1997). Changes in achievement goal orientations, perceived academic competence, and grades across the transition to middlelevel schools. *Contemporary Educational Psychology, 22*(3), 269-298.

Anderson, J. R. (1983). *The architecture of cognition*. Cambridge, MA: Harvard University Press.

Anderson, J. R. (2000). *Learning and memory: An integrated approach* (Revised edition). New York: John Wiley.

Anderson, K. J. (1990). Arousal and the inverted-u hypothesis: A critique of Neiss's reconceptualizing arousal. *Psychological Bulletin, 107*(1), 96-100.

Apter, S. J., & Conoley, J. C. (1984). *Childhood behavior disorders and emotional disturbance: An introduction to teaching troubled children*. Englewood Cliffs, NJ: Pretice-Hall.

Ashton, P. T., & Webb, R. B. (1986). *Making a difference: Teacher's sense efficacy and student achievement*. New York: Longman.

Astor, R. H., & Meyer, H. A. (2001). The conceptualization of violence-prone school subcontexts: Is the sum of the parts greater than whole? *Urban Education, 36,* 374-399.

Atkinson, J. W. (1957). Motivational determinants of risk taking behavior. *Psychological Review, 64,* 359-372.

Ausubel, D. P. (1967). *Learning theory and classroom practice*. Ontario Institute for Studies in Education Bulletin.

Ausubel, D. P. (1969). *A cognitive theory of school learning*. Paper presented at the meeting of the American Psychological Association, San Francisco.

Baddeley, A. D. (1992). Working memory. *Science, 255,* 556-559.

Baddeley, A. D. (2003). Working memory: looking back and looking forward. *Nature Reviews Neuroscience, 4,* 829-839.

Bailin, S. (1988). *Achieving extraordinary ends: An essay on creativity.* Boston: Kluwer Academic Pub.

Baker, S. B. (2000). *School counseling for the twenty-first century* (3rd ed.). New Jersey: Prentice Hall.

Bandura, A. (1965). Influence of models' reinforcement contingencies on the acquisition of imitative responses. *Journal of Personality and Social Psychology, 1,* 589-595.

Bandura, A. (1969). Social-learning theory of identificatory processes. In D. A. Goslin (Ed.), *Handbook of socialization theory and research* (pp. 213-262). Chicago: Rand McNally.

Bandura, A. (1977a). *Social learning theory* (2nd ed.). Englewood Cliffs, NJ: Prentice Hall.

Bandura, A. (1997b). *Self-efficacy: The exercise of control.* New York: Freeman.

Bandura, A. (2000). Modeling. In E. W. Craighead & C. B. Nemeroff (Eds.), *Encyclopedia of psychology and neuroscience* (3rd ed., pp. 967-968). New York: Wiley.

Bandura, A. (2007). Self-efficacy in health functioning. In S. Ayers, et al. (Eds.), *Cambridge handbook of psychology, health & medicine* (2nd ed.). New York: Cambridge University Press.

Barrett, M., & Boggiano, A. K. (1988). Fostering extrinsic orientations: Use of reward strategies to motivate children. *Journal of Social and Clinical Psychology, 6,* 293-309.

Barron, F., & Harrington, D. M. (1981). Creativity, intelligence, and personality. *Annual Review of Psycholigy, 32,* 439-476.

Barrows, H. S., & Tamblyn, R. M. (1980). *Problem-based learning: An approach to medical education.* New York: Springer Publishing Company.

Barsch, J. (1991). *Barsch learning style inventory.* Novato, CA: Academic Therapy.

Berger, K. S. (2003). *The developing person through childhood and adolescence.* New York: Macmillan.

Berk, L. E. (1996). *Infants, children, and adolescents.* MA: Allyn & Bacon.

Berkowitz, M. W., & Bier, M. C. (2004). Research-based character education. *Annals of the American Academy of Political and Social Science, 591,* 72-85.

Berlyne, D. E. (1960). *Conflict, arousal, and curiosity.* New York: McGraw-Hill.

Binet, A., & Simon, T. (1905/1916). New methods for the diagnosis of the intellectual level of subnormals. In H. H. Goddard (Ed.), *Development of intelligence in children (the Binet-Simon Scale)* (E. S. Kite, Trans., pp. 37-90). Baltimore: Williams & Wilkins.

Bloom, B. S., Hasting, J. T., & Madaus, G. F. (1971). *Handbook on formative and summative evaluation of student learning*. New York: McGraw-Hill Book Company.

Boden, M. A. (1994). *Dimensions of creativity*. Massachusets, MA: MIT Press.

Borich, G. D. (2004). *Effective teaching methods*. Upper Saddle River, NJ: Prentice Hall, Inc.

Boring, E. G. (1923). Intelligence as the tests test it. *New Republic, 36*, 35-37.

Bransford, J., Brown, A., & Cocking, R. (Eds.). (2000). *How people learn: Brain, mind, experience, and school*. Washington, DC: National Academy Press.

Brattesani, K., et al. (1984). Student perceptions of differential teacher treatment as moderators of teacher expectation effects. *Journal of Educational Psychology, 76*, 236-247.

Brophy, J. E. (1986). Classroom management techniques. *Education and Urban Society, 18*(2), 182-194.

Brown, R., & Kulik, J. (1977). Flashbulb memories. *Cognition, 5*, 73-99.

Bruner, J. S. (1960). *The process of education*. Vintage Books.

Bruner, J. S. (1964). The course of cognitive growth. *American Psychologist, 19*(1), 1.

Bryk, A. S., & Driscoll, M. E. (1998). *The high school as community: Theoretical foundations, contextual influences, and consequences for students and teachers*. Madison, WI: University of Wisconsin, National Center on Effective Secondary Schools.

Burns, M. (2011). School psychology research: Combining ecological theory and prevention science. *School Psycology Riview, 40*(1), 132-139.

Carroll, J. B. (1963). *A model of school learning. Teacher college record*. Columbia University.

Cassady, J. (1999). *The effects of examples as elaboration in text on memory and learning*. Paper presented at the annual meeting of the American Educational Research Association, Montoreal, Canada.

Cattell, R. B. (1971). *Abilities: Their structure, growth and action*. Boston: Houghton Mifflin.

Cobb, P. (2000). Constructivism. In A. Kazdin (Ed.), *Encyclopedia of psychology*

(Vol. 2, pp. 277-279). Washington, DC: American Psychological Association and Oxford University Press.

Costanza, R. (2012). Eco system health and ecological engineering. *Ecolgical Engineering, 45,* 24-29.

Covington, M. (2000). Goal theory, motivation, and school achievement: An integrative review. *Annual Review of Psychology, 51,* 171-200.

Covington, M., & Mueller, K. J. (2001). Intrinsic versus extrinsic motivation: An approach/avoidance reformulation. *Educational Psychology Review, 13,* 157-176.

Crain, W. (2005). *Theories of development: Concepts and applications.* Upper Saddle River, NJ: Prentice Hall.

Crawford, R. F. (1954). *The techniques of creative thinking.* New York: Hawthorn.

Crowder, R. G., & Surprenant, A. M. (2000). Sensory memory. In A. E. Kazdin (Ed.), *Encyclopedia of psychology* (pp. 227-229). New York: Oxford University Press and American Psychological Association.

Daud, S., Kashif, R., & Chaudhry, A. (2014). Learning styles of medical students. *South-East Asian Journal of Medical Education, 8*(1), 40-46.

Davis, I. K. (1991). Educational implications of field dependence-independence. In S. Wapner & J. Demick (Eds.), *Field dependence-independence cognitive style across the life span* (pp. 149-175). Hillsdale, NJ: Lawrence Erlbaum Associates.

de Bono, E. (1986). *CoRT thinking.* New York: Penguin Press.

de Bono, E. (1987). *Teaching thinking.* London: Penguin Books.

de Bono, E. (1991). *The power of focused thinking: Six thinking hats.* London: Penguin Books.

Deci, E. L., & Ryan, R. M. (1985). *Intrinsic motivation and self-determination in human behavior.* New York: Plenum Press.

Degenhardt, M. A. B. (1976). Creativity. In D. I. Lloyd (Ed.), *Philosophy and teacher* (pp. 101-114). London: RKP.

Deutsch, M. (2011). Cooperation and competition. In P. T. Coleman (Ed.), *Conflict, interdependence, and justice: The intellectual legacy of morton deutsch* (pp. 23-40). New York: Springer.

Distefano, J. J. (1970). Interpersonal perceptions of field-independent and fielddependent teachers and students. Unpublished doctoral dissertation, Cornell University.

Duncan, M. J., & Biddle, B. J. (1974). *The study of teaching.* New York: Holt, Rhinehart and Winston.

Dunn, R. (1983). Learning style and its relationship to exceptionality at both ends of the continuum. *Exceptional Children, 49,* 496-506.

Dunn, R. (1984). Learning style: State of the science. *Theory Into Practice, 23*(1), 10-19.

Dunn, R. (1993). Learning styles of the multiculturally diverse. *Emergency Librarian, 20*(4), 24-32.

Dunn, R., & Dunn, K. (1978). *Teaching students through their individual learning styles.* Reston, VA: Reston Publishing.

Dunn, R., & Dunn, K. (1992). *Teaching elementary students through their individual learning styles.* Boston: Allyn and Bacon.

Dunn, R., & Dunn, K. (1993). *Teaching secondary students through their individual learning styles.* Boston: Allyn and Bacon.

Dunn, R., Dunn, K., & Price, G. E. (1989). *Learning style inventory.* Lawrence, KS: Price Systems, Inc.

Dunn, R., Griggs, S. A., Olson, J., & Beasley, M. (1995). A meta-analytic validation of the Dunn and Dunn model of learning-style preferences. *Journal of Educational Research, 88,* 353-362.

Ebbinghaus, H. (1885). *Memory: A contribution to experimental psychology.* New York: Dover.

Eccles, J. S., Lord, S., & Buchanan, C. M. (1996). School transitions in early adolescence: What are we doing to our young people? In J. L. Graber, J. Brooks-Gunn, & A. C. Peterson (Eds.), *Transitions through adolescence: Interpersonal domains and context* (pp. 251-284). Hillsdale, NJ: Erlbaum.

Eccles, J. S., & Wigfield, A. (2002). Motivational beliefs, values, and goals. *Annual Review of Psychology, 53,* 109-132.

Eggen, P. D., & Kauchak, D. P. (2011). *Educational psychology: Windows on classrooms* (8th ed.). Upper Saddle River, NJ: Pearson.

Elkind, D. (1978). Understanding the young adolescent. *Adolescence, 13*(49), 127-134.

Elliott, E. S., & Dweck, C. S. (1988). Goals: An approach to motivation and achievement. *Journal of Personality and Social Psychology, 54,* 5-12.

Erikson, E. H. (1963). *Childhood and society* (2nd ed.). New York: Norton.

Everston, C., Emmer, E. T., & Worsham, M. E. (2000). *Classroom management for elementary teachers*. Boston, Needham Heights: Allyn & Bacon.

Feldman, D. H. (1980). *Beyond universals in cognitive development*. NJ: Ablex Pub.

Fields, M., & Boesser, C. (1994). *Constructive guidance and discipline*. New York: Macmillan.

Flavell, J. H. (1979). Metacognition and cognitive monitoring: A new area of cognitive-developmental inquiry. *American Psychologist, 34*, 906-911.

Flavell, J. H. (1987) Speculation about the nature and development of metacognition. In F. Weinert & R. Kluwe (Eds.), *Metacognition, motivation, and understanding* (pp. 21-29). Hillsdale, NJ: Lawrence Erlbaum.

Flynn, J. R. (1987). Massive IQ gains in 14 nations: What IQ test really measure. *Psychological Bulletin, 101*(2), 171-191.

Fulk, B. M., & Mastropieri, M. A. (1990). Training positive attitudes: I tried hard and did well! *Intervention School Clinic, 26*, 79-83.

Gage, N. L. (1978). *The scientific basis of the art of teaching*. New York: Teachers College Press, Columbia University.

Gagné, R. M. (1967). *Learning and individual differences*. Paper presented at a symposium of the Learning Research and Development Center, University of Pittsburgh.

Gagné, R. M. (1985). *The conditions of learning*. New York: Holt, Rinehart, & Winston.

Gagné, R. M., Briggs, L. J., & Wager, W. W. (1979). *Principles of instructional design*. New York: Holt, Rinchart and Winston.

Gagné, R. M., Briggs, L. J., & Wager, W. W. (1992). *Principles of instructional design* (4th ed.). Englewood Cliffs, NJ: Prentice-Hall.

Gallagher, S. A. (1985). A comparison of the concept of overexcitabilities with measures of creativity and school achievement in sixth-grade students. *Roeper Review, 8*(2), 115-119.

Gardner, H. (1983). *Frames of mind: The theory of multiple intelligence*. New york: Basic Books.

Gardner, H. (1993). *Multiple intelligences: The theory into practice*. New York: Basic Books.

Gilligan, C. F. (1982). *In a different voice*. Cambridge, MA: Harvard University Press.

Glaser, R. (1962). Psychology and instructional technology. *Training Research and Education*, 1-30.

Glatthorn, A. A., & Jailall, J. (2000). Curriculum for the new millennium. In R. S. Brandt (Ed.), *Education in a new era* (pp. 97-121). Alexandria, VA: ASCD.

Goddard, R. D., Hoy, W. K., & Hoy, A. (2004). Collective efficacy beliefs: Theoretical developments, empirical evidence, and future directions. *Educational Researcher, 33*(3), 3-13.

Goldhaber, D. E. (2000). *Theories of human development: Integrative perspectives.* Mountain View, CA: Mayfield.

Gordon, W. (1981). *Synectics: The development of creative capacity.* New York: Harper & Row.

Good, T. L., & Brophy, J. E. (1984). *Looking in classrooms.* New York: Harper & Row.

Good, T. L., & Brophy, J. E. (1986). Teacher behavior and student achievement. In M. C. Wittrock (Ed.), *Handbook of research on teaching.* New York: Macmillan.

Good, T. L., & Brophy, J. E. (2003). *Looking in classrooms* (9th ed.). Boston: Pearson Education.

Gottfried, A. E., Fleming, J. S., & Gottfried, A. W. (2001). Continuity of academic intrinsic motivation from childhood through late adolescence: A longitudinal study. *Journal of Educational Psychology, 93,* 3-13.

Gough, H. G. (1992). Assessment of creative potential in psychology and the development of a creative temperament scale for the CPI. In J. C. Rosen & P. McReynolds (Eds.), *Advances in psychological assessment* (pp. 225-257). New York: Plenum.

Gough, H. G., & Woodworth, D. G. (1960). Stylistic variations among professional research scientists. *The Journal of Psychology, 49*(1), 87-98.

Grabe, M. (1986). Attentional processes in education. In G. D. Phye & T. Andre (Eds.), *Cognitive classroom learning* (pp. 49-82). New York: Academic.

Greeno, J. G., Collins, A., & Resnick, L. B. (1996). Cognition and learning. In R. Calfee & D. Berliner (Eds.), *Handbook of educational psychology* (pp. 15-46). New York: Macmillan Library Reference.

Grossman, P. L. (1990). The making of a teacher. Teacher knowledge and teacher education. *Teacher College Record.* Columbia University.

Grigorenko, E. L., & Sternberg, R. J. (1995) Thinking styles. In D. H. Saklofske & M. Zeidner (Eds.), *International handbook of personality and intelligence* (pp. 205-229). New York: Plenum Press.

Gudjonsson, G. H., & Clare, I. C. H. (1995). The relationship between confabulation and intellectual ability, memory, interrogative suggestibility and acquiescence. *Personality and Individual Differences, 19*, 333-338.

Guilford, J. P. (1950) Creativity. *American Psychologist, 5*(9), 444-454.

Guilford, J. P. (1959). Three faces of intellect. *American Psychologist, 14*(8), 469-479.

Guilford, J. P. (1967). Creativity: Yesterday, today, and tomorrow. *Journal of Creative Behavior, 1,* 3-14.

Guilford, J. P. (1970). Traits of creativity. In P. E. Vernon (Ed.), *Creativity.* Middlesex, England: Penguin.

Gurley, M. P. (1984). Characteristics of motivation, field independence, personality type, learning style, and teaching preference of the adult learner as compared with traditional-age college students. Unpublished doctoral dissertation, Catholic University of America.

Haehl, S. L. (1996). Characteristic common to adult students enrolled in a distance education course via the internet. Unpublished doctorial dissertation, University of Spalding.

Haensly, P. A., & Reynolds, C. R. (1989). Creativity and intelligence. In J. A. Glover, R. R. Ronning, & C. R. Reynolds (Eds.), *Handbook of intelligence.* New York: Plenum Press.

Harris, M. J., & Rosenthal, R. (1985). Mediation of interpersonal expectancy effects: 31 meta-analyses. *Psychological Bulletin, 97,* 363-386.

Hayes, J., & Allinson, C. W. (1994). Cognitive style and its relevance for management practice. *British Journal of Management, 5,* 53-71.

Healy, A. F., Clawson, D. M., McNamara, D. S., Marmie, W. R., Schneider, V. I., Rickard, T. C., Crutcher, R. J., King, C., Ericsson, K. A., & Bourne, L. E., Jr. (1993). The long-term retention of knowledge and skills. In D. Medin (Ed.), *The psychology of learning and motivation: Advances in research and theory* (Vol. 30, pp. 135-164). New York: Academic Press.

Hebb, D. (1949). *The organization of behavior: A neuropsychological theory.* New York: Wiley and Sons.

Heider, E. (1983). *The psychology of interpersonal relations.* Hillsdale, NJ: Erlbaum. (Original work published 1958)

Henderlong, J., & Lepper, M. R. (2002). The effects of praise on children's intrinsic motivation: A review and synthesis. *Psychological Bulletin, 128,* 774-795.

Henson, K. T., & Eller, B. F. (1999). *Educational psychology for effective teaching.* Belmont, CA: Wadsworth.

Herlitz, A., Nilsson, L. G., & Backman, L. (1997). Gender differences in episodic memory. Mem. *Cognit, 25,* 801-811.

Hiroto, D. S. (1974). Locus of control and learned helplessness. *Journal of Experimental Psychology, 102,* 187-193.

Hodgkinson, G. P., & Sadler-Smith, E. (2003) Complex or unitary? A critique and empirical re-assessment of the Allinson-Hayes Cognitive Style Index. *Journal of Occupational and Organizational Psychology, 76,* 243-268.

Hong, J. S., & Espelage, D. L. (2012). Are view of adaptation in adolescence: A seven year followup. *Child Development, 62,* 991-1007.

Hong, J. S., & Garbarino, J. (2012). Risk and protective factors for hobic bullying in school: An application of the social-ecoligical framework. *Educational Psychology Review, 24,* 271-287.

Horth D., & Buchner, D. (2008). *How to use innovation to lead effectively, work collaboratively and drive results.* Center for Creative Leadership.

Hull, C. L. (1943). *Principles of behavior.* New York: Appleton Century Crofts.

Ingersoll, R. (2003). *Who controls teachers' work?* Cambridge, MA: Harvard University Press.

Inhelder, B., & Piaget, J. (1958). *The growth of logical thinking: From childhood to adolescence.* New York: Harper & Row.

Isaken, S. G., Doval, K. B., & Treffinger, D. J. (1994). *Creative approaches to problem solving.* Dubuque, IO: Kendal/Hunt Pub.

Isaksen, S. G., & Treffinger, D. J. (1985). *Creative problem solving: The basic course.* Buffalo, NY: Bearly Limited.

Johnson, D. W., & Johnson, R. T. (1992). Positive interdependence: Key to effective cooperation. In R. Hertz-Lazarowitz & N. Miller (Eds.), *Interaction in cooperative groups: The theoretical anatomy of group learning* (pp. 174-199). Cambridge, NY: Cambridge University Press.

Johnson, D. W., & Johnson, R. T. (2002). Learning together and alone: Overview and Meta-analysis. *Asia Pacific Journal of Education, 22,* 995-1005.

Jonassen, D. H., & Grabowski, B. (1993). *Individual differences and instruction.* New York: Allen and Bacon.

Joyce, B., & Weil, M. (1980). *Models of teaching.* Englewoods Ce Hall.

Kagan, J. (1966). Reflection-impulsivity: The generality and dynamics of conceptual tempo. *Journal of Abnormal Psychology, 71,* 17-24.

Kegan, R. (2000). What "form" transforms? A constructive-developmental approach to transformative learning. In J. Mezirow & Associates (Eds.), *Learning as transformation: Critical perspectives on a theory in progress* (pp. 35-69). San Francisco: Jossey-Bass.

Kaufman, J. C., Plucker, J., & Baer, J. (2008). *Essentials of creativity assessment.* New York: John Wiley & Sons.

Kohlberg, L. (1984). *The psychology of moral development: The nature and validity of moral stages.* San Francisco: Harper & Row.

Kolb, A. Y., & Kolb, D. A. (2005). *The Kolb learning style inventory 3.1: Technical specifications.* Boston, MA: Hay Resources Direct.

Kolb, D. (1984). *Experiential learning: Experience as the source of learning and development.* Englewood Cliffs, NJ: Prentice-Hall.

Kolb, D. (1985). *Learning style inventory: Self scoring inventory and interpretation booklet.* Boston, MA: McBer & Company.

Legault, L., Green-Demers, I., & Pelletier, K. (2006). Why do high school students lack motivation in the classroom? Toward an understanding of academic amotivation and the role of social support. *Journal of Educational Psychology, 98*(3), 567-582.

Lin, Ching-chiu. (2011). A learning ecology perspective: School systems sustaining art teaching with teaching with technology. *Art Education, 64,* 12-18.

Locke, E. A., & Latham, G. P. (1990). *A theory of goal setting and task performance.* Englewood Cliffs, NJ: Prentice-Hall.

Loeber, R., & Stouthamer-Loeber, M. (1998). Development of juvenile aggression and violence: Some common misconceptions and controversies. *American Psychologist, 53,* 242-259.

Lumsden, L. S. (1994). Student motivation to learn (ERIC Digest No. 92). (ERIC Document Reproduction Service No. ED 370 200).

Lytton, H. (1972). *Creativity and education.* London: RKP.

Madsen, C. H., Becker, W. C., Thomas, D. R., Koser, L., & Plager, E. (1968). An analysis of the reinforcing function of "sit down" commands. In R. K. Parker (Ed.), *Readings in educational psychology.* Boston: Allyn & Bacon.

Mansfield, R. S., & Busse, T. V. (1982). Creativity. In H. E. Mitzel (Ed.), *Encyclopedia of educational research*. New York: The Free Press.

Marcia, J. E. (1980). Ego identity development. In J. Adelson (Ed.), *Handbook of adolescent psychology*. New York: Wiley.

Martin, J. (1993). Episodic memory: A neglected phenomenon in the psychology of education. *Educational Psychologist, 28*(2), 169-183.

Maslow, A. H. (1954). *Motivation and personality*. New York: Harper.

Maslow, A. H. (1970). *Motivation and Personality* (2nd ed.). Harper and Row Publishers.

Mayer, R. E. (1997). Multimedia learning: Are we asking the right questions? *Educational Psychologist, 32,* 1-19.

Mayer, R. E. (1998). Cognitive, meta-cognitive, and motivational aspects of problem solving. *Instructional Science, 26*(1-2), 49-63.

Mayer, R. E., & Moreno, R. (1998). A split-attention effect in multimedia learning: Evidence for dual processing systems in working memory. *Journal of Educational Psychology, 90,* 312-320.

Mazur, J. E. (1990). *Learning and behavior* (2nd ed.). Englewood Cliffs, NJ: Prentice Hall.

McCarthy, A., & Garavan, T. N. (2008). Team learning and metacognition: A neglected area of HRD research and practice. *Advances in Developing Human Resources, 10*(4), 509-524.

Mead, D. E. (1977). *Six approaches to child rearing*. Brigham Young University Press.

Meeker, M. (1969). *The structure of intellect: Its interpretation and uses*. Columbus, OH: Merrill.

Meichenbaum, D., & Goodman, J. (1971). Training impulsive children to talk to themselves. A mean of developing self-control. *Journal of Abnormal Psychology, 77,* 115-126.

Merkley, D. M., & Jefferies, D. (2001). Guidelines for implementing a graphic organizer. *Reading Teacher, 54*(4), 350-357.

Messer, S. B. (1976). Reflection-impulsivity: A review. *Psychological Bulletin, 83,* 1026-1052.

Meyers, A. B., Meyers, J., Graybill, E. C., Proctor, S. L., & Huddleston, L. (2012). Ecological approaches to organization and systems change in educational settings. *Journal of Educational and Psychological Consultation, 22*(1-2), 106-124.

Mezirow, J. (2009). Transformative learning theory. In J. Mezirow, & E. W. Taylor (Eds.), *Transformative learning in practice: Insights from community, workplace, and higher education* (pp. 18-32). San Francisco, CA: Jossey Bass.

Miller, G. A. (1956). The magical number seven, plus or minus two: Some limits on our capacity for processing information. *The Psychological Review, 63,* 81-97.

Miller, G. A., Galanter, E., & Pribram, K. H. (1986). *Plans and the structure of behavior.* New York: Adams Bannister Cox.

Molden, D., & Dweck, C. S. (2000). Meaning and motivation. In C. Sansone & J. Harackiewicz (Eds.), *Intrinsic motivation.* San Diego, CA: Academic Press.

Mowrer, O. H. (1960). *Learning theory and behaviour.* New York: Wiley.

Nelson, J., Lott, L., & Glenn, H. S. (2000). *Positive discipline in the classroom.* Roseville, CA: Prima Publishing.

New York State Board of Regents. (1988). *Report of the New York state board of regents panel on learning styles.* State University of New York: Albany.

Ogden, J. E., Brophy, J. E., & Everston, C. M. (1977, April). An experimental investigation of organization and management techniques in first-grade reading groups. Paper presented at the annual meeting of the American Educational Research Association. New York.

Ormrod, J. E. (2003). *Educational psychology.* Upper Saddle River, NJ: Merrill Prentice Hall.

Osborn, A. F. (1963). *Applied imagination: Principles and procedures of creative problem solving.* New York: Charles Scribner's.

Pavlov, I. P. (1927). *Conditioned reflexes* (G. V. Anrep, Trans.). London: Oxford University Press.

Pearl, R. (1982). Learning disabled children's attributions for success and failure: A replication with a labeled learning disabled sample. *Learning Disability Quarterly, 5,* 173-176.

Pelletier, L. G., Dion, S., Tucson, K., & Green-Demers, I. (1999). Why do people fail to adopt environmental behaviors? Toward a taxonomy of environmental amotivation. *Journal of Basic and Applied Social Psychology, 29*(12), 2481-2504.

Pelletier, L. G., Fortier, M. S., Vallerand, R. J., & Brière, N. M. (2001). Associations among perceived autonomy support, forms of self-regulation, and persistence: A prospective study. *Motivation and Emotion, 25*(4), 279-306.

Perkins, D. N. (1988). Creativity and the quest for mechanism. In R. J. Sternberg & E. E. Smith (Eds.), *The psychology of human thought* (pp. 309-335). New York: Cambridge University Press.

Pezdek, K., Blandon-Gitlin, I., & Gabbay, P. (2006). Imagination and memory: Does imagining events lead to false autobiographical memories? *Psychonomic Bulletin and Review, 13*, 764-769.

Pezdek, K., Blandon-Gitlin, I., Lam, S., Ellis, R., & Schooler, J. (2007). Is knowing believing? The role of event plausibility and background knowledge in planting false beliefs about the personal past. *Memory and Cognition, 34*, 1628-1635.

Pezdek, K., Lam, S. T., & Sperry, K. (2009). Forced confabulation more strongly influences event memory if suggestions are other-generated than selfgenerated. *Legal and Criminological Psychology, 14*, 241-252.

Piaget, J. (1965). *The moral judgement of the child*. London: Routledge & Kegan-Paul.

Piaget, J. (1973). *Psychology and epistemology*. Middlesex, England: Penguin Books.

Piaget, J., & Inhelder, B. (1956). *The child's conception of space*. London: Routledge & Kegan Paul.

Plucker, J., & Renzulli, J. S. (1999). Psychometric approaches to the study of human creativity. In R. J. Sternberg (Ed.), *Handbook of creativity* (pp. 35-61). New York: Cambridge University Press.

Premack, D. (1959). Toward empirical behavioral laws: Instrumental positive reinforcement. *Psychological Review, 66*, 219-233.

Reigeluth, C. M. (1983). Instructional design: What is it and why is it. *Instructional-design Theories and Models: An Overview of Their Current Status, 1*, 3-36.

Rhodes, M. (1961). An analysis of creativity. *Phi Delta Kappan, 42*, 305-310.

Rogers, C. R. (1961). *On becoming a person*. Boston: Houghton Mifflin Company.

Rogers, C. R. (1969). *Freedom to learn: A view of what education might become*. Columbus, Ohio: Charles E. Merrill Publishing Co.

Rogers, C., & Freiberg, H. J. (1994). *Freedom to learn*. Upper Saddle River, NJ: Merrill.

Rosenshine, B. (1971). *Teaching behaviors and student achievement*. London: National Foundation for Educational Research in England and Wales.

Rosenthal, R., & Jacobson, L. (1968). *Pygmalion in the classroom*. New York: Holt, Rinehart and Winston.

Rubin, K. H., Bukowski, W., & Parker, J. G. (1998). Peer interactions, relationships, and groups. In W. Damon & N. Eisenberg (Eds.), *Handbook of child psychology: Social, emotional, and personality development* (5th ed., pp. 779–862). New York: Wiley

Runco, M. A. (1987). Interrater agreement on a socially valid measure of students' creativity. *Psychological Reports, 61*(3), 1009–1010.

Ryan, R. M., & Deci, E. L. (2000). Self–determination theory and the facilitation of intrinsic motivation, social development, and well–being. *American Psychologist, 55*(1), 68–78.

Salkind, N., & Nelson, F. (1980). A note on the developmental nature of reflectionimpulsivity. *Developmental Psychology, 3,* 237–238.

Salovey, P., & Mayer, J. D. (1990). Emotional intelligence. Imagination. *Cognition and Personality, 9,* 185–211.

Santrock, J. W. (2003). *Child development* (10th ed.). New York: McGraw–Hill.

Savery, J., & Duffy, T. (1995). Problem based learning: An instructional model and it's constructivist framework. *Educational Technology, 35*(5), 31–38.

Schneider, W., & Shiffrin, R. M. (1977). Controlled and automatic human information processing: I. Detection, search and attention. *Psychological Review, 84,* 1–66.

Schraw, G., Flowerday, T., & Lehman, S. (2001). Increasing situational interest in the classroom. *Educational Psychology Review, 13,* 211–224.

Schultz, D. P., & Schultz, S. E. (Eds.). (2012). *A history of modern psychology.* Australia Belmont, CA: Thomson/Wadsworth.

Schunk, D. H. (2001). Social cognitive theory and self–regulated learning. In B. J. Zimmerman & D. H. Schunk (Eds.), *Self-regulated learning and academic achievement: Theoretical perspectives* (2nd ed., pp. 125–151). Mahwah, NJ: Erlbaum.

Schunk, D. H., & Zimmerman, B. J. (Eds.). (2007). *Motivation and self-regulated learning: Theory, research, and applications.* Mahwah, NJ: Lawrence Erlbaum.

Schunk, D. H., Pintrich, P. R., & Meece, J. L. (2013). *Motivation in education: Theory, research, and applications* (4th ed.). Upper Saddle River, NJ: Pearson.

Scriven, M. (1967). *The methodology of evaluation. AERA Monograph series on curriculum evaluation* (No. 1). New York: Rand McNally.

Seligman, M. E. P. (1975). *Helplessness: On depression, development, and death.* San Francisco: Freeman.

Selman, R. L. (1980). *The growth of interpersonal understanding*. Orlando, FL: Academic Press.

Shaffer, D. R. (1993). *Developmental psychology: Childhood and adolescence* (3rd ed.). California Brooks/Cole.

Shulman, L. S. (1986). Those who understand: Knowledge growth in teaching. *Educational Researcher, 15*(2), 4-14.

Shulman, L. S. (1987). Knowledge and teaching: Foundatins of the new reform. *Harvard Educational Review, 19*(2), 4-14.

Simonton, D. (1994). *Greatness: Who makes history and why*. New York: Guilford.

Skinner, B. F. (1938). *The behavior of organisms: an experimental analysis*. New York: Appleton-Century-Crofts.

Slavin, R. E. (2000). *Educational psychology: Theory and practice* (6th ed.). Boston: Allyn & Bacon.

Sousa, D. A. (2003). *How the gifted brain learns*. Thousand Oaks, CA: Corwin Pub.

Spearman, C. (1927). *The abilities of man*. New York: Macmillan.

Squire, L. R. (2004). Memory systems of the brain: A brief history and currentperspective. *Neurobiol Learning and Memory, 82*(3), 171-177.

Starko, A. J. (1995). *Creativity in the classroom*. New York: Longman.

Stern, W. (1912). *Die psychologischen methoden der intelligenzprüfung und deren anwendung bei schulkindern*. Berlin: Johann Amborius Barth.

Sternberg, R. J. (1985). *Beyond IQ: A triarchic theory of human intelligence*. New York: Cambridge University Press.

Sternberg, R. J. (1986). The future of intelligence testing. Educational measurement. *Issues and Practice, 5,* 19-22.

Sternberg, R. J. (1999a). *Cognitive psychology* (2nd ed.). Ft. Worth, TX: Harcourt Brace.

Sternberg, R. J. (1999b). The theory of successful intelligence. *Review of General Psychology, 3*(4), 292-316.

Sternberg, R. J. (2002). Raising the achievement of all students: Teaching for successful intelligence. *Educational Psychology Review, 14*(4), 383-393.

Sternberg, R. J. (2003). *Wisdom, intelligence, and creativity synthesized*. Cambridge: Cambridge University Press.

Sternberg, R. J., & Grigorenko, E. L. (2000). *Teaching for successful intelligence*. Arlington Heights, IL: Skylight.

Sternberg, R. J., & Lubart, T. I. (1995). *Defying the crowd: Cultivating creativity in a culture of conformity.* New York: Free Press.

Sternberg, R. J., & Williams, W. M. (1996). *How to develop student creativity.* Alexandria, VA: ASCD.

Sternberg, R. J., & Williams, W. M. (2002). *Educational psychology.* Boston: Allyn & Bacon.

Sternberg, R. J., & Williams, W. M. (2010). *Educational psychology* (2nd ed.). Boston: Merrill.

Stewart, D., Sun, J., Patterson, C., Lemerle, K., & Hardie, M. (2004). Promoting and building resilience in primary school communities: Evidence from a comprehensive 'health promoting school' approach. *International Journal of Mental Health Promotion, 6*(3), 26-33.

Stronge, J. H. (2002). *Qualities of effective teachers.* Alexandria, VA: ASCD.

Taylor, C. W. (1988). Various approaches and definitions of creativity. In R. J. Sternberg (Ed.), *The nature of creativity* (pp. 99-121). Cambridge: Cambridge University Press.

Taylor, I. A. (1975). A retrospective view of creativity investigation. In I. A. Taylor & J. W. Getzels (Eds.), *Perspectives in creativity* (pp. 1-36). Chicago: Aldine.

Terman, L. M. (1916). *The measurement of intelligence: An explanation of and a complete guide for the use of the Stanford Revision and Extension of the Binet-Simon Intelligence Scale.* Boston: Houghton Mifflin.

Thomas, R. M. (2000). *Comparing theories of child development.* Wadsworth: Thomson Learning.

Thorndike, E. L. (1911). *Animal intelligence: Experimental studies.* New York: Macmillan.

Thurstone, L. L. (1938). Primary mental abilities. *Psychometric Monographs, 1,* 270-275.

Tinerney, R. J., Readene, J. E., & Dishner, E. K. (1990). *Reading strategies and practice: A compendium.* Boston: Allyn & Bacon.

Tolman, E. C., & Honzik, C. H. (1930). Degrees of hunger, reward and nonreward, and maze learning in rats. *University of California Publications in Psychology, 4,* 241-275.

Torrance, E. P. (1979). *The search for satori and creativity.* Buffalo, NY: Creative Education Foundation.

Torrance, E. P. (1988). The nature of creativity as manifest in its testing. In R. J. Sternberg (Ed.), *The nature of creativity* (pp. 43-75). Cambridge: Cambridge University Press.

Torrance, E. P., & Ball, O. E. (1984). *Torrance test of creative thinking: Streamlined manual for figural*. Bensenvulle, IL: Scholastic Testinf Service.

Tulving, E. (2002). Episodic memory: From mind to brain. *Annual Review of Psychology, 53,* 1-25.

Tyler, R. W. (1949). *Basic principles of curriculum and instruction*. Chicago, IL: The University of Chicago Press.

Vosniadou, S., & Brewer, W. F. (1989). *The concept of the earth' shape: A study of conceptual changein childhood* (Tech. Rep. No. 467). Urbana-Champaign: University of Illinois, Center for the Studyof Reading.

Vygotsky, L. S. (1978). *Mind in Society: The development of higher psychological processes*. Cambridge, MA: Harvard University Press.

Walters, J. M., & Gardner, H. (1985). The development and education of intelligences. In F. R. Link (Ed.), *Essays on the intellect* (pp. 1-21). Alexandria, VA : ASCD.

Wechsler, D. (1958). *The measurement and appraisal of adult intelligence* (4th ed.). Baltimore: Williams & Wilkins.

Weiner, B. (1986). *An attributional theory of motivation and emotion*. New York: Springer-Verlag.

Weiner, B. (1992). *Human motivation: Metaphors, theories and research*. Thousand Oaks, CA: Sage Publications.

Weinstein, R. (1989). Perceptions of classroom processes and student motivation: Children's view of self-fulfilling prophecies. In C. Ames & R. Ames (Eds.), *Research on motivation in education. vol 3: Goals and Cognition*. New York: Freeman.

White, R. W. (1959). Motivation reconsidered: The concept of competence. *Psychological Review, 66,* 297-333.

Wigfield, A. (1994). Expectancy-value theory of achievement motivation: A developmental perspective. *Educational Psychology Review, 6,* 49-78.

Witkin, H. A. (1950). Individual differences in ease of perception of embedded figures. *Journal of Personality, 19,* 1-15.

Witkin, H. A. (1975). *Field-dependent and field-independent cognitive styles and their educational implications*. Princeton, NJ: Educational Testing Services.

Witkin, H. A. (1977). *Cognitive styles in personal and cultural adaptation* (Heinz Werner Lecture Series, Vol. II). Worcester, MA: Clark University Press.

Wittrock, M. C. (1967). Replacement and nonreplacement strategies in children's problem solving. *Journal of Educational Psychology, 58*(2), 69-74.

Wittrock, M. C. (1970). *The Evaluation of instruction: issues and problems.* New York: Holt, Rinehart & Winston.

Wittrock, M. C. (1992). An empowering conception of educational psychology. *Educational Psychologist, 27,* 129-142.

Woodman, R. W., & Schoenfeldt, L. F. (1989). Individual differences in creativity: An interactionist perspective. In J. A. Glover, R. R. Royce, & C. R. Reynolds (Eds.), *Handbook of creativity* (pp. 77-92). New York: Plenum Press.

Woolfolk, A. (2001). *Educational psychology.* Boston: Allyn & Bacon.

Zanobini, M., & Usai, M. C. (2002). Domain-specific self-concept and achievement motivation in the transition from primary to low middle school. *Educational Psychology, 22*(2), 203-217.

✳ 찾아보기

[인명]

A

Adler, A. 68
Allport, G. W. 81
Ausubel, D. P. 321

B

Bandura, A. 257, 258
Binet, A. 139, 140, 151
Bloom, B. S. 331
Boring, E. G. 140
Bronfenbrenner, U. 120
Bruner, J. S. 317

C

Carroll, J. B. 331
Cattell, R. B. 81, 139, 144
Covington, M. 177
Crawford, R. F. 173

D

de Bono, E. 175
Dewey, J. 210
Dunn, R. 195

E

Ebbinghaus, H. 293

Erikson, E. H. 68
Eysen, H. J. 81

F

Frankl, V. E. 84
Freud, S. 68, 203

G

Gagné, R. M. 325, 326, 329
Galton, F. 139
Gardner, H. 145
Gesell, A. 56
Gilligan, D. 110, 115

| 저자 소개 |

허승희(Huh Sunghee)
부산교육대학교 교육학과 교수

〈주요 저·역서〉
『아동과 청소년 인성교육의 실제』(공저, 학지사, 2017)
『교육심리학』(공역, 시그마프레스, 2003)

이영만(Lee Youngman)
진주교육대학교 교육학과 교수

〈주요 저·역서〉
『수월성 교육』(한국연구재단 학술명저번역총서, 도서출판 아카넷, 2011)
『교과교육에서 창의성의 이론과 실제』(공저, 학지사, 2010)

김정섭(Kim Jungsub)
부산대학교 교육학과 교수

〈주요 저·역서〉
『깊은 학습』(공역, 학지사, 2014)
『배움과 돌봄의 학교공동체』(공저, 학지사, 2009)

교육심리학 (2판)

Educational Psychology (2nd ed.)

2015년 3월 20일 1판 1쇄 발행
2018년 10월 25일 1판 5쇄 발행
2020년 9월 30일 2판 1쇄 발행
2023년 1월 20일 2판 4쇄 발행

지은이 • 허승희 · 이영만 · 김정섭

펴낸이 • 김 진 환

펴낸곳 • ㈜ **학지사**

　　　　04031 서울특별시 마포구 양화로 15길 20 마인드월드빌딩 5층

대표전화 • 02) 330-5114　　　팩스 • 02) 324-2345

등록번호 • 제313-2006-000265호

홈페이지 • http://www.hakjisa.co.kr
페이스북 • https://www.facebook.com/hakjisabook

ISBN 978-89-997-2193-9 93370

정가 **22,000원**

출판미디어기업 **학지사**

간호보건의학출판 **학지사메디컬** www.hakjisamd.co.kr
심리검사연구소 **인싸이트** www.inpsyt.co.kr
학술논문서비스 **뉴논문** www.newnonmun.com
원격교육연수원 **카운피아** www.counpia.com